南昌统计年鉴

NANCHANG STATISTICAL YEARBOOK

2022

（总第 28 期）

南昌市统计局　国家统计局南昌调查队　编

图书在版编目（CIP）数据

南昌统计年鉴. 2022 = Nanchang Statistical Yearbook 2022 / 南昌市统计局，国家统计局南昌调查队编. -- 北京 : 中国统计出版社, 2022.9
ISBN 978-7-5037-9885-6

Ⅰ. ①南… Ⅱ. ①南… ②国… Ⅲ. ①统计资料－南昌－2022－年鉴 Ⅳ. ①C832.561-54

中国版本图书馆 CIP 数据核字(2022)第 130321 号

南昌统计年鉴 2022

作　　者/ 南昌市统计局　国家统计局南昌调查队
责任编辑/ 钟钰
校　　对/ 刘涛
出版发行/ 中国统计出版社有限公司
地　　址/ 北京市丰台区西三环南路甲 6 号
邮政编码/ 100073
电　　话/ 邮购（010）63376909　书店（010）68783171
网　　址/ http://www.zgtjcbs.com
印　　刷/ 江西昌和特种票证有限公司
经　　销/ 新华书店
开　　本/ 890mm × 1240mm　1/16
字　　数/ 399 千字
印　　张/ 28.5
印　　数/ 1-300 册
版　　别/ 2022 年 9 月第 1 版
版　　次/ 2022 年 9 月第 1 次印刷
定　　价/ 400.00 元

如有印装差错，由本社发行部调换。

《南昌统计年鉴2022》

编 者 说 明

一、《南昌统计年鉴2022》系统收录了全市和12个县区、开发区、管理局2021年经济、社会各方面的统计数据，改革开放以来和其他重要历史年份的全市主要统计数据，以及全国各省（市、区）、省会城市和全省各地市部分主要指标数据，是一部全面反映南昌市经济和社会发展情况的资料性年刊。

二、全书内容分为20个篇目：1.综合；2.国民经济核算；3.人口•劳动力；4.就业人员和职工工资；5.人民生活；6.物价；7.固定资产投资；8.城市公用事业；9.财政•金融；10.农业；11.工业；12.能源；13.建筑业；14.交通运输、邮电通信和规上服务业；15.国内贸易；16.外贸和旅游；17.房地产；18.科技•教育•文化；19.卫生•体育•其他；20.附录，在附录部分收集了2021年国家和江西省统计公报，全国各省（市、区）、省会城市和江西省各设区市主要经济指标。为便于读者正确使用资料，每个篇章后面附有主要统计指标解释。

三、本年鉴总量指标计算所采用的价格除注明外均为当年价格。

四、本年鉴资料主要来自年度统计报表，一部分来自抽样调查。

五、本年鉴部分数据合计数或相对数由于单位取舍不同产生的计算误差均未作机械调整。

六、本年鉴所涉及的全国性统计数据，除特殊注明外，均未包括香港、澳门特别行政区和台湾省数据。

七、本年鉴表中的符号使用说明："空格"表示该项统计数据不详或无该项数据；"#"表示其中项。

八、读者在使用历史资料时，凡与本年鉴有出入的，均以本年鉴为准。

九、年鉴公开出版以来，受到了广大读者的关心和支持，对此我们深表谢意。欢迎读者对年鉴内容、编排等方面提出宝贵意见，帮助我们进一步提高编辑水平，更好地为读者服务。

篇 目 索 引

篇　　目

目　　录

一、综　　合

二、国民经济核算

三、人口·劳动力

四、就业人员和职工工资

五、人民生活

六、物 价

七、固定资产投资

八、城市公用事业

九、财政 · 金融

十、农 业

十一、工　业

十二、能　源

十三、建 筑 业

十四、交通运输、邮电通信和规上服务业

十五、国内贸易

十六、外贸和旅游

十七、房 地 产

十八、科技 · 教育 · 文化

十九、卫生 · 体育 · 其他

二十、附 录

一、综　　合

GENERAL SURVEY

本篇内容包括：

1. 南昌市2021年国民经济和社会发展统计公报
2. 《南昌市2021年统计公报》解读
3. 一套表新增法人单位数
4. 主要年份国民经济主要指标

南昌市2021年国民经济和社会发展统计公报

南昌市统计局　　国家统计局南昌调查队

2021年，面对复杂严峻的外部环境挑战，全市上下坚持以习近平新时代中国特色社会主义思想为指导，全面贯彻党的十九大和十九届历次全会精神，深入贯彻习近平总书记视察江西重要讲话精神，坚持稳中求进工作总基调，扎实做好“六稳”“六保”工作，持续巩固拓展疫情防控和经济社会发展成果，深入推进“一枢纽四中心”建设，全市经济社会平稳健康发展，高质量发展态势显著，实现了“十四五”良好开局。

一、综　合

经省统计局统一核算，全年全市实现地区生产总值（GDP）6650.53亿元，按可比价格计算，比上年增长8.7%，两年平均增长6.1%。其中，第一产业增加值238.31亿元，增长7.8%；第二产业增加值3218.10亿元，增长8.3%；第三产业增加值3194.11亿元，增长9.1%。在全市地区生产总值中，非公有制经济实现增加值3951.44亿元，按可比价格计算，增长11.0%。人均地区生产总值104788元，增长6.1%，按年平均汇率计算，折合16242美元。

图1：2021年三次产业增加值占地区生产总值比重

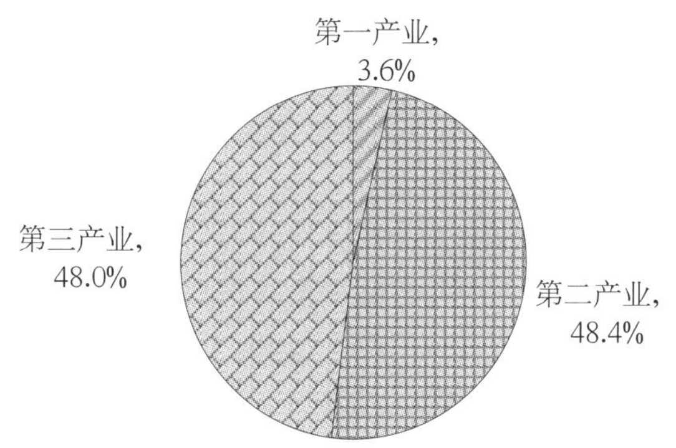

截至10月末，全市户籍总人口540.38万人。其中，城镇人口303.34万人，户籍人口城镇化率为56.13%。2021年末常住人口643.75万人，比2020年第七次全国人口普查增加18.25万人。其中，城镇人口506.23万人，常住人口城镇化率为78.64%；全年出生人口4.58万人，出生率7.21‰；死亡人口3.19万人，死亡率5.02‰；人口自然增长率2.19‰。

全年城镇新增就业7.22万人，城镇登记失业率3.09%；安置“4050”等困难群体0.63万人；新增转移农村劳动力3.95万人。

全年实现地方一般公共预算收入484.84亿元，同口径增长10%（同比增长0.2%）。地方一般公共预算收入中，增值税123.72亿元，下降8.8%；企业所得税55.11亿元，下降11.0%；个人所得税16.30亿元，增长10.8%。全年地方一般公共预算支出870.01亿元，同比增长3.8%。其中，城乡社区支出143.35亿元，下降7.9%；教育支出138.05亿元，增长2.2%；卫生健康支出84.21亿元，下降9.8%；一般公共服务支出70.86亿元，下降7.8%；农林水事务支出63.52亿元，增长2.1%；社会保障和就业支出72.91亿元，增长17.2%；公共安全支出44.78亿元，下降11.1%。

图2：2017-2021年地方一般公共预算收入及其增长速度

全年居民消费价格总指数(CPI)比上年上涨1.0%。其中，消费品价格上涨0.9%，服务价格上涨1.2%，商品零售价格上涨1.6%。

表1：2021年居民消费价格情况

指　标	比上年上涨（%）
居民消费价格总指数	1.0
#食品烟酒	-0.2
衣着	-0.1
居住	0.2
生活用品及服务	0.3
交通和通信	4.3
教育文化和娱乐	4.1
医疗保健	0.6
其他用品和服务	-1.5

二、农　业

农业生产：全年完成农林牧渔业总产值411.11亿元，比上年增长9.7%；农林牧渔业增加值246.16亿元，增长7.8%。

农牧产品产量：全年谷物种植面积34.15万公顷，谷物总产量211.79万吨；油料种植面积107.68万亩，油料总产量11.65万吨；蔬菜及食用菌种植面积63.67万亩，蔬菜及食用菌总产量134.50万吨；水果种植面积16.16万亩，水果总产量13.58万吨；茶叶种植面积2.14万亩，茶叶总产量0.19万吨；猪肉产量17.57万吨，牛存栏18.08万头，家禽出笼7099.21万只。

渔业：全年完成水产品总产量43.01万吨，比上年增长2.7%。其中特种水产品产量14.88万吨，增长2.6%。

林业：全年造林3221公顷，全市森林覆盖率达到22.0%。

表2：2021年主要农产品产量及其增长速度

产品名称	单位	产量	比上年增长(%)
谷物	万吨	211.79	2.3
油料	万吨	11.65	-0.4
蔬菜及食用	万吨	134.50	1.6
水果总产量	万吨	13.58	-3.2
茶叶产量	万吨	0.19	-0.3
家禽出笼	万只	7099.21	16.7
水产品	万吨	43.01	2.7

生产条件：全市年末农业机械总动力290.53万千瓦。年内机耕面积394474公顷，机播面积192186公顷，机械收获面积360605公顷。

三、工业和建筑业

工业生产：全年规模以上工业增加值比上年增长11.4%。分轻重工业看，轻工业增加值增长12.2%，重工业增加值增长10.8%。分经济类型看，国有企业增加值增长24.1%，集体企业增加值下降9.6%，股份制企业增加值增长9.6%，股份合作企业增加值增长32.7%，外商及港澳台商投资企业增加值增长19.9%。全市规模以上工业36个行业大类中，纺织服装、服饰业，通用设备制造业，酒、饮料和精制茶制造业等10个行业增速高于20%。高技术制造业增加值增长6.1%，战略性新兴产业增加值增长9.9%，装备制造业增加值增长9.5%。

图3：2017-2021年规模以上工业增加值增长速度

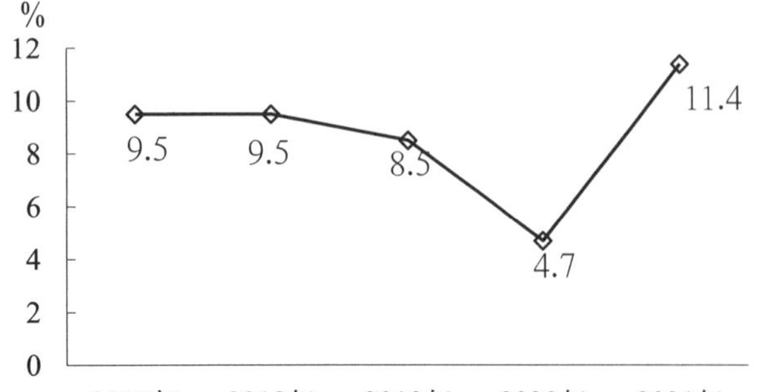

工业经济效益：全年规模以上工业产品销售率为98.7%；实现利润总额449.62亿元，比上年增长4.8%。

全年规模以上工业营业收入7723.86亿元，比上年增长20.7%，营业收入过百亿元的行业达到19个。其中，计算机、通信和其他电子设备制造业，电力、热力生产和供应业，汽车制造业，农副食品加工业突破500亿元，营业收入分别为1511.47、996.10、803.92和531.57亿元。

表3：2021年主要工业产品产量及其增长速度

产品名称	单位	绝对量	比上年增长(%)
饲料	万吨	352.39	22.7
智能手机	万台	9042.54	91.8
沥青和改性沥青	万平方米	1091.75	60.5
卷烟	亿支	642.05	1.8
光缆	万芯千米	50.23	218.5
光电子器件	亿只(片)	399.12	14.6
钢化玻璃	万平方米	38.62	1.7
彩色电视机	万台	2.91	-86.3
水泥	万吨	785.59	-7.4
商品混凝土	万立方米	2323.41	10.4
生铁	万吨	354.09	-1.3
粗钢	万吨	421.68	0.0
钢材	万吨	556.59	13.2
交流电动机	万千瓦	131.23	27.7
汽车	万辆	40.13	3.5
房间空调器	万台	338.95	1.5

工业开发区：全年开发区工业企业实现营业收入7774.89亿元，比上年增长21.8%；实现利润总额478.78亿元，增长9.2%。南昌高新技术产业开发区工业营业收入稳居全省开发区第一位，为全省唯一营业收入过3000亿元的开发区。小蓝经济技术开发区和南昌经济技术开发区工业营业收入均超1500亿元，分列全省第二和第三位。

建筑业：年末全市共有资质以上建筑业企业1048家，比上年增加114家。全年完成建筑业总产值5106.47亿元，比上年增长13.6%；完成竣工产值1643.5亿元，下降1.4%；施工面积18612.3万平方米，增长4.2%；竣工面积5162.4万平方米，下降3.1%。

四、服务业

服务业：全年全市服务业实现增加值3194.11亿元，比上年增长9.1%。其中，批发和零售业增加值516.10亿元，增长11.6%；交通运输、仓储和邮政业增加值224.72亿元，增长11.7%；住宿和餐饮业增加值56.65亿元，增长20.0%；金融业增加值676.18亿元，增长4.6%；房地产业增加值571.13亿元，增长7.5%；信息传输、软件和信息技术服务业增加值144.43亿元，增长23.6%。全年全市规模以上服务业企业营业收入 1188.02 亿元，比上年增长 19.0%；利润总额 88.58 亿元，增长 70.8%。

图 4：2017-2021 年服务业增加值增长速度

交通运输： 全年铁路、公路完成旅客运输量 3900 万人，比上年下降 14.3%；铁路、公路、水路完成货物运输量 18678 万吨，增长 26.5%。昌北机场旅客吞吐量 979.6 万人次，增长 3.9%；货邮吞吐量 17.3 万吨，下降 4.9%。

表 4：2021 年铁路、公路、水路完成客货运输量及增长速度

指 标	单位	绝对数	比上年增长（%）
旅客运输量	万人	3900	-14.3
铁路	万人	3058	15.0
公路	万人	842	-55.5
货物运输量	万吨	18678	26.5
铁路	万吨	419	15.4
公路	万吨	16784	27.6
水路	万吨	1475	18.0

汽车保有量： 年末民用汽车保有量 138 万辆，比上年增长 9.5%。年末民用轿车保有量 81 万辆，增长 6.6%，其中私人轿车保有量 76 万辆，增长 8.6%。

邮电通信： 全市邮电业务总量 155.37 亿元，比上年增长 30.7%。其中，邮政业务总量 70.67 亿元，增长 31.8%；电信业务总量 84.7 亿元，增长 29.8%。快递业务收入 63.73 亿元，发送快递 63637 万件，其中国内同城快递 6275 万件、国内异地快递 56489 万件、国际及港澳台快递 873 万件。订销报刊累计数 9241 万份。年末全市固定电话用户 88.7 万户，下降 3.1%；移动电话用户 783.8 万户，增长 7.8%；互联网宽带接入用户数 310.9 万户，增长 13.0%。

五、固定资产投资

投资总量： 全市 500 万元及以上固定资产投资比上年增长 11.1%。其中，工业投资增长 18.7%，房地产开发投资增长 0.4%。全年全市施工项目 4992 个，其中新开工项目 3343 个。

投资结构： 全市 500 万元及以上固定资产投资中，第一产业投资比上年增长 41.3%，第二产业投资增长 19.2%，第三产业投资增长 7.0%。三次产业在固定资产投资中所占比重为 1.0∶33.6∶65.4。

图 5：2021 年三次产业投资比例

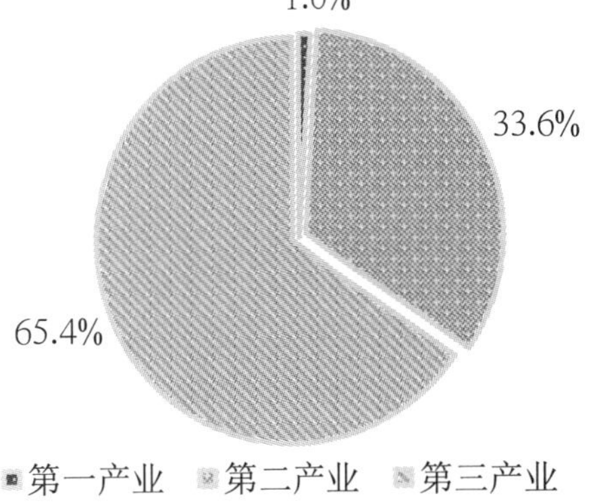

表 5：2021 年分行业固定资产投资（不含农户）增长速度

行 业	比上年增长（%）
合计	11.1
第一产业	41.3
第二产业	19.2
采矿业	—
制造业	21.5
#化学原料及化学制品制造业	-13.9
非金属矿物制品业	43.7
黑色金属冶炼及压延加工业	-8.0
有色金属冶炼及压延加工业	31.5
电气机械及器材制造业	62.8
计算机、通信和其他电子设备制造业	27.2
电力、燃气及水的生产和供应业	-22.6
建筑业	127.4
第三产业	7.0
批发和零售业	71.2
交通运输、仓储和邮政业	-4.2
住宿和餐饮业	27.0
信息传输、软件和信息技术服务业	50.9
金融业	-13.1
房地产业	1.0
租赁和商务服务业	37.9
科学研究和技术服务业	71.2
水利、环境和公共设施管理业	-10.8
居民服务、修理和其他服务业	149.4
教育	11.0
卫生和社会工作	-8.3
文化、体育和娱乐业	24.6
公共管理和社会组织	-34.7

从投资主体看，全市 500 万元及以上固定资产投资中，国有经济投资比上年下降 12.5%；非国有经济投资增长 19.9%，其中，民间投资增长 26.4%。

全市房地产开发投资比上年增长 0.4%。其中，住宅投资增长 5.6%，办公楼和商业营业用房投资下降 14.1%。

城市建设： 地铁 1 号线北延和东延、2 号线东延工程有序推进，4 号线开通运营，轨道交通运营里程

达 128.6 公里，实现地铁四线换乘。桃新大道主线通车，沿江中北大道提升改造、小蓝大道快速化、九龙大桥快速化、桃花南路快速化、九洲高架东延等工程加快推进，城市道路交通体系日臻完善。全年基础设施投资比上年下降 4.3%。

六、国内贸易

消费品市场： 全市实现社会消费品零售总额 2878.74 亿元，比上年增长 17.4%。按经营地统计，城镇零售额 2620.74 亿元，增长 17.2%；农村零售额 258.00 亿元，增长 19.6%。按行业统计，批发和零售业零售额 2738.78 亿元，增长 18.4%；住宿和餐饮业零售额 139.96 亿元，增长 0.4%。

在限额以上批发零售业商品类别零售额中，粮油、食品、饮料、烟酒类比上年增长 12.5%；金银珠宝及化妆品类增长 26.8%；日用品类增长 2.9%；家用电器及音像器材类增长 46.7%；中西药品类增长 17.4%；家具类增长 28.1%；建筑及装潢材料类增长 9.1%；石油及制品类增长 20.7%；汽车类增长 20.3%。汽车类商品消费实现零售额 461.41 亿元，是我市规模最大的商品类别，占限额以上批零住餐零售额比重为 30.3%。

图 6：2017-2021 年社会消费品零售总额及其增长速度

商品交易市场： 全市年成交额亿元以上的商品交易市场有 25 个，成交总额 925.00 亿元，比上年增长 74.7%。其中，洪城大市场年交易额 407.00 亿元，南昌（深圳）农产品批发市场年交易额 177.68 亿元。

七、对外经济

对外贸易： 全年全市实现进出口总值 1293.56 亿元，比上年增长 12.3%。其中，出口值 897.68 亿元，增长 25.9%；进口值 395.87 亿元，下降 9.7%。

图 7：2017-2021 年进出口情况

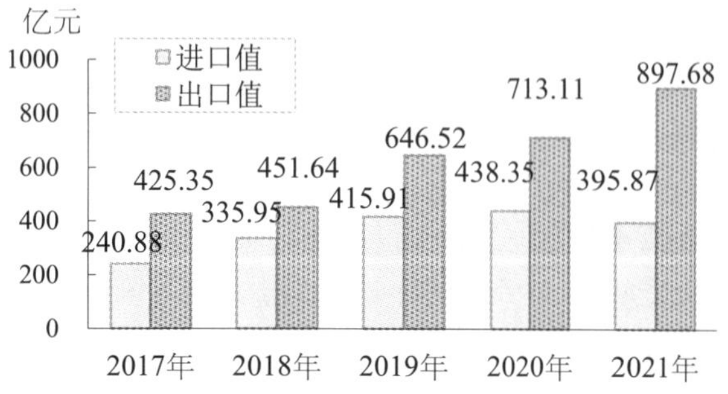

利用内外资： 全市实际利用外资 43.95 亿美元，比上年增长 8.3%。合同外资金额 12.03 亿美元，下降 6.2%。全年批准外商投资企业 76 家，其中中外合资企业占 56.6%，外商独资企业占 43.4%。全年利用省外项目资金 1303.38 亿元，增长 9.3%。

八、金融、证券和保险业

金融业： 年末全市金融机构本外币各项存款余额为 14757.42 亿元，同比增长 7.9%。其中，非金融企业存款 6079.06 亿元，增长 5.0%；住户存款 4776.22 亿元，增长 10.6%。金融机构本外币各项贷款余额为 17620.96 亿元，增长 10.1%。其中，短期贷款 4399.08 亿元，增长 5.9%；中长期贷款 11944.64 亿元，增长 10.1%。全市金融机构人民币各项存款余额为 14601.55 亿元，增长 7.9%；金融机构人民币各项贷款余额为 17420.55 亿元，增长 10.2%。

证券业： 全市拥有证券分支机构 132 家，全年证券机构股民资金账户数 349.22 万户，比上年增长 9.9%。全年客户交易结算资金 134.09 亿元，增长 18.4%；A 股交易额 32578.27 亿元，增长 11.7%；B 股交易额 4.86 亿元，增长 5.0%。

保险业： 全年保险公司原保险保费收入 252.19 亿元，比上年增长 0.6%。其中，寿险业务原保险保费收入 140.35 亿元，健康险和意外伤害险业务原保险保费收入 46.12 亿元，财产险业务原保险保费收入 65.72 亿元。支付各类赔款及给付 95.48 亿元，增长 15.2%。其中，寿险业务给付 22.27 亿元，健康险和意外伤害险业务赔款及给付 22.60 亿元，财产险业务赔款 50.61 亿元。

九、教育和科学技术

教育： 全市拥有各级各类学校 1989 所（不含技工学校），教职工 13.49 万人，其中专任教师 10.50 万人。全年招收研究生 1.74 万人，在校研究生 4.70 万人，毕业研究生 1.15 万人。全市共有普通高等学校 49 所，招生 21.85 万人，在校生 70.80 万人，毕业生 16.35 万人。普通中等学校 27 所，招生 3.13 万人，在校生 8.31 万人，毕业生 2.16 万人。职业高中 16 所，招生 0.98 万人，在校生 2.14 万人，毕业生 0.38 万人。普通高中 83 所，招生 3.99 万人，在校生 11.77 万人，毕业生 3.48 万人。普通初中 229 所，招生 7.03 万人，在校生 21.15 万人，毕业生 6.94 万人，初中阶段适龄少年入学率 100%。小学 419 所，招生 7.41 万人，在校生 44.03 万人，毕业生 7.05 万人，小学适龄儿童入学率 100%。特殊学校 8 所，特殊教育招生 246 人，在校生 1267 人，毕业生 219 人。幼儿园 1150 所，在园幼儿 20.23 万人。

表 6：2021 年各类学校基本情况

项目	学校数(个)	招生数（人）	在校生（人）	毕业生（人）	专职教师（人）
普通高等学校	49	218469	708034	163495	36273
普通中等学校	27	31324	83127	21558	2172
普通中学	312	110204	329182	104209	32452
职业高中	16	9816	21389	3802	704
小学	419	74133	440345	70503	17638
特教学校	8	246	1267	219	249
幼儿园	1150	66712	202283	66712	14916
成人高等学校	4	101366	240177	45634	546

科技： 全市新认定高新技术企业 468 家，累计拥有高新技术企业 1950 家。累计拥有国家级工程技术研究中心 4 家、重点实验室 5 家；累计拥有省级工程技术研究中心 127 家、重点实验室 174 家；登记省级技术成果 93 项。全年专利授权量 23800 件，全年登记技术合同 3278 项，实现技术合同成交金额 106.70 亿元，增长 46.4%。全市新增省级产业技术创新联盟 3 家，累计拥有省级产业技术创新联盟 35 家。

十、文化、旅游、卫生和体育

文化： 全市文艺创作获省级以上奖项 10 个，其中国家级奖项 13 个。年末全市拥有各类专业艺术表演团体 3 个，公共图书馆 10 个，文化馆 10 个，博物馆、纪念馆 28 个，全国重点文物保护单位 10 处。年末全市有线电视用户 75.13 万户。

旅游： 全年旅游总人次 17795.36 万人次，比上年增长 17.7%。旅游综合收入 1743.95 亿元，增长 18.2%。截至 2021 年末，全市拥有星级宾馆（饭店）48 家；拥有旅行社 312 家，其中出境组团社 47 家。

卫生： 全市拥有各类医疗卫生机构 2716 个，其中医院 139 个；拥有床位 4.61 万张，其中医院床位 4.02 万张。拥有各类专业卫生技术人员 5.41 万人，其中执业(助理)医师 1.91 万人。全市婴儿死亡率为 2.41‰，5 岁以下儿童死亡率为 3.77‰，每十万孕产妇死亡人数为 10.94 人。

体育： 全市运动员参加比赛人数 0.28 万人次，共获得金牌 195 枚，银牌 141 枚，铜牌 122 枚。全年举办单项比赛 30 次，举办全民健身活动 120 次，其中千人以上的活动10次，参加活动的人数总计 25.26 万人。全年完成全民健身工程 2 个，总投资 250 万元。全年发行体育彩票 13.21 亿元，比上年增长 33.5%。

十一、人民生活和社会保障

人民生活： 全市城镇居民人均可支配收入 50447 元，比上年增长 7.8%；农村居民人均可支配收入 22913 元，增长 9.5%；城乡居民人均可支配收入之比为 2.20，比上年缩小 0.04。城镇居民人均消费性支出 31038 元，增长 11.0%；农村居民人均生活消费支出 16576 元，增长 15.7%。城镇居民家庭恩格尔系数为 31.0%，农村居民家庭恩格尔系数为 33.5%。年末城镇居民人均住房建筑面积 38.47 平方米，比上年末减少 0.21 平方米。

图 8：2017-2021 年城乡居民收入水平

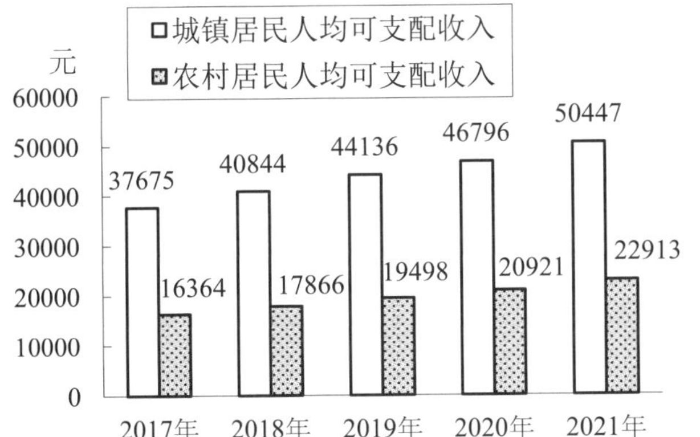

社会治安： 全年共立案各类刑事案件 2.58 万起，破获经济案件 206 起，挽回经济损失 586 万元。

住房公积金： 全市（市本级）归集公积金 118.64 亿元（含年度结息 4.02 亿元），比上年增长 15%；发放住房公积金贷款 43.26 亿元，增长 59%；发放户数 9908 户，增长 56%；提取住房公积金 73.77 亿元，增长 9%。

社会保障： 全市城镇职工参加基本医疗保险人数 142.34 万人，比上年增加 4.22 万人。参加失业保险人数 69.19 万人，增加 4.00 万人。城镇参加基本养老保险人数为 233.77 万人，其中参保职工 168.20 万人，参保离退休人员 65.57 万人；企业养老金社会化发放率达 100%。2021 年发放公租房租赁补贴 28741 户，全市棚户区改造开工 10602 套，基本建成 7000 套。

社会福利： 全市拥有各类社会福利单位 121 个，床位 1.76 万张；收养各类人员 0.64 万人。城镇社区服务站（中心）921 个；城市居民最低生活保障家庭 1.71 万户，保障人数 2.96 万人；农村居民最低生活保障家庭 4.26 万户，保障人数 7.43 万人；城乡医疗救助人数 14.42 万人。

十二、资源、环境与安全生产

环境质量： 全市拥有国家生态文明建设示范市县 1 个、国家生态县（市、区）1 个、国家级生态乡镇 18 个，省级生态县（区）4 个，省级生态乡（镇）62 个，省级生态村 91 个，"绿水青山就是金山银山"省级实践创新基地 3 个，市级生态村 834 个。各级自然保护区 10 个，总面积 12.40 万公顷。全年空气质量优良天数 334 天，优良率 91.5%，列中部六省会城市第 1。赣江、抚河南昌段国考、省控监测断面共 13 个，水质优良率 100%。县级及以上集中式饮用水质达标率 100%。区域声环境质量昼间等效声级 54.6 分贝，道路交通声环境昼间等效声级路段长度加权均值 65.9 分贝。城市生活污水集中处理率达到 95.8%。

城市园林绿化： 初步核算，全市建成区拥有园林绿地面积 14642 公顷，建成区绿化覆盖面积 15743 公顷，公园绿地 4053 公顷，城市建成区绿化覆盖率达到 43%，人均公园绿地面积达到 13.05 平方米。

节能减排： 全年全市规模以上工业综合能源消费量 629.80 万吨标准煤，增长 1.20%；万元规模以上工业增加值能耗下降 9.16%。

安全生产： 全市共发生各类生产安全事故 148 起，死亡 129 人，与上年相比，事故减少 13 起，下降 8.01%，死亡人数增加 15 人，上升 13.2%。生产经营性道路交通事故 102 起，死亡 78 人。2021 全年发生火灾事故 4001 起，死亡 10 人，受伤 17 人。

注：

1. 本公报中统计数据均为初步统计数，正式数据以《南昌统计年鉴-2022》为准。部分数据因四舍五入的原因，存在分项与合计不等的情况。

2. 规模以上工业统计范围为年主营业务收入2000万元及以上的法人工业企业；固定资产投资（不含农户）统计范围为计划总投资500万元及以上项目和房地产开发项目；限额以上企业是指年主营业务收入2000万元及以上的批发业企业、500万元及以上的零售业企业、200万元及以上的住宿和餐饮业企业。

3. 地区生产总值和各产业增加值绝对数按现价计算，增长速度按不变价格计算。

4. 根据《国民经济行业分类》（GB/T4754-2017），第一产业指农、林、牧、渔业（不含农、林、牧、渔专业及辅助性活动），第二产业指采矿业（不含开采专业及辅助性活动），制造业（不含金属制品、机械和设备修理业），电力、热力、燃气及水生产和供应业，建筑业，第三产业即服务业，是指除第一产业、第二产业以外的其他行业。

5. 2021年交通运输部开展货运专项调查对2019年、2020年全国公路货运数据进行了调整。

6. 2021年邮政业务总量、电信业务总量测算不变单价进行了调整，增速为可比口径。

风劲扬帆再启航　砥砺奋进新征程

——《南昌市2021年国民经济和社会发展统计公报》解读

南昌市统计局党组书记、局长　兰　园

《南昌市 2021 年国民经济和社会发展统计公报》如期发布，公报中的笔笔数据、张张表格全面客观地展示了过去一年南昌市经济社会发展取得的成就和进步。在不平凡的 2021 年，面对新冠肺炎疫情和复杂严峻经济形势的挑战，南昌市委、市政府坚持以习近平新时代中国特色社会主义思想为指导，完整准确全面贯彻新发展理念，抓实常态化疫情防控，扎实做好“六稳”工作、落实“六保”任务，经过全市上下共同努力，经济运行稳中向好，质量效益显著提升，社会发展和谐稳定，交出“十四五”开局的靓丽答卷。

一、经济实力稳步提升，高质量发展取得新成效

2021 年，全市上下因时因势统筹经济运行，坚持完整准确全面贯彻新发展理念，经济总量持续扩大、发展质效显著提升，城市综合实力和竞争力不断增强，迸发出强劲的发展活力。

经济总量不断跃升。2021 年，全市地区生产总值迈上六千亿新台阶，总量达到 6650.53 亿元，比上年增长 8.7%；人均 GDP 突破 10 万大关，达到 104788 元，增长 6.1%。“两个大幅提升”迈出坚实步伐，地区生产总值占全省的比重达到 22.5%，首位度比上年提升 0.1 个百分点，经济总量在全国省会城市排第 15 位，比上年前移 1 位。

人口规模持续扩大。随着经济社会的快速发展和大批人才留昌创业就业，我市对人口的吸引力不断增强。2021 年末全市常住人口达到 643.75 万人，比第七次人口普查时增加了 18.25 万人，增长 2.92%，人口增速超过全国、全省水平，也高于过去十年我市人口平均增速，人口增量居全国省会城市前列，人口总量跃居全省第二位，占全省的比重达到 14.25%，比上年提高 0.41 个百分点。

财政收支持续增长。全市地方一般公共预算收入 484.84 亿元，同口径增长 10.0%（同比增长 0.2%）。全年地方一般公共预算支出 870.01 亿元，同比增长 3.8%，增速较上年回升 3.3 个百分点。其中民生类支出达到 726.41 亿元，占一般公共预算支出比重达 83.5%，增速较上年提高 3.3 个百分点，有力推动了全市经济恢复和社会稳定。

经济效益不断提高。企业经营状况总体良好，2021 年，全市规模以上工业企业实现营业收入 7723.86 亿元，比上年增长 20.7%；利润总额增长 449.62 亿元，增长 4.8%。规上工业 34 个行业大类中，19 个行业营业收入超过百亿元，28 个行业利润总额实现增长。全市规模以上服务业营业收入 1188.02 亿元，增长 19.0%；利润总额 88.58 亿元，增长 70.8%。规上服务业 33 个行业大类中，4 个行业营业收入超过百亿元，10 个行业利润总额实现增长。

金融支撑稳健有力。全市金融机构服务实体经济能力不断提升，资本市场总体活跃。年末金融机构本外币各项存款余额为 14757.42 亿元，同比增长 7.9%。增幅虽有回落，但存款平稳增长态势为我市经济发展提供了充裕的资金。金融机构本外币各项贷款余额为 17620.96 亿元，增长 10.1%，存量贷款盘活力度加大，资金利用率提高，进一步加大了金融对我市经济发展的支持力度。

二、要素支撑不断强化，创新发展汇聚新动能

2021 年，我市下大力气鼓励企业开展研发活动，从市场环境、政策扶持、知识产权保护和促进成果转化等多方面入手，营造“大众创业、万众创新”的氛围，市场主体培育壮大成效显著，促进经济动能不断向创新驱动转换。

科技成果加快转化。深入实施创新驱动发展战略，持续抓好产学研用协同创新机制建设，推动科技成果与产业需求精准对接。全年专利授权量 23800 件，比上年增长 32.9%；全年登记技术合同 3278 项，实现技术合同成交金额 106.70 亿元，增长 46.4%。大力推进重大科技创新平台建设，引进聚集一批国家创新人才、创新团队和高成长性企业，创新成果转化为现实生产力的进程不断加快。全年新认定高新技术企业 1950 家；新增国家重点实验室 1 家，省级重点实验室 16 家，省级技术创新中心 6 家，市级重点实验室 20 家，市级工

程技术研究中心 29 家；引进和培育高层次科技创新人才和团队 40 个。

经济活力不断涌现。达规达限企业数量不断攀升，全年全市共新增一套表单位 1497 户（不含其他投资法人），比上年增长 83.7%，新增数达到历史新高。非公经济更加活跃，全市非公有制经济增加值 3951.44 亿元，增长 11.0%，占 GDP 比重达 59.4%。新兴业态发展持续加快，全市限额以上单位通过公共网络实现商品零售额 216.49 亿元，占全市限上消费品零售额比重为 14.2%；快递服务企业业务量 6.36 亿件，增长 36.4%。

市场主体活力涌动。营商环境持续优化，持续紧盯“打造区域性营商环境标杆城市”目标，持续深化“放管服”改革，营商环境综合评价排名全省第一。2021 年，全市新登记市场主体 11 万余户，比上年增长 11.77%，其中新登记企业 4.8 万余户，比上年增长 19.07%。民间发展动力有效激发，民间投资比上年增长 26.4%，增速比上年提高 32.2 个百分点，拉动全市投资 15.3 个百分点。民间资本投入向国家重大战略及补短板领域项目倾斜，其中，基础设施，信息传输、软件和信息技术服务业，教育行业，制造业民间投资分别增长 118.5%、71.6%、22.5%和 18.8%。

产业主导地位突显。工业向价值链中高端延伸，全市制造业增加值达到 1998.48 亿元，制造业增加值占 GDP 的比重达到 30.1%，比上年提高 1.8 个百分点。我市着力打造的“4+4+X”新型产业体系中，航空装备、现代针纺、机电装备制造和新型材料产业增加值分别比上年增长 113.4%、27.6%、13.6%和 12.2%，高于全市规上工业增加值增速。服务业加快发展，服务业增加值增长 9.1%，高于 GDP 增速 0.4 个百分点，服务业对经济增长的贡献率首次突破 50%，达到 51.6%，高于第二产业 6.8 个百分点。其中，住宿和餐饮业、其他营利性服务业、交通运输仓储和邮政业、批发和零售业 4 个行业增速超过 GDP 增速，分别增长 20.0%、13.0%、11.7%和 11.6%。

三、社会事业全面进步，协调发展实现新突破

2021 年，我市聚焦群众期盼和民生短板，持续深化教育医疗、文化体育、社会保障、生态环境等社会民生领域改革，让多层次、多样性、多元化的基本公共服务惠及更多人民群众，打造更有温度、更有质感、更有内涵的幸福城市。

教育事业均衡发展。持续整合优化教育资源，推进教育优质均衡发展。全年新增普惠性幼儿园 67 所，新增普惠性学位 1.9 万余个，新改扩建义务教育学校 15 个；初中阶段适龄少年入学率和小学适龄儿童入学率 100%；全年招收研究生 1.74 万人，在校研究生 4.70 万人，分别比上年增加 8.8%和 14.1%。

文化体育蓬勃发展。年末全市共有艺术表演团体 3 个，文化馆 11 个，公共图书馆 10 个，文化馆 10 个，博物馆、纪念馆 28 个；全年完成全民健身工程 2 个，总投资 250 万元，人民群众的文化、体育需求得到了更好的满足。

卫生水平稳步提升。公共卫生服务体系不断完善，年末全市共有医疗机构 2716 个，其中医院 139 个；拥有床位 4.61 万张，其中医院床位 4.02 万张；拥有各类专业卫生技术人员 5.41 万人，其中执业(助理)医师 1.91 万人。

基础设施日益完善。现代化综合交通基础设施建设初见成效，地铁 1 号线北延和东延、2 号线东延工程有序推进，4 号线开通运营，轨道交通运营里程达 128.6 公里，实现地铁四线换乘。桃新大道主线通车，沿江中北大道提升改造、小蓝大道快速化、九龙大桥快速化、桃花南路快速化、九洲高架东延等工程取得积极进展。全年铁路、公路、水路完成货物运输量 18678 万吨，比上年增长 26.5%。信息网络不断增强，全年邮电业务总量 155.37 亿元，增长 30.7%；年末互联网宽带接入用户数 310.9 万户，增长 13.0%。

四、生态环境更加优美，绿色发展取得新进展

2021 年，我市坚持筑牢生态安全屏障，加快绿色低碳转型，不断巩固拓展污染防治攻坚战成果，全市生态环境质量不断改善，绿色发展底色更加靓丽。

节能降耗成效显现。2021 年，全市万元规模以上工业增加值能耗下降 9.16%，降幅高于全省平均水平 1.57 个百分点；全市规上工业高耗能行业增加值同比增长 9.8%，低于规上工业增加值增速 1.6 个百分点，较上年回落 1.2 个百分点。

环境质量持续提升。全市生态环境治理体系和治理能力现代化加快建设，环境质量进一步提升。2021 年末全市建成区拥有园林绿地面积 14642 公顷，建成区绿化覆盖面积 15743 公顷，公园绿地 4053 公顷，城市建成区绿化覆盖率达到 43%，人均公园绿地面积达到 13.05 平方米。全年空气质量优良天数 334 天，优良率 91.5%，PM2.5 年均浓度累计下降 7.3%，空气质量连续四年达国家二级标准，在全国省会城市持续领先。

五、双循环加快构建，开放发展彰显新格局

2021 年，我市加快构建以国内大循环为主体、国内国际双循环相互促进的新发展格局，进一步提振内需，扩大外需，双循环效益持续显现。

消费需求不断改善。全市社会消费品零售总额 2878.74 亿元，比上年增长 17.4%。限上智能家电和音像器材类、化妆品类、体育娱乐用品类、新能源汽车等商品零售额分别比上年增长 38.5%、40.9%、60.5%、159.5%，居民消费品质需求有效释放，升级类消费品更加活跃。

投资结构不断优化。符合高质量发展方向的行业投资增长较快，高技术产业投资增长 27.5%，高于全部投资增速 16.4 个百分点。高技术制造业投资增长 22.5%，高技术服务业投资增长 44.0%。其中，科技成果转化服务投资增长 2.2 倍，电子商务服务业投资增长 54.0%，研发与设计服务业投资增长 52.8%，信息服务业投资增长 50.8%。

开放水平稳步提高。全年进出口总值 1293.56 亿元，增长 12.3%。其中，出口值 897.68 亿元，增长 25.9%，增速比上年提高 15.6 个百分点。实际利用外资 43.95 亿美元，比上年增长 8.3%，利用省外项目资金 1303.38 亿元，增长 9.3%。

六、民生保障明显改善，共享发展再上新台阶

2021 年，我市坚持为民惠民利民、民生优先导向，用心用情用力办好民生实事，人民群众安全感获得感幸福感大幅提升。

居民收入同步增长。居民收入持续恢复增长，与经济增长基本同步，老百姓的“钱袋子”越来越鼓，城乡收入差距缩小。2021 年，全市城镇居民实现人均可支配收入 50447 元，比上年增长 7.8%；农村居民人均可支配收入 22913 元，增长 9.5%，快于 GDP 增速 0.8 个百分点，农村居民收入增速连续 13 年快于城镇居民。城乡居民收入比为 2.20:1，比上年收窄 0.04。

社会保障日趋健全。全市一般公共预算支出中，用于住房保障、粮油物资储备、社会保障和就业支出等民生支出保持较高增幅，分别增长 37.2%、21.3%和 17.2%。全市城镇职工参加基本医疗保险人数 142.34 万人，比上年增加 4.22 万余人。参加失业保险人数 69.19 万人，增加 4.00 万人。城市居民最低生活保障人数 2.96 万人，农村居民最低生活保障人数 7.43 万人；城乡医疗救助人数 14.42 万人。

就业物价保持稳定。全面落实就业优先政策，减负、稳岗、扩就业并举，促进重点群体就业创业，2021 年城镇新增就业 7.22 万人；城镇登记失业率 3.09%。市场供求总体稳定，全年居民消费价格总指数（CPI）比上年上涨 1.0%，保持温和上涨态势，重要民生商品价格基本稳定。

百尺竿头思更进，策马扬鞭再奋蹄。2022 年是落实强省会战略、推进“一枢纽四中心”建设的起步之年。我们要坚持以习近平新时代中国特色社会主义思想为指导，全面贯彻党的十九大和十九届历次全会精神，深入贯彻习近平总书记视察江西重要讲话精神，立足新发展阶段，完整、准确、全面贯彻新发展理念，积极融入和服务新发展格局，率先“作示范、勇争先”，坚决扛起省会责任，充分彰显省会担当，奋力实现“两个大幅提升”目标任务，以优异成绩迎接党的二十大胜利召开。

自然、地理、资源

位　　置

南昌市位于东经115° 27′–116° 11′北纬28° 09′–29° 11′。地处江西省中部偏北，赣江、抚河下游，东北方濒临我国最大的淡水湖鄱阳湖。

地势、面积

全市以平原为主，东南地势平坦，西北丘陵起伏。全市土地面积7194.98平方公里。南北长约112.1公里，东西宽为 107.6公里。

山脉、河流、湖泊

位于西北部的西山山脉，呈东北向逶迤绵延，山脉中段的梅岭为市区最高点，其主峰洗药峰海拔841.4米。

全市境内江河纵横，湖泊池塘星罗棋布。主要河流有赣江、抚河、锦江和潦河等。湖泊主要有军山湖、青岚湖、金溪湖、瑶湖等，市区有青山湖、贤士湖，市中心错落着东湖、西湖、南湖、北湖等四个人工湖。

气　　候

南昌气候湿润温和，属亚热带季风区，雨量充沛，四季分明，春秋季短，冬夏季长。2021 年平均气温 19.7℃，极端最高气温 37.6℃，极端最低气温-4.2℃。年降水量 1962.8 毫米，降水日为 155 天，年平均相对湿度为 72.0%。年日照时间 1666.6 小时。年平均风速 1.8 米／秒。冬季多偏北风，夏季多偏南风。适合植物、花卉生长，是营造“花园城市”的理想地区。

水力资源

2021 年，地表水资源量 79.35 亿立方米，比多年均值多 28.1%；地下水资源量 14.71 亿立方米（其中与地表水资源量不重复计算量 4.08 亿立方米），比多年均值多 9.6%；水资源总量 83.43 亿立方米，比多年均值多 26.6%。

森林资源

全市林地面积 14.26 万公顷，森林覆盖率 22.0%；活立木蓄积量 927.27 万立方米。野生动、植物资源品种繁多。

1-1 土地面积

单位：平方公里

地　　区	土地面积
全　　市	**7194.98**
区	
东 湖 区	57.88
西 湖 区	35.28
青云谱区	36.86
湾里管理局	247.07
青山湖区	240.63
新 建 区	2159.64
县	
南 昌 县	1810.92
安 义 县	660.23
进 贤 县	1946.46

注：1.本表数据由市自然资源和规划局提供。
　　2.数据来源于南昌市2020年国土变更调查数据。

1-2 行政区划（2021年末）

单位：个

地　　区	街道办事处	居委会	镇	乡	村委会
全　　市	**36**	**921**	**50**	**28**	**1163**
区	**35**	**688**	**23**	**6**	**491**
东 湖 区	9	97	1		21
西 湖 区	11	147	1		13
青云谱区	5	75	1		12
青山湖区	4	145	4		67
新 建 区	3	132	16	5	326
红谷滩区	3	92		1	52
县	**1**	**233**	**27**	**22**	**672**
南 昌 县	1	134	11	7	304
安 义 县		27	7	3	104
进 贤 县		72	9	12	264

注：本表数据由市民政局提供。

1-3 水文、气象

项　　目	2020年	2021年
最高水位(八一桥水面，米)	24.58	21.77
最低水位(八一桥水面，米)	11.03	11.09
全年平均水位(八一桥水面，米)	16.12	14.90
全年降雨天数(天)	159	155
全年降雪天数(天)	1	3
全年降水量(毫米)	2139.4	1962.8
全年日照时数(小时)	1399.2	1666.6
全年蒸发量(毫米)	1023.3	976.0
全年平均气温(度)	19.1	19.7
极端最高气温(度)	37.0	37.6
极端最低气温(度)	-2.8	-4.2
全年相对湿度(%)	75.9	72.0
全年平均风速(米/秒)	1.8	1.8

注：本表数据由市水文局和市气象局提供。

1-4 各县区按专业分组一套表法人单位数（2021年）

单位：个

地　区	合　计	工　业	建筑业	批发和零售业	住宿和餐饮业	房地产开发经营业	服务业
全　市	**6973**	**1860**	**1048**	**1904**	**306**	**586**	**1269**
东湖区	429		90	164	33	27	115
西湖区	902	5	103	487	75	48	184
青云谱区	503	33	93	195	12	44	126
青山湖区	679	273	78	173	20	29	106
新建区	505	175	88	109	15	38	80
红谷滩区	511		102	116	67	76	150
南昌县	1079	412	216	198	21	116	116
安义县	335	230	22	26	5	12	40
进贤县	409	223	60	57	5	51	13
经济开发区	758	262	85	207	12	56	136
高新开发区	704	214	80	147	26	54	183
湾里管理局	155	32	30	25	15	35	18

1-5 主要年份国民经济

指标	1978	1980	1990	2000
人口				
年末常住人口(万人)	306.82	317.23	378.39	433.17
#男性人口			196.28	226.18
女性人口			182.11	206.99
#城镇人口				211.54
乡村人口				221.62
年末户籍人口(万人)	233.97	241.50	372.59	432.55
就业				
年末社会就业人数(万人)	131.13	136.03	199.00	214.96
#职工人数	53.14	58.51	82.04	58.77
国民经济核算				
地区生产总值(亿元)	14.37	16.95	63.20	476.04
第一产业	4.21	4.54	13.85	51.29
第二产业	7.07	8.20	25.07	192.95
第三产业	3.09	4.21	24.29	231.80
人均地区生产总值(元)	474	538	1705	11027
农业				
农业总产值(亿元)(按当年价)	4.50	5.56	23.65	69.44
主要农产品产量				
粮食(万吨)	117.43	120.16	170.81	156.12
棉花(万吨)	0.22	0.29	0.11	0.33
油料(万吨)	1.16	1.43	4.04	9.78
园林水果(万吨)			0.94	0.92
蔬菜(万吨)			60.02	109.09
水产品(万吨)	0.83	1.16	5.52	22.00
肉类总产量(万吨)			10.23	20.80
生猪年末存栏(万头)	78.45	77.43	121.32	166.13
生猪当年出栏(万头)			140.98	208.18
工业				
规模以上工业增加值(亿元)				79.26
轻工业				42.76
重工业				36.50
主要工业产品产量				
纱(万吨)			2.33	2.61
布(万米)	7976	12294	9923	13285
机制纸及纸板(万吨)	3.26	4.35	6.16	8.16
发电量(亿千瓦小时)	7.54	7.91	15.46	31.13
钢材(万吨)	7.75	20.67	22.33	80.85
水泥(万吨)	6.65	8.64	20.85	33.00
效益指标				
资产总计(亿元)				
负债合计(亿元)				
营业收入(亿元)				

注：1.规模以上工业营业收入2018年及以前为规模以上工业主营业务收入数据。
2.表中2017-2019年常住人口数据为第七次全国人口普查后修订数。

和社会发展主要指标

2010	2017	2018	2019	2020	2021	2021年比上年增长%
505.33	592.08	601.62	614.05	625.58	643.75	2.9
263.95	309.52	314.63	321.33	327.47	337.18	3.0
241.38	282.55	286.99	292.71	298.11	306.57	2.8
332.05	443.04	457.77	475.98	488.44	506.23	3.6
173.28	149.04	143.85	138.06	137.14	137.52	0.3
502.25	524.66	531.88	536.00	538.29	540.38	0.4
281.20	319.20	322.90	327.40	330.00	333.82	1.2
63.21	105.66	102.30	102.72	104.54	100.93	-3.4
2145.46	4547.63	5119.33	5536.66	5783.32	6650.53	8.7
121.00	180.79	190.68	212.92	235.45	238.31	7.8
1206.84	2291.78	2432.81	2608.05	2693.40	3218.10	8.3
817.63	2075.06	2495.84	2715.69	2854.47	3194.11	9.1
42734	77957	85772	91088	93307	104788	6.2
204.66	310.04	321.01	360.53	401.62	411.11	9.7
181.06	217.41	214.48	211.50	211.77	214.52	1.3
0.38	0.17	0.16	0.15	0.14	0.05	-61.3
10.80	11.11	11.54	11.26	11.70	11.61	-0.8
2.36	4.03	4.17	4.19	4.24	4.49	5.9
93.91	129.32	129.89	130.34	132.35	134.50	1.6
34.57	39.19	40.44	41.00	41.87	43.01	2.7
32.97	29.70	31.43	28.65	24.45	29.07	18.9
195.99	144.43	156.06	19.36	134.33	130.36	-3.0
317.77	284.11	279.07	111.22	145.52	215.55	48.1
650.92						11.4
329.19						12.2
321.73						10.8
3.00	4.34	6.64	12.29	14.83	17.08	5.1
12691	4923	2553	905		124	9.5
37.09	64.39	64.41	65.26	66.80	0.17	11.6
77.81	111.65	111.50	100.08	110.75	111.47	0.4
307.13	381.93	464.29	421.55	490.28	556.59	13.2
319.17	762.03	693.06	832.13	848.10	785.59	-7.4
1961.54	5785.25	6106.99	6757.24	7158.20	6810.79	6.5
1138.93	3144.91	3519.59	3941.81	4152.19	3882.86	9.3
2768.52	6223.85	6395.38	6997.07	7346.91	7723.86	20.7

指　　标	1978	1980	1990	2000
建筑业(资级企业)				
建筑业企业人数(万人)				10.12
建筑业总产值(亿元)	3.13	3.77	9.07	38.11
施工房屋面积(万平方米)	111.62	173.28	318.00	695.00
竣工房屋面积(万平方米)	37.25	96.56	126.00	298.00
交通运输业				
公路通车里程(公里)	1286	1148	1831	1958
#等级公路				
货物运输量(万吨)			2820	3171
#民航				
铁路			221	224
公路	261	257	2298	2784
水运	150	77	301	163
旅客运输量(万人)			3289	3904
#民航				
铁路			517	906
公路	352	634	2720	2978
水运	87	96	52	20
邮电通信业				
电信业务总量(万元)				
邮政业务总量(万元)				
函件(万件)	6472	9739	4781	3016
移动电话用户(万户)				43
固定电话用户(万户)	0.58	0.65	3.15	74
互联网宽带用户数(万户)				
固定资产投资				
全社会固定资产投资(亿元)	1.22	2.11	10.32	79.87
#工业投资	0.53	0.49	1.46	17.29
房地产开发投资				13.20
新增固定资产(亿元)	0.71	1.31	8.62	36.72
市政建设				
全社会用电量(亿千瓦时)	12.50	15.42	22.36	36.08
#工业用电量	5.50	7.47	15.53	23.23
营运公共汽车(辆)				

注：1.市政建设数据不包括南昌县、安义县 和进贤县。

2.2021年交通运输部开展货运专项调查对2019年、2020年全国公路货运数据进行了调整。

3.2021年邮政业务总量、电信业务总量测算不变单价进行了调整。

表1

2010	2017	2018	2019	2020	2021	2021年比上年增长%
22.81	72.64	71.57	65.03	74.12	58.47	-21.1
791.86	3183.86	3643.06	4160.18	4495.14	5106.47	13.6
6226.84	16308.60	18048.57	18054.69	17927.21	18612.29	3.8
2167.65	6343.53	6368.67	5862.89	5384.58	5162.42	-4.1
9707	11388	11258	11966	11890	11917	0.2
7802	9700	9672	10654	11519	11580	0.5
8327	13836	15657	14130	14787	18695	26.4
3	5	8	12	18.2	17.3	-4.9
412	273	327	318	362.6	418.8	15.5
7244	12436	14199	12568	13156	16784	27.6
668	1122	1123	1232	1250.2	1474.9	18.0
10971	7562	7893	7895	5497.4	4888.8	-11.1
475	1094	1352	1364	942.7	979.6	3.9
1977	3515	3769	3946	2658.8	3058.0	15.0
8519	2953	2772	2583	1892	842	-55.5
				3.9	9.2	135.9
108578	1682000	3861000	6030000	7027000	847000	
358600	430300	634900	816300	1122800	706700	
17971	1055	1384	891	645.6	386.0	-40.2
473	613	697	709	727.3	783.8	7.8
162	93	91	87	91.5	88.7	-3.1
62	185	238	265	275.2	310.9	13.0
1939.35	5157.29					11.1
646.86	1843.99					18.7
110.22	790.69					0.4
1412.92	3143.84					39.5
112.84	205.97	230.00	247.20	253.99	287.00	13.0
64.24	105.46	116.85	123.37	132.30	147.52	11.5
	3691	4112	3916	4361	4287	-1.7

指　　标	1978	1980	1990	2000
建成区绿化覆盖率(%)				
污水处理率(%)				
内外贸易和旅游				
社会消费品零售总额(亿元)	5.26	7.49	29.49	161.94
海关进出口总额(亿美元)				11.15
出口额				8.86
进口额				2.28
实际利用外资额(亿美元)				0.29
旅游总收入(亿元)				
接待入境旅游者人数(万人次)				3.70
旅游外汇收入(万美元)				2578
财政				
地方一般公共预算收入(亿元)				18.30
地方一般公共预算支出(亿元)	0.90	1.14	5.51	23.77
金融业				
金融机构本外币存款余额(亿元)				700.96
#金融机构人民币存款余额	2.75	7.91	54.71	627.48
金融机构本外币贷款余额(亿元)				458.25
#金融机构人民币贷款余额	9.92	12.45	82.20	400.74
保险公司保费收入(亿元)			0.61	8.05
保险公司赔付支出(亿元)			0.27	2.15
价格指数(上年=100)				
商品零售价格指数	99.7	107.4	101.8	97.8
居民消费价格指数	99.7	106.6	103.3	102.6
教育、文化、卫生				
高等学校在校学生数(人)	11989	18359	30939	78252
中等专业学校在校学生数(人)	7841	11970	20437	80622
普通中学在校学生数(万人)	15.19	12.94	20.97	26.15
小学在校学生数(万人)	32.35	33.21	37.86	40.94
图书馆藏书量(万册)	208	228	338	332
卫生机构数(个)	598	612	832	932
卫生技术人员数(人)	12275	13470	21658	22477
#医　生	5582	6693	9632	9527
医疗卫生机构病床数(张)	11749	12704	16205	15130
人民生活				
城镇非私营单位在岗职工平均工资(元)	577	732	1798	8756
城镇居民人均可支配收入(元)		339	1349	5734
农村居民人均可支配收入(元)		184	721	2390

注：1.2016年以后图书馆藏书不含省图书馆藏书。
2.因口径调整，2021年海关进出口数据以人民币为单位统计。
3.入境旅游方面数据2021年未统计。
4.2021年保险公司保费收入和赔付支出的统计口径调整为不包含风险处置机构，故2021年比上年增速为统计口径调整后的增速。

表2

2010	2017	2018	2019	2020	2021	2021年比上年增长%
38.09	43.94	43.25	41.25	41.30	43.00	
73.23	99.80	71.60	91.00	95.00	95.80	
767.97	2108.36	2143.68	2382.31	2452.74	2878.74	17.4
53.07	98.41	119.56	153.73	166.15	1293.56(亿元)	12.3
36.76	62.80	68.63	93.47	102.97	897.68(亿元)	25.9
16.30	35.61	50.93	60.26	63.17	395.87(亿元)	-9.7
14.77	31.81	34.89	37.72	40.60	43.95	8.3
100.80	1204.60	1520.00	1869.16	1475.24	1743.95	18.2
12.05	27.86	29.12	32.69	2.84		
3069	9971	12681	14236	6035		
146.47	417.08	461.75	477.00	483.86	484.83	0.2
232.03	653.12	752.41	834.11	838.17	870.01	3.8
4199.08	10137.34	10733.08	12096.80	13676.82	14757.42	7.9
4167.67	10011.39	10605.78	11980.04	13526.76	14601.55	7.9
3506.30	10364.58	12124.64	14047.32	16005.62	17620.96	10.1
3461.52	10209.28	11950.32	13864.69	15814.55	17420.55	10.2
61.36	191.27	201.48	224.90	267.89	252.19	0.6
12.79	50.38	61.52	69.75	83.85	95.48	15.2
103.0	101.0	100.8	101.3	101.5	101.6	1.6
103.2	102.1	102.3	102.8	102.5	101.0	1.0
490241	609801	610624	630485	687852	708034	2.9
99202	76417	69282	70491	75569	83127	10.0
30.21	29.67	30.58	31.52	32.18	32.92	2.3
43.66	41.96	42.98	42.77	43.54	44.03	1.1
440	213	222	224	351	354	0.9
798	2222	2245	2502	2686	2715	1.1
27980	39418	41532	46675	50757	54139	6.7
10330	14143	14797	16778	17857	19133	7.1
20025	32467	33517	36333	44206	46077	4.2
35038	72686	82672	88470	93774	102084	8.9
18276	37675	40844	44136	46796	50447	7.8
7193	16364	17866	19498	20921	22913	9.5

1-6 主要年份国民经济主要比例关系

单位：%

指 标	1978	1980	1990	2000	2010	2017	2018	2019	2020	2021
地区生产总值										
第一产业	29.3	26.8	21.9	10.8	5.6	4.0	3.7	3.8	4.1	3.6
第二产业	49.2	48.4	39.7	40.5	56.3	50.4	47.5	47.1	46.6	48.4
工 业			37.7	30.9	42.8	37.1	34.1	33.2	32.9	34.7
建筑业			2.0	9.7	13.4	13.3	13.5	14.0	13.7	13.7
第三产业	21.5	24.8	38.4	48.7	38.1	45.6	48.8	49.1	49.4	48.0
#交通运输、仓储和邮政业			5.0	6.0	4.6	4.1	3.9	3.9	3.3	3.4
批发零售和住宿餐饮业			10.8	13.5	8.9	9.0	8.7	8.8	8.6	8.6
金融业			10.7	5.2	5.3	7.8	9.5	9.8	10.6	10.2
全市总人口										
城镇人口					65.71	74.83	76.09	77.52	78.08	78.64
乡村人口					34.29	25.17	23.91	22.48	21.92	21.36
社会就业人员										
第一产业	58.6	55.8	47.5	39.5	24.2	17.7	17.1	16.5	16.1	15.6
第二产业	26.9	29.1	30.7	26.2	32.0	34.7	34.5	34.4	34.2	34.4
第三产业	14.5	15.1	21.8	34.3	43.8	47.6	48.4	49.1	49.7	50.0
农业总产值										
农 业	85.4	84.1	55.6	41.9	37.1	43.7	44.1	41.0	38.5	40.7
林 业	0.9	0.9	1.1	1.5	1.1	1.5	1.5	1.5	1.5	1.6
畜 牧 业	11.8	12.6	31.2	35.2	39.2	28.4	27.2	32.3	36.9	30.8
渔 业	1.4	1.3	6.4	21.4	20.7	22.3	22.8	20.7	18.5	21.4
农林牧渔专业及辅助性活动	0.5	1.1	5.7		1.9	4.1	4.4	4.5	4.5	5.6
规模以上工业增加值										
轻工业				53.9	50.6	41.6	38.7	39.9	40.6	38.9
重工业				46.1	49.4	58.4	61.3	60.1	59.4	61.1
全社会固定资产投资										
第一产业	8.3	6.1	1.1	1.5	1.3	1.5	1.1	0.9	1.3	1.9
第二产业	43.1	23.1	14.2	54.2	40.8	36.4	31.8	32.9	31.3	33.3
第三产业	48.6	70.8	84.7	44.3	57.9	62.1	67.1	66.2	67.4	64.8
研究与试验经费（R&D经费）占GDP比重				**1.37**	**1.94**	**1.68**	**1.70**	**1.81**	**1.95**	**1.93**
科教文卫事业费占财政支出的比例	**29.9**	**31.2**	**24.6**	**22.8**	**26.7**	**30.4**	**29.9**	**30.0**	**33.1**	**32.2**

注：2000年之前“交通运输、仓储和邮政业”的统计口径为“交通运输仓储邮电业”。

1-7 主要年份主要指标每人年平均水平

指　　标	1978	1980	1990	2000	2010	2017	2018	2019	2020	2021
地区生产总值(元)	**474**	**538**	**1705**	**11027**	**42734**	**77957**	**85772**	**91088**	**93307**	**104788**
农业总产值(元)	**148**	**176**	**638**	**1623**	**4076**	**5315**	**5378**	**5931**	**6480**	**6478**
主要农产品产量(千克)										
粮食	386.96	381.37	460.80	364.84	360.63	372.69	359.35	347.96	341.67	338.00
棉花	0.73	0.92	0.30	0.77	0.76	0.29	0.27	0.25	0.23	0.08
园林水果			2.54	2.15	4.70	6.91	6.99	6.89	6.84	7.07
水产品	2.74	3.68	14.89	51.41	68.86	67.18	67.76	67.45	67.55	67.77
肉类总产量			27.60	48.61	65.67	50.92	52.66	47.13	39.45	45.80
主要工业产品产量										
纱(千克)			6.29	6.10	5.98	7.43	11.12	20.21	23.93	26.93
布(米)	26.28	39.02	26.77	31.05	25.28	8.44	4.28	1.49		0.20
发电量(千瓦小时)	248.42	251.05	417.07	727.48	1549.81	1913.95	1868.14	1646.51	1786.84	1756.36
钢材(千克)	25.53	65.60	60.23	188.94	611.74	654.72	777.91	693.54	791.02	876.98
水泥(千克)		27.42	56.25	77.12	635.72	1306.30	1161.20	1369.02	1368.32	1237.79
人民生活										
城镇非私营单位在岗职工平均工资(元)	577	732	1798	8756	35038	72686	82672	88470	93774	102084
城镇居民人均可支配收入(元)		339	1349	5734	18276	37675	40844	44136	46796	50447
农村居民人均可支配收入(元)		184	721	2390	7193	16364	17866	19498	20921	22913

1-8　主要年份平均每天主要社会经济活动

指　　标	1978	1980	1990	2000	2010	2017	2018	2019	2020	2021
地区生产总值(万元)	394	464	1732	13042	58780	124593	140256	153320	158447	182206
农业总产值(万元)	123	152	648	1897	5607	8494	8795	9878	10973	11263
主要工业产品产量										
纱(吨)			63.84	71.31	82.19	118.77	181.82	336.58	405.19	467.95
布(万米)	21.85	33.59	27.19	36.30	34.77	13.49	6.99	2.48		0.34
发电量(万千瓦时)	207	216	424	851	2132	3059	3055	2742	3026	3054
水泥(吨)	182	236	571	902	8744	20878	18988	22798	23172	21523
社会消费品零售总额(万元)	144	205	808	4437	21039	57763	58731	65269	67015	78870
其他经济活动										
货物运输量(万吨)			7.73	8.66	22.81	37.91	42.89	46.33	48.36	51.22
旅客运输量(万人次)			9.01	10.67	30.06	20.72	21.62	21.63	15.02	13.39
函件(万件)	17.73	26.61	13.10	8.24	49.24	2.89	3.79	2.44	1.76	1.06

1-9 南昌市主要经济指标占全省的比重（2021年）

项　　　目	江　　西	南　　昌	南昌所占比重(%)
土地面积(平方公里)	16.69万	7194.98	4.3
年末总人口(万人)	4517.40	643.75	14.3
地区生产总值(亿元)	29619.67	6650.53	22.5
农业总产值(亿元)	3998.08	411.11	10.3
主要工业产品产量			
机制纸及纸板(万吨)	280.24	0.17	0.1
发电量(亿千瓦小时)	1425.20	111.47	7.8
钢材(万吨)	3480.92	556.59	16.0
水泥(万吨)	10130.68	785.59	7.8
主要农产品产量			
粮食(万吨)	2192.33	214.52	9.8
棉花(万吨)	1.72	0.05	2.9
油料(万吨)	130.91	11.61	8.9
园林水果(万吨)	518.36	4.49	0.9
蔬菜及食用菌(万吨)	1730.6	134.50	7.8
水产品(万吨)	269.51	43.01	16.0
肉类总产量(万吨)	344.96	29.07	8.4
社会消费品零售总额(亿元)	12206.69	2878.74	23.6
进出口总额(亿元)	4980.39	1293.56	26.0
#出口额	3671.80	897.68	24.4
实际利用外资额(亿美元)	157.78	43.95	27.9
接待入境旅游者人数(万人次)			
普通高等学校在校学生(万人)	140.77	70.80	50.3
中等专业学校在校学生(万人)		8.31	
普通中学在校学生(万人)	332.28	32.92	9.9
小学在校学生(万人)	395.79	44.03	11.1
卫生技术人员(万人)	30.57	5.41	17.7
#医生	11.14	1.91	17.2
卫生机构病床数(万张)	30.73	4.61	15.0

二、国民经济核算

NATIONAL ACCOUNTS

本篇内容包括:

地区生产总值

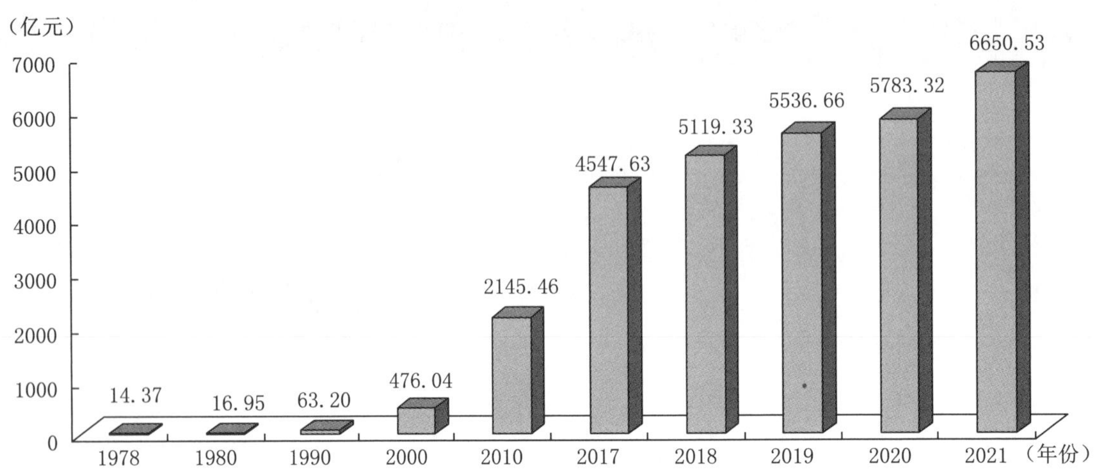

2021年地区生产总值构成

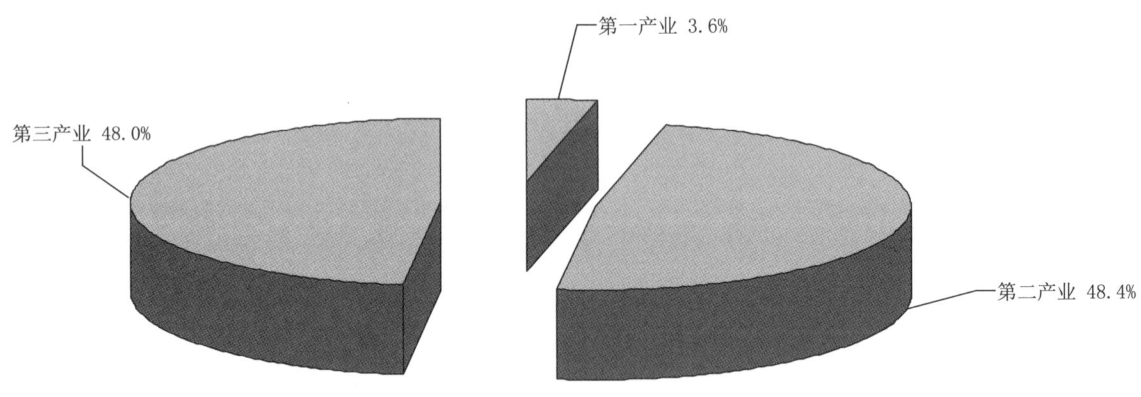

2-1 主要年份地区生产总值

年份	地区生产总值（万元）				人均地区生产总值（元）
		第一产业	第二产业	第三产业	
1957	37287	18053	10601	8633	223
1962	42877	12109	15716	15052	222
1965	65435	21413	28837	15185	315
1970	93305	22785	51086	19434	389
1975	107291	34267	47251	25773	382
1978	143727	42065	70744	30918	474
1979	158303	42494	74784	41025	511
1980	169513	45361	82026	42126	538
1981	189093	53874	91014	44205	593
1982	204423	61052	97054	46317	632
1983	212229	62386	100002	49841	649
1984	257925	79281	116105	62539	781
1985	325718	78735	171408	75575	977
1986	369492	82109	185935	101448	1093
1987	435864	90367	193554	151943	1266
1988	518161	96081	231734	190346	1474
1989	591567	120079	252286	219202	1647
1990	632034	138479	250705	242850	1705
1991	728886	143295	285370	300221	1910
1992	946665	178041	395972	372652	2436
1993	1293955	225343	584546	484066	3279
1994	1818436	334901	801503	682032	4550
1995	2454072	398415	1115241	940416	6074
1996	3105911	496539	1394535	1214837	7610
1997	3752067	536822	1702856	1512389	9100
1998	3992606	440170	1853634	1698802	9584
1999	4237630	500233	1940558	1796839	10074
2000	4760425	512922	1929540	2317963	11027

2-1 续表

年份	地区生产总值（万元）	第一产业	第二产业	第三产业	人均地区生产总值（元）
2001	5242006	541131	2159890	2540985	12024
2002	5980910	582947	2615354	2782609	13591
2003	6885021	596810	3272931	3015280	15516
2004	8420214	710263	4276699	3433252	18839
2005	9796983	759382	5211578	3826023	20932
2006	11649389	829203	6466998	4353188	24566
2007	14120436	942028	7702944	5475464	29386
2008	16521905	1097078	8931235	6493592	33905
2009	17827139	1144246	9613633	7069260	36020
2010	21454633	1209970	12068367	8176296	42734
2011	26358983	1379140	14840994	10138849	51569
2012	28768982	1500169	15913544	11355269	55073
2013	32073474	1595067	17626380	12852027	60245
2014	34984514	1685837	19098100	14200577	64446
2015	37788182	1775060	19845947	16167175	68185
2016	41374868	1803042	21226968	18344858	72954
2017	45476292	1807875	22917817	20750600	77957
2018	51193279	1906820	24328060	24958399	85772
2019	55366568	2129226	26080479	27156863	91088
2020	57833240	2354518	26933985	28544737	93307
2021	66505276	2383116	32181022	31941138	104788

2-2 主要年份地区生产总值指数

(按可比价计算)　　单位：%

年　份	地　区 生产总值	(以1978年为100) 第一产业	第二产业	第三产业	地　区 生产总值	(以上年为100) 第一产业	第二产业	第三产业	人均地区 生产总值
1980	121.9	100.6	117.9	149.4	105.5	99.6	111.5	100.7	103.7
1981	130.4	107.0	135.9	141.1	107.0	106.4	115.3	94.4	105.7
1982	142.2	122.6	140.8	162.1	109.1	114.5	103.6	114.9	107.6
1983	154.8	135.3	162.3	174.4	108.8	110.4	115.3	107.6	107.6
1984	185.7	147.1	196.2	222.4	120.0	108.7	120.9	127.5	118.8
1985	216.2	157.1	239.8	251.7	116.4	106.8	122.2	113.2	115.3
1986	241.5	164.5	254.4	326.5	111.7	104.7	106.1	129.7	110.2
1987	256.9	185.5	233.8	416.6	106.4	112.8	91.9	127.6	104.5
1988	288.8	186.4	264.7	493.7	112.4	100.5	113.2	118.5	110.1
1989	306.7	216.8	268.1	529.2	106.2	116.3	101.3	107.2	103.9
1990	323.9	250.0	266.5	568.4	105.6	115.3	99.4	107.4	103.2
1991	366.6	260.0	315.3	647.9	113.2	104.0	118.3	114.0	109.6
1992	425.6	268.6	379.9	773.6	116.1	103.3	120.5	119.4	114.1
1993	497.1	281.2	470.7	902.8	116.8	104.7	123.9	116.7	115.3
1994	588.1	304.0	588.0	1051.8	118.3	108.1	124.9	116.5	116.8
1995	682.8	316.1	699.1	1251.7	116.1	104.0	118.9	119.0	114.8
1996	788.0	347.4	799.7	1490.7	115.4	109.9	114.4	119.1	114.2
1997	891.2	371.1	901.3	1732.2	113.1	106.8	112.7	116.2	112.0
1998	960.7	320.6	1008.6	1929.7	107.8	86.4	111.9	111.4	106.7
1999	1046.2	353.3	1094.3	2105.3	108.9	110.2	108.5	109.1	107.8
2000	1142.4	363.9	1195.0	2336.9	109.2	103.0	109.2	111.0	107.3

2-2 续表

(按可比价计算) 单位：%

年份	地区生产总值(以1978年为100)	第一产业	第二产业	第三产业	地区生产总值(以上年为100)	第一产业	第二产业	第三产业	人均地区生产总值
2001	1280.7	378.8	1349.1	2647.7	112.1	104.1	112.9	113.3	111.0
2002	1457.4	395.1	1586.6	2978.6	113.8	104.3	117.6	112.5	112.7
2003	1683.3	406.2	1886.4	3425.4	115.5	102.8	118.9	115.0	114.6
2004	1961.0	435.8	2273.2	3918.7	116.5	107.3	120.5	114.4	115.6
2005	2290.5	457.6	2755.1	4486.9	116.8	105.0	121.2	114.5	111.5
2006	2636.4	479.6	3259.2	5056.8	115.1	104.8	118.3	112.7	113.6
2007	3042.4	495.9	3803.5	5845.6	115.4	103.4	116.7	115.6	113.8
2008	3498.7	524.6	4514.8	6500.3	115.0	105.8	118.7	111.2	113.4
2009	3957.1	565.0	5174.0	7260.9	113.1	107.7	114.6	111.7	111.4
2010	4511.0	596.1	6001.8	8146.7	114.0	105.5	116.0	112.2	112.4
2011	5097.5	624.1	6842.0	9181.3	113.0	104.7	114.0	112.7	110.9
2012	5734.7	653.5	7772.6	10273.9	112.5	104.7	113.6	111.9	110.0
2013	6348.3	694.6	8697.5	11239.6	110.7	106.3	111.9	109.4	108.6
2014	6970.4	726.6	9697.7	12116.3	109.8	104.6	111.5	107.8	107.7
2015	7639.6	754.9	10657.8	13303.7	109.6	103.9	109.9	109.8	107.4
2016	8327.1	784.4	11553.0	14660.7	109.0	103.9	108.4	110.2	106.5
2017	9076.6	815.7	12523.5	16141.4	109.0	104.0	108.4	110.1	105.9
2018	9884.4	841.8	13588.0	17771.7	108.9	103.2	108.5	110.1	106.5
2019	10655.4	866.2	14675.0	19175.7	107.8	102.9	108.0	107.9	105.8
2020	11038.9	885.3	15232.7	19827.6	103.6	102.2	103.8	103.4	101.6
2021	11999.3	954.4	16497.0	21632.0	108.7	107.8	108.3	109.1	106.2

2-3 主要年份地区生产总值构成

(以地区生产总值为100)　单位：%

年　份	第一产业	第二产业	工业	建筑业	第三产业	#交通运输仓储和邮政业	批发零售住宿餐饮业	金融保险业
1980	26.8	48.4			24.8			
1981	28.5	48.1			23.4			
1982	29.9	47.5			22.6			
1983	29.4	47.1			23.5			
1984	30.7	45.0			24.3			
1985	24.2	52.6			23.2			
1986	22.2	50.3			27.5			
1987	20.7	44.4			34.9			
1988	18.5	44.7			36.8			
1989	20.3	42.6	40.7	1.9	37.1	6.6	11.7	10.5
1990	21.9	39.7	37.7	2.0	38.4	5.0	10.8	10.7
1991	19.6	39.2	35.1	4.1	41.2	4.0	10.6	10.4
1992	18.8	41.8	37.7	4.1	39.4	3.5	10.3	10.3
1993	17.4	45.2	41.0	4.2	37.4	5.0	7.9	5.3
1994	18.4	44.1	39.8	4.3	37.5	5.0	10.3	5.1
1995	16.2	45.4	39.0	6.4	38.4	5.4	11.9	5.1
1996	16.0	44.9	37.0	7.9	39.1	5.8	11.3	5.0
1997	14.3	45.4	34.8	10.6	40.3	6.1	11.5	4.9
1998	11.0	46.4	35.7	10.7	42.6	6.6	11.9	5.0
1999	11.8	45.8	35.1	10.7	42.4	6.7	11.7	4.8
2000	10.8	40.5	30.9	9.7	48.7	6.0	13.5	5.2

注：2000年之前“交通运输、仓储和邮政业”的统计口径为“交通运输仓储邮电业”。

2-3 续表

(以地区生产总值为100) 单位：%

年 份	第一产业	第二产业	工业	建筑业	第三产业	#交通运输仓储和邮政业	批发零售住宿餐饮业	金 融保险业
2001	10.3	41.2	31.4	9.8	48.5	6.1	12.7	4.8
2002	9.7	43.7	32.8	11.0	46.5	6.0	11.5	4.6
2003	8.7	47.5	35.2	12.3	43.8	5.9	9.9	4.0
2004	8.4	50.8	36.6	14.2	40.8	5.7	9.1	4.4
2005	7.8	53.2	37.5	15.7	39.1	5.3	8.9	4.4
2006	7.1	55.5	38.7	16.8	37.4	6.7	8.0	4.1
2007	6.7	54.6	38.5	16.0	38.8	5.9	8.1	5.1
2008	6.6	54.1	39.8	14.3	39.3	5.4	8.4	5.1
2009	6.4	53.9	40.0	14.0	39.7	5.0	9.0	5.7
2010	5.6	56.3	42.8	13.4	38.1	4.6	8.9	5.3
2011	5.2	56.3	43.8	12.5	38.5	4.1	9.2	5.4
2012	5.2	55.3	42.4	13.0	39.5	4.6	9.1	5.3
2013	5.0	55.0	41.4	13.6	40.1	4.3	8.7	6.1
2014	4.8	54.6	40.7	13.9	40.6	4.2	8.7	6.7
2015	4.7	52.5	39.1	13.5	42.8	4.2	8.9	7.7
2016	4.4	51.3	38.0	13.3	44.3	4.0	8.8	8.2
2017	4.0	50.4	37.1	13.3	45.6	4.1	9.0	7.8
2018	3.7	47.5	34.1	13.5	48.8	3.9	8.7	9.5
2019	3.8	47.1	33.2	14.0	49.1	3.9	8.8	9.8
2020	4.1	46.6	32.9	13.7	49.4	3.3	8.6	10.6
2021	3.6	48.4	34.7	13.7	48.0	3.4	8.6	10.2

注：2000年之前“交通运输、仓储和邮政业”的统计口径为“交通运输仓储邮电业”。

2-4 地区生产总值增长

单位：万元

项　　　　目	2020年	2021年	2021年比上年增长 %
地区生产总值	**57833240**	**66505276**	**8.7**
第一产业	2354518	2383116	7.8
第二产业	26933985	32181022	8.3
工业	19035667	23078359	8.8
建筑业	7910176	9117344	7.3
第三产业	28544737	31941138	9.1
农林牧渔专业及辅助活动	63456	78444	6.5
批发和零售业	4480460	5160975	11.6
交通运输、仓储和邮政业	1925953	2247214	11.7
住宿和餐饮业	468880	566497	20.0
金融业	6144750	6761814	4.6
房地产业	5246641	5711324	7.5
营利性服务业	4120744	4654969	13.0
非营利性服务业	6081995	6745220	8.7

注：工业中开采专业及辅助性活动，金属制品、机械和设备修理业属于第三产业。

2-5　县区地区生产总值

地　　区	总量(万元)		增速(%)	
	2020年	2021年	2020年	2021年
东 湖 区	4054359	4521298	2.5	8.2
西 湖 区	5887421	6706818	0.1	10.0
青云谱区	3375150	4017666	4.0	10.2
青山湖区	5367769	6117584	3.1	8.8
新 建 区	3882698	3933797	2.1	8.8
红谷滩区	6419870	7302555	5.0	8.0
南 昌 县	10408445	11955745	4.7	8.7
安 义 县	1098377	1237091	3.6	8.3
进 贤 县	3112849	3543987	2.5	8.4
经济开发区	5726856	7213022	5.2	8.4
高新开发区	7756842	9203752	5.5	9.0
湾里管理局	742607	751961	3.6	0.8

注：从2021年起，乐化镇和樵舍镇由新建区调整为经济开发区管辖。

主要统计指标解释

地区生产总值 即GDP，是一个国家（地区）所有常住单位在一定时间内按市场价格计算的生产活动的最终成果。国内生产总值有三种表现形态，即价值形态、收入形态和产品形态。从价值形态看，它是所有常住单位在一定时间内所生产的全部货物和服务价值超过同期投入的全部非固定资产货物和服务的差额，即所有常住单位的增加值之和；从收入形态看，它是所有常住单位在一定时间内所创造并分配给常住单位和非常住单位的初次分配收入之和；从产品形态看，它是最终使用的货物和服务减去进口货物和服务。在实际核算中，生产总值的三种表现形态为三种计算方式，即生产法、收入法和支出法。三种方法分别从不同的方面反映生产总值及其构成。这项指标名称全国为国内生产总值，各省、市、县都称地区生产总值。

增加值 指各部门（单位）在一定时期内从事经济、社会活动获得最终成果的货币表现。反映生产单位和部门对国内生产总值的贡献。增加值包括固定资产折旧、劳动者报酬、生产税净额、营业盈余。

三次产业 根据社会生产活动历史发展的顺序对产业结构的划分，产品直接取自自然界的部门称为第一产业，对初级产品进行再加工的部门称为第二产业，为生产和消费提供各种服务的部门称为第三产业。

根据《国民经济行业分类》（GB/T 4754-2017），我国的三次产业划分是：

第一产业是指农、林、牧、渔业（不含农、林、牧、渔专业及辅助性活动）。

第二产业是指采矿业（不含开采专业及辅助活动），制造业（不含金属制品、机械和设备修理业），电力、热力、燃气及水生产和供应业，建筑业。

第三产业即服务业，是指除第一产业、第二产业以外的其他行业。

当年价格 指报告期的实际价格，如工厂的出厂价格、农产品的收购价格、商业的零售价格等。按当年价格计算，是指一些以货币表现的物量指标加工农业总产值、国内生产总值等，按照当年的实际价格来计算总量。使用当年价格计算的数字，是为了使国民经济各项指标相互衔接，便于考察当年经济效益，便于对生产和流通、生产和分配、生产和消费进行经济核算的综合平衡。

按当年价格计算的价值指标，在不同年份之间进行对比时，因为包含有各年间价格变动因素，不能确切反映实物量的增减变动。必须消除价格变动因素后，才能真实反映经济发展动态。因此，在计算增长速度时都使用按可比价格计算的数字。

可比价格 指在不同时期的价值指标对比时，扣除了价格变动的因素，以确切表示物量的变化。按可比价格计算有两种方法：一种是直接按产品产量乘其不变价格计算；一种是用物价指数换算。

不变价格 指用同类产品的年平均价格作为固定价格，来计算各年产品价值。按不变价格计算的产品价值除了价格变动因素，不同时期对比可以反映生产的发展速度。新中国成立后，随着工农业产品价格水平的变化，国家统计局先后五次制定了全国统一的工业产品不变价格和农业产品不变价格。从1949年至1957年使用1952年工（农）业产品不变价格，从1957年到1971年使用1957年不变价格，从1971年到1981年使用1970年不变价格，从1981年到1990年使用1980年不变价格，从1990年开始使用1990年不变价格，从1995年开始使用1995年不变价格，从2000年开始使用2000年不变价格，从2005年开始使用2005年不变价格，从2010年开始使用2010年不变价格，从2015年开始使用2015年不变价格。

平均每年增长速度 在我国计算平均增长速度有两种方法，一种是习惯上经常使用的"水平法"又称几何平均法，是以间隔期最后一年的水平同基期水平对比来计算平均每年增长（或下降）速度。

另一种是"累计法"，又称代数平均法或方程法，是以间隔期内各年水平的总和同基期水平对比来计算平均每年增长（或下降）速度。

在一般情况下，两种方法计算的平均每年增长速度比较接近，但在经济发展不平衡，出现大起大落时，两种方法计算的结果差别较大。

本年鉴内所列的从某年到某年平均增长速度的年份，均不包括基期年在内。如改革开放以来的平均增长速度是以 1978 年为基期计算的，则写为 1979 一年平均增长速度，其余类推。

国民经济行业分类 在统计工作中为取得分行业的数据资料并统一分类和编码，正确反映国民经济各行业的结构和发展状况，便于研究国民经济的各项比例关系，而制定的国民经济行业划分标准。按现行统计制度规定，我国行业划分为 20 大类，排列顺序如下:

(1)农、林、牧、渔业(2)采矿业(3)制造业(4)电力、热力、燃气及水生产和供应业(5)建筑业(6)批发和零售业(7)交通运输、仓储和邮政业(8)住宿和餐饮业(9)信息传输、软件和信息技术服务业(10)金融业(11)房地产业(12)租赁和商务服务业(13)科学研究和技术服务业(14)水利、环境和公共设施管理业(15)居民服务、修理和其他服务业(16)教育(17)卫生和社会工作(18)文化、体育和娱乐业(19)公共管理、社会保障和社会组织(20)国际组织。

三、人口·劳动力

POPULATION AND LABOUR FORCE

本篇内容包括:

1. 主要年份户数和人口
2. 人口构成情况
3. 人口变动情况
4. 计划生育情况

39/50

年末户籍总人口

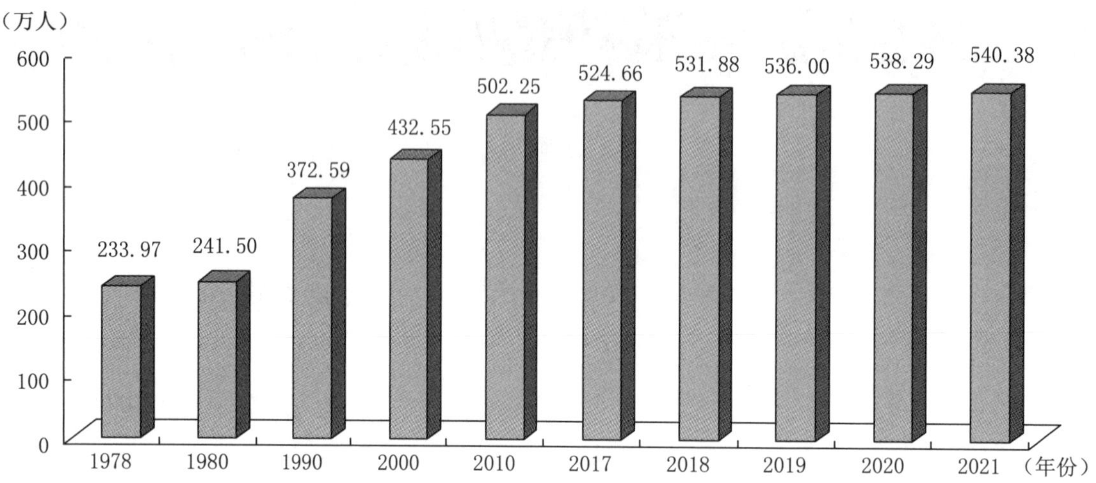

户籍人口自然增长率

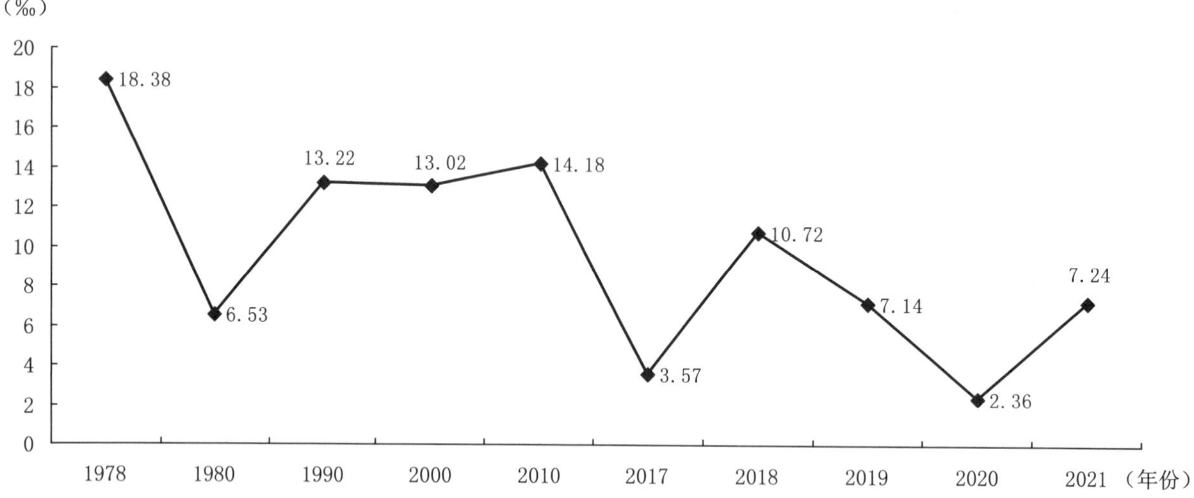

3-1 主要年份户数和人口数

单位：万人

年 份	总户数（万户）	总人口	按性别分	
			男	女
1980	49.42	241.50	126.32	115.18
1990	86.70	372.59	193.70	178.89
2000	111.85	432.55	225.42	207.13
2010	145.20	502.25	262.55	239.70
2011	148.86	504.95	263.30	241.65
2012	152.56	507.87	264.41	243.46
2013	156.28	510.08	265.30	244.78
2014	159.42	517.73	268.60	249.13
2015	160.42	520.38	269.98	250.40
2016	162.54	522.79	271.45	251.34
2017	166.13	524.66	271.57	253.09
2018	167.94	531.88	274.92	256.96
2019	169.89	536.00	276.94	259.06
2020	172.09	538.29	277.72	260.57
2021	173.32	540.38	278.69	261.70

注：3-1至3-6表均为公安户籍数据。

3-2 主要年份农业、非农业人口数和人口结构

年份	农业、非农业人口(万人)		人口结构(%)			
	农业人口	非农业人口	男	女	农业人口	非农业人口
1980	148.13	93.37	52.3	47.7	61.3	38.7
1990	235.79	136.80	52.0	48.0	63.3	36.7
2000	256.66	175.89	52.1	47.9	59.3	40.7
2010	268.22	234.02	52.3	47.7	53.4	46.6
2011	271.23	233.72	52.1	47.9	53.7	46.3
2012	273.59	234.28	52.1	47.9	53.9	46.1
2013	274.12	235.96	52.0	48.0	53.8	46.2
2014	279.35	238.38	51.9	48.1	54.0	46.0
2015			51.9	48.1		
2016			51.9	48.1		
2017			51.8	48.2		
2018			51.7	48.3		
2019			51.7	48.3		
2020			51.6	48.4		
2021			51.6	48.4		

3-3 主要年份人口自然变动

年 份	年平均人口（万人）	人口出生率（‰）	人口死亡率（‰）	人口自然增长率（‰）	人口密度（人/平方公里）
1980	240.29	11.73	5.20	6.53	504
1990	367.78	18.24	5.02	13.22	503
2010	499.79	21.97	7.79	14.18	678
2011	503.60	12.46	3.14	9.32	680
2012	506.41	15.03	8.39	6.64	684
2013	508.97	14.42	5.41	9.01	688
2014	513.90	26.89	4.74	22.15	694
2015	519.06	13.56	3.52	10.04	701
2016	521.59	13.41	2.89	10.52	704
2017	527.73	15.67	12.10	3.57	734
2018	528.27	13.90	3.18	10.72	734
2019	533.94	11.52	4.37	7.14	742
2020	537.14	12.16	9.80	2.36	747
2021	539.34	9.22	1.99	7.24	750

3-4 县区户数和人口数

(2021年1月至11月)

地区	户数(户)	总人口(人)				
		合计	男	女	城镇人口	乡村人口
总计	**1733158**	**5403838**	**2786881**	**2616957**	**3033374**	**2370464**
东湖区	142968	426055	210769	215286	395834	30221
西湖区	159634	459915	227692	232223	459915	
青云谱区	86946	259279	131392	127887	259279	
青山湖区	150506	441992	223529	218463	378740	63252
新建区	191424	642941	338670	304271	205980	436961
红谷滩区	114238	335724	167704	168020	279689	56035
南昌县	319556	1073014	562835	510179	359316	713698
安义县	102223	307371	164042	143329	94094	213277
进贤县	257706	842146	442768	399378	233769	608377
经济开发区	70645	206405	105717	100688	153272	53133
高新开发区	105205	324367	167316	157051	165108	159259
湾里管理局	32107	84629	44447	40182	48378	36251

3-5 各县区人口变动情况（2021年）

地区	年平均人口（人）	机械变动(人)		自然变动(人)		人口出生率（‰）	人口死亡率（‰）	人口自然增长率（‰）	人口机械增长率（‰）
		迁入	迁出	出生	死亡				
总计	**5393356**	**100085**	**86538**	**49744**	**10721**	**9.22**	**1.99**	**7.24**	**2.51**
东湖区	429716	7818	16779	2535	903	5.90	2.10	3.80	-20.85
西湖区	458444	14415	13565	3232	1139	7.05	2.48	4.57	1.85
青云谱区	259992	5377	7763	1491	531	5.73	2.04	3.69	-9.18
青山湖区	441342	8572	8186	3653	788	8.28	1.79	6.49	0.87
新建区	677934	5699	5651	7042	1728	10.39	2.55	7.84	0.07
红谷滩区	323378	27521	7030	4456	239	13.78	0.74	13.04	63.37
南昌县	1068782	9333	8580	10090	2287	9.44	2.14	7.30	0.70
安义县	307346	636	3057	3013	542	9.80	1.76	8.04	-7.88
进贤县	842822	1595	7892	6580	1635	7.81	1.94	5.87	-7.47
经济开发区	181207	7468	3134	2718	312	15.00	1.72	13.28	23.92
高新开发区	318775	9328	3688	3961	461	12.43	1.45	10.98	17.69
湾里管理局	83618	2323	1213	973	156	11.64	1.87	9.77	13.27

3-6 县辖镇户数和人口数（2021年）

地区	户数(户)	总人口(人)				
		合计	男	女	城镇人口	乡村人口
合计	**442385**	**1411656**	**742143**	**669513**	**571794**	**839862**
南昌县	**201001**	**667674**	**350249**	**317425**	**247557**	**420117**
莲塘镇	50840	160545	82293	78252	157170	3375
向塘镇	31561	96663	49816	46847	34283	62380
冈上镇	13548	48858	25837	23021	5987	42871
幽兰镇	24322	78321	41891	36430	7936	70385
武阳镇	17429	55513	29766	25747	7069	48444
三江镇	8514	31938	16685	15253	8874	23064
塘南镇	16224	60636	32455	28181	8236	52400
蒋巷镇	27239	95228	50616	44612	11262	83966
广福镇	11324	39972	20890	19082	6740	33232
安义县	**86724**	**257419**	**137100**	**120319**	**93244**	**164175**
龙津镇	26590	69824	36634	33190	59507	10317
鼎湖镇	13621	39688	21080	18608	9325	30363
东阳镇	9147	27541	14663	12878	6677	20864
长埠镇	7412	23734	12663	11071	4028	19706
万埠镇	9809	31629	17013	14616	4921	26708
石鼻镇	14184	45674	24511	21163	3989	41685
黄洲镇	5961	19329	10536	8793	4797	14532
进贤县	**154660**	**486563**	**254794**	**231769**	**230993**	**255570**
民和镇	54215	166742	85355	81387	121268	45474
梅庄镇	12361	38847	20452	18395	10542	28305
前坊镇	10374	33437	17630	15807	11496	21941
温圳镇	14008	47421	25186	22235	26936	20485
李渡镇	14268	43772	23124	20648	21034	22738
文港镇	18991	53994	28739	25255	16958	37036
架桥镇	9666	32027	17067	14960	13194	18833
罗溪镇	10824	33487	17689	15798	5637	27850
张公镇	9953	36836	19552	17284	3928	32908

3-7 常住人口及变动情况

指　　标	2020年	2021年
年末常住人口(万人)	625.58	643.75
#城区人口	419.59	430.15
#城镇人口	488.44	506.23
乡村人口	137.14	137.52
#男性	327.47	337.18
女性	298.11	306.57
年初常住人口	614.05	625.58
城镇化率(%)	78.08	78.64

3-8 各县区常住人口数

(2012-2021年)　　单位：人

地　区	2012	2013	2014	2015	2016	2017	2018	2019	2020	2021
总　计	**5278077**	**5369614**	**5487421**	**5596603**	**5746168**	**5920796**	**6016213**	**6140465**	**6255814**	**6437506**
东湖区	475806	476273	499968	499011	497998	475090	465819	440899	421744	412925
西湖区	514796	519854	525112	529388	533666	520317	516892	508517	485223	482904
青云谱区	327613	332749	338479	344669	344597	345429	346076	348719	349119	357410
青山湖区	603925	611017	603025	604329	616467	635986	645009	654351	662722	675610
新建区	626999	630496	634188	638957	644151	653934	658576	663965	676116	640291
红谷滩区	290835	305651	322135	340476	368056	411748	443488	493436	555826	594198
南昌县	894843	924336	957297	991489	1041378	1084445	1121016	1152431	1186972	1227211
安义县	196487	201935	208913	216215	226128	232614	240234	244397	252623	265336
进贤县	678813	675884	672973	670185	667186	664527	660958	642826	620334	643481
经济开发区	324363	337324	353489	370710	392582	412120	423027	465565	486649	561415
高新开发区	260968	268641	280445	293329	312381	381167	386165	415291	447178	463175
湾里管理局	82629	85454	91397	97845	101578	103419	108953	110068	111308	113550

注：表中2012-2019年数据为第七次全国人口普查后常住人口修订数。

3-9 人口和

(2020年10月—

项目	合计	东湖区	西湖区	青云谱区	青山湖区
一、期末已婚育龄妇女数	1397012	132520	114714	62279	120302
#无孩	502070	60358	46953	25625	44952
一孩	347292	44996	40423	22957	37596
二孩	427415	24678	24689	12676	32423
二、期末落实节育措施数	725629	66887	53763	24168	58421
结扎	125	22	7	2	23
上环	245137	23745	10607	9075	23349
皮埋	107	6	1	3	4
药具	15317	2106	977	408	251
其他	4544	52	22	103	3686
三、期内出生人数	42701	2671	3314	1201	3448
#一孩	18063	1339	1607	576	1588
二孩	17727	1133	1456	558	1481
四、国家免费孕前优生健康检查数	31036	2059	3118	1396	4386

注：本表数据由市卫健委提供。

2021年9月) 单位：人

新建区	红谷滩区	南昌县	安义县	进贤县	经济开发区	高新开发区	湾里管理局
175536	68714	271611	78927	227830	53391	68395	22793
62580	20612	92814	23526	72680	22344	20827	8799
35504	19160	58327	12030	47489	10366	13654	4790
51231	22376	95466	31511	86690	14256	25188	6231
101976	39223	131240	46074	128648	26062	37393	11774
15	5	11	4	4	10	3	9
36977	9304	54855	13265	46501	6890	6857	3712
11	13	5	18	16	5	2	23
1776	3252	353	1596	2267	1261	826	244
160	66	118	27	104	59	131	16
6319	3123	8643	2512	5747	2134	2930	659
2391	1296	3715	889	2330	924	1165	243
2467	1432	3460	929	2381	846	1304	280
5598	497	5863	1862	4606	341	612	698

主要统计指标解释

人口数 指一定时点，一定地区范围内有生命的个人总和。

城镇人口和乡村人口 城镇人口是指居住在城镇范围内的全部常住人口，乡村人口是除上述人口以外的全部人口。

出生率（又称粗出生率） 指在一定时期内（通常为一年）一定地区的出生人数与同期内平均人数（或期中人数）之比，用千分率表示。本资料中的出生率指年出生率，其计算公式为:

$$出生率=\frac{年出生人数}{年平均人数}\times 1000‰$$

式中: 出生人数指活产婴儿，即胎儿脱离母体时（不管怀孕月数），有过呼吸或其他生命现象。年平均人数指年初、年底人口数的平均数，也可用年中人口数代替。

死亡率（又称粗死亡率） 指在一定时期内（通常为一年）一定地区的死亡人数与同期平均人数（或期中人数）之比，用千分率表示。本资料中的死亡率指年死亡率，其计算公式为:

$$死亡率=\frac{年死亡人数}{年平均人数}\times 1000‰$$

人口自然增长率 指在一定时期内（通常为一年）人口自然增加数（出生人数减死亡人数）与该时期内平均人数（或期中人数）之比，用千分率表示。计算公式为:

$$人口自然增长率=\frac{本年出生人数-本年死亡人数}{年平均人数}\times 1000‰$$

$$=人口出生率-人口死亡率$$

四、就业人员和职工工资

EMPLOYMENT AND WAGE

本篇内容包括:

1. 劳动力资源
2. 从业人员的社会分布状况
3. 单位从业人员劳动报酬、人数、平均工资

社会就业人员

（万人）
350
300
250
200
150
100
50
0
131.13
136.03
199.00
214.96
281.20
319.20
322.90
327.40
330.00
333.82
1978
1980
1990
2000
2010
2017
2018
2019
2020
2021
（年份）

在岗职工平均工资

（元）
120000
100000
80000
60000
40000
20000
0
577
732
1798
8756
35038
72686
82672
88470
93774
102084
1978
1980
1990
2000
2010
2017
2018
2019
2020
2021
（年份）

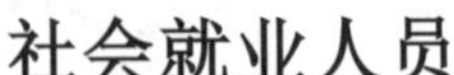

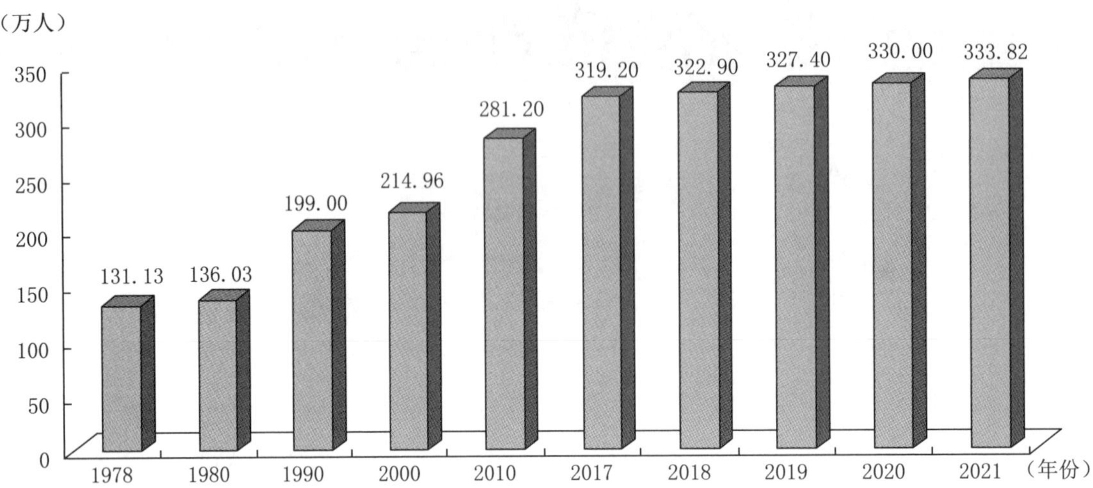

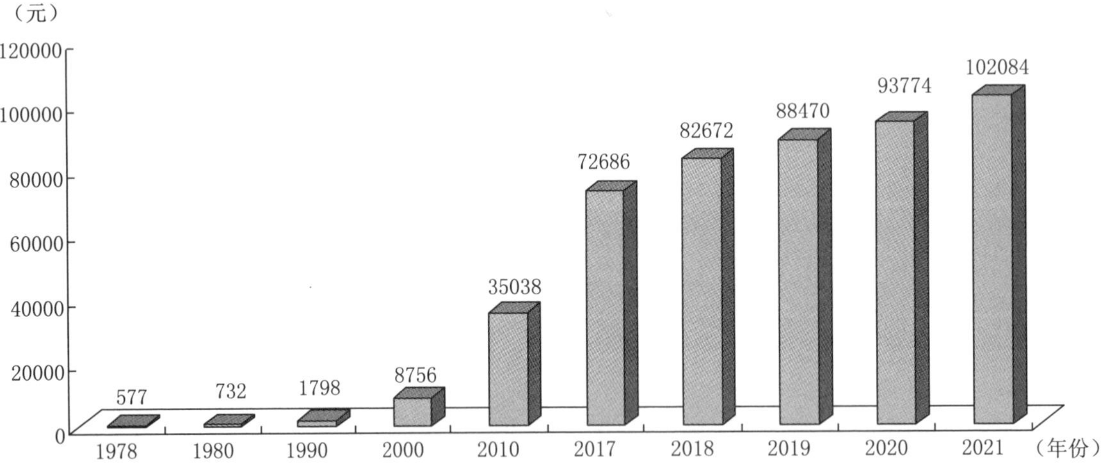

4-1 劳 动 力 资 源

单位：万人

年 份	劳动力资源总数	社会就业人数	#职工人数	国有经济单位	城镇集体经济单位	其他各种经济单位
1979		134.58	56.73			
1980	152.67	136.03	58.51	43.73	14.78	
1981		137.25	61.86			
1982		141.27	64.33			
1983		143.02	65.26			
1984		153.19	68.69			
1985	193.75	165.46	72.22	51.32	20.85	0.05
1986	195.01	166.54	73.92	52.88	20.96	0.08
1987	199.16	172.28	77.16	55.53	21.55	0.08
1988	211.77	182.55	81.28	58.71	22.48	0.09
1989	218.33	186.67	81.13	59.64	21.34	0.15
1990	233.57	199.00	82.04	60.52	21.35	0.18
1991	239.51	204.30	84.87	62.38	22.01	0.48
1992	241.51	205.96	86.79	64.23	21.87	0.69
1993	246.17	195.87	87.11	64.35	20.55	2.21
1994	251.42	205.28	88.03	64.51	20.59	2.93
1995	258.86	211.79	89.04	65.80	20.37	2.87
1996	261.08	210.96	81.04	61.83	16.18	3.04
1997	263.43	215.45	73.34	55.74	14.20	3.40
1998	277.94	215.39	66.88	46.52	11.30	9.06
1999	286.93	218.15	63.58	44.43	10.19	8.97
2000	296.74	214.96	58.77	40.25	9.22	9.31
2001	299.59	216.87	54.66	38.19	6.74	9.72
2002	300.42	214.54	51.27	35.60	5.72	9.94
2003	311.49	234.69	49.90	33.95	5.15	10.80
2004	319.09	239.60	51.34	33.90	4.89	12.56
2005	339.38	244.28	53.56	34.91	4.97	13.68
2006	345.22	267.78	56.06	36.71	4.57	14.77
2007	342.51	271.99	59.04	38.55	5.53	14.96
2008	352.82	277.59	58.98	38.49	4.95	15.54
2009	358.15	282.80	62.06	41.09	3.96	17.02
2010	360.49	281.20	63.21	40.89	3.93	18.38
2011	370.42	287.10	75.66	35.95	5.84	33.87
2012	379.65	292.30	86.99	39.20	2.47	45.32
2013	390.39	298.40	106.01	38.13	2.46	65.42
2014	392.24	303.90	106.16	31.61	2.03	72.52
2015	395.04	308.20	105.81	33.67	1.76	70.38
2016	397.05	313.30	106.37	33.13	1.69	71.54
2017	395.36	319.20	105.66	31.36	1.38	72.92
2018	395.29	322.90	102.30	25.61	1.50	75.20
2019	395.20	327.40	102.72	27.15	1.73	73.84
2020		330.00	104.54			
2021		333.82	100.93			

注：1.自1998年起，职工人数为在岗职工人数。2012年起，在岗职工人数含劳务派遣人员。

2.由于2020年劳动工资统计制度改革，年度数据推算方法有所调整，省统计局不再反馈地市国有单位、城镇集体单位、其他单位从业人员及工资数据。

4-2 三次产业社会就业人员数（年末数）

年 份	合 计（万人）	#城镇就业人员数	第一产业	第二产业	第三产业	构 成（以合计数为100）		
						第一产业	第二产业	第三产业
1979	134.58		76.38	38.47	19.73	56.8	28.6	14.6
1980	136.03		75.84	39.60	20.59	55.8	29.1	15.1
1981	137.25		73.31	40.03	23.91	53.4	29.2	17.4
1982	141.27		73.41	40.47	27.39	52.0	28.6	19.4
1983	143.02		74.31	40.98	27.73	52.0	28.7	19.3
1984	153.19		62.27	47.12	43.80	40.6	30.8	28.6
1985	165.46		72.58	54.88	38.00	43.9	33.2	22.9
1986	166.54		72.23	56.13	38.18	43.4	33.7	22.9
1987	172.28		72.68	60.89	38.71	42.2	35.3	22.5
1988	182.55		80.65	62.38	39.52	44.2	34.2	21.6
1989	186.67		86.74	59.04	40.89	46.5	31.6	21.9
1990	199.00		94.57	60.98	43.45	47.5	30.7	21.8
1991	204.30		92.53	67.03	44.74	45.3	32.8	21.9
1992	205.96		90.08	67.45	48.43	43.7	32.8	23.5
1993	195.87		82.47	61.96	51.44	42.1	31.6	26.3
1994	205.28	97.33	86.27	63.87	55.14	42.0	31.1	26.9
1995	211.79	100.54	89.65	66.55	55.59	42.3	31.4	26.3
1996	210.96		86.24	61.77	62.95	40.9	29.3	29.8
1997	215.45		89.12	63.50	62.83	41.4	29.5	29.1
1998	215.39	101.92	88.88	59.46	67.05	41.3	27.6	31.1
1999	218.15	103.39	87.84	59.07	71.24	40.3	27.1	32.6
2000	214.96	98.67	84.84	56.34	73.78	39.5	26.2	34.3
2001	216.87	98.05	84.52	56.49	75.86	39.0	26.0	35.0
2002	214.54	94.64	84.71	57.43	72.40	39.5	26.8	33.7
2003	234.69	113.35	82.73	66.61	85.35	35.2	28.4	36.4
2004	239.60	117.86	81.49	64.43	93.68	34.0	26.9	39.1
2005	244.28	120.77	80.00	63.29	100.99	32.7	25.9	41.4
2006	267.78	143.46	80.04	56.75	130.99	29.9	21.2	48.9
2007	271.99	149.24	77.42	60.44	134.13	28.5	22.2	49.3
2008	277.59	153.36	74.72	67.31	135.56	26.9	24.3	48.8
2009	282.80	157.50	71.93	67.02	143.85	25.4	23.7	50.9
2010	281.20	167.60	68.05	89.98	123.17	24.2	32.0	43.8
2011	287.10	175.13	65.75	93.88	127.47	22.9	32.7	44.4
2012	292.30	182.40	63.72	97.34	131.24	21.8	33.3	44.9
2013	298.40	190.98	61.77	101.46	135.18	20.7	34.0	45.3
2014	303.90	198.45	60.48	104.24	139.19	19.9	34.3	45.8
2015	308.20	206.49	58.56	107.25	142.39	19.0	34.8	46.2
2016	313.30	214.92	57.02	109.03	147.25	18.2	34.8	47.0
2017	319.20	224.40	56.50	110.76	151.94	17.7	34.7	47.6
2018	322.90	232.49	55.22	111.40	156.28	17.1	34.5	48.4
2019	327.40	240.97	54.02	112.63	160.75	16.5	34.4	49.1
2020	330.00	247.50	53.13	112.86	164.01	16.1	34.2	49.7
2021	333.82	254.68	52.08	114.83	166.91	15.6	34.4	50.0

注：就业人员总计是根据人口变动抽样调查资料推算，因此，分地区、分经济类型、分行业资料相加不等于总计，下表同。

4-3 城镇非私营单位就业人员年末人数、工资（2021年）

类　　别	就业人员人　数（人）	就业人员平均工资（元）
总　计	**1195024**	**97791**
按国民经济行业分		
农、林、牧、渔业	1832	88879
采矿业	35	141278
制造业	194549	89000
电力、热力、燃气及水生产和供应业	26642	100987
建筑业	383294	75079
批发和零售业	76749	79927
交通运输、仓储和邮政业	46330	97446
住宿和餐饮业	11759	47441
信息传输、软件和信息技术服务业	29317	104124
金融业	50156	141097
房地产业	36110	83759
租赁和商务服务业	33313	71228
科学研究和技术服务业	34818	129850
水利、环境和公共设施管理业	6784	91937
居民服务、修理和其他服务业	4142	52662
教育	110168	120719
卫生和社会工作	54514	186454
文化、体育和娱乐业	11197	109360
公共管理、社会保障和社会组织	83315	128842

4-4 城镇非私营单位在岗职工年末人数、工资（2021年）

类　别	在岗职工人　数（人）	在岗职工平均工资（元）
总　计	**1009338**	**102084**
按国民经济行业分		
农、林、牧、渔业	1355	105519
采矿业	35	141278
制造业	189006	90059
电力、热力、燃气及水生产和供应业	25469	103111
建筑业	250160	69336
批发和零售业	74247	81509
交通运输、仓储和邮政业	44793	99425
住宿和餐饮业	9773	54639
信息传输、软件和信息技术服务业	27364	105454
金融业	37557	174481
房地产业	35561	84388
租赁和商务服务业	28594	73189
科学研究和技术服务业	33479	132699
水利、环境和公共设施管理业	5266	107271
居民服务、修理和其他服务业	3989	53395
教育	101490	126816
卫生和社会工作	51896	193155
文化、体育和娱乐业	10750	111932
公共管理、社会保障和社会组织	78554	133908

4-5 城镇非私营单位工资总额（2021年）

单位：万元

类　　别	就业人员工资总额	在岗职工工资总额
总　计	**11434309**	**10078689**
按国民经济行业分		
农、林、牧、渔业	18971	17499
采矿业	500	500
制造业	1709362	1680408
电力、热力、燃气及水生产和供应业	268248	261784
建筑业	2717901	1615424
批发和零售业	607626	597830
交通运输、仓储和邮政业	458356	450170
住宿和餐饮业	58150	53594
信息传输、软件和信息技术服务业	300780	283201
金融业	722045	656446
房地产业	307591	304952
租赁和商务服务业	233290	207183
科学研究和技术服务业	449522	440580
水利、环境和公共设施管理业	60943	54575
居民服务、修理和其他服务业	21506	20709
教育	1299998	1270661
卫生和社会工作	995401	980248
文化、体育和娱乐业	126417	124815
公共管理、社会保障和社会组织	1077702	1058111

4-6 主要年份城镇非私营单位在岗职工工资总额

单位：万元

年份	合计	国有单位	城镇集体单位	其他单位
1980	42024	33304	8720	
1990	145581	117900	27319	362
2000	511784	375482	45363	90939
2010	2205641	1553694	71540	580407
2011	2962726	1570047	141242	1251437
2012	3693667	1905581	88492	1699594
2013	4876812	2213845	93016	2569951
2014	5408797	1791237	93011	3524549
2015	6132271	2219316	77517	3835438
2016	6940303	2710331	78269	4151703
2017	7416789	3011664	62929	4342196
2018	8267766	2935952	77851	5253963
2019	9021284	3292052	96731	5632501
2020	9704265			
2021	10078689			

注：由于2020年劳动工资统计制度改革，年度数据推算方法有所调整，省统计局不再反馈地市国有单位、城镇集体单位、其他单位从业人员及工资数据。

4-7　主要年份城镇非私营单位在岗职工平均工资

单位：元

年份	合计	国有单位	城镇集体单位	其他单位
1980	732	779	597	
1990	1798	1972	1300	2122
2000	8756	9335	5123	9708
2010	35038	37938	18422	32042
2011	39816	43606	24262	38406
2012	43771	49987	38255	38670
2013	46744	58166	40548	40171
2014	51851	57322	46540	49594
2015	57730	67039	48768	53620
2016	65812	84069	49629	57952
2017	72686	96839	46432	62404
2018	82672	114526	52347	72087
2019	88470	121751	55817	76949
2020	93774			
2021	102084			

注：由于2020年劳动工资统计制度改革，年度数据推算方法有所调整，省统计局不再反馈地市国有单位、城镇集体单位、其他单位从业人员及工资数据。

4-8　城镇私营单位就业人员年末人数、工资（2021年）

类　　别	就业人员 人　数 （人）	就业人员 平均工资 （元）
总　计	**554272**	**59309**
按国民经济行业分		
农、林、牧、渔业	2751	50518
采矿业	1	18747
制造业	140280	59006
电力、热力、燃气及水生产和供应业	788	95854
建筑业	167630	58807
批发和零售业	54913	59100
交通运输、仓储和邮政业	24811	63285
住宿和餐饮业	12135	47687
信息传输、软件和信息技术服务业	17269	72531
金融业	4060	62808
房地产业	23818	69700
租赁和商务服务业	45796	52849
科学研究和技术服务业	18455	64336
水利、环境和公共设施管理业	3786	40253
居民服务、修理和其他服务业	7121	42225
教育	20714	65834
卫生和社会工作	5085	62920
文化、体育和娱乐业	4856	45006
公共管理、社会保障和社会组织		

注：本表根据城镇私营抽样调查资料整理。

主要统计指标解释

劳动力　指在 16 周岁及以上，有劳动能力，参加或要求参加社会经济活动的人口。包括就业人员和失业人员。

就业人员　指在一定年龄以上，有劳动能力，为取得劳动报酬或经营收入而从事一定社会劳动的人员。具体指年满 16 周岁，为取得报酬或经营利润，在调查周内从事了 1 小时（含 1 小时）以上劳动的人员；或由于学习、休假等原因在调查周内暂时处于未工作状态，但有工作单位或场所的人员；或由于临时停工放假、单位不景气放假等原因在调查周内暂时处于未工作状态，但不满三个月的人员。

单位就业人员　指报告期末最后一日在本单位工作，并取得工资或其他形式劳动报酬的人员数。该指标为时点指标，不包括最后一日当天及以前已经与单位解除劳动合同关系的人员，是在岗职工、劳务派遣人员及其他就业人员之和。就业人员不包括:

(1)离开本单位仍保留劳动关系，并定期领取生活费的人员；

(2)在本单位实习的各类在校学生；

(3)本单位以劳务外包形式使用的人员，如：建筑业整建制使用的人员。

城镇私营就业人员　城镇私营就业人员指在工商管理部门注册登记，其经营地址设在县城关镇(含县城关镇)以上的私营企业就业人员，包括私营企业投资者和雇工。

在岗职工　指在本单位工作且与本单位签订劳动合同，并由单位支付各项工资和社会保险、住房公积金的人员，以及上述人员中由于学习、病伤、产假等原因暂未工作仍由单位支付工资的人员。在岗职工还包括:

(1)应订立劳动合同而未订立劳动合同人员；

(2)处于试用期人员；

(3)编制外招用的人员，如临时人员；

(4)派往外单位工作，但工资仍由本单位发放的人员(如挂职锻炼、外派工作等情况)。

工资总额　指根据《关于工资总额组成的规定》(1990 年 1 月 1 日国家统计局发布的一号令)进行修订，本单位在报告期内（季度或年度）直接支付给本单位全部从业人员的劳动报酬总额。包括计时工资、计件工资、奖金、津贴和补贴、加班加点工资、特殊情况下支付的工资，是在岗职工工资总额、劳务派遣人员工资总额和其他从业人员工资总额之和。不论是计入成本的还是不计入成本的，不论是以货币形式支付的还是以实物形式支付的，均应列入工资总额的计算范围。但工资总额不包括从单位工会经费或工会账户中发放的现金或实物。

工资总额是税前工资，包括单位从个人工资中直接为其代扣或代缴的个人所得税、社会保险基金和住房公积金等个人缴纳部分，以及房费、水电费等。工资总额应包含:

1.基本工资，也可称为标准工资、合同工资、谈判工资。指本单位在报告期内（年度）支付给本单位从业人员的按照法定工作时间提供正常工作的劳动报酬。各单位给个人确定的底薪可作为基本工资。包括工龄工资。基本工资不含定时、定额发放的各种奖金、各种津贴和补贴、加班工资，也不包括补发的上一年度的基本工资。

2.绩效工资，也可称为效益工资、业绩工资。指根据本单位利润增长和工作业绩定期支付给本单位从业人员的奖金；支付给本单位从业人员的超额劳动报酬和增收节支的劳动报酬。具体包括：值加班工资、绩效奖金、全勤奖、生产奖、节约奖、劳动竞赛奖和其他名目的奖金；以及某工作事项完成后的提成工资、年底双薪等。但不包括入股分红、股权激励兑现的收益和各种资本性收益。

3.工资性津贴和补贴，指本单位制定的员工相关工资政策中，为补偿本单位从业人员特殊或额外的劳动消耗和因其他特殊原因支付的津贴，以及为保证其工资水平不受物价影响而支付的物价补贴。具体包括：补偿特殊或额外劳动消耗的津贴及岗位性津贴、保健性津贴、技术性津贴、地区津贴和其他津贴。如：过节费、通讯补贴、交通补贴、公车改革补贴、不休假补贴、无食堂补贴、单位发的可自行支配的住房补贴以及为员工缴纳的各种商业性保险等。上述各种项目包括货币性质和实物性质的津补贴以及各种形式的充值卡、购物卡（券）等。

4.其他工资，指上述基本工资、绩效工资、工资性津贴和补贴三类工资均不能包括的发放给从业人员的工资，如补发上一年度的工资等。

平均工资　指单位就业人员在一定时期内平均每人所得的工资额。它表明一定时期工资收入的高低程度，是反映就业人员工资水平的主要指标。计算公式为:

$$平均工资=\frac{报告期就业人员工资总额}{报告期就业人员平均人数}$$

五、人民生活

PEOPLE'S LIVELIHOOD

本篇内容包括：

1. 居民家庭基本情况
2. 居民生活收入情况
3. 居民拥有耐用消费品数量

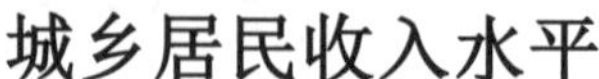

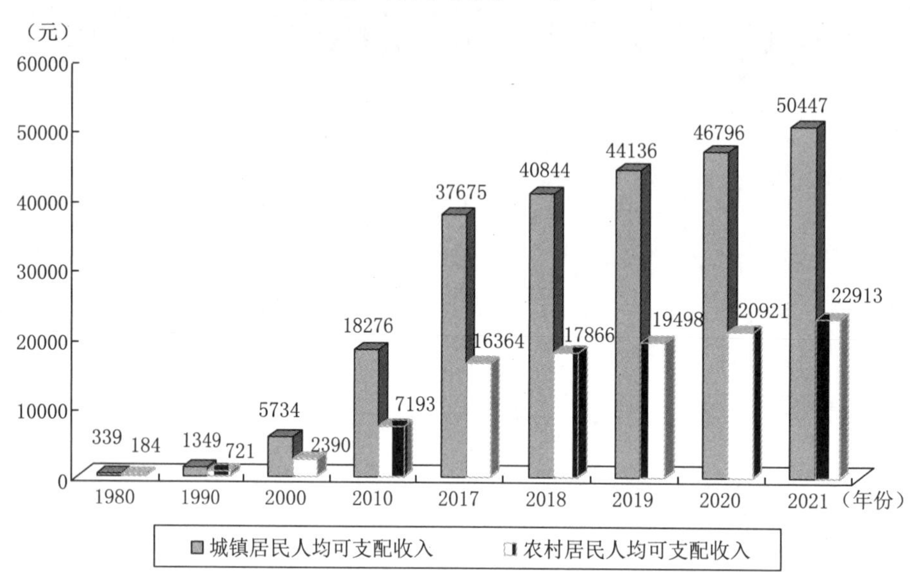

2021年平均每百户家庭耐用消费品拥有量

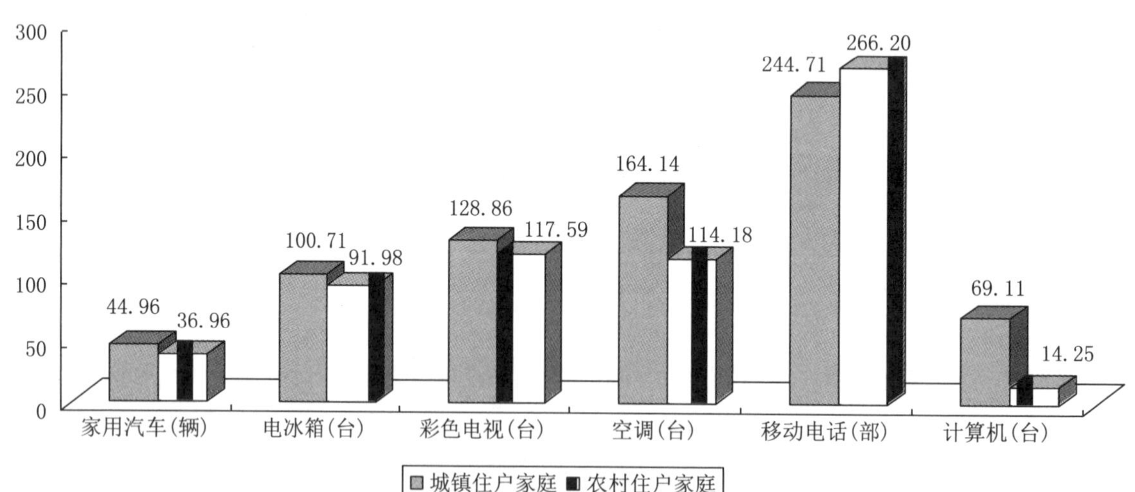

5-1 主要年份全市居民家庭生活基本情况

指　　　标	1980	1990	2000	2010	2015	2016	2017	2018	2019	2020	2021
就　业(人)											
城镇居民每一劳动力负担人口	1.98	1.77	1.92	1.82	1.87	1.93	1.91	1.48	1.43	2.09	1.43
农村居民每一劳动力负担人口		1.78	1.45	1.40	1.43	1.43	1.43	1.64	1.65	1.70	1.61
收　入(元)											
城镇居民人均可支配收入		1349	5734	18276	31942	34619	37675	40844	44136	46796	50447
农村居民人均可支配收入		721	2390	7193	13693	14952	16364	17866	19498	20921	22913
消　费(元)											
城镇居民人均消费支出		1086	3925	13899	21396	22536	24275	26081	28532	27955	31038
农村居民人均消费支出		588	1613	3992	8788	9460	10240	11352	13088	14323	16576
居　住(平方米)											
城镇居民人均建筑面积		29.37	33.42	28.20	35.08	35.42	35.53	38.27	38.97	38.68	35.3
农村居民人均建筑面积			26.10	46.64	58.38	58.18	58.23	68.14	68.40	66.27	62.2
交通、通讯(辆/部)											
城镇居民每百户汽车拥有量				5.06	15.22	22.56	23.45	46.45	41.56	41.71	44.96
城镇居民每百户摩托车拥有量				8.71	13.34	11.52	11.30	9.39	9.82	6.90	3.61
城镇居民每百户拥有移动电话				16.70	204.03	204.09	211.51	237.32	245.19	244.71	246.05
农村居民每百户汽车拥有量					15.82	19.53	20.81	27.74	22.25	28.01	36.96
农村居民每百户摩托车拥有量			14.00	48.00	62.29	63.30	61.74	46.78	30.22	29.97	7.07
农村居民每百户拥有移动电话				148.00	227.27	235.44	244.30	250.32	254.08	256.65	266.20
文　化(台/套)											
城镇居民每百户拥有彩色电视机		45.00	113.00	148.60	137.92	133.81	134.81	128.77	129.30	128.86	124.74
城镇居民每百户拥有照相机		18.00	35.70	48.31	30.93	23.94	24.52	16.49	15.79	15.89	3.88
城镇居民每百户拥有计算机				71.35	76.22	76.49	75.96	66.67	66.27	69.11	54.79
农村居民每百户拥有彩色电视机		6.00	48.75	121.00	140.07	145.12	149.33	139.03	137.70	145.87	117.59
农村居民每百户拥有照相机		1.00	3.50	7.00	0.01	0.60	0.67	2.58	2.60	2.32	0.86
农村居民每百户拥有计算机				8.00	21.89	19.19	20.47	22.26	24.20	25.61	14.25

注：2013年之前农民居民人均可支配收入为农村居民人均纯收入指标，2013年起所有调查指标为新口径调查数据，统一为可支配收入指标，后同。

5-2 城镇居民基本情况

年 份	调 查 户 数 (户)	平均每户家庭人口数 (人)	平均每户就业人口数 (人)	平均每个就业者负担人口数(人)	平均每人每年可支配收入(元)	平均每人每年消费支出(元)
1981	120	4.21	2.15	1.96	407	370
1982	120	4.21	2.17	1.94	431	377
1983	120	4.23	2.19	1.93	436	387
1984	120	4.09	2.18	1.88	522	466
1985	150	3.64	2.06	1.77	639	559
1986	150	3.66	2.05	1.79	768	642
1987	150	3.64	2.01	1.81	845	750
1988	200	3.54	1.94	1.82	999	907
1989	200	3.48	1.98	1.76	1324	1012
1990	200	3.34	1.88	1.77	1349	1085
1991	200	3.41	1.85	1.85	1358	1126
1992	200	3.35	1.81	1.85	1541	1327
1993	200	3.16	1.74	1.81	2065	1846
1994	200	3.11	1.74	1.79	3064	2586
1995	200	3.07	1.76	1.75	3591	2975
1996	200	3.03	1.67	1.82	4002	3211
1997	200	3.03	1.68	1.81	4501	3743
1998	200	3.09	1.76	1.75	4871	3840
1999	334	3.05	1.68	1.82	5288	4077
2000	300	3.21	1.67	1.92	5734	3925
2001	300	3.12	1.62	1.93	6207	4294
2002	300	2.99	1.55	1.93	7021	4789
2003	300	2.93	1.48	1.98	7793	5079
2004	300	2.78	1.53	1.82	8744	5864
2005	300	2.59	1.37	1.89	10301	7064
2006	300	2.61	1.43	1.83	11243	7548
2007	300	2.66	1.62	1.64	13076	10064
2008	300	2.81	1.63	1.72	15112	11551
2009	300	2.81	1.62	1.73	15932	12406
2010	300	2.77	1.52	1.82	18276	13899
2011	300	2.79	1.50	1.86	20741	15234
2012	300	2.83	1.58	1.79	23602	16450
2013	321	3.03	1.68	1.80	26446	17925
2014	468	3.14	1.84	1.71	29091	19628
2015	465	2.95	1.58	1.87	31944	21396
2016	471	2.92	1.51	1.93	34620	22536
2017	469	2.87	1.49	1.91	37680	24276
2018	570	3.29	1.66	1.98	40848	26076
2019	570	3.11	1.69	1.84	44136	28536
2020	570	3.11	1.49	2.09	46796	27955
2021	570	3.11	1.43	2.18	50447	31038

5-3 城市住户基本情况(2021年)

(按收入分组)

项　　目	全体	低收入户	中低收入户	中等收入户	中高收入户	高收入户
占调查总户数比重(%)	100	20	20	20	20	20
平均每户家庭人口(人)	3.25	4.29	3.34	2.95	2.77	2.80
平均每户家庭常住人口(人)	3.11	4.02	3.28	2.88	2.67	2.69
平均每户就业人口(人)	1.43	1.60	1.56	1.23	1.29	1.47
平均每户家庭劳动力人口比重(%)	46.0	39.7	47.4	42.6	48.5	54.6
就业者负担人口(人)	2.18	2.52	2.11	2.35	2.06	1.83
人均可支配收入(元)	50447	20978	35452	46327	59898	107271
人均消费支出(元)	31038	17847	24227	30176	38390	52459

5-4　城市居民平均每人每年收支构成

单位：元

项　　　　目	2020年	2021年
可支配收入	**46796**	**50447**
工资性收入	27895	30764
#工资	27197	29757
经营净收入	3073	3106
财产净收入	7621	7493
转移净收入	8208	9084
#养老金或离退休金	8372	8310
家庭总支出	**36316**	**37160**
#消费支出	27955	31038
生产经营费用支出	2214	943
财产性支出	142	89
转移性支出	1669	2008
个人所得税	100	86
部分商业保险支出	122	132
购置资产及非经常性转移支出	2169	1818
借贷性支出	2045	1132
#存入储蓄款	36	2
借出款	14	2
归还借款	99	33
归还住房贷款	1796	870

5-5 城市居民平均每人每年收支(2021年)

(按收入分组)　　　　　　　　　　　　　　　　　　　单位:元

项　　　目	总平均	低收入户	中低收入户	中等收入户	中高收入户	高收入户
可支配收入	**50447**	**20978**	**35452**	**46327**	**59898**	**107271**
工资性收入	30764	15991	24756	27046	34860	59822
#工资	29757	15898	24521	26140	33462	56807
经营净收入	3106	-449	749	1929	1033	14524
财产净收入	7493	2191	4101	4792	7963	21848
转移净收入	9084	3244	5846	12560	16043	11078
#养老金或离退休金	8310	2609	6263	12329	13824	9518
家庭总支出	**37160**	**20934**	**28400**	**35399**	**44317**	**66581**
#消费支出	31038	17847	24227	30176	38390	52459
生产经营费用支出	943	662	440	618	225	3024
财产性支出	89	3	36	64	109	285
转移性支出	2008	998	1652	1628	2297	4055
个人所得税	86	29	17	5	130	294
部分商业保险支出	132	6	7	72	136	529
购置资产及非经常性转移支出	1818	949	1022	1784	1936	3987
借贷性支出	1132	469	1015	1056	1225	2243
#存入储蓄款	2	1				8
借出款	2			1	10	
归还借款	33	21	27	40		83
归还住房贷款	870	287	698	986	1113	1577

5-6 城市住户平均每人每年消费支出及构成

项　　目	消费支出(元)		构成(%)	
	2020年	2021年	2020年	2021年
消费支出	**27955**	**31038**	**100**	**100**
食品烟酒	**9112**	**9644**	**32.6**	**31.1**
#食　品	7004	6814	25.1	22.0
烟　酒	770	670	2.8	2.2
饮　料	114	165	0.4	0.5
饮食服务	1225	1995	4.4	6.4
衣　　着	**1551**	**1780**	**5.5**	**5.7**
#衣　　类	1252	1486	4.5	4.8
鞋　　类	298	293	1.1	0.9
居　住	**7395**	**8051**	**26.5**	**25.9**
生活用品及服务	**1422**	**1814**	**5.1**	**5.8**
交通和通信	**3483**	**3291**	**12.5**	**10.6**
#交　通	2682	2478	9.6	8.0
通　信	801	813	2.9	2.6
教育文化娱乐	**2182**	**3364**	**7.8**	**10.8**
#教　育	1563	2442	5.6	7.9
文化娱乐	619	923	2.2	3.0
医疗保健	**2300**	**2317**	**8.2**	**7.5**
#医疗器具及药品	375	479	1.3	1.5
医疗服务	1925	1838	6.9	5.9
其他用品与服务	**509**	**777**	**1.8**	**2.5**
#其他用品	343	471	1.2	1.5
其他服务	167	306	0.6	1.0

5-7 城市住户平均每人每年消费支出及构成(五等分，2021年)

单位：元

项目	总平均	低收入户	中低收入户	中等收入户	中高收入户	高收入户
消费支出	**31038**	**17847**	**24227**	**30176**	**38390**	**52459**
食品烟酒	**9644**	**6475**	**8544**	**10289**	**11735**	**12919**
#食　品	6814	5181	6364	7197	7900	8298
烟　酒	670	332	575	705	791	1128
饮　料	165	90	128	150	196	305
饮食服务	1995	872	1477	2237	2848	3189
衣　着	**1780**	**855**	**1410**	**1661**	**2139**	**3368**
#衣　类	1486	703	1146	1377	1786	2879
鞋　类	293	152	265	285	353	489
居　住	**8051**	**4480**	**6127**	**7680**	**11816**	**12337**
生活用品及服务	**1814**	**747**	**1345**	**1739**	**2366**	**3494**
交通和通信	**3291**	**1544**	**2539**	**2844**	**2834**	**7716**
#交　通	2478	986	1847	2116	1837	6473
通　信	813	558	692	728	997	1243
教育文化娱乐	**3364**	**2248**	**2505**	**3388**	**3956**	**5447**
#教　育	2442	1902	1981	2290	2789	3615
文化娱乐	923	346	524	1098	1166	1831
医疗保健	**2317**	**1232**	**1231**	**1988**	**2804**	**5101**
#医疗器具及药品	479	171	295	450	423	1244
医疗服务	1838	1060	936	1538	2382	3857
其他用品与服务	**777**	**265**	**525**	**587**	**741**	**2077**
#其他用品	471	166	351	286	396	1339
其他服务	306	99	174	301	344	738

5-8 城市住户平均每百户主要消费品年末拥有量

品　　名	2020年	2021年
家用汽车(辆)	41.70	44.96
摩 托 车(辆)	6.90	3.61
助 力 车(辆)	87.03	94.61
洗 衣 机(台)	98.70	98.92
电 冰 箱(台)	100.71	101.04
微 波 炉(台)	74.66	71.48
彩色电视(台)	128.86	124.74
空　　调(台)	164.14	175.60
热 水 器(台)	103.84	103.72
移动电话(部)	244.71	246.05
计 算 机(台)	69.11	54.79
照 相 机(架)	15.89	3.88

5-9 农村居民家庭基本情况

年　份	平均每户家庭人口(人)	平均每户劳动力(人)	平均每个劳动力负担人口(人)	平均每人可支配收入(元/人)	平均每人住房面积(平方米)
1986	5.61	3.02	1.86	452	16.77
1987	5.41	2.82	1.91	501	18.36
1988	5.41	2.96	1.83	586	19.52
1989	5.36	3.52	1.52	660	20.69
1990	5.25	2.95	1.78	721	19.50
1991	5.02	2.79	1.80	768	19.78
1992	4.99	2.81	1.76	855	21.30
1993	4.91	2.86	1.72	969	19.69
1994	4.79	2.89	1.66	1311	22.53
1995	4.75	2.91	1.63	1626	23.71
1996	4.67	2.91	1.61	2031	23.44
1997	4.55	2.84	1.60	2359	25.12
1998	4.46	2.80	1.59	2164	26.26
1999	4.30	2.89	1.49	2307	26.77
2000	4.29	2.96	1.45	2390	26.10
2001	4.28	2.93	1.46	2517	27.92
2002	4.21	2.93	1.44	2664	28.21
2003	4.16	2.92	1.42	2808	29.46
2004	4.13	2.90	1.42	3414	35.48
2005	4.14	2.92	1.42	3879	38.66
2006	4.12	2.92	1.41	4392	41.03
2007	4.10	2.92	1.40	5034	42.32
2008	4.08	2.90	1.40	5774	44.14
2009	4.04	2.89	1.40	6296	45.04
2010	3.98	2.85	1.40	7193	46.64
2011	4.10	2.96	1.39	8484	49.21
2012	4.07	2.91	1.40	9730	48.86
2013	3.98	2.72	1.46	11184	52.22
2014	3.63	2.56	1.42	12414	54.70
2015	3.54	2.47	1.43	13693	58.38
2016	3.52	2.46	1.43	14952	58.18
2017	3.52	2.46	1.43	16364	58.23
2018	3.84	2.35	1.64	17866	68.14
2019	3.90	2.33	1.43	19498	68.40
2020	3.83	2.25	1.70	20921	66.27
2021	3.80	2.36	1.83	22913	62.20

注：2013年之后平均每户家庭人口为常住人口。

5-10 农村居民家庭基本情况（2021年）

（分县区）

地　　区	平均每户家庭人口（人）	平均每户劳动力（人）	人均经营耕　地（亩）	人均经营林地、园地、牧草地、养殖水面(亩)	平均每人年末住房（平方米）	人均可支配收入（元）
南昌市	**3.8**	**2.4**	**1.443**	**0.016**	**62.20**	**22913**
湾里管理局	3.1	2.2			107.47	17575
青山湖区	4.3	2.9			69.63	25935
新建区	4.4	2.2	1.910	0.061	54.43	23163
南昌县	3.8	2.6	1.008	0.001	54.15	25444
安义县	4.6	2.2	0.449	0.004	51.90	20881
进贤县	3.2	2.2	2.755	0.007	79.91	23501

5-11 农村居民家庭总收入及构成

项　　目	平均每人(元)		构成(%)	
	2020年	2021年	2020年	2021年
全年总收入(未扣除生产费用)	**24154**	**26788**	**100**	**100**
工资性收入	12216	12602	50.6	47.0
经营净收入	7691	9622	31.8	35.9
第一产业	2981	5957	12.3	22.2
农业	2527	4725	10.5	17.6
林业	108	447	0.4	1.7
牧业	289	704	1.2	2.6
渔业	56	81	0.2	0.3
第二产业	590	444	2.4	1.7
第三产业	4119	3220	17.1	12.0
财产净收入	1182	1044	4.9	3.9
转移净收入	3065	3521	12.7	13.1

5-12 农村居民家庭总支出及构成

项　　目	平均每人(元)		构成(%)	
	2020年	2021年	2020年	2021年
总　支　出	**20284**	**22900**	**100**	**100**
消费支出	**14323**	**16576**	**70.6**	**72.4**
食品烟酒	4802	5378	23.7	23.5
衣着	615	752	3.0	3.3
居住	3064	3822	15.1	16.7
生活用品及服务	542	752	2.7	3.3
交通通信	2469	2502	12.2	10.9
教育文化娱乐	1671	1970	8.2	8.6
医疗保健	940	1114	4.6	4.9
其他用品和服务	220	287	1.1	1.3
生产经营费用支出	**2572**	**3577**	**12.7**	**15.6**
第一产业	1245	1244	6.1	5.4
第二产业	136	211	0.7	0.9
第三产业	1191	2123	5.9	9.3
财产性支出	**39**	**71**	**0.2**	**0.3**
转移性支出	**289**	**474**	**1.4**	**2.1**
购置资产及非经常性转移支出	**1634**	**1119**	**8.1**	**4.9**
#购置资产支出	602	350	3.0	1.5
非经常转移支出	1032	770	5.1	3.4
借贷性支出	**1425**	**1071**	**7.0**	**4.7**

5-13 主要年份农村居民人均可支配收入

单位：元

项　　目	1990	2000	2010	2012	2013	2014	2015	2016	2017	2018	2019	2020	2021
人均可支配收入	**731**	**2390**	**7193**	**9730**	**11184**	**12414**	**13693**	**14952**	**16364**	**17866**	**19498**	**20921**	**22913**
工资性收入	**50**	**1013**	**2687**	**4581**	**4646**	**5229**	**5668**	**6645**	**7810**	**10382**	**10679**	**12216**	**12602**
经营净收入	**632**	**1283**	**3624**	**4617**	**4475**	**4935**	**5665**	**5948**	**6183**	**4946**	**4284**	**4806**	**6232**
第一产业	527	1077	2979	3930	3284	3614	3736	3630	3131	1964	1329	1590	4840
第二产业	24	96	179	84	101	114	323	313	681	682	601	406	247
第三产业	81	110	466	604	1090	1207	1606	2005	2371	2299	2354	2810	1144
财产净收入	**8**	**31**	**393**	**255**	**84**	**107**	**107**	**85**	**114**	**164**	**2152**	**1140**	**980**
转移净收入	**41**	**63**	**489**	**277**	**1979**	**2143**	**2253**	**2275**	**2256**	**2375**	**2382**	**2759**	**3099**

5-14 农村居民生活消费支出及构成

项　　目	平均每人(元)		构成(%)	
	2020年	2021年	2020年	2021年
生活消费支出	**14323**	**16576**	**100**	**100**
食品烟酒	4802	5378	33.5	32.4
衣着	615	752	4.3	4.5
居住	3064	3822	21.4	23.1
生活用品及服务	542	752	3.8	4.5
交通通信	2469	2502	17.2	15.1
教育文化娱乐	1671	1970	11.7	11.9
医疗保健	940	1114	6.6	6.7
其他用品和服务	220	287	1.5	1.7

5-15 农村居民家庭现金收入及构成

项目	平均每人(元)		构成(%)	
	2020年	2021年	2020年	2021年
现金收入(未扣除生产费用)	**23647**	**54919**	**100**	**100**
工资性收入	**12208**	**12589**	**51.6**	**22.9**
工资	12184	12562	51.5	22.9
其他工资性收入	25	27	0.1	0.0
现金经营性收入	**7291**	**38099**	**30.8**	**69.4**
第一产业	2581	34435	10.9	62.7
农业	2202	33266	9.3	60.6
林业	78	426	0.3	0.8
牧业	249	663	1.1	1.2
渔业	52	80	0.2	0.1
第二产业	590	444	2.5	0.8
采矿业				
制造业	278	324	1.2	0.6
建筑业	313	120	1.3	0.2
第三产业	4119	3220	17.4	5.9
批发和零售业	2025	2002	8.6	3.6
交通运输、仓储和邮政业	293	521	1.2	0.9
住宿和餐饮业	920	692	3.9	1.3
居民服务、修理和其他服务业	829		3.5	
其他行业	8		0.0	
现金财产性收入	**1182**	**1044**	**5.0**	**1.9**
现金转移性收入	**2966**	**3188**	**12.5**	**5.8**

5-16 农村居民家庭现金支出及构成

项　　目	平均每人(元)		构成(%)	
	2020年	2021年	2020年	2021年
现金支出	**17890**	**19524**	**100**	**100**
现金生活消费支出	**11937**	**13223**	**66.7**	**67.7**
#生产经营现金费用支出	**2564**	**3555**	**14.3**	**18.2**
农业	1131	668	6.3	3.4
林业	13	57	0.1	0.3
牧业	80	482	0.4	2.5
渔业	12	14	0.1	0.1
采矿业				
制造业	42	183	0.2	0.9
电力、热力、燃气及水生产和供应业				
建筑业	95	28	0.5	0.1
批发和零售贸易	566	1447	3.2	7.4
交通、运输和邮电业	109	414	0.6	2.1
住宿和餐饮业	330	244	1.8	1.2
租赁和商务服务业				
居民服务、修理和其他服务业	173		1.0	
其他	2	1	0.0	0.0
农林牧渔服务业	11	16	0.1	0.1
现金财产性支出	**39**	**71**	**0.2**	**0.4**
现金转移性支出	**289**	**474**	**1.6**	**2.4**
部分商业保险支出	**2**	**11**	**0.0**	**0.1**
购置资产及非经常性转移支出	**1634**	**1119**	**9.1**	**5.7**
#购置生产性固定资产支出	602	350	3.4	1.8
借贷性支出	**1425**	**1071**	**8.0**	**5.5**

5-17　主要年份农村住户平均每人每年主要食品消费量

单位：千克

品　　名	1990	2000	2010	2012	2013	2014	2015	2016	2017	2018	2019	2020	2021
粮　　食	**351.35**	**295.10**	**215.88**	**156.19**	**191.06**	**185.16**	**183.11**	**165.49**	**173.4**	**147.18**	**158.88**	**150.93**	**210.11**
油 脂 类													
植物油	6.66	8.30	9.02	10.24	12.1	15.58	14.33	12.89	14.58	16.12	15.58	17.09	17.50
动物油	1.64	1.55	0.26	0.49	0.66	0.11	0.04	0.10	0.06	0.09	0.26	0.34	0.27
蔬菜及菜制品	**172.72**	**97.82**	**86.68**	**82.73**	**97.35**	**92.54**	**106.05**	**103.81**	**91.15**	**86.95**	**114.72**	**110.43**	**127.55**
肉　　类													
猪　肉	10.18	10.76	11.46	12.02	15.39	14.67	14.26	14.62	14.82	23.89	29.90	28.71	36.45
牛羊肉	0.33	0.35	0.39	0.93	1.35	1.26	1.45	1.63	2.05	3.55	4.62	3.96	4.71
禽　　类	**1.49**	**2.48**	**3.7**	**4.23**	**5.6**	**6.25**	**4.83**	**4.72**	**4.55**	**6.98**	**14.12**	**14.82**	**14.89**
水 产 品	**3.07**	**5.11**	**7.26**	**8.12**	**9.41**	**9.14**	**9.93**	**9.76**	**9.82**	**16.41**	**24.46**	**21.74**	**23.75**
蛋类及蛋制品	**2.96**	**4.57**	**6.36**	**5.96**	**6.50**	**7.29**	**8.28**	**5.22**	**6.18**	**7.03**	**9.89**	**11.62**	**13.27**
奶和奶制品	**0.21**	**0.44**	**4.06**	**5.55**	**5.55**	**5.7**	**5.54**	**6.36**	**6.63**	**7.41**	**9.15**	**8.40**	**9.92**
干鲜瓜果类	**3.13**	**25.56**	**10.41**	**12.53**	**14.51**	**16.42**	**20.09**	**25.63**	**26.43**	**26.51**	**49.54**	**47.32**	**54.04**
糖果糕点类													
食　糖	1.36	1.05	0.4	0.37	0.41	2.05	0.53	0.42	0.39	0.49	0.76	0.72	0.77
糖果和糕点	1.52	1.87			2.58	2.73	2.83	2.29	2.40	2.53	3.84	3.75	4.64
茶　叶	**0.07**		**0.07**	**0.02**	**0.02**	**0.03**	**0.04**	**0.03**	**0.05**	**0.08**	**0.08**	**0.11**	**0.08**
酒	**3.52**	**6.97**	**13.19**	**13.43**	**17.31**	**19.71**	**18.62**	**18.80**	**18.92**	**16.99**	**20.09**	**16.87**	**14.19**

注：2013年(含)后数据为新口径数据。

5-18　主要年份农村住户耐用物品拥有量

(按每百户年末平均拥有量计算)

品　名	1990	2000	2010	2012	2013	2014	2015	2016	2017	2018	2019	2020	2021
家用汽车(辆)			4.00	7.00	12.42	12.64	15.82	19.53	20.81	27.66	24.52	28.01	36.96
摩托车(辆)		14.00	48.00	48.00	56.06	64.98	62.29	63.30	61.74	46.69	35.16	29.97	7.07
洗衣机(台)	1.00	9.25	30.00	45.00	46.55	43.32	46.13	52.19	57.05	72.98	75.16	81.59	88.57
电冰箱(台)	3.00	19.50	67.00	87.00	79.39	81.95	84.18	86.53	87.92	101.13	100.65	104.13	91.98
微波炉(台)			13.00	20.00	15.15	12.10	15.15	17.17	20.13	35.97	39.03	47.68	38.69
彩色电视机(台)	6.00	48.75	121.00	130.00	129.09	140.40	140.07	145.12	149.33	139.03	137.74	145.87	117.59
空调(台)			36.00	56.00	60.61	62.09	66.67	74.75	82.89	101.77	106.77	111.64	114.18
热水器(台)			36.00	55.00	49.70	56.68	56.23	66.33	70.81	86.29	89.35	90.26	92.73
固定电话(线)			58.00	35.00	37.88	49.10	48.15	42.42	45.64	11.85	7.74	2.83	1.74
移动电话(部)			148.00	200.00	204.24	222.70	227.27	235.44	244.30	250.40	255.16	256.65	266.20
家用计算机(台)			8.00	15.00	21.82	16.25	21.89	19.19	20.47	22.26	24.19	25.61	14.25
照相机(台)	1.00	3.50	7.00	4.00	4.42	3.25	0.01	0.60	0.67	2.58	2.58	2.32	0.86

注：自行车、电风扇、黑白电视机、收录机、影碟机已无汇总数据。

主要统计指标解释

可支配收入 指调查户在调查期内获得的、可用于最终消费支出和储蓄的总和，即调查户可以用来自由支配的收入。可支配收入既包括现金，也包括实物收入。按照收入的来源，可支配收入包含四项，分别为：工资性收入、经营净收入、财产净收入和转移净收入。计算公式为：

可支配收入=工资性收入+经营净收入+财产净收入+转移净收入

其中：经营净收入=经营收入-经营费用-生产性固定资产折旧-生产税

财产净收入=财产性收入-财产性支出

转移净收入=转移性收入-转移性支出

工资性收入 指就业人员通过各种途径得到的全部劳动报酬和各种福利，包括受雇于单位或个人、从事各种自由职业、兼职和零星劳动得到的全部劳动报酬和福利。

经营净收入 指住户或住户成员从事生产经营活动所获得的净收入，是全部经营收入中扣除经营费用、生产性固定资产折旧和生产税之后得到的净收入。计算公式具体为：

经营净收入=经营收入-经营费用-生产性固定资产折旧-生产税

财产净收入 指住户或住户成员将其所拥有的金融资产、住房等非金融资产和自然资源交由其他机构单位、住户或个人支配而获得的回报并扣除相关的费用之后得到的净收入。财产净收入包括利息净收入、红利收入、储蓄性保险净收益、转让承包土地经营权租金净收入、出租房屋净收入、出租其他资产净收入和自有住房折算净租金等。

转移性收入 指国家、单位、社会团体对住户的各种经常性转移支付和住户之间的经常性收入转移。包括养老金或退休金、社会救济和补助、政策性生产补贴、政策性生活补贴、经常性捐赠和赔偿以及报销医疗费等；住户之间的赡养收入以及本住户非常住成员寄回带回的收入等转移性收入不包括住户之间的实物馈赠。

转移净收入计算公式为：转移净收入=转移性收入-转移性支出

消费支出 指住户用于满足家庭日常生活消费需要的全部支出，包括用于消费品的支出和用于服务性消费的支出。根据用途不同，消费支出可划分为食品烟酒、衣着、居住、生活用品及服务、交通通信、教育文化娱乐、医疗保健、其他用品及服务八大类。根据来源不同，消费支出可划分为现金消费支出、实物消费支出（含自产自用、来自单位、来自政府和其他社会组织）。

六、物　　价

PRICE

本篇内容包括：

1. 居民消费价格指数
2. 商品零售价格指数
3. 工业生产者出厂价格指数
4. 工业生产者购进价格指数

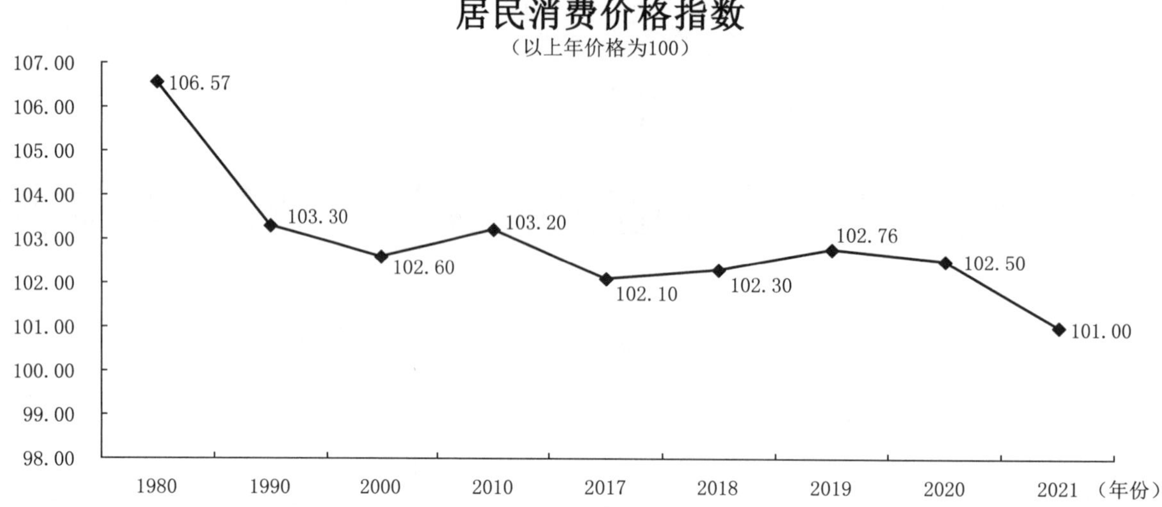
居民消费价格指数
（以上年价格为100）
107.00
106.00
105.00
104.00
103.00
102.00
101.00
100.00
99.00
98.00
106.57
103.30
102.60
103.20
102.10
102.30
102.76
102.50
101.00
1980
1990
2000
2010
2017
2018
2019
2020
2021
（年份）

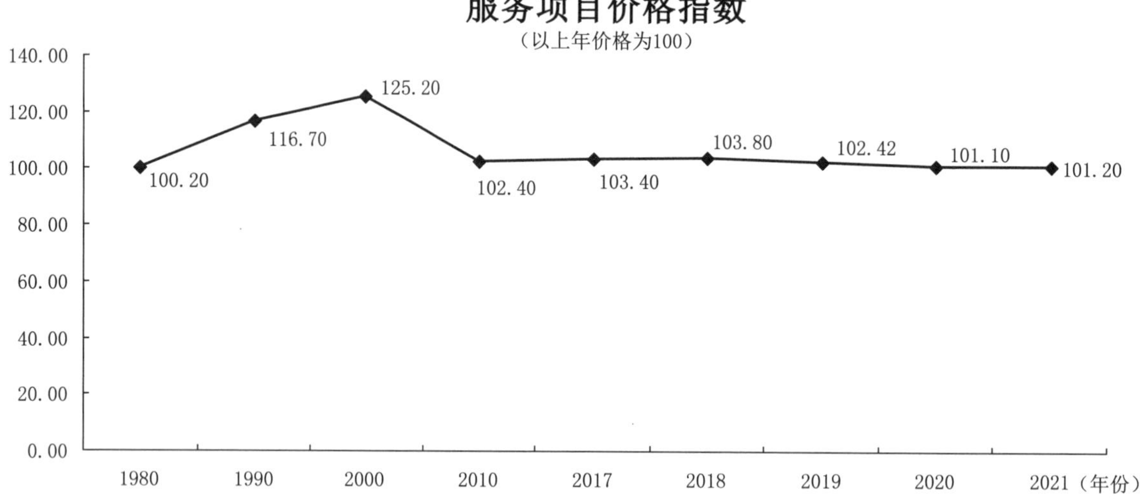
服务项目价格指数
（以上年价格为100）
140.00
120.00
100.00
80.00
60.00
40.00
20.00
0.00
100.20
116.70
125.20
102.40
103.40
103.80
102.42
101.10
101.20
1980
1990
2000
2010
2017
2018
2019
2020
2021
（年份）

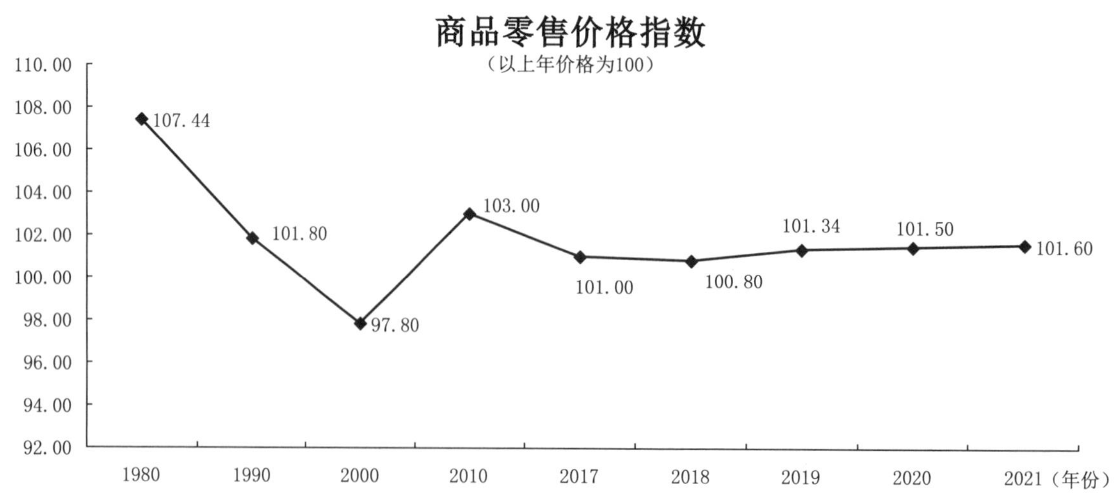
商品零售价格指数
（以上年价格为100）
110.00
108.00
106.00
104.00
102.00
100.00
98.00
96.00
94.00
92.00
107.44
101.80
97.80
103.00
101.00
100.80
101.34
101.50
101.60
1980
1990
2000
2010
2017
2018
2019
2020
2021
（年份）

6-1 物价总指数

(以上年价格为100)

年份	居民消费价格指数	#服务项目价格指数	商品零售价格指数	工业生产者出厂价格指数	工业生产者购进价格指数
1980	106.6	100.2	107.4		
1990	103.3	116.7	101.8		
2000	102.6	125.2	97.8		
2010	103.2	102.4	103.0		
2011	105.0	102.8	105.2		
2012	102.9	101.8	102.4		
2013	102.3	102.6	101.3		
2014	102.5	103.4	101.1		
2015	101.6	101.4	100.5		
2016	102.1	103.4	100.4		
2017	102.1	103.4	101.0		
2018	102.3	103.8	100.8		
2019	102.8	102.4	101.3		
2020	102.5	101.1	101.5		
2021	101.0	101.2	101.6		

6-2 价格指数 (2021年)

(以主要年份为基期)

指标	居民消费价格指数	商品零售价格指数	服务项目价格指数
以1980年价格为100	781.0	512.6	2303.3
以1990年价格为100	373.5	245.4	1131.6
以2000年价格为100	150.7	128.7	160.9
以2010年价格为100	127.5	117.4	126.2
以2011年价格为100	121.6	111.6	122.6
以2012年价格为100	118.1	109.0	120.6
以2013年价格为100	115.5	107.7	117.5
以2014年价格为100	112.6	106.5	113.6
以2015年价格为100	111.0	106.0	112.1
以2016年价格为100	108.6	105.6	108.3
以2017年价格为100	108.8	105.4	108.8
以2018年价格为100	106.4	104.5	104.8
以2019年价格为100	103.5	103.1	102.3
以2020年价格为100	101.0	101.6	101.2

6-3 居民消费价格指数（2021年）

（以上年价格为100）

项　目	2021	项　目	2021	项　目	2021
居民消费价格总指数	**101.0**	鞋	98.9	通信	101.0
食品烟酒	**99.8**	鞋类服务	100.0	通信工具	103.0
食　　品	99.1	**居住**	**100.2**	通信服务	100.1
粮　　食	101.2	租赁房房租	99.9	邮递服务	100.0
薯　　类	101.0	住房装潢材料	102.4	**教育文化和娱乐**	104.1
豆　　类	105.2	物业管理费	100.0	教　育	105.4
食用油	111.0	装潢维修费	100.7	教育用品	102.9
菜	106.9	水电燃料	100.9	教育服务	105.5
畜肉类	81.6	自有住房	99.9	文娱耐用消费品	101.7
禽肉类	95.4	**生活用品及服务**	**100.3**	其他文娱用品	99.5
水产品	109.0	家　　具	102.1	**文化娱乐服务**	**104.2**
蛋	107.6	室内装饰品	99.0	旅　游	101.6
奶　　类	100.1	大型家用器具	100.2	**医疗保健**	100.6
干鲜瓜果	101.7	小家电	100.7	药品及医疗器具	101.1
糖果糕点	105.3	家用纺织品	99.3	中　药	104.6
调味品	101.6	家庭日用杂品	100.8	西　药	98.8
其他食品	100.8	个人护理用品	98.7	医疗服务	100.5
茶及饮料	100.3	家庭服务	101.0	**其他用品和服务**	98.5
烟　　酒	102.7	**交通和通信**	**104.3**	首饰手表	100.0
在外餐饮	100.5	交　　通	105.2	旅馆住宿	94.6
衣着	**99.9**	交通工具	99.0	美容美发洗浴	100.4
服　　装	100.1	交通工具用燃料	117.6	养老服务	109.5
衣着材料及配件	100.3	交通工具使用和维修	100.4	金融保险	91.6
衣着服务费	100.1	交通费	102.5	其他服务	99.5

6-4 商品零售价格指数（2021年）

（以上年价格为100）

项　目	2021	项　目	2021
商品零售价格总指数	**101.6**	床上用品	99.3
食　品	**99.2**	**家用电器及音像器材**	**100.3**
粮　食	101.2	家庭设备	100.2
薯　类	101.0	文娱用耐用消费品	100.8
豆　类	104.4	专业音像器材	99.9
食用油	110.9	**文化办公用品**	**97.5**
菜	107.0	**日用品**	**100.6**
畜肉类	81.1	日用百货	100.2
禽肉类	95.4	厨具餐具茶具	99.8
水产品	109.2	清洗用品	100.4
蛋	107.5	其他日用品	101.2
奶　类	100.1	**体育娱乐用品**	**99.6**
干鲜瓜果	101.7	体育户外用品	100.2
糖果糕点	105.3	娱乐用品	99.5
调味品	101.5	**交通、通信用品**	**99.2**
其他食品	100.9	**家　具**	**102.2**
餐饮业零售	100.4	**化妆品**	**98.5**
饮料、烟酒	**102.2**	**金银饰品**	**100.1**
茶及饮料	100.2	**中西药品及医疗保健用品**	**101.0**
卷　烟	103.6	医疗卫生器具	96.7
酒　类	100.5	中　药	104.6
服装、鞋帽	**99.9**	西　药	99.0
服　装	100.1	保健器具及用品	103.2
鞋帽袜	98.9	**书报杂志及电子出版物**	**101.0**
其他衣着配件	101.0	**燃　料**	**114.7**
纺织品	**98.6**	**建筑材料及五金电料**	**102.5**
服装材料	94.2		

6-5 居民消费价格

类　别	1月	2月	3月	一季度平　均	4月	5月	6月	二季度平　均
居民消费价格总指数	**100.2**	**99.7**	**100.5**	**100.1**	**101.2**	**101.9**	**101.3**	**101.5**
食品烟酒	**103.3**	**99.9**	**99.5**	**100.9**	**100.2**	**102.2**	**99.9**	**100.8**
食　　品	103.8	99.3	98.6	100.6	99.8	101.9	99.5	100.4
粮　　食	102.1	101.1	98.3	100.5	101.5	102.5	102.6	102.2
薯　　类	109.2	97.6	98.2	101.7	96.9	100.0	97.3	98.1
豆　　类	108.9	104.6	101.1	104.9	103.7	104.0	104.6	104.1
食 用 油	109.2	107.4	110.2	109.0	111.7	109.6	114.1	111.8
菜	133.5	108.0	106.6	116.0	102.3	117.3	102.4	107.4
畜 肉 类	96.8	89.1	87.8	91.2	88.3	86.9	79.3	84.9
禽 肉 类	87.9	94.2	90.1	90.7	91.2	93.2	94.9	93.1
水 产 品	102.4	107.6	111.7	107.2	116.4	113.7	112.9	114.3
蛋	100.9	100.4	100.8	100.7	104.5	110.8	112.8	109.4
奶　　类	99.6	99.7	96.0	98.4	98.7	100.5	100.5	99.9
干鲜瓜果	100.7	97.2	98.4	98.8	98.3	100.7	105.8	101.6
糖果糕点	103.4	102.8	104.0	103.4	104.9	106.0	106.4	105.8
调 味 品	100.1	99.2	99.7	99.7	102.2	103.0	102.6	102.6
餐饮业零售	104.8	105.1	98.9	102.9	99.7	99.0	99.2	99.3
茶及饮料	101.8	102.0	97.9	100.6	100.5	101.7	101.9	101.4
烟　　酒	101.5	100.3	100.8	100.9	101.5	102.1	103.4	102.3
在外餐饮	103.1	101.0	101.2	101.8	100.7	103.0	99.4	101.0
衣着	**99.4**	**98.4**	**99.1**	**99.0**	**98.7**	**99.3**	**99.7**	**99.2**
服　　装	98.7	98.4	99.3	98.8	99.0	98.9	100.0	99.3
衣着材料及配件	101.3	100.7	100.1	100.7	99.7	99.4	99.4	99.5
衣着服务费	100.0	100.0	99.8	99.9	99.8	99.8	99.8	99.8
鞋　　类	103.7	98.5	97.7	100.0	97.1	101.3	98.3	98.9
居住	**99.6**	**99.8**	**100.1**	**99.8**	**100.2**	**100.2**	**100.2**	**100.2**
租赁房房租	100.2	100.2	100.2	100.2	100.0	99.9	99.9	99.9
住房保养维修及管理	100.9	100.6	101.4	101.0	102.6	101.0	101.0	101.5
水电燃料	99.2	99.2	100.3	99.6	100.7	100.9	100.8	100.8
自有住房	99.3	99.7	99.7	99.6	99.6	99.9	99.9	99.8
生活用品及服务	**100.4**	**99.7**	**99.9**	**100.0**	**101.0**	**101.2**	**100.4**	**100.9**
家具及室内装饰品	101.8	101.7	102.1	101.9	102.1	102.0	102.0	102.0
家用器具	99.3	98.4	99.8	99.1	100.9	101.7	101.4	101.3
家用纺织品	97.2	98.7	98.6	98.2	99.0	101.8	99.9	100.3
家庭日用杂品	102.1	101.0	100.5	101.2	102.0	100.8	98.8	100.6
个人护理用品	100.0	98.2	97.8	98.6	99.9	99.8	99.0	99.6
家庭服务	100.9	101.2	101.2	101.1	101.2	101.2	101.9	101.5
交通和通信	**94.3**	**97.4**	**102.7**	**98.1**	**105.2**	**105.9**	**106.2**	**105.7**
交　　通	91.8	95.7	102.3	96.6	105.7	107.1	107.7	106.8
通　　信	104.4	103.8	103.8	104.0	103.1	101.8	101.0	102.0
教育文化和娱乐	**100.9**	**102.3**	**102.8**	**102.0**	**103.7**	**104.0**	**103.9**	**103.9**
教　　育	103.1	103.6	105.7	104.1	105.7	105.8	104.8	105.4
文化娱乐	97.2	100.1	98.0	98.4	100.2	101.1	102.2	101.2
医疗保健	**100.3**	**100.3**	**100.4**	**100.4**	**100.5**	**100.7**	**100.7**	**100.6**
药品及医疗器具	100.0	100.0	100.3	100.1	100.6	101.3	101.4	101.1
医 疗 服 务	100.5	100.5	100.5	100.5	100.5	100.5	100.5	100.5
其他用品和服务	**100.1**	**99.8**	**99.1**	**99.7**	**98.8**	**98.5**	**98.3**	**98.5**

分月指数（2021年）

（以上年同月价格为100）

上半年平均	7月	8月	9月	三季度平均	1-9月平均	10月	11月	12月	四季度平均	全年
100.8	**100.9**	**100.8**	**100.8**	**100.9**	**100.8**	**101.5**	**102.3**	**101.5**	**101.8**	**101.0**
100.8	**97.5**	**97.5**	**97.7**	**97.6**	**99.7**	**98.4**	**101.5**	**100.0**	**100.0**	**99.8**
100.4	95.7	95.8	96.1	95.8	98.9	97.0	102.1	99.5	99.5	99.1
101.3	101.6	101.9	103.2	102.3	101.6	101.1	100.5	98.1	99.9	101.2
99.7	99.0	104.4	98.3	100.5	100.0	103.4	110.0	99.9	104.4	101.0
104.4	104.9	105.4	106.4	105.5	104.8	106.2	106.3	106.7	106.4	105.2
110.4	112.6	117.1	112.1	113.9	111.6	108.3	111.6	108.4	109.4	111.0
111.2	91.4	94.8	96.4	94.2	105.1	109.1	124.2	104.5	112.6	106.9
88.2	72.3	71.7	72.5	72.2	82.9	72.1	82.1	79.4	77.9	81.6
91.9	97.9	96.6	98.8	97.8	93.7	99.8	101.2	101.4	100.8	95.4
110.8	110.4	103.5	106.8	106.9	109.5	106.8	107.8	108.1	107.6	109.0
104.8	110.0	110.2	110.5	110.2	106.6	108.6	111.9	110.6	110.4	107.6
99.2	100.9	100.8	102.2	101.3	99.9	101.1	100.8	100.8	100.9	100.1
100.1	102.9	105.8	100.7	103.1	101.1	97.2	102.5	111.3	103.7	101.7
104.6	106.6	106.2	105.8	106.2	105.1	105.2	106.7	105.7	105.9	105.3
101.1	102.4	102.1	102.5	102.3	101.5	102.7	101.3	101.2	101.7	101.6
101.0	100.6	101.3	101.6	101.2	101.1	100.4	98.2	101.5	100.0	100.8
101.0	102.6	100.9	98.1	100.5	100.8	98.6	99.0	98.8	98.8	100.3
101.6	103.9	103.7	103.6	103.8	102.3	104.2	104.0	102.8	103.7	102.7
101.4	99.4	99.4	99.5	99.4	100.7	99.6	99.2	100.5	99.8	100.5
99.1	**99.9**	**100.0**	**101.6**	**100.5**	**99.6**	**102.1**	**99.9**	**101.1**	**101.0**	**99.9**
99.0	100.3	100.5	102.4	101.1	99.7	102.6	99.8	101.5	101.3	100.1
100.1	99.3	99.6	101.8	100.2	100.1	101.4	100.6	100.6	100.9	100.3
99.8	99.8	99.8	99.8	99.8	99.8	100.9	100.9	100.9	100.9	100.1
99.4	97.4	97.5	96.8	97.2	98.7	99.4	100.1	98.9	99.5	98.9
100.0	**100.3**	**100.4**	**100.4**	**100.4**	**100.1**	**100.7**	**100.6**	**100.4**	**100.6**	**100.2**
100.0	99.8	99.8	99.7	99.7	99.9	99.7	99.7	99.7	99.7	99.9
101.2	101.4	101.1	101.2	101.2	101.2	102.0	101.8	101.4	101.7	101.4
100.2	100.9	101.1	101.5	101.2	100.5	102.7	102.4	101.7	102.3	100.9
99.7	100.0	100.1	100.0	100.0	99.8	100.0	100.0	100.0	100.0	99.9
100.4	**100.6**	**100.5**	**99.6**	**100.2**	**100.4**	**100.0**	**99.9**	**100.5**	**100.1**	**100.3**
101.9	101.7	101.5	101.3	101.5	101.8	101.5	102.4	100.8	101.6	101.7
100.2	100.5	101.0	100.1	100.6	100.3	100.1	100.0	100.3	100.1	100.3
99.2	99.3	101.0	99.7	100.0	99.5	100.2	97.2	99.1	98.8	99.3
100.9	102.0	99.6	99.7	100.4	100.7	99.2	100.6	103.2	101.0	100.8
99.1	97.9	99.8	97.0	98.3	98.8	99.1	97.5	98.5	98.3	98.7
101.3	102.0	100.4	100.4	100.9	101.2	100.4	100.4	100.4	100.4	101.0
101.8	**107.0**	**105.9**	**105.9**	**106.3**	**103.3**	**108.1**	**108.7**	**105.4**	**107.4**	**104.3**
101.5	108.9	107.5	107.5	108.0	103.6	110.9	112.1	107.7	110.2	105.2
103.0	100.6	100.4	100.2	100.4	102.1	98.7	97.3	97.6	97.9	101.0
102.9	**105.6**	**106.1**	**105.3**	**105.7**	**103.8**	**105.1**	**104.8**	**104.3**	**104.7**	**104.1**
104.8	106.8	106.8	105.6	106.4	105.3	105.6	105.5	105.6	105.5	105.4
99.8	103.3	104.9	104.8	104.3	101.3	104.2	103.5	101.8	103.2	101.7
100.5	**100.7**	**100.8**	**100.8**	**100.8**	**100.6**	**100.8**	**100.8**	**100.7**	**100.8**	**100.6**
100.6	101.4	101.8	101.8	101.6	100.9	101.7	101.7	101.2	101.5	101.1
100.5	100.5	100.5	100.5	100.5	100.5	100.5	100.5	100.5	100.5	100.5
99.1	**97.3**	**95.4**	**96.1**	**96.3**	**98.1**	**99.6**	**98.9**	**100.4**	**99.7**	**98.5**

6-6 居民消费价格

类　别	1月	2月	3月	4月	5月
居民消费价格总指数	**100.9**	**100.7**	**99.6**	**100.1**	**100.2**
食品烟酒	**102.6**	**101.2**	**97.7**	**99.6**	**99.9**
食　品	104.0	101.9	96.3	99.2	99.9
粮　食	99.5	100.7	97.1	103.1	100.9
薯　类	105.5	105.0	96.4	97.2	101.7
豆　类	102.3	102.7	100.9	99.1	99.9
食 用 油	100.9	97.7	101.0	103.2	99.9
菜	117.1	93.8	91.2	98.4	99.3
畜 肉 类	102.5	101.0	92.2	93.8	94.1
禽 肉 类	103.7	107.5	93.6	98.1	98.9
水 产 品	103.8	113.1	100.0	103.9	103.5
蛋	105.2	98.9	96.2	100.7	102.7
奶　类	100.6	100.2	96.3	102.7	101.8
干鲜瓜果	101.3	106.5	101.8	96.2	103.2
糖果糕点	100.8	100.6	101.1	100.7	101.3
调 味 品	100.1	99.6	100.2	100.0	100.8
餐饮业零售	101.1	100.3	97.3	102.6	99.2
茶及饮料	99.9	100.1	95.9	102.3	100.7
烟　酒	100.2	99.6	100.7	100.6	100.3
在外餐饮	100.1	100.1	100.6	100.0	100.0
衣着	**100.1**	**99.3**	**100.4**	**100.4**	**100.7**
服　装	100.0	99.3	100.3	100.1	100.1
衣着材料及配件	100.6	99.6	99.4	99.6	99.9
衣着服务费	100.0	100.0	96.1	100.5	103.5
鞋　类	100.9	99.1	100.8	101.8	103.7
居住	**100.0**	**100.1**	**100.1**	**100.1**	**100.0**
租赁房房租	100.0	100.0	96.1	100.5	103.5
住房保养维修及管理	99.9	99.9	100.9	100.2	99.8
水电燃料	100.3	99.6	100.0	100.0	100.0
自有住房	100.0	100.0	96.1	100.5	103.5
生活用品及服务	**100.4**	**99.7**	**100.0**	**100.9**	**100.1**
家具及室内装饰品	100.1	100.0	100.3	100.1	99.9
家用器具	101.5	98.8	101.0	100.5	100.3
家用纺织品	99.9	100.3	100.6	99.8	100.7
家庭日用杂品	101.3	100.4	99.8	102.1	99.5
个人护理用品	98.9	99.2	98.4	102.0	100.4
家庭服务	100.0	100.0	96.1	100.5	103.5
交通和通信	**100.8**	**101.4**	**101.4**	**100.6**	**100.6**
交　通	100.9	101.9	101.8	100.7	100.8
通　信	100.2	99.6	99.9	100.1	99.8
教育文化和娱乐	**100.1**	**101.4**	**100.6**	**100.2**	**100.3**
教　育	100.0	100.5	102.0	100.0	100.0
文化娱乐	100.2	102.9	98.1	100.6	100.8
医疗保健	**100.5**	**100.0**	**100.0**	**100.0**	**100.0**
药品及医疗器具	100.4	100.0	100.0	100.1	100.2
医 疗 服 务	100.5	100.0	96.1	100.5	103.5
其他用品和服务	**101.0**	**99.8**	**99.5**	**99.7**	**100.7**

分月指数（2021年）

（以上月价格为100）

6月	7月	8月	9月	10月	11月	12月
99.7	**100.2**	**99.8**	**100.1**	**100.4**	**100.1**	**99.7**
99.1	**99.2**	**100.0**	**100.3**	**100.2**	**101.0**	**99.4**
98.5	98.6	100.0	100.5	100.1	101.6	99.0
99.8	100.1	100.2	99.9	98.7	98.4	99.9
95.6	97.9	102.7	98.0	98.5	104.1	98.0
100.3	100.0	100.1	101.1	99.7	100.1	100.4
103.3	99.9	101.3	100.9	99.5	100.5	100.2
98.1	98.4	104.2	104.2	112.5	100.6	90.3
93.1	96.1	98.5	101.2	98.3	108.0	99.6
100.1	101.8	99.1	100.1	99.4	99.7	100.0
101.8	96.2	95.1	100.0	95.1	96.8	99.9
99.0	101.1	105.3	100.4	99.1	102.2	99.8
100.0	100.6	100.0	100.1	98.4	100.2	100.0
97.0	98.6	101.4	97.6	97.0	105.8	105.2
100.0	99.8	99.8	99.7	100.0	100.0	100.3
100.0	100.1	99.6	100.6	100.2	99.5	100.7
100.2	100.7	99.8	99.2	100.2	99.1	101.9
99.9	99.8	100.1	99.1	100.6	100.4	100.0
100.3	100.7	100.0	99.6	101.0	100.1	99.8
99.5	100.1	100.0	100.9	100.0	100.0	100.3
99.8	**99.6**	**99.4**	**101.8**	**100.5**	**97.8**	**101.3**
100.0	99.9	99.9	102.2	100.3	97.5	101.8
100.0	99.8	99.8	99.7	100.0	100.0	100.0
100.0	99.8	99.8	99.7	100.0	100.0	100.0
98.4	98.0	96.8	100.0	101.4	99.3	98.9
100.0	**100.0**	**99.9**	**100.0**	**100.4**	**100.0**	**99.9**
100.0	99.8	99.8	99.7	100.0	100.0	100.0
100.0	100.1	100.0	99.9	100.9	100.2	99.7
100.0	99.8	99.8	99.7	100.0	100.0	100.0
100.0	99.8	99.8	99.7	100.0	100.0	100.0
99.7	**99.8**	**100.5**	**99.3**	**100.2**	**99.6**	**100.4**
99.9	99.9	99.8	99.7	100.2	101.0	99.9
100.2	99.5	100.5	98.5	99.2	99.5	100.8
99.3	98.9	101.1	99.1	100.8	97.9	100.8
99.4	101.7	99.6	99.8	99.9	99.6	100.3
99.0	98.4	102.0	99.0	101.8	99.0	100.6
100.0	100.0	100.0	96.2	99.0	96.5	97.3
100.2	**101.7**	**99.2**	**99.7**	**101.5**	**100.0**	**98.4**
100.3	102.1	99.0	99.7	102.0	100.3	97.9
100.0	100.0	99.7	99.6	99.7	98.7	100.2
99.7	**101.8**	**99.8**	**100.4**	**100.4**	**99.8**	**99.6**
100.0	102.0	100.0	100.9	100.0	99.9	100.1
99.3	101.5	99.6	99.4	101.1	99.5	98.7
100.0	**100.0**	**100.2**	**100.0**	**100.0**	**100.0**	**100.0**
100.2	99.9	100.6	100.0	100.0	99.9	100.0
100.0	100.0	100.0	100.0	98.6	98.7	100.0
100.1	**99.6**	**99.8**	**100.0**	**100.0**	**99.7**	**100.6**

6-7 商品零售价格

类　　别	1月	2月	3月	一季度平均	4月	5月	6月	二季度平均
商品零售价格总指数	**98.7**	**98.9**	**100.7**	**99.4**	**101.8**	**102.5**	**102.2**	**102.2**
食品	**103.6**	**99.6**	**99.1**	**100.8**	**100.1**	**102.2**	**99.4**	**100.6**
粮　　食	102.2	101.1	98.4	100.6	101.6	102.6	102.6	102.3
薯　　类	109.2	97.6	98.2	101.7	96.9	100.0	97.3	98.1
豆　　类	108.8	104.8	100.4	104.7	102.8	103.4	103.7	103.3
食 用 油	109.2	107.3	110.1	108.9	111.6	109.7	114.0	111.8
菜	133.6	108.0	106.6	116.1	102.3	117.4	102.5	107.4
畜 肉 类	96.7	88.9	87.5	91.0	88.0	86.4	78.6	84.3
禽 肉 类	87.9	94.3	90.2	90.8	91.3	93.2	94.9	93.1
水 产 品	102.4	107.7	111.9	107.3	116.6	113.8	113.1	114.5
蛋	100.9	100.3	100.8	100.7	104.4	110.7	112.8	109.3
奶　　类	99.6	99.7	95.9	98.4	98.6	100.5	100.5	99.9
干鲜瓜果	100.7	97.2	98.4	98.8	98.3	100.7	105.7	101.6
糖果糕点	103.5	102.9	104.1	103.5	104.9	106.0	106.4	105.8
调 味 品	100.2	99.3	99.7	99.7	102.1	102.8	102.4	102.4
其他食品	104.7	105.0	98.8	102.8	99.9	99.2	99.3	99.5
餐饮业零售	103.4	101.1	101.2	101.9	100.7	103.2	99.2	101.0
饮料、烟酒	**101.6**	**100.7**	**100.1**	**100.8**	**101.3**	**102.0**	**103.1**	**102.1**
茶及饮料	102.1	102.3	97.6	100.7	100.6	101.6	101.8	101.3
卷　　烟	101.6	101.9	101.4	101.6	103.0	102.3	104.3	103.2
酒　　类	101.2	96.7	99.2	99.0	97.9	101.7	101.4	100.3
服装、鞋帽	**99.4**	**98.2**	**98.9**	**98.8**	**98.6**	**99.3**	**99.7**	**99.2**
纺 织 品	**97.4**	**98.8**	**98.7**	**98.3**	**99.7**	**100.8**	**98.8**	**99.8**
家用电器及音像器材	**97.9**	**98.3**	**98.7**	**98.3**	**100.8**	**101.2**	**101.1**	**101.0**
文化办公用品	**98.0**	**97.8**	**97.7**	**97.8**	**97.8**	**98.2**	**97.2**	**97.7**
日 用 品	**100.4**	**100.6**	**100.7**	**100.6**	**101.5**	**100.5**	**99.9**	**100.6**
体育娱乐用品	**100.4**	**100.1**	**100.2**	**100.2**	**100.3**	**100.3**	**99.2**	**99.9**
体育户外用品	100.6	98.8	98.8	99.4	98.8	98.8	98.8	98.8
娱乐用品	100.3	100.4	100.5	100.4	100.7	100.7	99.3	100.2
交通、通信用品	**98.1**	**99.0**	**99.5**	**98.9**	**99.0**	**99.0**	**99.3**	**99.1**
家　　具	**102.1**	**102.1**	**102.2**	**102.1**	**102.2**	**102.2**	**102.2**	**102.2**
化 妆 品	**99.9**	**97.3**	**98.5**	**98.6**	**99.8**	**99.6**	**98.3**	**99.2**
金银饰品	**108.5**	**106.7**	**103.1**	**106.1**	**104.3**	**103.5**	**101.8**	**103.2**
中西药品及医疗保健用品	**100.1**	**100.0**	**100.3**	**100.1**	**100.5**	**101.2**	**101.3**	**101.0**
书报杂志及电子出版物	**99.9**	**100.0**	**100.3**	**100.1**	**100.2**	**100.2**	**100.2**	**100.2**
燃　　料	**88.5**	**95.5**	**109.7**	**97.9**	**116.2**	**117.9**	**119.4**	**117.8**
建筑材料及五金电料	**99.2**	**98.8**	**100.3**	**99.4**	**102.7**	**102.3**	**103.0**	**102.7**

分月指数（2021年）

（以上年同月价格为100）

上半年平均	7月	8月	9月	三季度平均	1-9月平均	10月	11月	12月	四季度平均	全年
100.8	**101.7**	**101.6**	**102.0**	**101.8**	**101.1**	**103.4**	**103.7**	**102.4**	**103.2**	**101.6**
100.7	**96.2**	**96.2**	**96.5**	**96.3**	**99.2**	**97.2**	**101.4**	**99.5**	**99.3**	**99.2**
101.4	101.6	101.9	103.2	102.2	101.7	101.1	100.5	98.0	99.9	101.2
99.7	99.0	104.4	98.3	100.5	100.0	103.4	110.0	99.9	104.4	101.0
103.9	103.7	104.0	105.5	104.4	104.1	105.4	105.5	105.7	105.5	104.4
110.3	112.4	116.8	111.9	113.7	111.5	108.1	111.4	108.2	109.2	110.9
111.3	91.4	94.8	96.4	94.2	105.1	109.1	124.3	104.5	112.6	107.0
87.8	71.4	70.7	71.6	71.2	82.3	71.1	81.6	78.8	77.2	81.1
91.9	98.0	96.6	98.8	97.8	93.8	99.8	101.2	101.4	100.8	95.4
111.0	110.6	103.6	106.9	107.0	109.6	107.0	107.9	108.2	107.7	109.2
104.7	110.0	110.2	110.5	110.2	106.6	108.6	111.9	110.6	110.4	107.5
99.1	100.8	100.7	102.2	101.2	99.8	101.1	100.7	100.7	100.9	100.1
100.1	102.9	105.8	100.7	103.1	101.1	97.2	102.5	111.3	103.7	101.7
104.7	106.6	106.2	105.7	106.2	105.2	105.1	106.6	105.6	105.8	105.3
101.1	102.2	102.0	102.5	102.2	101.4	102.7	101.3	101.2	101.7	101.5
101.1	100.8	101.5	101.7	101.3	101.2	100.6	98.4	101.8	100.3	100.9
101.5	99.2	99.2	99.3	99.3	100.7	99.5	99.0	100.3	99.6	100.4
101.5	**103.7**	**103.1**	**102.4**	**103.1**	**102.0**	**103.0**	**103.0**	**101.9**	**102.6**	**102.2**
101.0	102.6	100.8	97.9	100.4	100.8	98.4	98.7	98.5	98.5	100.2
102.4	105.0	105.0	105.0	105.0	103.3	105.0	105.0	103.7	104.6	103.6
99.7	101.6	100.8	100.3	100.9	100.1	102.6	102.0	100.7	101.7	100.5
99.0	**99.8**	**100.0**	**101.5**	**100.4**	**99.5**	**102.1**	**99.8**	**101.0**	**101.0**	**99.9**
99.0	**98.1**	**99.7**	**98.4**	**98.7**	**98.9**	**98.9**	**95.8**	**97.6**	**97.4**	**98.6**
99.7	**100.5**	**101.3**	**101.0**	**100.9**	**100.1**	**101.5**	**100.8**	**101.0**	**101.1**	**100.3**
97.8	**96.9**	**98.3**	**97.8**	**97.7**	**97.7**	**97.7**	**96.0**	**97.0**	**96.9**	**97.5**
100.6	**101.6**	**100.1**	**100.0**	**100.6**	**100.6**	**99.9**	**99.7**	**101.9**	**100.5**	**100.6**
100.1	**99.4**	**98.8**	**98.7**	**99.0**	**99.7**	**99.5**	**99.1**	**99.3**	**99.3**	**99.6**
99.1	100.0	101.8	101.8	101.2	99.8	101.8	101.1	101.1	101.3	100.2
100.3	99.3	98.1	97.9	98.5	99.7	98.9	98.6	98.9	98.8	99.5
99.0	**98.8**	**99.5**	**99.9**	**99.4**	**99.1**	**100.6**	**99.3**	**98.9**	**99.6**	**99.2**
102.2	**102.2**	**102.2**	**102.0**	**102.1**	**102.2**	**102.0**	**103.4**	**101.2**	**102.2**	**102.2**
98.9	**98.0**	**99.7**	**96.6**	**98.1**	**98.6**	**99.3**	**97.1**	**98.4**	**98.3**	**98.5**
104.6	**99.1**	**91.7**	**94.6**	**95.1**	**101.2**	**95.0**	**96.1**	**98.9**	**96.7**	**100.1**
100.6	**101.3**	**101.6**	**101.6**	**101.5**	**100.9**	**101.5**	**101.4**	**101.0**	**101.3**	**101.0**
100.1	**100.1**	**99.6**	**102.6**	**100.8**	**100.3**	**102.6**	**103.3**	**103.3**	**103.1**	**101.0**
106.9	**120.4**	**118.9**	**120.0**	**119.8**	**111.0**	**128.3**	**130.8**	**119.5**	**126.2**	**114.7**
101.1	**103.8**	**103.0**	**103.2**	**103.3**	**101.8**	**105.3**	**104.7**	**104.0**	**104.7**	**102.5**

主要统计指标解释

居民消费价格指数（Consumer Price Index，简称 CPI） 是反映居民购买并用于消费的一组代表性商品和服务项目价格水平的变化趋势和变动幅度的统计指标。调查内容既有城乡居民日常生活需要的各类消费品，也包括多种与人民生活密切相关的服务项目，如水、电、交通、教育、医疗等费用。该价格指数为分析和制定货币政策、价格政策、居民消费政策、工资政策以及进行国民经济核算提供科学依据。国际上通常将居民消费价格指数作为反映通货膨胀（或通货紧缩）程度的重要指标。

商品零售价格指数 是反映城市商品零售价格变动趋势的一种经济指数。零售物价的调整变动直接影响到城市居民的生活支出和国家的财政收入，影响居民购买力和市场供需平衡，影响消费与积累的比例。因此，计算零售价格指数，可以从一个侧面对上述经营活动进行观察和分析。

工业生产者出厂价格指数 是反映全部工业产品出厂价格总水平的变化趋势和变动幅度的统计指标。其中包括工业企业销给商业、外贸、物资部门的产品，还包括销给工业和其他部门的生产资料，以及直接销给居民的生活消费品。其目的在于准确地反映工业产品价格的变动趋势及程度，为国民经济核算、计算工业发展速度、宏观经济分析和调控、理顺价格体系等提供科学、准确的依据。

工业生产者购进价格指数 是反映全部原材料、燃料、动力价格变动趋势和变动幅度的统计指标。其调查内容包括：燃料动力类、黑色金属材料类、有色金属材料及电线类、化工原料类、木材及纸浆类、建筑材料及非金属类、其他工业原材料及半成品类、农副产品类、纺织原料类。其目的在于准确反映中间投入的原材料、燃料、动力价格的变动趋势及程度，为国民经济核算、分析等提供科学、准确的依据。

七、固定资产投资

INVESTMENT IN FIXED ASSETS

本篇内容包括：

1. 全社会固定资产投资构成及增速
2. 各行业固定资产投资构成及增速
3. 固定资产投资资金来源增速
4. 各县区固定资产投资增速

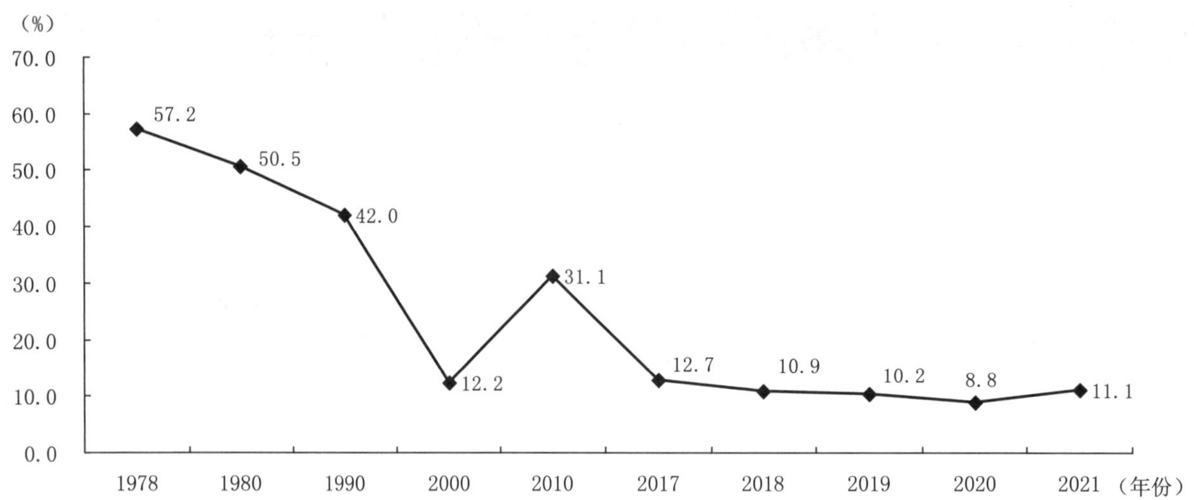

2021年全社会固定资产投资三次产业投资比重

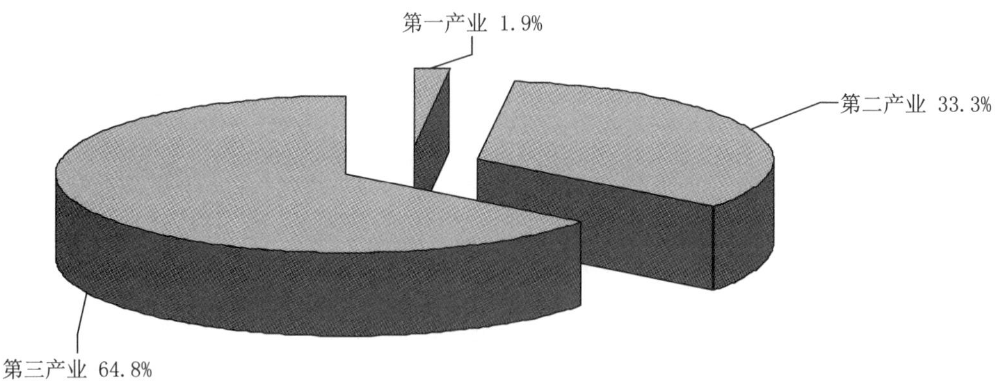

7-1 全社会固定资产投资构成及增速（2021年）

项　　目	构成(%) (以投资总量为100)	比上年增长%
总　　计	**100.0**	**11.1**
500万元以上	99.0	11.1
国　　有	21.5	-12.5
非公有制	78.4	19.9
房地产开发投资	22.7	0.4
农村农户投资	1.0	10.0

7-2 各行业固定资产投资构成及增速（2021年）

行业	构成(%) (以投资总量为100)	比上年增长%
总　计	**100.0**	**11.1**
农、林、牧、渔业	1.2	5.3
工　业	33.3	18.7
采矿业	0.0	***
制造业	31.9	21.5
#农副食品加工业	1.0	-26.8
食品制造业	0.5	57.9
酒、饮料和精制茶制造业	0.7	557.2
烟草制品业	0.0	2.8
纺织业	0.4	-14.1
纺织服装和服饰业	1.0	-6.4
皮革、毛皮、羽毛及其制品业	0.0	-79.8
木材加工及木、竹、藤、棕、草制	0.1	0.5
家具制造业	0.2	29.5
造纸及纸制品业	0.2	36.1
印刷业和记录媒介的复制	0.5	59.9
文教、美工、体育和娱乐用品制造业	0.2	-40.2
石油加工、炼焦加工业	0.0	98.7
化学原料及化学制品制造业	0.4	-13.9
医药制造业	1.3	-25.0
化学纤维制造业		-100.0
橡胶和塑料制品业	0.7	-20.2
非金属矿制品业	1.8	43.7
黑色金属冶炼和压延加工业	0.1	-8.0
有色金属冶炼和压延加工业	0.7	31.5
金属制品业	1.8	28.3
通用设备制造业	0.9	-18.3
专用设备制造业	3.2	14.3
汽车制造业	1.9	-15.8
铁路、船舶、航空航天和其他运输设备制造业	3.6	102.8
电气机械及器材制造业	3.5	62.8
计算机、通信和其他电子设备制造业	6.7	27.2

注：“***”表示无上年同期数，增速无穷大，后同。

7-2 续表

行　　业	构成(%) (以投资总量为100)	比上年增长%
仪器仪表制造业	0.6	244.7
其他制造业	0.2	156.8
废弃资源综合利用业	0.1	-6.4
金属制品、机械和设备修理业		-100.0
电力、燃气及水的生产和供应业	1.4	-22.6
电力、热力的生产和供应业	0.8	-3.5
燃气生产和供应业	0.1	-16.8
水的生产和供应业	0.5	-41.8
建 筑 业	0.3	127.4
批发和零售业	4.4	71.2
交通运输、仓储和邮政业	4.4	-4.2
铁路运输业	0.4	70.4
道路运输业	2.9	-13.2
仓储业	0.6	0.3
住宿和餐饮业	1.2	27.0
信息传输、软件和信息技术服务业	3.6	50.9
金融业	0.2	-13.1
房地产业	28.9	1.0
租赁和商务服务业	4.9	37.9
科学研究和技术服务业	1.2	71.2
水利、环境和公共设施管理业	9.9	-10.8
水利管理业	0.7	26.7
生态保护和环境治理业	0.1	-66.4
公共设施管理业	9.1	-10.3
居民服务和其他服务业	0.7	149.4
教育	1.9	11.0
卫生和社会工作	1.6	-8.3
#卫生	1.5	-8.9
文化、体育和娱乐业	1.7	24.6
公共管理和社会组织	0.6	-34.7

7-3 按行业和登记注册类型分

行业	合计	内资	国有	集体	股份合作
总 计	**11.1**	**9.9**	**-8.3**	**13.3**	**397.2**
农、林、牧、渔业	**5.3**	**-3.2**	**-23.8**		
农 业	-31.3	-31.3	-86.0		
林 业	466.7	466.7	***		
畜牧业	202.4	122.7	***		
渔 业	249.8	249.8			
农、林、牧、渔服务业	-48.8	-48.8	-71.7		
采矿业	***	***			
煤炭开采和洗选业					
黑色金属矿采选业					
有色金属矿采选业					
非金属矿采选业	***	***			
开采辅助活动					
制造业	**21.5**	**21.7**	**73.2**	***	**125.8**
农副食品加工业	-26.8	-24.9	***		
食品制造业	57.9	61.5			
酒、饮料和精制茶制造业	557.2	600.1		***	-60.9
烟草制品业	2.8	2.8			
纺织业	-14.1	-15.3			
纺织服装、服饰业	-6.4	-9.1	354.7		-100.0
皮革、毛皮、羽毛及其制品和制鞋业	-79.8	-74.3			
木材加工及木、竹、藤、棕、草制品业	0.5	0.5			
家具制造业	29.5	29.5			
造纸及纸制品业	36.1	35.4			
印刷和记录媒介复制业	59.9	59.9			
文教、美工、体育和娱乐用品制	-40.2	-39.1	-67.8		
石油加工、炼焦加工业	98.7	98.7			
化学原料及化学制品制造业	-13.9	-32.2			
医药制造业	-25.0	-23.9			
化学纤维制造业	-100.0	-100.0			
橡胶和塑料制品业	-20.2	-17.4	-100.0		
非金属矿物制品业	43.7	43.1	-44.8		***
黑色金属冶炼及压延加工业	-8.0	-8.0			
有色金属冶炼及压延加工业	31.5	29.7	-18.1		
金属制品业	28.3	27.3			

固定资产投资增速（2021年）

单位：%

联营	有限责任公司	股份有限公司	私营	其他	港澳台商投资	外商投资	个体经营
182.7	**0.5**	**-34.5**	**32.6**	**24.0**	**36.7**	**60.5**	**-50.5**
	34.7	**-47.1**	**-7.4**	**-90.6**	***	***	
	-21.2	-36.3	-21.7	-100.0			
	***		89.7				
	***		124.0	-100.0	***	***	
	***		1.8	-100.0			
	-24.4	-100.0	-57.8	-34.5			
			***				
			***				
	11.8	**-51.3**	**32.6**	**1.5**	**80.5**	**-20.7**	**-55.1**
	-40.0	-33.2	-24.5	-16.6	-37.9	-95.4	-100.0
	101.8	-100.0	68.9		***	-69.4	263.1
	37.3	43.3	882.3	***	***	54.1	
	-10.1		***				
	-41.6		-6.6		1389.5		
	-77.2		26.8	***	178.5		***
	-100.0		-39.9	-100.0	-81.9		
	-31.3		6.5				
	46.1		19.9	***			
	-39.7		57.6		365.4		
	206.7		-3.1	91.3			
	-100.0	-100.0	-52.7	208.6			-100.0
			98.7				
	-96.4	-3.3	-23.8		634.5		
	-57.7	-5.3	18.8	-36.8	-92.3	-100.0	
			-100.0				-100.0
	-16.5		-21.3	868.9		-100.0	
	142.4	-100.0	21.8	46.4		***	
	***	-15.3	-36.6	-19.9			
	98.2		38.1			***	
	-51.8	-100.0	39.0	-41.9	***	100.3	

行业	合计	内资			
			国有	集体	股份合作
通用设备制造业	-18.3	-17.9	226.9		
专用设备制造业	14.3	13.3	39.0		
汽车制造业	-15.8	-39.8	***		***
铁路、船舶、航空航天和其他运	102.8	104.0	297.9		
电气机械和器材制造业	62.8	76.7			***
计算机、通信和其他电子设备制造业	27.2	32.6	-15.5		
仪器仪表及制造业	244.7	244.7			
其他制造业	156.8	156.8			
废弃资源综合利用业	-6.4	-6.4			
金属制品、机械和设备修理业	-100.0	-100.0			
电力、热力、燃气及水生产和供应业	**-22.6**	**-26.5**	**-2.2**		
电力、热力的生产和供应业	-3.5	-12.8	36.3		
燃气生产和供应业	-16.8	149.4			
水的生产和供应业	-41.8	-42.3	-38.7		
建筑业	**127.4**	**161.1**		***	
房屋建筑业	61.0	***			
土木工程建筑业	322.6	322.6			
建筑安装业	173.7	173.7		***	
建筑装饰业和其他建筑业	106.9	106.9			
批发和零售业	**71.2**	**70.7**	**1082.1**	***	***
批发业	83.9	83.1	***	***	***
零售业	57.2	57.0	646.4	***	***
交通运输、仓储和邮政业	**-4.2**	**-21.4**	**81.6**	**-100.0**	***
铁路运输业	70.4	-97.9			
道路运输业	-13.2	-13.2	189.1	-100.0	***
水上运输业	170805.0	170805.0			
航空运输业	-26.0	-26.2	-5.3		
管道运输业	***	***	***		
装卸搬运和其他运输服务业	-34.9	-46.3	-56.2		
仓储业	0.3	-65.9	-20.5	-100.0	
邮政业	3523.6	3523.6	***		
住宿和餐饮业	**27.0**	**54.3**	**-100.0**		
住宿业	10.7	45.4	-100.0		
餐饮业	70.9	72.3	-100.0		

（2021年）

单位：%

联 营	有限责任公司	股份有限公司	私营	其 他	港澳台商投资	外商投资	个体经营
	-56.6	-42.8	13.8	-79.0	***	-87.1	
	1.5	-68.3	34.4	-50.2	211.4	-26.0	-100.0
	-60.1	-58.2	-16.7		***	279.2	
	118.9		19.6		-100.0		
	32.6	***	129.4	-46.4	-100.0	-90.7	
	19.5	-100.0	104.6	-100.0	-97.5	-23.6	
	92.5	***	508.0				
	1356.4		16.6				
	155.1		-35.6				
			-100.0				
	-50.4	**482.3**	**16.3**	***	**-47.4**	***	
	-44.4	96.2	166.7	***		***	
	215.4		-100.0	***	-56.2		
	-60.4	***	-14.5	***	***		
	1089.0	**-100.0**	**86.6**	***	**-49.5**		
	***		***		-49.5		
	241.8	-100.0	***	***			
			-17.1				
	***		53.4	***			
	178.2	**-38.2**	**56.0**	**18.6**	***	**917.4**	
	188.2	462.6	80.3	12.8	***	***	
	172.0	-86.1	22.6	26.4		239.6	
	-38.7	**-96.0**	**36.8**	**740.7**	**2694.7**		
	-100.0	-100.0	***		***		
	-36.5	***	568.9	535.0			
	***		33465.0				
	-81.9		***		***		
	-83.9		43.3	***	326.5		
	-39.7		-78.8	***	1850.8		
	92.5		967.2	***			
***	**74.1**	**2051.6**	**59.9**	**-0.2**	**-84.8**		**-17.6**
***	66.8	***	51.7	-16.1	-84.8		
	100.0	377.0	72.4	50.9			-17.6

行业	合计	内资			
			国有	集体	股份合作
信息传输、软件和信息技术服务业	**50.9**	**48.4**	**96.4**	***	
电信、广播电视和卫星传输服务业	107.1	76.9	2739.7		
互联网和相关服务业	81.5	97.1	-100.0	***	
软件和信息技术服务业	32.3	32.3	-100.0		
金融业	**-13.1**	**-20.8**	**-100.0**	***	
货币金融服务	-14.5	-14.5	-100.0	***	
资本市场服务	-17.9	-41.0			
保险业	93.8	93.8			
其他金融活动	-33.6	-33.6	-100.0		
房地产业	**1.0**	**0.7**	**-24.5**	**-24.3**	
租赁和商务服务业	**37.9**	**25.4**	**-10.2**	***	
租赁业	96.9	96.9			
商务服务业	35.4	22.4	-10.2	***	
科学研究和技术服务业	**71.2**	**68.5**	**-44.1**	**-100.0**	
研究与试验发展	57.6	57.6	-10.2		
专业技术服务业	-21.2	-23.8	-64.8	-100.0	
科技推广和应用服务业	224.0	219.3	***		
水利、环境和公共设施管理业	**-10.8**	**-10.7**	**-23.2**	**1.4**	
水利管理业	26.7	26.7	-13.4		
生态保护和环境治理业	-66.4	-66.4	-92.0		
公共设施管理业	-10.3	-10.2	-21.4	1.4	
居民服务、修理和其他服务业	**149.4**	**143.6**	**-42.4**	***	
居民服务业	55.1	55.1	-42.4	***	
机动车、电子产品和日用产品修理业	158.4	158.4			
其他服务业	1022.6	907.6			
教育	**11.0**	**9.9**	**-0.4**	**-100.0**	
卫生和社会工作	**-8.3**	**-8.3**	**-24.9**	**-76.6**	
卫生	-8.9	-8.9	-22.9	-76.6	
社会工作	3.6	3.6	-66.3		
文化、体育和娱乐业	**24.6**	**43.4**	**-8.3**	**254.6**	***
新闻和出版业	811.4	811.4	***		
广播、电视、电影和影视录音制作业	206.4	206.4			
文化艺术业	138.9	139.5	44.3	***	***
体育	0.2	0.2	48.8	***	
娱乐业	-43.1	-27.7	-100.0	-25.9	
公共管理、社会保障和社会组织	**-34.7**	**-36.0**	**-38.6**	**-87.4**	

（2021年）

单位：%

联营	有限责任公司	股份有限公司	私营	其他	港澳台商投资	外商投资	个体经营
	40.0	**-39.7**	**54.6**	**158.3**	**246.9**		
	46.7	-80.6	92.2		***		
	171.7	37.7	144.9	105.2	-100.0		
	30.9	-60.4	27.6	217.6			
-83.9	**100.8**	**-66.0**	**-4.3**	**-34.7**		***	
-83.9	***	-49.2	28.8				
	-79.4	-100.0	-54.9	-8.2		***	
	***		***	-60.0			
	38.4	-100.0	-17.3	-100.0			
	-5.0	**-71.7**	**21.0**	**55.0**	**4.5**	**3.0**	
	17.4	**90379.6**	**9.3**	**31.4**	***	**660.3**	
	64.9		131.9	40.9			
	16.0	90379.6	2.6	30.8	***	660.3	
	2.6	**-1.6**	**228.7**	**136.0**		***	
	-78.2		558.9	***			
	-13.8	-1.6	60.1	-86.5		***	
	66.9		288.9	1228.5		***	
	-5.6	**1732.9**	**-14.0**	**51.7**	**3.6**	**-42.1**	
	42.3	***	-30.2	***			
	-62.3	***	-10.4				
	-5.0	380.2	-14.2	25.3	3.6	-42.1	
	262.7		**202.1**	**42.7**		***	
	69.3		476.7	-88.4			
	***		63.1	354.3			
	148.2		***	***		***	
	1.5	**0.6**	**103.4**	**-9.2**		***	
***	**-10.7**	**-56.3**	**40.4**	**18.5**			
***	-14.3	-56.3	31.9	61.7			
	40.5		305.8	-71.9			
	16.8	**-19.1**	**120.3**	**-20.4**	**-91.6**	**57.1**	
	204.7		***	***			
	21.4	***	836.4	63.0			
	75.2	***	731.4	133.7		57.1	
	-12.3		-3.5	-33.9			
	-48.3	-100.0	36.7	-88.7	-91.6		
	-34.3		**-65.9**	**12.3**		***	

7-4 固定资产投资

行　　业	资金来源合　计	上末结余资金	本年资金来源小计
合 计	**27.5**	**17.1**	**29.1**
按行业分			
农、林、牧、渔业	41.1	994.2	39.8
采矿业	***		***
制造业	76.1	226.5	75.0
电力、热力、燃气及水生产和供应业	5.5	502.1	3.0
建筑业		***	***
批发和零售业	1118.5	4265.9	1101.2
交通运输、仓储和邮政业	21.9	-97.7	49.9
住宿和餐饮业	162.8	151.3	163.2
信息传输、软件和信息技术服务业	81.6	1287.8	64.8
金融业	346.9	***	301.7
房地产业	1.8	10.7	-0.7
租赁和商务服务业	47.4	206.5	43.9
科学研究和技术服务业	223.5	***	210.1
水利、环境和公共设施管理业	10.5	1738.0	6.9
居民服务、修理和其他服务业	257.7	***	249.2
教育	1622.8		1622.8
卫生和社会工作	29.0	70.9	26.1
文化、体育和娱乐业	245.4	1173.2	237.5
公共管理、社会保障和社会组织	-4.6	136.2	-5.7
按地区分			
东 湖 区	-4.1	120.2	-33.0
西 湖 区	121.4	5.7	151.9
青云谱区	44.3	180.0	24.5
青山湖区	22.0	56.6	18.4
新 建 区	66.6	62.2	67.0
红谷滩区	10.6	-35.3	21.1
南 昌 县	47.7	51.7	46.9
安 义 县	35.6	0.3	37.8
进 贤 县	34.5	47.0	33.4
经济开发区	13.2	40.2	12.5
高新开发区	15.6	-12.5	20.1
湾里管理局	-39.6	-18.9	-44.9

资金来源增速（2021年）

单位：%

国　家 预算内金	国内贷款	债 券	利用外资	自筹资金	其他资金
39.7	**-29.0**	**-80.8**	**83.2**	**54.4**	**-0.7**
1.0	932.6			75.9	-80.1
				***	
110.3	-69.0		-88.8	89.0	48.7
166.5	234.7			-9.1	-41.5
				***	
172.5	-37.5		***	1410.0	5443.4
-84.4	-100.0		***	93.5	8611.2
-36.8				240.1	-39.0
	***		***	82.4	0.2
			***	185.7	
46.3	-22.1		103.3	8.8	-2.3
***	-5.0	-100.0	***	84.8	-61.2
222.9				362.9	30.6
32.5	-100.0	-100.0	***	-7.2	4.5
			-100.0	***	***
	***			1620.9	
-54.0	-7.4	101.8	***	49.8	-30.0
633.6			***	383.6	-62.2
458.9	-43.1		***	-22.0	206.8
-71.9	-49.8			-45.2	16.1
145.1	***			196.9	104.0
-2.8	52.0		***	103.7	-12.0
-1.9	213.8			30.3	-22.0
190.7	23.2		2316.0	106.3	-26.4
-75.1	-74.2	-86.7	***	100.7	-41.0
-33.0	-14.9	-100.0	984.5	84.7	5.7
35460.9	-38.2			58.7	26.4
74.8	147.8		-80.5	26.7	27.8
58.4	25.3	***	-86.5	2.8	33.9
52.6	-73.3		-100.0	52.8	0.1
-45.1	-75.8	-100.0	***	-72.9	16.3

7-5 分县区固定资产

指　　标	全 市	东湖区	西湖区	青云谱区	青山湖区
固定资产投资	**11.1**	**13.0**	**13.7**	**13.4**	**14.5**
#工业投资	18.7		-60.0	-56.4	32.3
采矿业					
制造业	21.5		-96.6	-45.0	32.1
电力、燃气及水的生产和供应业	-22.6		-29.5	-99.4	87.2
按构成分					
建筑安装工程	23.7	19.5	54.6	42.1	20.4
设备工器具购置	-27.2	-23.6	-58.6	-73.5	-20.9
其他费用	-20.8	30.6	-49.6	-5.0	53.2
按登记注册类型					
#内资	9.9	-2.1	33.4	12.4	9.8
国　有	-8.3	-8.1	14.9	11.2	30.5
集　体	13.3		2.5	96.8	190.4
股份合作	397.2		***	***	1743.6
联　营	182.7		182.7		
有限责任公司	0.5	11.5	18.6	10.6	-5.3
股份有限	-34.5	-16.7	10.2	-72.2	-16.8
私　营	32.6	-33.0	71.1	23.2	41.3
其　他	24.0	***	33.5	146.1	-23.3
港澳台投资	36.7		-60.6	-100.0	418.1
外商投资	60.5	***	-100.0	-69.7	-24.4
个体经营	-50.5				***

投资增速情况（2021年）

单位：%

新建区	红谷滩区	南昌县	安义县	进贤县	经济开发区	高新开发区	湾里管理局
14.0	**13.5**	**13.8**	**12.8**	**10.9**	**13.3**	**15.2**	**-30.2**
0.8		15.8	26.1	12.4	27.0	29.4	-64.6
				***			
2.7		18.5	27.1	-1.4	25.6	42.8	-44.7
-16.3		-56.6	-43.3	381.7	45.4	-83.7	-88.6
29.7	24.9	21.7	18.7	8.7	16.7	42.9	-28.5
-46.7	-0.9	8.2	4.5	-24.5	-43.5	-44.4	-65.3
-23.5	-31.9	-25.6	-25.7	66.8	41.4	-32.8	-33.1
13.5	8.3	10.6	16.7	10.9	11.5	18.4	-29.5
0.7	-53.9	-16.7	-30.8	65.1	15.1	32.2	-33.9
		548.3		-100.0		-27.2	-57.2
-60.9	***				***		
42.3	-11.2	-14.4	74.3	-39.0	5.7	12.8	-42.9
-47.1	-83.7	39.6	-6.1	24.1	0.5	-72.9	-86.0
-24.3	59.5	35.9	23.9	32.9	38.2	40.8	-22.9
-27.7	61.9	-64.3	52.9	117.1	-38.2	23.7	***
250.4	155.9	139.3	-46.4	-28.5	217.7	25.1	-39.0
15.8	***	75.0	-98.5	2949.6	-34.0	-19.9	
-100.0	***	263.1		-100.0		-100.0	

主要统计指标解释

全社会固定资产投资 固定资产投资额（又称固定资产投资完成额），是以货币形式表现的在一定时期内建造和购置固定资产的工作量以及与此有关的费用的总称。它是反映固定资产投资规模、结构和发展速度的综合性指标，又是观察工程进度和考核投资效果的重要依据。

全社会固定资产投资包括城镇500万元投资、房地产开发投资、农村非农户投资和农村农户投资。

固定资产投资按国民经济行业分 国民经济行业类别是按企业、事业、行政单位所从事的生产或其他社会经济活动性质的同一性进行的分类。固定资产投资统计中的国民经济行业分类，基本建设项目只能属于一种国民经济行业；更新改造、其他固定资产投资根据整个企、事业单位所属的行业来划分，一般情况下，一个企、事业单位只能属于一种国民经济行业。为了更准确地反映国民经济和行业之间的比例关系，联合企业（总厂）所属分厂属于不同行业的，原则上按分厂划分行业。

固定资产投资按建设性质分 建设项目的性质是指固定资产再生产的性质，一般分为新建、扩建、改建、单纯建造生活设施、迁建、恢复、单位购置。基本建设根据整个建设项目的情况确定；更新改造和其他固定资产投资按整个企业、事业、行政单位的情况确定。一般情况下，一个基本建设项目或企业、事业、行政单位只能有一种建设性质。目前基本建设和更新改造是根据我国现行的计划管理体制区分的，所以基本建设和更新改造都可以分别按新建、扩建和改建等划分。

1. 新建一般是指从无到有，“平地起家”开始建设的企业、事业和行政单位或独立的工程。现有企业、事业、行政单位一般不属于新建。但如有的单位原有基础很小，经过建设后新增的固定资产价值超过该企业、事业、行政单位原有固定资产价值（原值）三倍以上的也应作为新建。

2. 扩建是指在厂内或其他地点，为扩大原有产品的生产能力（或效益）或增加新的产品生产能力，而增建主要的生产车间（或主要工程）、分厂、独立的生产线的企业、事业单位。行政、事业单位在原单位增建业务用房（如学校增建建学用房、医院增建门诊部、病房等）也作为扩建。

3. 改建是指原有设施进行技术改造或更新（包括相应配套的辅助性生产、生活福利设施），没有增建主要生产车间、分厂等的企业、事业单位。现有企业、事业单位为适应市场变化的需要，而改变企业的主要产品种类，或原有产品生产作业线由于各工序（车间）之间能力不平衡，为填平补充充分发挥原有生产能力而增建不增加本企业主要产品设计能力的车间．也应用为改建。

4. 单纯建造生活设施是指在不扩建、改建生产性工程和业务用房的情况下，单纯建造职工住宅、托儿所、子弟学校、医务室、浴室、食堂等生活福利设施的企业、事业及行政单位。

5. 迁建是指为改变生产力布局或由于城市环境保护和安全生产的需要等原因而搬迁另地建设的企业、事业单位。在搬迁另地建设过程中，不论是维持原来规模还是扩大规模都按迁建统计。

6. 恢复是指因自然灾害、战争等原因，使原有的固定资产全部或部分报废，以后又投资恢复建设的单位。不论是按原规模恢复还是在恢复的同时进行扩建的都按恢复统计。尚未建成投产的基本建设项目或企业、事业单位，因自然灾害而损坏的，不作为恢复项目，仍按原有建设性质划分。

7. 单纯购置是指现有企业、事业、行政单位单纯购置不需要安装的设备、工具、器具、而不进行工程建设的单位。有些单位当年虽然只从事一些购置活动，但其设计中规定有建筑安装活动，应根据文件的内容来确定建设性质，不得作为单纯购置统计。

固定资产投资按构成分 固定资产投资活动按其工作内容和实现方式分为建筑工程，安装工程，设备、工具、器具购置，其他费用。

1. 建筑工程是指各种房屋、建筑物的建造工程，又称建筑工作量。这部分投资额必须兴工动料，通过施工活动才能实现，是固定资产投资额的重要组成部分。

2. 安装工程是指各种设备、装置的安装工程，又称安装工作量。安装工程包括: ①生产、动力、起重、运输、传动和医疗、实验等各种需要安装设备的装配和安装，与设备相连的工作台、梯子、栏杆等装设工程，附属于被安装设备的管线敷设工程，被安装设备的绝缘、附腐、保温、油漆等工作；②为测定安装工程质量，对单个设备、系统设备进行单机试运、系统联动无负荷试运工作（投料试运工作台不包括在内)。在安装工程中，不包括被安装设备本身价值。

3. 设备、工具、器具购置是指建设单位或企、事业单位购置或自制的，达到固定资产标准的设备、工具、器具的价值。①设备是指各种生产设备、传导设备、动力设备、运输设备等，分为需要安装的设备和不需要安装的设备两种；②工具、器具是指具有独立用途的各种生产用具、工作工具的仪器。

4. 用于更新的设备是指为更新陈旧设备而购置的设备。用于更新的设备与原有设备在台数和价值上不一定相等。

5. 购置旧设备是指从外单位购入的，已经使用过的各种设备，不包括从国外购进的旧设备。

6. 其他费用是指在固定资产建造和购置过程中发生的。

其中: ①土地购置费是指建设项目通过划拨方式或出让方式取得土地使用权而支付的各项费用；②旧建筑物购置费是指购置已使用过的各种旧房屋及其他建筑物的费用。

新增固定资产　新增固定资产（又称交付使用的固定资产），是指已经完成建造和购置过程，并已交付生产或使用单位的固定资产的价值。新增固定资产是表示固定资产投资成果的价值指标，也是反映建设进度，计算固定资产投资效果的重要数据。

八、城市公用事业

URBAN PUBLIC UTILITY

本篇内容包括:

1. 城市公共交通
2. 园林绿化
3. 环境保护、环境卫生

8-1 城市公共交通

项　　目	2020年	2021年
年末实有运营车辆(辆)		
公共汽车	4361	4287
运营线路条数(条)		
公共汽车	386	438
轨道交通	3	4
运营线路长度(公里)		
公共汽车	9560.00	10346.70
轨道交通	88.85	128.60
全年客运量(万人次)		
公共汽车	20772.70	22402.00
轨道交通	13593.12	25968.01
出租汽车		
年末营运车辆(辆)	5453	5453

8-2 城市园林绿化(2021年)

项　　目	全市
绿地面积(公顷)	14642
公园绿地面积(公顷)	4053
人均公园绿地面积(平方米)	13.05
城市绿化覆盖面积(公顷)	15743
绿地率(%)	40
苗圃面积(公顷)	614
公园(含动物园，个)	95
公园面积(公顷)	1782

注：1.本表数据来源于市城市管理局。
2.本表中绿地面积、公园绿地面积、人均公园绿地面积、城市绿化覆盖面积、绿地率指标统计口径均为建成区。
3.统计中所指的建成区以赣江为界，分东西两大块。其中，东部区块：东至昌东大道，南至昌南大道，西至沿江大道，北至富大有路的围合区域；西部区块：东至港口大道、经开大道、赣江大道，南至南外环高速，西至南昌绕高速(含湾里黄洋界路)，北至南昌绕城高速的围合区域。

8-3 城市环境卫生(2021年)

项　目	全市
全年清扫面积(万平方米)	5061.66
全年清运生活垃圾(万吨)	116.99
生活垃圾无害化处理(万吨)	116.99
公共厕所数(座)	801
环卫机械数量(辆)	3120
清洁卫生工作人员(人)	16000（含三县）
垃圾中转站(座)	130
果壳箱(个)	27453（含三县）

注：1.本表数据来源于市城市管理局。
2.表中公共厕所数含社会公厕，环卫机械数量含小型作业车辆。

8-4 环境保护

项　　目	2020年	2021年
"三废"排放、处理及综合利用情况		
污水集中处理率(%)	95.0	95.8
废水排放总量(万吨)	23334.8	23522.5
#工业废水(万吨)	3715.9	3798.8
工业废气排放总量(亿标立方米)	1848.8	1950.3
工业二氧化硫排放量(吨)	5081.0	4931.8
工业烟尘排放量(吨)	3264.3	2822.9
工业固废产生量(万吨)	315.8	263.3
工业固废综合利用量(万吨)	309.3	254.9
工业固废综合利用率(%)	97.9	96.8
工业危险废弃物处置利用率(%)	99.8	99.6
医疗废物处置率(%)	100.0	100.0
污染治理情况		
工业企业用于污染治理资金(万元)	16003.8	87187.5
#治理废水(万元)	6299.3	16689.0
治理固体废弃物(万元)	1449.2	2208.0

注：1.本表数据为初步数据，来源于市生态环境局。

2.2020年污水集中处理率统计口径为建成区范围。

主要统计指标解释

绿化覆盖面积　指城市中的乔木、灌木、草坪等所有植被的垂直投影面积。包括公园绿地、防护绿地、生产绿地、附属绿地、其他绿地的绿化种植覆盖面积、屋顶绿化覆盖面积以及零散树木的覆盖面积，不含各类绿地中的水域面积以及没有被植被覆盖的面积（硬化道路、无屋顶绿化的建筑物等)。

绿地面积　指报告期末用作园林和绿化的各种绿地面积。包括公园绿地、生产绿地、防护绿地、附属绿地和其他绿地的面积。

公园绿地　城市中向公众开放的、以游憩为主要功能，有一定的游憩设施和服务设施，同时兼有健全生态、美化景观、防灾减灾等综合作用的绿化用地。

人均公园绿地面积　指报告期末区域内城区人口平均每人拥有的公园绿地面积。人口数采用年底人口数。计算公式为:

$$人均公园绿地面积=\frac{公园绿地面积}{城区人口+城区暂住人口}$$

建成区绿地率　指报告期末建成区内绿地面积与建成区面积的比率。计算公式:

$$建成区绿地率=\frac{建成区绿地面积}{建成区面积}\times 100\%$$

建成区绿化覆盖率　指报告期末建成区内绿化覆盖面积与建成区面积的比率。计算公式为:

$$建成区绿化覆盖率=\frac{建成区绿化覆盖面积}{建成区面积}\times 100\%$$

生活垃圾清运量　指收集和运送到各生活垃圾处理场（厂）和生活垃圾最终消纳点的生活垃圾数量。生活垃圾指城市日常生活或为城市日常生活提供服务的活动中产生的固体废物以及法律行政规定的视为城市生活垃圾的固体废物。包括：居民生活垃圾、商业垃圾、集市贸易市场垃圾、街道清扫垃圾、公共场所垃圾和机关、学校、厂矿等单位的生活垃圾。

生活垃圾无害化处理量　指用卫生填埋、堆肥、焚烧等工艺方法处理生活垃圾的总量。即生活垃圾在无害化处理厂（场）处理的垃圾总量。

污水处理厂集中处理率　指报告期内通过污水处理厂处理的污水量与污水排放总量的比率。计算公式:

$$污水处理厂集中处理率=\frac{污水处理厂处理的污水量}{污水排放总量}\times 100\%$$

工业废水处理量　指经各种水治理设施（含城镇污水处理厂、工业废水处理厂）实际处理的工业废水量，包括处理后外排的和处理后回用的工业废水量。虽经处理但未达到国家或地方排放标准的废水量也应计算在内。计算时，如遇有车间和厂排放口均有治理设施，并对同一废水分级处理时，不应重复计算工业废水处理量。

工业废水排放量　指经过企业厂区所有排放口排到企业外部的工业废水量。包括生产废水、外排的直接冷却水、废气治理设施废水、超标排放的矿井地下水和与工业废水混排的厂区生活污水，不包括独立外排的间接冷却水（清浊不分流的间接冷却水应计算在内)。

工业废气排放量　指企业厂区内燃料燃烧和生产工艺过程中产生的各种排入空气中含有污染物的气体的总量，以标准状态(273K,101325Pa)计算。

二氧化硫排放量　指企业在燃料燃烧和生产工艺过程中排入大气的二氧化硫总质量。工业中二氧化硫主要来源于化石燃料（煤、石油等）的燃烧，还包括含硫矿石的冶炼或含硫酸、磷肥等生产的工业废气排放。

烟（粉）尘排放量　指企业在燃料燃烧和生产工艺过程中排入大气的烟尘及工业粉尘的总质量之和。烟尘或工业粉尘排放量可以通过除尘系统的排风量和除尘设备出口烟尘浓度相乘求得。

一般工业固体废物产生量　指未被列入《国家危险废物名录》或者根据国家规定的危险废物鉴别标准(GB5085)、固体废物浸出毒性浸出方法(GB5086)及固体废物浸出毒性测定方法(GB/T 15555)鉴别方法判定不具有危险特性的工业固体废物。计算公式是:

一般工业固体废物产生量=（一般工业固体废物综合利用量-其中：综合利用往年贮存量）+一般工业固体废物贮存量+（一般工业固体废物处置量-其中：处置往年贮存量）+一般工业固体废物倾倒丢弃量

一般工业固体废物综合利用量　指通过回收、加工、循环、交换等方式，从固体废物中提取或者使其转化为可以利用的资源、能源和其他原材料的固体废物量（包括当年利用的往年工业固体废物累计贮存量）。如用作农业肥料、生产建筑材料、筑路等。综合利用量由原产生固体废物的单位统计。

一般工业固体废物综合利用率　指一般工业固体废物综合利用量占一般固体废物产生量与综合利用往年贮存量之和的百分率。计算公式为:

$$一般工业固体废物利用率=\frac{一般工业固体废物综合利用量}{一般工业固体废物生产量+综合利用往年贮存量}\times 100\%$$

危险废弃物处置利用率　指危险废弃物处置量占危险废弃物产生量与处置往年贮存量之和的百分率。计算公式为:

$$危险废弃物处置利用率=\frac{危险废弃物处置量}{危险废弃物生产量+综合利用往年贮存量}\times 100\%$$

环境保护投资指数　指一个地区用于环境保护的投资额占地区生产总值（按当年价格计算）的比重。计算公式为:

$$环境保护投资指数=\frac{用于环境保护的投资额}{地区生产总值（当年价格）}\times 100\%$$

九、财政·金融

PUBLIC FINANCE, BANKING AND INSURANCE

本篇内容包括:

1. 财政收支
2. 金融机构存贷款
3. 商业保险概况

地方一般公共预算收入

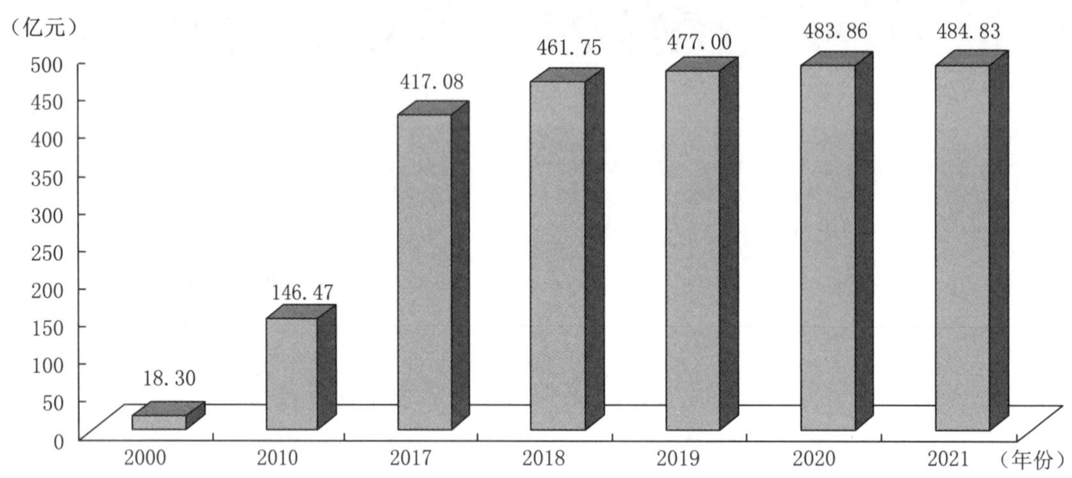

金融机构人民币存贷款余额

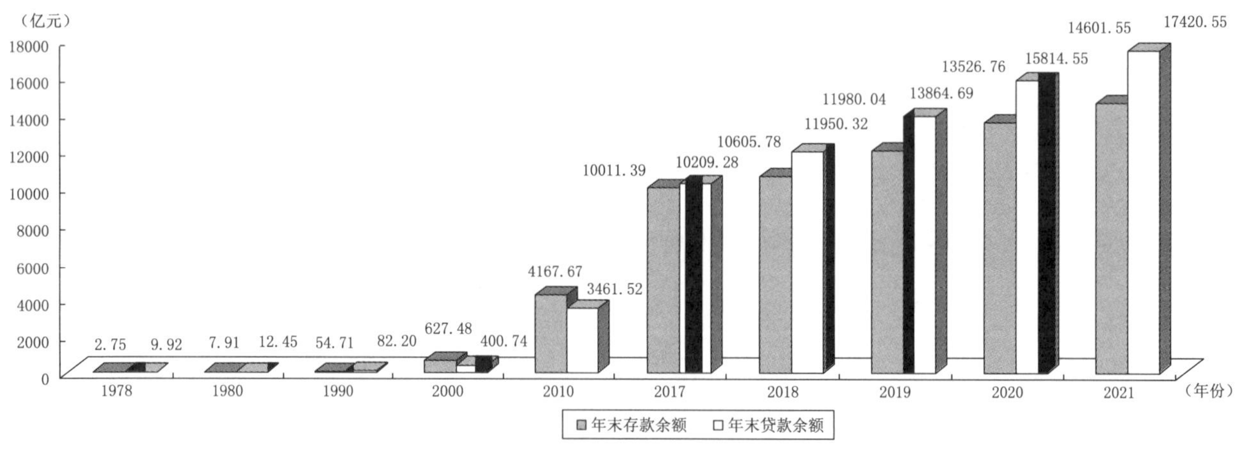

9-1 财 政 收 入

单位：万元

年　份	财政总收入	一般公共预算收入	税收收入	#增值税	营业税	企业所得税	非税收入	上交中央收入	财政总收入占GDP比重(%)
1994	182958	81683	69291				12392		10.1
1995	204548	100551	83486				17065		8.3
1996	253226	119393	93362				26031		8.2
1997	264936	135653	106697				28956		7.1
1998	301878	156418	120876	25111	55967	7550	35542		7.6
1999	327446	167714	131975	25347	58635	13563	35739		7.7
2000	415414	183011	149313	36044	65950	11451	33698		8.7
2001	486936	214131	178099	39061	70841	27289	36032		9.3
2002	590771	257466	204032	39087	89231	29487	53434		9.9
2003	764711	314094	240631	46315	118917	22525	73463		11.1
2004	901988	421911	323321	47873	172200	33100	98590		10.7
2005	1138723	582783	390510	60258	201404	48429	141565	517936	11.6
2006	1341955	681075	541782	72722	245728	65589	139351	617396	11.5
2007	1660063	872199	714032	88111	331300	90568	158167	732421	11.8
2008	1898665	1021477	810109	88224	358746	100815	211364	802342	11.5
2009	2117141	1158800	955725	90963	449573	108902	203064	871822	11.9
2010	2593063	1464650	1241615	109989	542595	125197	223035	1066737	12.1
2011	3254979	1870273	1584510	140346	673643	174503	285763	1316082	12.3
2012	4089000	2401427	2001690	151891	871127	257675	399737	1603833	14.2
2013	4775662	2919097	2453517	211938	1020353	301333	465580	1776288	14.9
2014	5507386	3422065	2875277	305189	1122252	351446	546788	2011577	15.7
2015	6289109	3893412	3157905	350598	1207890	399635	735507	2248355	16.6
2016	6846784	4021831	3186658	766736	736004	422673	835173	2551515	16.5
2017	7828457	4170774	3261844	1261765	7165	534844	908930	3337607	17.2
2018	8693566	4617462	3715175	1385102	3300	602741	902287	3716956	17.0
2019	9029782	4769998	3784200	1537786		628295	985798	3909953	16.3
2020	9120080	4838581	3702335	1356694		619468	1136246	3853201	15.9
2021		4848319	3444974	1237210		551087	1403345		

注：1.1994-2009年企业所得税含退税。
2.1994-1997年国有资产经营收益体现为国有企业上缴利润。
3.1997年地方财政收入和非税收入包含当年纳入基金预算收入的城市教育附加费、矿产资源补偿费、排污费和城市水资源费收入。
4.从2002年开始，上交中央收入包含上划所得税。
5.农业税收包含农业税、农业特产税(2006年含烟叶税部分)、耕地占用税、契税。
6.以上数据根据南昌市历年财政总决算整理得出。
7.从2021年起，财政部门不再统计财政总收入。
8.8-1至8-6表数据由南昌市财政局提供。

9-2 一般公共预算收入

（2013-2021年）

单位：万元

项　目	2013	2014	2015	2016	2017	2018	2019	2020	2021
总　计	**2919097**	**3422065**	**3893412**	**4021831**	**4170774**	**4617462**	**4769998**	**4838581**	**4848319**
税收收入	**2453517**	**2875277**	**3157905**	**3186658**	**3261844**	**3715175**	**3784200**	**3702335**	**3444974**
#增值税	211938	305189	350598	766736	1261765	1385102	1537786	1356694	1237210
营业税	1020353	1122252	1207890	736004	7165	3300			
企业所得税	301333	351446	399635	422673	534844	602741	628295	619468	551087
个人所得税	103234	129136	163161	186852	178859	213340	133804	147086	162977
资源税	1956	3176	3279	4783	9778	5206	3489	4287	1912
城市维护建设税	157885	173129	180940	213775	226182	242047	264475	254370	284183
房产税	59451	69764	84832	85708	115045	136085	148605	121454	143723
印花税	36559	37972	40412	49837	61099	64286	61923	68590	86893
城镇土地使用税	49682	69794	74480	80366	79533	85721	87784	69644	86926
土地增值税	190184	261096	283525	251209	301962	435517	407592	507520	379546
车船税	16776	18041	22101	23795	32181	32294	37401	45710	59365
耕地占用税	25120	18889	62196	34184	62028	13302	43362	34515	43867
契　税	279046	315393	284856	330728	391403	494869	427246	470536	405571
环境保护税						1288	1687	1846	1497
非税收入	**465580**	**546788**	**735507**	**835173**	**908930**	**902287**	**985798**	**1136246**	**1403345**
#国有资本经营收入		1060	6488						7360
行政性收费收入	271028	293600	298023	403233	298792	336636	396919	490743	476219
罚没收入	51241	56546	46513	69928	176342	129553	120541	78563	197579
专项收入	77866	87444	227504	208935	227352	207706	232610	148363	170333
国有资源(资产)有偿使用收入	49628	81391	129570	127263	159263	202326	201384	390091	511927
捐赠收入	475	2196	879	377				1480	
政府住房基金收入				3183	47127	26066	34072	26716	
其他收入	15342	24551	26530	22254	54		272	290	39927

注：2019年起全国全面取消营业税。

9-3　一般公共预算支出

（2013-2021年）　　单位：万元

项　目	2013	2014	2015	2016	2017	2018	2019	2020	2021
总　　计	**4193652**	**4731561**	**5431789**	**5832565**	**6531223**	**7524137**	**8341066**	**8381744**	**8700084**
一般公共服务	372832	422895	444772	538799	683904	759225	796143	768660	708689
国防	6167	5828	4480	4915	3175	3286	12361	10991	8885
公共安全	229668	245040	280627	339858	413586	496863	508620	503437	447764
教育	734317	814016	854606	900287	998001	1110034	1264296	1351071	1380575
科学技术	54172	79045	82004	101403	217331	273821	339770	372224	458501
文化旅游体育与传媒	41322	46846	54496	67295	78855	79356	98536	115206	118479
社会保障和就业	446254	463715	617643	670641	759333	897947	672780	621985	729119
卫生健康	374524	460359	564207	587977	688874	789690	802690	933167	842116
节能环保	44613	39817	77535	44717	120843	138498	243321	302119	306769
城乡社区事务	686669	672851	893236	1054280	1146753	1395936	2298558	1556543	1433152
农林水事务	309934	354848	379786	347070	403273	429807	471801	622172	635229
交通运输	363644	412005	408265	360906	342113	364247	152251	150047	92158
资源勘探信息等	289033	311153	368801	486049	251866	403096	235819	411849	768244
商业服务业等	40823	39807	60784	48426	44015	45124	37904	60545	65351
金融	1037	663	1448	1861	703	15243	6169	21297	9508
援助其他地区									
自然资源海洋气象等	14838	15707	17382	20914	30505	34267	36925	46507	42916
住房保障支出	118769	169327	256655	161160	195093	149738	190990	274525	376711
粮油物资储备	6065	11702	12532	9172	7121	8812	10605	12070	14640
债务付息	5845	114189	4447	49353	85240	93815	123337	140573	148132
债务发行费用			761	2236	283	444	697	885	996
灾害防治及应急管理							30670	69169	50377
其他支出	53126	51748	47322	35246	60356	34888	6823	36702	61773

9-4　财政收支总额及增长速度

年　　份	财政总收入(万元)	一般公共预算支出(万元)	收支差额(万元)	比上年增长(%)	
				财　政总收入	一般公共预算支出
1978	25144	9046	16098	36.5	33.8
1979	29827	12452	17375	18.6	37.7
1980	33283	11411	21872	11.6	-8.4
1981	36294	12589	23705	9.0	10.3
1982	36418	12449	23969	0.3	-1.1
1983	37761	13456	24305	3.7	8.1
1984	42362	17687	24675	12.2	31.4
1985	55665	24455	31210	31.4	38.3
1986	62808	33970	28838	12.8	38.9
1987	66114	34442	31672	5.3	1.4
1988	77381	42103	35278	17.0	22.2
1989	87833	49048	38785	13.5	16.5
1990	99960	55090	44870	13.8	12.3
1991	106250	62186	44064	6.3	12.9
1992	123700	69867	53833	16.4	12.4
1993	163492	71828	91664	32.2	2.8
1994	182958	81546	101412	11.9	13.5
1995	204548	102101	102447	11.8	25.2
1996	253226	119608	133618	23.8	17.1
1997	264936	145353	119583	4.6	21.5
1998	301878	160750	141128	13.9	10.6
1999	327446	218552	108894	8.5	36.0
2000	415414	237688	177726	26.9	8.8
2001	486936	281618	205318	17.2	18.5
2002	590771	342542	248229	21.3	21.6
2003	764711	395944	368767	29.4	15.6
2004	901988	521873	380115	18.0	31.8
2005	1138723	757947	380776	26.2	45.2
2006	1341955	933749	408206	17.8	23.2
2007	1660063	1168596	491467	23.7	25.2
2008	1898665	1476667	421998	14.4	26.4
2009	2117141	1817014	300127	11.5	23.0
2010	2593063	2320305	272758	22.5	27.7
2011	3254979	2988005	266974	25.5	28.8
2012	4089000	3459909	629091	25.6	15.8
2013	4775662	4193652	582010	16.8	21.2
2014	5507386	4731561	775825	15.3	12.8
2015	6289109	5431789	857320	14.2	14.8
2016	6846784	5832565	1014219	8.9	7.4
2017	7828457	6531223	1297234	14.3	12.0
2018	8693566	7524137	1169429	11.1	15.2
2019	9029782	8341066	688716	3.9	10.9
2020	9120080	8381744	738336	1.0	0.5
2021		8700084			3.8

9-5　各地区一般公共预算收入（2021年）

单位：万元

地　　区	一般公共预算收入	增值税	企业所得税	个人所得税	其他收入
全　　市	**4848319**	**1237210**	**551087**	**162977**	**2897045**
东 湖 区	149400	24612	29365	24631	70792
西 湖 区	215205	40745	51725	10198	112537
青云谱区	122915	34613	16072	7279	64951
青山湖区	159053	48452	20248	7612	82741
新 建 区	365727	89115	16580	5669	254363
红谷滩区	342111	49876	57770	12429	222036
南 昌 县	793150	187954	44179	13912	547105
安 义 县	141144	36023	5275	2322	97524
进 贤 县	200177	63668	15389	2491	118629
经济开发区	209974	45068	26660	4517	133729
高新开发区	329261	91783	40725	13312	183441
湾里管理局	111592	24481	5046	2726	79339

注：本表财政收入不含中央两税收入。

9-6　各地区一般公共预算支出（2021年）

单位：万元

地　　区	一般公共预算支出	一般公共服务	教育	社会保障和就业	卫生健康	农林水事务	其他支出
全　　市	**8700084**	**708689**	**1380575**	**729119**	**842116**	**635229**	**4404356**
东 湖 区	250995	34813	46469	35535	18927	3789	111462
西 湖 区	341982	28723	67813	38165	30156	1684	175441
青云谱区	246646	32875	42891	22195	19589	1362	127734
青山湖区	329039	50185	71202	25116	17564	8319	156653
新 建 区	857510	71830	178995	79665	72946	81456	372618
红谷滩区	356163	47101	66189	25847	20414	3680	192932
南 昌 县	1402977	156206	316032	110698	164572	244920	410549
安 义 县	386986	40171	61908	44817	20799	68765	150526
进 贤 县	576301	42233	125007	82068	21032	101500	204461
经济开发区	387111	47311	46691	18049	15403	7393	252264
高新开发区	504356	40435	56361	17285	16456	11353	362466
湾里管理局	131628	22410	27784	9838	11265	12894	47437

9-7 金融机构本外币信贷资金平衡表年末余额（2021年）

单位：万元

指　　标	年末余额	比年初增减	比年初增长(%)
各项存款	**147574160**	**10805937**	**7.9**
境内存款	147287093	10806962	7.9
住户存款	47762188	4565488	10.6
活期存款	17972187	419293	2.4
定期及其他存款	29790001	4146195	16.2
非金融企业存款	60790644	2872890	5.0
活期存款	24242090	834167	3.4
定期及其他存款	36548554	2038723	6.0
广义政府存款	31790023	1981365	6.6
财政性存款	7919795	-650094	-7.6
机关团体存款	23870229	2631459	12.4
非银行业金融机构存款	6944237	1387218	25.0
境外存款	287067	-1025	-0.4
各项贷款	**176209573**	**16153335**	**10.1**
境内贷款	175759670	16273166	10.2
住户贷款	48495114	3889658	8.7
短期贷款	10446661	1099540	11.8
中长期贷款	38048453	2790117	7.9
企（事）业单位贷款	127016402	12745536	11.2
短期贷款	33544175	1367883	4.3
中长期贷款	81397921	8210340	11.2
票据融资	10313100	2942121	39.9
融资租赁	1536003	180613	13.3
各项垫款	225202	44580	24.7
非银行业金融机构贷款	248154	-362028	-59.3
境外贷款	449904	-119831	-21.0

注：1.本表统计口径包括中国人民银行、政策性银行、国有独资商业银行、邮政信汇局、其他商业银行、农村合作银行、城市信用社、农村信用社、信托投资公司、财务公司等金融机构。后同。

2.8-7至8-8表数据由中国人民银行南昌中心支行提供。

9-8 金融机构人民币信贷资金平衡表年末余额（2021年）

单位：万元

指　　标	年末余额	比年初增减	比年初增长(%)
各项存款	**146015478**	**10747841**	**7.9**
境内存款	145892257	10698587	7.9
住户存款	47379847	4593342	10.7
活期存款	17782464	417336	2.4
定期及其他存款	29597382	4176006	16.4
非金融企业存款	59804794	2736027	4.8
活期存款	23714732	838481	3.5
定期及其他存款	36090062	1897546	5.7
广义政府存款	31765308	1981061	6.7
财政性存款	7919795	-650094	-7.6
机关团体存款	23845513	2631155	12.4
非银行业金融机构存款	6942309	1388157	25.0
境外存款	123221	49254	66.6
各项贷款	**174205504**	**16059959**	**10.2**
境内贷款	174202704	16063303	10.2
住户贷款	48494326	3889427	8.7
短期贷款	10445875	1099305	11.8
中长期贷款	38048451	2790122	7.9
企（事）业单位贷款	125460224	12535904	11.1
短期贷款	32594140	897485	2.8
中长期贷款	80791779	8429181	11.6
票据融资	10313100	2942121	39.9
融资租赁	1536003	180613	13.3
各项垫款	225202	86505	62.4
非银行业金融机构贷款	248154	-362028	-59.3
境外贷款	2800	-3344	-54.4

9-9 保险公司主要指标(2021年)

单位：万元

指 标	保费收入	赔付支出
合 计	**2521893**	**954809**
财产保险公司	**785567**	**575169**
企业财产保险	30653	34158
机动车辆保险	453111	328260
责任保险	44776	23034
信用保证保险	71626	92303
货物运输保险	3818	1047
农业保险	20833	8733
其他财产保险	160750	87634
人寿保险公司	**1736326**	**379640**
寿险	1403528	222665
健康险	298014	145025
意外伤害险	34784	11949

注：1.8-9表数据由中国银行保险监督管理委员会江西监管局提供。

2.保险业相关数据为各公司上报中国保险统计信息系统数据，未经审计；因部分机构目前处于风险处置阶段，数据口径暂时调整为不包含风险处置机构，直至相关机构风险处置结束。

9-10 上市公司数量和股票发行量

年份	上市公司数量(个)	股票发行量(亿股)	A股	H股	B股	股票筹资额(亿元)	A股	配股	B股
2012	17								
2013	16	0.55	0.55			4.80	4.80		
2014	16	2.56	2.56			16.19	16.19		
2015	17	1.99	1.99			22.44	22.44		
2016	18	14.06	14.06			166.47	166.47		
2017	19	3.08	3.08			22.39	22.39		
2018	20	0.82	0.82			8.54	8.54		
2019	22	2.12	2.12			18.87	18.87		
2020	22	10.3	9.9	0.4		119.79	119.79		
2021	25	0.65	0.65			5.93	5.93		

注：表中数据由中国证券监督管理江西监管局提供。

主要统计指标解释

财政收入 国家财政参与社会产品分配所得的收入，是实现国家职能的财力保证。内容几经变化，目前主要包括：

(1)各项税收包括增值税、营业税、消费税、土地增值税、城市维护建设税、资源税、城镇土地使用税、印花税、固定资产投资方向调节税、个人所得税、企业所得税、关税、农牧业税和耕地占用税等。

(2)专项收入包括征收排污费、征收城市水资源收入、教育费附加收入等。

(3)其他收入包括基本建设贷款归还收入、国家能源交通重点建设基金收入、国家预算调节基金收入等。

财政支出 国家财政将筹集起来的资金进行分配使用，以满足经济建设和各项事业的需要，主要包括：一般公共服务、外交、国防、公共安全、教育、科学技术、文化体育与传媒、社会保障和就业、医疗卫生、环境保护、城乡社区事务、农林水事务、交通运输、工业商业金融等事务和其他支出等科目。

中央财政收入和地方财政收入 按财政体制划分的中央本级收入和地方本级收入。1994 年分税制财政体制以后，属于中央财政的收入包括关税、海关代征消费税和增值税，消费税，中央企业所得税，地方银行和外资银行及非银行金融企业所得税，铁道、银行总行、保险总公司等集中缴纳的营业税、所得税和城市维护建设税，增值税的 75%部分，海洋石油资源税和证券（印花）税的 75%部分。属于地方财政的收入包括营业税，地方企业所得税，个人所得税，城镇土地使用税，固定资产投资方向调节税，土地增值税，城镇维护建设税，房产税，车船使用税，印花税，农牧业税，农业特产税，耕地占用税，契税，增值税，证券交易税（印花税）的 25%部分和除海洋石油资源税以外的其他资源税。

中央财政支出和地方财政支出 根据政府在经济和社会活动中的不同职责，划分中央和地方政府的事权，按照政府的事权划分确定的支出。中央财政支出包括国防支出，武装警察部队支出，中央级行政管理费和各项事业费，重点建设支出以及中央政府调整国民经济结构、协调地区发展，实施宏观调控的支出。地方财政支出主要包括地方行政管理和各项事业费，地方统筹的基本建设、技术改造支出，支援农村生产支出，城市维护，建设经费和价格补贴支出等。

信贷资金 国家银行用于发放贷款的资金叫信贷资金。中国人民银行信贷资金的来源有各项存款、对国际金融机构负债、流通中货币、银行自有资金及当年结益等。信贷资金的运用有各项贷款、黄金占款、外汇占款、财政借款及在国际金融机构中的资产等。

存款 企业、机关、团体或居民根据可以收回的原则，把货币资金存入银行或其他信用机构保管并取得一定利息的一种信用活动形式。根据存款对象的不同可划分：企业存款、财政存款、机关团体存款、对外贸易存款、城乡居民储蓄存款、农村存款等科目，它是银行信贷资金的主要来源。

贷款 银行或其他信用机构根据必须归还的原则，按一定利率，为企业、个人等提供资金的一种信用活动形式。我国银行贷款，分流动资金贷款、固定资产贷款、城乡个体工商户贷款以及农业贷款等科目。

保险金额 指保险人承担赔偿或者给付保险金责任的最高限额。

保费 指投保人为取得保险人在约定范围内所承担赔偿责任而支付给保险人的费用。

赔款 指保险人根据保险合同的规定，向被保险人支付的赔偿保险责任损失的金额。

十、农　　业

AGRICULTURE

本篇内容包括:

1. 乡镇组织
2. 农村劳动力分布
3. 农林牧渔业生产
4. 主要农产品产量
5. 农业机械化、电气化、水利化、化学化水平
6. 农作物受灾情况
7. 农村扶贫情况

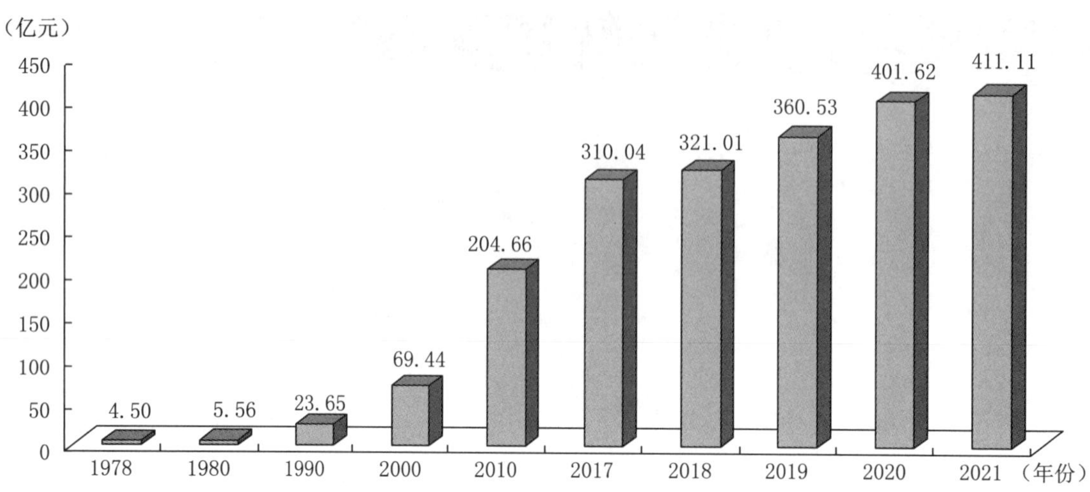
农林牧渔业总产值
（亿元）
450
400
350
300
250
200
150
100
50
0
4.50
5.56
23.65
69.44
204.66
310.04
321.01
360.53
401.62
411.11
1978
1980
1990
2000
2010
2017
2018
2019
2020
2021
（年份）

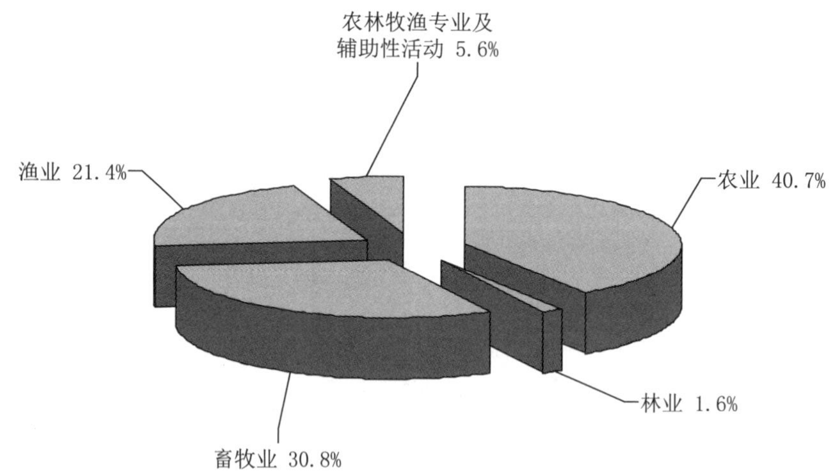
2021年农林牧渔业占总产值比重
农林牧渔专业及
辅助性活动 5.6%
渔业 21.4%
农业 40.7%
林业 1.6%
畜牧业 30.8%

10-1 农村乡镇基本情况

项　　目	2020年	2021年
一、乡镇政府(个)	80	80
#镇 政 府	52	52
二、村民委员会(个)	1178	1178
三、村民小组(个)	9617	9683

10-2 县区乡镇组织（2021年）

地　　区	乡镇政府(个)	#镇政府	村民委员会(个)	村民小组(个)
合　　计	**80**	**52**	**1178**	**9683**
东 湖 区	1	1	21	95
西 湖 区	1	1	13	67
青云谱区	1	1	12	69
青山湖区	4	4	60	286
新 建 区	16	10	258	1757
红谷滩区	1	1	36	121
南 昌 县	16	9	263	2342
安 义 县	10	7	104	1141
进 贤 县	21	9	264	2897
经济开发区	3	3	58	361
高新开发区	2	2	50	308
湾里管理局	4	4	39	239

注：村民委员会含具有村一级行政管理职能的农、林、牧、渔场。

10-3 县区农村劳动力资源及乡村从业人员（2021年）

单位：人

项目	劳动力资源总数	男性	女性	从业人员合计	男性	女性
全市	**1545534**	**827087**	**718447**	**1246447**	**676497**	**569950**
东湖区	20809	10694	10115	16430	8900	7530
西湖区	19342	9799	9543	18532	9727	8805
青云谱区	24289	13432	10857	20521	12114	8407
青山湖区	104754	59401	45353	84277	49279	34998
新建区	281321	149171	132150	215848	116866	98982
红谷滩区	30125	17856	12269	25883	13955	11928
南昌县	473275	250914	222361	372933	202326	170607
安义县	131017	68833	62184	113474	59668	53806
进贤县	262359	138823	123536	208039	109717	98322
经济开发区	80822	46646	34176	69697	40051	29646
高新开发区	90866	47261	43605	77788	41315	36473
湾里管理局	26555	14257	12298	23025	12579	10446

10-4　县区农林牧渔业总产值（2021年）

（按当年价格计算）　　单位：万元

地　区	农林牧渔业总产值	农业产值	林业产值	畜牧业产值	渔业产值	农林牧渔专业及辅助性活动产值
合　计	**4111121**	**1672366**	**64737**	**1266437**	**878091**	**229491**
东湖区	12820	10770			2007	42
西湖区						
青云谱区						
青山湖区	5382	3005			2252	125
新建区	969647	402353	17651	276572	200955	72115
红谷滩区	25504	11846		10049	2447	1162
南昌县	1232202	582856	5928	388246	199310	55862
安义县	255827	120753	9288	53006	46719	26061
进贤县	1226055	422812	14242	404589	336378	48034
经济开发区	266817	61911	8153	117647	75049	4057
高新开发区	64544	33547	188	13753	12100	4956
湾里管理局	52325	22513	9286	2573	875	17077

10-5 农作物播种面积和产量（2021年）

项　　目	播种面积 （万公顷）	单　　产 （千克/公顷）	总 产 量 （万　吨）
合　　计	**48.38**		
一、粮食作物	**34.49**	**6220**	**214.52**
1.谷物	34.02	414	211.41
稻谷	12.95	379	73.66
早稻	21.07	436	137.75
晚稻	7.91	472	56.04
一晚	13.16	414	81.71
二晚			
小麦			
杂谷			
2.豆类			
#大豆			
3.薯类			
二、经济作物	**13.85**		
#棉花	0.04	1368	0.05
油料	7.14	1626	11.61
花生	1.52	3882	5.14
油菜籽	4.97	1188	5.90
芝麻	0.65	865	0.57
甘蔗	0.10	42047	4.30
蔬菜	4.24	31688	134.50
瓜果类	0.38	23923	9.09
其他类	1.83		

10-6 粮食作物播种面积（分县区，2021年）

单位：公顷

地区	粮食作物播种面积
全　市	**344900**
东 湖 区	300
西 湖 区	
青云谱区	
青山湖区	1280
新 建 区	82330
红谷滩区	1600
南 昌 县	121480
安 义 县	26970
进 贤 县	86790
经济开发区	6210
高新开发区	15940
湾里管理局	2010

10-7 经济作物播种

项　目	全市	东湖区	西湖区	青云谱区	青山湖区	新建区
经济作物播种面积	**2078038**	**26560**			**2280**	**370168**
#棉花	5901					1224
油料	1071593					204742
花生	228182					45529
油菜籽	745215					153960
芝麻	98196					5253
药材	16420					
甘蔗	15327					1035
蔬菜	636655	26560			2280	83611
瓜果类	57022					4418
其他类	275120					75138

面积（分县区，2021年）

单位：亩

红谷滩区	南昌县	安义县	进贤县	经济开发区	高新开发区	湾里管理局
15930	**559179**	**340016**	**677955**	**48520**	**25345**	**12085**
		4612	50	15		
7590	176750	166196	482149	26515	4576	3075
4020	15545	18408	132494	11365	506	315
1980	160635	144630	262275	15150	3975	2610
1590	570	3158	87380		95	150
			16200			220
	5419	692	7970		211	
8340	233777	131676	109991	18330	18565	3525
	11055	10378	26163	3090	1693	225
	132178	26462	35432	570	300	5040

10-8 农作物总

项　　目	全市	东湖区	西湖区	青云谱区	青山湖区	新建区
一、粮食作物	**2145201**	**1491**			**8020**	**500200**
1.谷物						
稻谷	2114095					
早稻	736605					
晚稻	1377490					
一晚	560440					
二晚	817050					
小麦						
杂谷						
2.豆类						
#大豆						
3.薯类						
二、经济作物						
#棉花	538					87
油料	116132					20425
花生	51441					11948
油菜籽	59031					8164
芝麻	5660					313
药材						
甘蔗	42964					2381
蔬菜	1344964	56798			3964	116521
瓜果类	90941					5811
其他类						

产量（分县区，2021年）

单位：吨

红谷滩区	南昌县	安义县	进贤县	经济开发区	高新开发区	湾里管理局
10237	**794900**	**203553**	**501000**	**37800**	**76000**	**12000**
		448	2	1		
1143	16902	22610	50390	3951	448	263
886	4360	3067	28040	3051	67	22
241	12440	19327	17356	900	377	226
16	102	216	4994		4	15
	17653	3668	18711		551	
14947	680793	203294	199486	29167	37016	2978
	23628	20522	32411	5628	2720	221

10-9　茶叶、水果生产情况

项　目	2020年	2021年	2021年比上年增长%
一、产量(吨)			
茶　叶	1868	1862	-0.3
#红　茶	31	18	-41.9
绿　茶	1825	1843	1.0
园林水果	42364	44850	5.9
#柑　桔	22832	24472	7.2
梨　子	2742	2421	-11.7
桃　子	2170	2390	10.2
二、年末茶园面积(亩)	**21645**	**21382**	**-1.2**
#当年采摘	20070	20197	0.6
当年新增	15	255	1600.0
三、年末果园面积(亩)	**105435**	**104600**	**-0.8**
#当年新增	1785	2903	62.6

10-10　茶叶、水果生产情况(分县区，2021年)

单位：吨

地　区	茶叶	#红茶	绿茶	园林水果	#柑桔	梨
合　　计	**1862**	**18**	**1843**	**44850**	**24472**	**2421**
新 建 区				4499	914	44
红 谷 滩 区	10		10	152	152	
南 昌 县	821	17	804	5331	4528	504
安 义 县	1			12670	3693	1312
进 贤 县	847	1	846	17153	12232	536
经济开发区	132		131	1167	1148	15
高新开发区				2059	1805	
湾里管理局	51		51	1819		10

10-11 茶园、果园面积（分县区，2021年）

单位：亩

地区	茶园	果园	#柑桔	梨
合计	**21382**	**104600**	**58446**	**9569**
新建区		4182	1727	161
红谷滩区	645	60	60	
南昌县	2497	5514	4284	660
安义县	15	28363	6790	6386
进贤县	9135	59680	42340	2182
经济开发区	1155	1575	1320	150
高新开发区		2496	1925	
湾里管理局	7935	2730		30

10-12 林业生产情况

项目	2020年	2021年	2021年比上年增长%
一、当年荒山荒(沙)地造林面积(公顷)	930	1653	77.7
#用材林	60	54	-10.0
经济林	680	734	7.9
防护林	190	865	355.3
二、飞播造林面积(公顷)			
三、当年新封山(沙)育林面积(公顷)	640	1261	97.0
四、森林改培面积(公顷)			
五、森林抚育面积(公顷)	9568	3066	-68.0
六、人工更新面积(公顷)			
七、主要产品产量			
油茶籽(吨)	9567	18522	93.6
八、木材采伐(万立方米)	1.53	1.12	-26.8
竹材采伐(万根)	3.06	4.84	58.2

10-13 牧业生产

项　目	全　市	东湖区	西湖区	青云谱区	青山湖区	新建区
一、出栏肉猪头数(万头)	215.55					44.16
出售和自宰肉用牛(头)	77535					7098
出售和自宰肉用羊(只)	32728					6020
出售和自宰肉用兔(只)	37375					
出售和自宰肉用禽(万只)	7099.21					1100.17
二、肉类总产量(吨)	290666					51998
猪　肉	175721					35140
牛　肉	9785					871
羊　肉	691					96
兔　肉	67					
禽　肉	104469					15891
三、牛奶产量(吨)	23564					4454
四、年底养蜂数(箱)						
天然蜂蜜产量(吨)	131					
五、禽蛋产量(吨)	128004					23036
六、牛年底数(头)	180787					61987
#能繁殖母牛						
#肉　牛	173750					58048
奶　牛	7037					3939
七、猪年底数(万头)	130.36					27.61
#能繁殖母猪(头)	130725					26593
八、羊年底数(只)	26283					6703
九、兔年底数(只)	6939					
十、家禽年底数(万只)	4142.87					926.95
十一、蚕茧产量(吨)						

情况(分县区，2021年)

红谷滩区	南昌县	安义县	进贤县	经济开发区	高新开发区	湾里管理局
2.12	57.94	17.56	75.20	16.10	2.47	
1354	26575	5106	33455	3616	214	117
42	6585	11661	5647	2014	44	715
		2175	35200			
8.19	2523.75	253.65	3103.78	71.95	29.36	8.36
1740	86272	15535	115611	16620	2747	143
1496	48261	11625	62600	14760	1839	
145	2973	574	4590	594	29	9
1	120	302	110	46	8	9
		4	63			
98	34918	3034	48311	1220	872	125
	375		11055	7680		
		28	103			
127	67627	4465	30208	1605	515	419
3435	35133	12734	61578	5235	557	127
3435	34799	12734	60223	3826	557	127
	334		1355	1409		
1.05	35.37	8.90	49.18	7.46	0.78	
206	34305	8920	51700	8107	895	
341	3021	11053	3988	682	54	440
		1839	5100			
0.05	1242.76	106.59	1758.85	89.76	14.87	3.03

10-14 牧业生产情况

项　　目	2020年	2021年	2021年比上年增长%
一、肉猪出栏数(万头)	145.52	215.55	0.5
出售和自宰肉用牛(万头)	7.47	7.75	0.0
出售和自宰肉用羊(只)	45195	32728	-0.3
出售和自宰肉用兔(只)	37133	37375	0.0
出售和自宰肉用禽(万只)	6085.81	7099.21	0.2
二、肉类总量(万吨)	24.45	29.07	0.2
猪　肉(万吨)	11.78	17.57	0.5
牛　肉(吨)	13941	9785	-0.3
羊　肉(吨)	725	691	0.0
兔　肉(吨)	71	67	0.0
禽　肉(万吨)	11.21	10.45	-0.1
三、牛奶产量(万吨)	3.24	2.36	-0.3
四、年底养蜂数(箱)	\	\	\
天然蜂蜜产量(吨)	128	131	0.0
五、禽蛋产量(万吨)	13.84	12.80	-0.1
六、牛年底数(万头)	15.43	18.08	0.2
#能繁殖母牛	\	\	\
#肉　牛	\	17.38	\
奶　牛	\	0.70	\
七、猪年底数(万头)	134.33	130.36	0.0
#能繁殖母猪	14.50	13.07	-0.1
八、羊年底数(只)	32356	26283	-0.2
九、兔年底数(只)	6805	6939	0.0
十、家禽年底数(万只)	4841.29	4142.87	-0.1
十一、蚕茧产量(吨)			

10-15 渔业生产情况

项　　目	2020年	2021年	2021年比上年增长%
一、渔业乡(个)	2	2	
二、渔业村(个)	16	13	-18.8
三、渔业户(万户)	2.24	2.14	-4.5
四、渔业人口(万人)	11.00	10.60	-3.6
五、渔业从业人员(万人)	6.67	6.51	-2.4
专业从业人员(万人)	3.23	3.15	-2.5
#捕　　捞			
养　　殖	2.69	2.64	-1.9
兼业从业人员(万人)	2.26	2.20	-2.7
六、已养殖面积(万亩)	76.46	76.47	0.0
#池　　塘	26.63	26.48	-0.6
水　　库	5.45	5.23	-4.0
湖　　泊	39.51	40.05	1.4
七、养殖单产(公斤/亩)	533		
#池　　塘	1028	1088	5.8
水　　库	387	413	6.7
湖　　泊	168	178	5.7
八、水产品总产量(万吨)	41.87	43.01	2.7
#养　　殖	40.75	43.01	5.5
#池　　塘	27.38	28.80	5.2
水　　库	2.11	2.16	2.4
湖　　泊	6.65	7.11	6.9
#鱼　　类	36.36	37.93	4.3
甲　壳　类	3.97	3.86	-2.8
贝　　类	1.10	0.78	-29.1
九、珍珠产量(吨)			
十、鱼苗产量(亿尾)	32.14	33.15	3.1
十一、鱼种产量(吨)	43306	44617	3.0

注:本表数据来源于市农业农村局。

10-16 渔业生产

项　目	全　市	东湖区	青云谱区	青山湖区	新建区
一、渔业乡(个)	2				
二、渔业村(个)	13				
三、渔业户(万户)	2.14				0.20
四、渔业人口(万人)	10.60			0.02	0.72
五、渔业从业人员(万人)	6.51	0.01		0.01	0.43
专业从业人员(万人)	3.15	0.01		0.01	0.28
#捕　　捞					
养　　殖	2.64	0.01		0.01	0.19
兼业从业人员(万人)	2.20				0.11
六、已养殖面积(万亩)	76.47	0.19		0.18	7.12
#池　　塘	26.48	0.19		0.18	3.93
水　　库	5.23				0.89
湖　　泊	40.05				1.02
七、养殖单产(千克/亩)					
#池　　塘	1088	667		734	1094
水　　库	413				586
湖　　泊	178				621
八、水产品总产量(万吨)	43.01	0.13		0.13	7.48
#养　　殖	43.01	0.13		0.13	7.48
#池　　塘	28.80	0.13		0.13	4.30
水　　库	2.16				0.52
湖　　泊	7.11				0.63
#鱼　　类	37.93	0.13		0.13	6.01
甲　壳　类	3.86				1.46
贝　　类	0.78				
九、珍珠产量(吨)					
十、鱼苗产量(亿尾)	33.15				8.69
十一、鱼种产量(吨)	44617				5936

注:本表数据来源于市农业农村局。

情况（分县区，2021年）

红谷滩区	南昌县	安义县	进贤县	经济开发区	高新开发区	湾里管理局
			2			
			13			
	1.04	0.13	0.55	0.05	0.16	
	3.75	0.59	4.90	0.22	0.39	0.01
	2.89	0.41	2.46	0.08	0.20	0.01
	1.82	0.21	0.65	0.07	0.10	
	1.56	0.16	0.60	0.04	0.07	
	0.81	0.18	1.01	0.01	0.07	0.01
0.05	16.79	3.91	44.75	2.01	1.30	0.17
0.05	12.14	2.42	5.37	0.88	1.30	0.03
	0.14	1.44	2.35	0.26		0.15
	1.72		36.56	0.76		
793	1038	1333	1114	1925	534	504
	278	199	375	1568		144
	87		154	942		
0.04	14.72	3.54	13.42	2.83	0.70	0.04
0.04	14.72	3.54	13.42	2.83	0.70	0.04
0.04	12.60	3.23	5.97	1.69	0.70	0.01
	0.04	0.29	0.88	0.41		0.02
	0.15		5.62	0.71		
0.04	13.27	3.22	11.59	2.82	0.69	0.03
	1.19	0.06	1.14	0.01		
	0.10	0.19	0.49			
	9.08	2.63	12.60	0.15		
45	23834	3996	10000		786	20

10-17　主要农业机械年末拥有量

项　　目	2020年	2021年	2021年比上年增长%
一、农业机械总动力（万千瓦）	**279.53**	**289.64**	**3.6**
#柴油发动机动力	218.66	228.64	4.6
汽油发动机动力	15.53	15.55	0.1
电动机动力	45.31	45.43	0.3
二、主要农业机械与设备			
大中型拖拉机(混合台)	10994	11782	7.2
大中型拖拉机(万千瓦)	58.03	62.52	7.7
小型拖拉机(混合台)	62045	61482	-0.9
小型拖拉机(万千瓦)	68.32	67.69	-0.9
大中型拖拉机配套农具(部)	9702	10013	3.2
小型拖拉机配套农具(部)	57262	57818	1.0
农用水泵(台)	37309	37294	0.0
节水灌溉类机械(套)	252	252	
联合收获机(台)	6913	7345	6.2
机动割晒机(台)			
机动脱粒机(台)	4803	4803	

注:本表数据来源于市农业农村局。

10-18　农业机耕、水电、化肥情况

项　　目	2020年	2021年	2021年比上年增长%
一、农业机械化情况			
当年实际机耕面积(千公顷)	391.15	394.47	0.8
当年实际机播面积(千公顷)	172.88	192.19	11.2
当年实际机收面积(千公顷)	357.65	360.61	0.8
当年实际机电灌溉面积(千公顷)	157.48	151.90	-3.5
二、农业电气化情况			
农村用电量(万千瓦小时)	135745.58	149202.47	9.9
三、农业化学化情况			
化肥施用量(实物量)(万吨)	34.01	33.49	-1.5
氮　　肥	7.51	7.04	-6.2
磷　　肥	5.71	5.13	-10.2
钾　　肥	4.1	3.65	-11.1
复　合　肥	16.7	17.69	5.9
化肥施用量(折纯量)(万吨)	12.97	12.93	-0.3
氮　　肥	2.74	2.59	-5.4
磷　　肥	1.81	1.68	-7.6
钾　　肥	1.84	1.63	-11.3
复　合　肥	6.58	7.03	7.0
农用塑料薄膜使用量(吨)	1871	1774	-5.2
#地膜使用量(吨)	959	912	-4.9
地膜覆盖面积(公顷)	7217	6061	-16.0
农药使用量(吨)	3219	3137	-2.6
农用柴油使用量(万吨)	3.35	3.26	-2.7

10-19 农业化学化

地　区	化肥施用量(实物量)	氮　肥	磷　肥	钾　肥
合　计	**334944**	**70379**	**51251**	**36453**
东 湖 区	597	128	133	166
西 湖 区				
青云谱区				
青山湖区	943	201	521	100
新 建 区	77843	9523	7252	3936
红谷滩区	4135	1511	1415	660
南 昌 县	112183	18494	14055	14041
安 义 县	31293	9143	8850	6315
进 贤 县	87373	26959	16754	9989
经济开发区	10239	1654	1215	572
高新开发区	8706	2445	741	440
湾里管理局	1632	321	315	234

情况（分县区，2021年）

单位:吨

复合肥	化肥施用量(折纯量)	氮　　肥	磷　　肥	钾　　肥	复合肥
176861	**129302.27**	**25870.7**	**16767.1**	**16319.31**	**70345.16**
170	251.75	54.3	59.1	74.35	64
121	260	55	106	49	50
57132	26323	4403	1431	1924	18565
549	1350	453	402	310	185
65593	52149	5832	6733	6949	32635
6985	14747	4304	4019	3142	3282
33671	28481	9598	3585	3514	11784
6798	2992	491	205	187	2109
5080	2151.52	579.4	160	61.96	1350.16
762	597	101	67	108	321

10-20 水利灌溉设施

(年末数)

项　目	2020年	2021年
水利工程数量		
水库数量(座)	477	472
其中：大(1)型		
大(2)型		
中　型	8	8
小(1)型	67	67
小(2)型	402	397
塘坝数量(座)	3621	3614
窖池数量(座)	282	282
水电站数量(座)	4	4
泵站数量(处)	3176	3126
水闸数量(座)	2663	2477
农村集中式供水工程数量(处)	248	224
机电井数量(眼)	152444	140543

注:本表数据来源于市水利局。

10-21 主要年份农作物受灾情况

单位：公顷

年　份	受灾面积	旱　灾	水　灾	其　他
2000	36968	13403	4917	18648
2010	189127		127492	61635
2011	91065	33590	53163	4312
2012	23356		22460	896
2013	35048	21295	13506	269
2014	22028		18934	3094
2015	24524		23684	840
2016	24474		24061	413
2017	21613		19641	1972
2018	12398	7115	2428	2855
2019	46391	26842	19382	167
2020	80768		80428	340
2021	10682	3523	4009	3150

10-21 续表

单位：公顷

年份	成灾面积	旱灾	水灾	其他
2000	30974	11402	3044	16528
2010	100526		72549	27977
2011	37456	13200	21816	2440
2012	11657		10861	791
2013	9906	7134	2794	
2014	8003		6826	1177
2015	14667		14667	
2016	9796		9783	13
2017	11503		9536	1967
2018	8258	4885	1597	1776
2019	12709	5636	6969	104
2020	47149		46842	307
2021	3805	1850	1145	810

注：本表数据来源于市应急管理局。

10-22 生猪调出奖励大县农村经济情况（2021年）

项　目	新建区	南昌县	进贤县
农作物总播种面积(公顷)	107008	158759	131987
#粮　食	82330	121480	86790
粮食总产量(吨)	500200	794900	501000
棉花总产量(吨)	87		2
油料总产量(吨)	20425	16902	50390
肉类总产量(吨)	51998	86272	115611
农业机械总动力(万千瓦)	85.97	107.37	75.85
化肥施用量(折纯量，吨)	26323	52149	28481
农村用电量(万千瓦小时)	17105	47049	31750
农林牧渔业总产值(当年价格)(万元)	969647	1232202	1226055

主要统计指标解释

农林牧渔业总产值　指以货币表现的农、林、牧、渔业全部产品和对农林牧渔业生产活动进行的各种支持性服务活动的价值总量，它反映一定时期内农林牧渔业生产总规模和总成果。1957 年以前的农林牧渔业总产值中包括了厩肥和农民自给性手工业（如农民自制衣服、鞋、袜，自己从事粮食初步加工等）。1958 年及以后，林业中增加了村及村以下竹木采伐产值；牧业中取消了厩肥产值；副业中取消了农民自给性手工业产值，增加了村及村以下办的工业产值；渔业中增加了海洋捕捞水产品产值。1980 年及以后，在副业中增加了农民家庭兼营工业商品部分的产值。从 1984 年起村及村以下工业产值划归工业。从 1993 年起取消副业，将野生动物的捕猎划入牧业、野生植物采集和农民家庭兼营商品性工业划归农业。从 2003 年起，执行新的国民经济行业分类标准，农林牧渔业总产值中包括了农林牧渔服务业产值。林业中增加了森林采运业产值。农业中取消了家庭兼营商品性工业产值，将野生林产品的采集划归林业。

农林牧渔业总产值的计算方法通常是按农、林、牧、渔业产品及其副产品的产量分别乘以各自单位产品价格求得；少数生产周期较长，当年没有产品或产品产量不易统计的，则采用间接方法框算其产值。

农林牧渔业增加值　指各种经济类型的农业生产单位和农户从事农业生产经营活动所提供的社会最终产品的货币表现。增加值的计算方法有两种，一是生产法：农林牧渔业增加值=农林牧渔业总产值一农林牧渔业中间消耗；二是分配法：农林牧渔业增加值=固定资产折旧+劳动者报酬+生产税净额+营业盈余。

粮食产量　指全社会的产量。包括国有经济经营的、集体统一经营的和农民家庭经营的粮食产量，还包括工矿企业办的农场和其他生产单位的产量。粮食除包括稻谷、小麦、玉米、高粱、谷子及其他杂粮外，还包括薯类和豆类。其产量计算方法，豆类按占豆荚后的干豆计算；薯类（包括甘薯和马铃薯，不包括芋头和木薯）1963 年以前按每 4 公斤鲜薯折 1 公斤粮食计算，从 1964 年开始改为按 5 公斤鲜薯折 1 公斤粮食计算。城市郊区作为蔬菜的薯类（如马铃薯等）按鲜品计算，并且不作粮食统计。其他粮食一律按脱粒后的原粮计算。

油料产量　指全部油料作物的生产量。包括花生、油菜籽、芝麻、向日葵籽、胡麻籽（亚麻籽）和其他油料。不包括大豆、木本油料和野生油料。花生以带壳干花生计算。

水产品产量　指人工养殖的水产品和天然生长的水产品的捕捞量。包括海水的鱼类、虾蟹类、贝类和藻类以及内陆水域的鱼类、虾蟹类和贝类，不包括淡水生植物。水产品产量是通过各级水产和统计部门逐级上报取得数据。 1995 年及以前，贝类中牡蛎按鲜肉计算；蚶、蛤、蛙 5 公斤鲜品折 1 斤计算。1996 年以后则统一按鲜品计算。

猪、牛、羊肉产量　指当年出栏并已屠宰、除去头蹄下水后带骨肉（即胴体重）的重量。包括全社会范围内的产量。

期初（末）畜禽存栏头（只）数　指报告期初（末）农村各种合作经济组织和国营农场、农民个人、机关、团体、学校、工矿企业、部队等单位以及城镇居民饲养的大牲畜、猪、羊、家禽等畜禽的存栏数。

耕地面积　指可以用来种植农作物、经常进行耕锄的田地，包括熟地、当年新开荒地、连续撂荒未满三年的耕地和当年的休闲地（轮歇地），还包括以种植农作物为主并附带种植桑树、茶树、果树和其他林木的土地，以及沿海、沿湖地区已围垦利用的“海涂”“湖田”等面积。但不包括属于专业性的桑园、茶园、果园、果木苗圃、林地、芦苇地、天然或人工草地面积。

农作物播种面积　指实际播种或移植有农作物的面积。凡是实际种植有农作物的面积，不论种植在耕地上还是种植在非耕地上，均包括在农作物播种面积中。在播种季节基本结束后，因遭灾而重新改种和补种的农作物面积，也包括在内。它是反映耕地面积利用情况的一个重要指标。

有效灌溉面积 指具有一定的水源，地块比较平整，灌溉工程或设备已经配套，在一般年景下当年能够进行正常灌溉的耕地面积。在一般情况下，有效灌溉面积应等于灌溉工程或设备已经配套，能够进行正常灌溉的水田和水浇地面积之和。它是反映耕地抗旱能力的一个重要指标。

农用化肥施用量 指本年内实际用于农业生产的化肥数量，包括氮肥、磷肥、钾肥和复合肥。化肥施用量要求按折纯量计算数量。折纯量是指把氮肥、磷肥、钾肥分别按含氮、含五氧化二磷、含氧化钾的100%成分进行折算后的数量。复合肥按其所含主要成分折算。公式为:

折纯量=实物量×某种化肥有效成分含量的百分比

农业机械总动力 指主要用于农、林、牧、渔业的各种动力机械的动力总和。包括耕作机械、排灌机械、收获机械、农用运输机械、植物保护机械、牧业机械、林业机械、渔业机械和其他农业机械［内燃机按引擎马力折成瓦（特）计算、电动机按功率折成瓦（特）计算］。不包括专门用于乡、镇、村、组办工业、基本建设、非农业运输、科学试验和教掌等非农业生产方面用的动力机械与作业机械。这个指标的统计数据主要来源于农机部门。

乡村从业人员 指乡村人口中劳动年龄（16周岁）以上实际参加生产经营活动并取得实物或货币收入的人员，包括劳动年龄内经常参加劳动的人员，也包括超过劳动年龄但经常参加劳动的人员。但不包括户口在家的在外学生、现役军人和丧失劳动能力的人，也不包括待业人员和家务劳动者。从业人员按从事主业时间最长（时间相同按收入）分为农业从业人员、工业从业人员、建筑业从业人员、交运仓储及邮政业从业人员、批零贸易和餐饮业从业人员、其他从业人员。

十一、工　　业

INDUSTRY

本篇内容包括:

1. 规模以上工业企业单位数
2. 工业增加值、总产值
3. 主要工业产品产量
4. 规模以上工业企业经济指标
5. 工业园区主要指标

规模以上工业营业收入

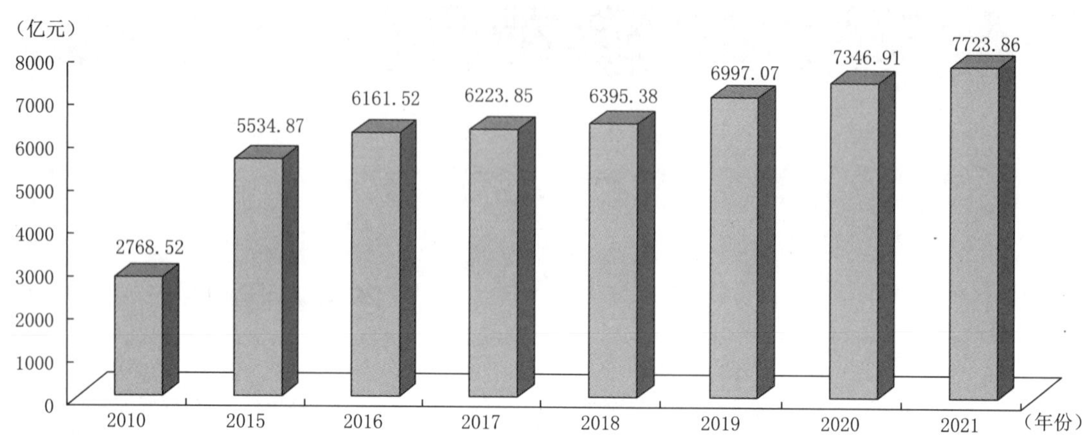

注：规模以上工业营业收入2018年及以前为主营业务收入数据。

2021年规模以上工业增加值构成

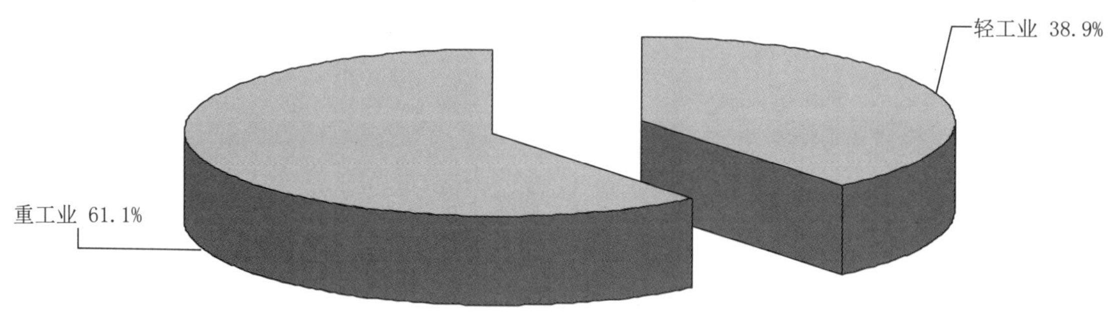

11-1 规模以上工业企业单位数（2021年）

类　别	企业单位数(户)	#亏损企业
总　计	**1721**	**254**
按登记注册类型分		
国有企业	10	4
集体企业	2	1
股份合作企业	11	
股份制企业	1558	222
外商及港澳台商投资企业	137	26
其他经济类型企业	3	1
#国有控股企业	131	29
按隶属关系分		
中央企业	23	2
地方企业	1698	252
按轻、重工业分		
轻工业	766	101
重工业	955	153
按企业规模分		
大型企业	55	10
中型企业	151	24
小型企业	1515	220

11-1 续表1

类 别	企业单位数 (户)	#亏损企业
按工业行业分		
非金属矿采选业	1	
农副食品加工业	90	24
食品制造业	32	4
酒、饮料和精制茶制造业	15	
烟草制品业	1	
纺织业	81	7
纺织服装、服饰业	228	12
皮革、毛皮、羽毛及其制品和制鞋业	13	1
木材加工和木、竹、藤、棕、草制品业	22	
家具制造业	11	1
造纸和纸制品业	20	3
印刷和记录媒介复制业	30	8
文教、工美、体育和娱乐用品制造业	17	
石油、煤炭及其他燃料加工业	9	
化学原料和化学制品制造业	58	5
医药制造业	91	19
化学纤维制造业	4	
橡胶和塑料制品业	63	7
非金属矿物制品业	145	26
黑色金属冶炼和压延加工业	18	2
有色金属冶炼和压延加工业	84	9

11-1　续表2

类　　别	企业单位数(户)	#亏损企业
金属制品业	102	11
通用设备制造业	68	12
专用设备制造业	69	14
汽车制造业	140	24
铁路、船舶、航空航天和其他运输设备制造业	14	1
电气机械和器材制造业	91	21
计算机、通信和其他电子设备制造业	117	35
仪器仪表制造业	16	1
其他制造业	6	1
废弃资源综合利用业	14	2
电力、热力生产和供应业	21	2
燃气生产和供应业	12	
水的生产和供应业	18	2
按地区分		
高新开发区	202	57
经济开发区	246	55
南 昌 县	382	66
进 贤 县	200	15
安 义 县	206	16
西 湖 区	5	
青云谱区	30	2
青山湖区	251	16
新 建 区	170	24
湾里管理局	28	3

注：本表总计数含省属企业，县区数据不含省属企业。

11-2 规模以上工业企业增加值增速

类别	2020年比2019年增长(%)	2021年比2020年增长(%)
总计	**4.7**	**11.4**
按登记注册类型分		
国有企业	-23.5	24.1
集体企业	-18.7	-9.6
股份合作企业	33.0	32.7
股份制企业	4.6	9.6
外商及港澳台商投资企业	5.9	19.9
其他经济类型企业	18.5	207.1
#国有控股企业	6.8	9.4
按隶属关系分		
中央企业	8.3	9.2
地方企业	3.4	12.3
按轻、重工业分		
轻工业	0.0	12.2
重工业	8.0	10.8
按企业规模分		
大型企业	5.0	8.8
中型企业	7.5	10.2
小型企业	1.6	17.6
按工业行业分		
黑色金属矿采选业	-3.1	2.2
非金属矿采选业	-56.5	-13.2
农副食品加工业	2.1	17.5
食品制造业	0.4	9.4
酒、饮料和精制茶制造业	-2.4	22.2
烟草制品业	3.0	3.7
纺织业	10.9	-40.0
纺织服装、服饰业	-27.1	48.9
皮革、毛皮、羽毛及其制品和制鞋业	13.1	31.9
木材加工和木、竹、藤、棕、草制品业	-1.2	7.5
家具制造业	-42.9	23.6
造纸和纸制品业	14.4	16.7
印刷和记录媒介复制业	0.2	4.8

11-2 续表

类　　别	2020年比2019年增长(%)	2021年比2020年增长(%)
文教、工美、体育和娱乐用品制造业	5.8	-20.7
石油、煤炭及其他燃料加工业	6.1	-4.4
化学原料和化学制品制造业	45.8	5.8
医药制造业	-5.7	7.9
化学纤维制造业	50.9	90.1
橡胶和塑料制品业	15.1	18.2
非金属矿物制品业	1.6	3.0
黑色金属冶炼和压延加工业	5.0	6.8
有色金属冶炼和压延加工业	7.0	3.1
金属制品业	5.5	17.8
通用设备制造业	-4.4	22.1
专用设备制造业	1.8	19.0
汽车制造业	-2.7	7.3
铁路、船舶、航空航天和其他运输设备制造业	146.3	52.6
电气机械和器材制造业	9.1	2.4
计算机、通信和其他电子设备制造业	8.0	6.3
仪器仪表制造业	-15.3	0.2
其他制造业	-1.0	-70.5
废弃资源综合利用业	25.8	59.2
电力、热力生产和供应业	4.9	14.5
燃气生产和供应业	-26.9	28.4
水的生产和供应业	14.6	32.6
按地区分		
高新开发区	6.8	12.0
经济开发区	5.7	11.6
南 昌 县	4.7	11.3
进 贤 县	-1.5	9.7
安 义 县	5.2	11.5
西 湖 区	6.2	11.0
青云谱区	3.9	9.4
青山湖区	2.0	11.2
新 建 区	1.3	11.2
湾里管理局	4.7	11.4

11-3 各县区规模以上工业

分类	全市	高新开发区	经济开发区	南昌县
总计	**1 721**	**202**	**246**	**382**
按登记注册类型分				
国有企业	10	1	4	
集体企业	2		1	
股份合作企业	11		2	1
股份制企业	1 558	153	213	348
外商及港澳台商投资企业	137	47	26	32
其他经济类型企业	3	1		1
#国有控股企业	131	25	37	26
按隶属关系分				
中央企业	23	6	8	3
地方企业	1 698	196	238	379
按轻、重工业分				
轻工业	766	54	74	151
重工业	955	148	172	231
按企业规模分				
大型企业	55	23	12	6
中型企业	151	24	30	36
小型企业	1 515	155	204	340

注：本表全市数含省属企业，县区数据不含省属企业。

企业单位数（2021年）

单位：户

进贤县	安义县	西湖区	青云谱区	青山湖区	新建区	湾里管理局
200	**206**	**5**	**30**	**251**	**170**	**28**
		1	1	1	2	
				1		
			1	4	2	1
195	204	4	27	232	156	25
5	2		1	12	10	2
				1		
4	4	5	5	3	20	1
			1	1	3	
200	206	5	29	250	167	28
109	53		14	206	92	13
91	153	5	16	45	78	15
3		3	2	3	2	
8	12		4	15	21	1
189	194	2	24	233	147	27

11-4 各县区规模以上工业

分　　类	全　市	高　新 开发区	经　济 开发区	南昌县
总　计	**19.4**	**28.1**	**14.5**	**12.8**
按登记注册类型分				
国有企业	29.6	9.8	32.7	
集体企业	-0.5		-12.6	
股份合作企业	45.4		45.9	36.9
股份制企业	17.4	27.0	8.3	9.0
外商及港澳台商投资企业	28.5	30.4	28.6	29.6
其他经济类型企业	579.2			6.2
#国有控股企业	16.8	15.0	25.1	2.6
按隶属关系分				
中央企业	18.5	5.6	19.8	63.3
地方企业	19.6	33.4	13.8	12.8
按轻、重工业分				
轻工业	19.5	12.5	25.8	15.6
重工业	19.3	33.9	8.9	11.1
按企业规模分				
大型企业	14.9	25.6	-2.1	5.7
中型企业	17.4	20.5	30.7	13.0
小型企业	29.1	44.1	33.3	19.7

企业总产值增速（2021年）

单位：%

进贤县	安义县	西湖区	青云谱区	青山湖区	新建区	湾里管理局
11.9	**39.9**	**30.3**	**11.0**	**26.0**	**20.0**	**22.5**
		0.7	-13.2	-2.7	-5.1	
				10.0		
			29.4	48.1	25.2	47.3
11.7	39.7	30.8	10.6	25.7	20.0	4.9
14.5	79.4		27.5	30.4	20.9	10.3
				18.2		
-5.4	18.9	30.3	4.2	21.3	44.6	-12.5
			3.7	33.3	137.5	
11.9	39.9	30.3	15.7	26.0	13.6	22.5
18.2	26.4		12.5	35.6	24.0	-10.7
5.2	42.0	30.3	8.8	22.1	18.1	29.7
10.6		30.3	3.7	26.0	19.8	
-1.5	33.4		14.7	33.7	8.6	23.7
15.8	42.8	31.1	16.4	24.1	43.6	22.2

11-5 工 业 产 品 产 量 (2021年)

品　　名	2021年	2021年比上年增长(%)
大 米(万吨)	98.60	3.3
饲　料 (万吨)	352.39	22.7
乳制品 (万吨)	5.68	14.7
罐　头 (万吨)	2.80	74.0
饮　料 (万吨)	311.40	11.0
白　酒 (万千升)	11.93	191.0
啤　酒 (万千升)	24.66	1.4
卷　烟 (亿支)	642.05	1.8
纱 (万吨)	17.08	5.1
印 染 布 (万米)	20281.50	17.8
口　罩(亿只)	24.14	-50.8
服　　装 (万件)	51750.70	31.7
机制纸及纸板 (吨)	1693.80	11.6
化学药品原药 (吨)	13615.20	-2.9
中 成 药 (吨)	18811.60	12.8
塑料制品 (吨)	90113.90	59.7
水　　泥 (万吨)	785.59	-7.4
玻璃保温容器 (万个)	206.70	55.4
耐火材料制品 (吨)	350.40	-4.0

11-5　续表

品　　名	2021年	2021年比上年增长(%)
生铁（万吨）	354.09	-1.3
粗钢（万吨）	421.68	0.0
钢材（万吨）	556.59	13.2
棒材	61.80	-9.7
钢筋	273.88	2.0
线材	89.10	1.4
工业锅炉（蒸发量吨）	2080.00	16.9
金属切削机床（台）	64.00	3.2
#数控机床	18.00	38.5
气体压缩机（万台）	1442.15	13.9
矿山专用设备（吨）	39746.00	38.6
小型拖拉机（台）	7550.00	-2.9
汽车（万辆）	40.13	3.5
#载货汽车	23.64	-1.0
交流电动机（万千瓦）	131.23	27.7
变压器（万千伏安）	861.96	-31.2
通信及电子网络用电缆（对千米）	1321832.00	101.2
房间空气调节器（万台）	338.95	1.5
智能手机(万部)	9042.54	91.8
彩色电视机（万台）	2.91	-86.3

11-6 主要工业

年份 地区	纱 (吨)	布 (万米)	机制纸及纸板 (吨)	卷烟 (箱)	水泥 (吨)	生铁 (吨)
1978		7976	32582	131434	66459	43435
1980		12294	43471	156104	86365	
1985	21806	9176	59000	235075	137700	29115
1990	23287	9923	61641	284900	208500	99584
1991	22437	8391	53944	275100	256400	79000
1992	20483	8571	54561	277000	286800	141100
1993	19647	8612	58800	265500	299500	214900
1994	22917	11304	68715	246262	363500	260322
1995	24185	13565	83030	231606	353071	269571
1996	21312	12918	94573	232647	404700	318974
1997	23997	14624	97196	232849	367300	315978
1998	22025	8845	73765	253475	280000	418343
1999	25071	11739	97340	256953	360000	512521
2000	26108	13285	81584	331999	330000	668086
2001	25734	13734	94159	347773	380000	787965
2002	19571	11512	71507	357519	300000	1156589
2003	21478	7879	38704	373359	830000	1247582
2004	34470	9689	24433	382420	2487034	1376691
2005	29829	10920	200811	417131	2883350	1599938
2006	32667	9353	350336	549201	3009909	1800093
2007	33174	9645	343122	540388	3437337	2301400
2008	23934	8692	345595	593699	3762884	2067330
2009	24454	10468	347579	617200	3453229	2290209
2010	30019	12691	370923	662000	3191663	2349595
2011	33401	6838	350932	703000	3124336	2367653
2012	34323	7061	344177	1198000	4049977	2954403
2013	40845	8808	388474	1278000	5148459	3030734
2014	43994	8713	354369	1353000	6844905	3054852
2015	47534	7384	380774	1356000	7661475	3130198
2016	36667	6033	659212	1292200	7475158	3149144
2017	43351	4923	643931	1316534	7620327	3069052
2018	66364	2553	644087	1276030	6930600	3460443
2019	122851	905	652550	1275892	8321316	3042227
2020	148323		668019	1261424	8480967	3589005
2021	170763	124	1694	1284098	7855930	3540927
高新开发区				1284098		
经济开发区	2187				3600309	
南昌县	5285				2116646	
进贤县	9667	124	1694		1388151	
安义县	140731					
西湖区						
青云谱区						
青山湖区					750825	3540927
新建区	9960					
湾里管理局	2932					

产品产量

粗钢 (吨)	钢材 (吨)	交流电动机 (千瓦)	金属切削 机床(台)	汽车 (辆)	彩色电视机 (台)	智能手机 (台)	房间空气 调节器 (台)
	77481	233511		1523			
	206674			1868	4572		
	253800	354900	1124	4923	178269		
	223270	341840	676	6604	125138		
	262600	401800	921	8836	114700		
	292000	473800	1479	14687	162740		
	342200	567800	1534	21705	163500		
	347444	557514	1328	21407	123200		
	418881	455331	1313	23668	112947		289
	448688	296140	1410	16855	61345		1136
	483591	227566	1404	17340	63115		1820
	565325	168864	998	19258	22675		
	640230	196200	1045	26330	280500		
	808495	205700	1254	27500	182600		
	1012324	245900	1393	37188	299884		
	1411050	369400	1972	51685	414937		
	1568126	496900	2453	64042	635774		
1439918	1908032	772755	2863	73722	704717		436907
2138261	2630435	513237	2186	89294	891068		1666717
2625213	2884050	717515	2087	96666	642238		812041
3000419	3193036	1013175	1781	108743	390635		1362679
2416311	2720937	847055	753	103433	446184		1306308
2522525	3080403	1589641	324	124623	357681		1327249
2569247	3071304	1060721	527	199687	306217		1712105
2618644	3127036	1134751	983	203745	45754		1904143
3283067	3639342	790239	1304	217715	152740	19126453	2803064
3475441	3852158	968606	1279	262220	180607	20450673	3198693
3526646	3736732	535822	1533	316564	195745	14099533	3284302
3542624	3757631	590057	1658	324712	235615	5846321	3728673
3595701	3712859	468322	1512	411025	200543	41554141	3495157
3645581	3819282	481710	1469	440072	235822	33636729	4524762
4203051	4642938	814714	218	412871	218149	40358794	4887605
3667280	4215536	840468	144	399282	209857	31968658	5418435
4216776	4902762	1027538	62	388071	213321	21550887	3339707
4216777	5565940	1312336	64	401264	29146	90425446	3389519
		1312336	18		29146	86571819	
	1303612			5656		3853627	3389519
	14446		46	342285			
4216777	4247882						
				53323			

11-7 规模以上工业

（2006-2021年）

指　　标	2006	2007	2008	2009	2010	2012
企业单位数(户)	902	939	940	1116	1154	1015
#亏损企业	121	89	109	90	84	89
资产总计(万元)	8681856	10985418	14067603	16915391	19615369	26023037
流动资产合计(万元)	4175216	5012135		7025769	9064364	12112575
负债总计(万元)	4980976	6151429	8458812	9738016	11389304	14358282
所有者权益(万元)	3411435	4832832	5608791	6728155	7988382	11583912
营业收入(万元)	9594223	12691776	18147581	21198359	27685238	38646913
税金及附加(万元)	272317	380174	437821	487916	578202	830114
营业费用(万元)	394664	408043	461493	649688	717262	945327
利润总额(万元)	383342	532297	539416	967280	1387275	2113992
平均用工人数(人)	218724	227621	246243	285943	301514	405540
资本保值增值率(%)	119.53	141.67	114.40	127.97	118.73	118.39
资产负债率(%)	57.37	56.00	60.13	57.57	58.06	55.18
流动资产周转率(次)	2.42	2.84	2.99	3.02	3.05	3.21
成本费用利润率(%)	4.38	4.68	3.26	4.90	5.45	5.93
全员劳动生产率(元／人)	140434	177133	204673	215114	215884	258597
产品销售率(%)	99.12	98.17	98.47	98.13	98.04	98.64

注：表中规模以上工业营业收入2018年及以前为规模以上工业主营业务收入数据，税金及附加2018年及以前为主营业务。

企业经济指标

2013	2014	2015	2016	2017	2018	2019	2020	2021
1078	1211	1300	1385	1473	1196	1451	1553	1721
82	120	170	172	204	217	239	268	254
28594476	36277945	41704834	50818607	57852476	61069861	67572355	71582047	68107934
13162371	17202585	20028478	23353950	30406520	33530461	37549396	39175372	36479805
15663786	19206522	21923813	26151945	31449097	35195896	39418067	41521899	38828598
12791768	16877068	19443521	24416682	26403379	25873965	28154288	30060148	29279336
44950898	51397103	55348665	61615233	62238498	63953801	69970675	73469130	77238550
965669	1159140	1274256	1104974	1386463	1481221	1587794	1647460	1790448
1138548	1423181	1573545	1738980	1735970	1423010	1581228	1576678	1338882
2507625	3167045	3097572	3610540	3758497	3633715	3451362	4449411	4496183
418944	446633	444758	494316	458430	411541	421510	421647	368890
110.43	131.94	115.21	125.58	110.51	109.30	108.81	106.77	97.40
54.78	52.94	52.57	51.46	54.40	57.60	58.30	58.00	57.00
3.44	3.00	2.78	2.66	2.38	2.06	1.96	1.97	2.02
6.06	6.66	6.01	6.26	6.50	6.10	5.29	6.57	6.27
276762	309121	326435	326007	369105	415312	411184	425058	522026
98.35	98.21	98.75	99.10	99.00	99.40	99.22	98.41	98.73

项　目	营业收入	税金及附加	营业成本
总　计	**77238550**	**1790448**	**66838473**
按登记注册类型分			
国有企业	310236	963	192211
集体企业	5001	12	4735
股份合作企业	298764	158	276832
股份制企业	62727619	1745915	54404995
外商及港澳台商投资企业	13864375	43348	11927977
其他经济类型企业	32556	52	31723
#国有控股企业	24975512	1573785	20955586
按隶属关系分			
中央企业	14655566	1455840	12148104
地方企业	62582984	334608	54690369
按轻、重工业分			
轻工业	22310345	1524536	17043460
重工业	54928205	265912	49795013
按企业规模分			
大型企业	39149610	1612941	34017170
中型企业	15819533	65045	13216038
小型企业	22269407	112462	19605264
按工业行业分			
非金属矿采选业	2402	80	628
农副食品加工业	5315671	16973	4674783
食品制造业	425836	3670	325618
酒、饮料和精制茶制造业	654621	22573	434951
烟草制品业	2425639	1411084	610383
纺织业	553126	1410	494747
纺织服装、服饰业	1759895	19970	1570850
皮革、毛皮、羽毛及其制品和制鞋业	1391191	2783	1169668
木材加工和木、竹、藤、棕、草制品业	101413	452	93133
家具制造业	94163	133	71329
造纸和纸制品业	1456752	2240	1188780

企业主要经济指标（2021年）

单位：万元

营业费用	资产合计	流动资产	#产成品	负　债 合　计	所有者权益 合　　计
1338882	**68107934**	**36479805**	**2152690**	**38828598**	**29279336**
13255	167902	98605	8045	79629	88273
2	4424	3660	263	6645	-2221
1041	81840	77635	15176	21409	60431
1040485	55137684	29002455	1677876	31557286	23580398
284028	12599825	7182096	450928	7049079	5550746
71	116260	115355	401	114551	1709
368429	28733597	10167841	553942	15961170	12772427
91643	18135681	4303022	198199	9861387	8274294
1247239	49972253	32176783	1954491	28967211	21005042
676505	20742193	11853978	673142	9301376	11440817
662378	47365741	24625827	1479549	29527222	17838519
453497	42593744	20246444	787534	25081951	17511792
391824	9064824	5186042	512556	4193536	4871288
493562	16449366	11047319	852601	9553111	6896256
460	3842	2342		743	3099
118968	7657582	4660888	163288	4342534	3315048
24640	393831	193372	11937	163327	230505
84655	608897	310036	49519	246183	362714
30522	1778084	1299963	30758	376313	1401771
11968	326326	221244	26748	219327	106999
28037	513389	375299	22462	301111	212278
33291	632445	424605	4986	189422	443023
1413	40218	30428	2956	24161	16057
1018	24605	16908	3757	10826	13779
3790	882996	347438	16840	567610	315386

项目	营业收入	税金及附加	营业成本
印刷和记录媒介复制业	540139	3183	438473
文教、工美、体育和娱乐用品制造业	201467	353	170417
石油、煤炭及其他燃料加工业	31902	66	29399
化学原料和化学制品制造业	1166240	4493	855489
医药制造业	2519389	21390	1665631
化学纤维制造业	28472	95	24627
橡胶和塑料制品业	2210928	7690	1807350
非金属矿物制品业	2403835	9875	1978919
黑色金属冶炼和压延加工业	3070896	23540	2533748
有色金属冶炼和压延加工业	2792555	5369	2591133
金属制品业	2599082	11056	2320209
通用设备制造业	2350046	4328	1963338
专用设备制造业	2183892	10522	1747776
汽车制造业	8039185	118460	6985454
铁路、船舶、航空航天和其他运输设备制造业	190031	1001	149063
电气机械和器材制造业	4708511	16412	4255932
计算机、通信和其他电子设备制造业	15114673	26464	14422946
仪器仪表制造业	158739	1125	114389
其他制造业	27296	140	23755
废弃资源综合利用业	1383156	14780	1392180
电力、热力生产和供应业	9960954	25081	9665622
燃气生产和供应业	819884	1196	735295
水的生产和供应业	556573	2461	332457
按地区分			
高新开发区	18305460	1443650	15283134
经济开发区	15417053	54032	12966909
南 昌 县	16359367	178232	13949181
进 贤 县	3591641	21720	3084633
安 义 县	3088967	6784	2777226
西 湖 区	229552	1679	128469
青云谱区	596236	3459	474894
青山湖区	4399899	25274	3689178
新 建 区	5700916	32396	5157383
湾里管理局	357963	970	312585

表1

单位：万元

营业费用	资产合计	流动资产	#产成品	负债合计	所有者权益合计
5526	604110	380427	20823	183814	420296
2735	138810	77947	9106	44184	94626
1677	15539	15413	2454	11187	4353
36383	646333	388058	52464	344428	301905
213633	4713712	2049446	164377	1506636	3207076
844	21770	16239	4117	16676	5093
44676	583359	395214	24257	236414	346945
75601	2117048	1428779	56520	1290705	826343
9882	2157887	1691228	43257	1112452	1045435
21201	1007582	678449	80483	536167	471415
37360	1093088	768201	83783	502762	590326
49217	1675710	1236699	176653	1040772	634938
68612	2768999	1788197	173138	1315036	1453962
232872	6340503	3978530	312984	4011405	2329098
1995	160554	116248	17625	77531	83023
85176	3633091	2246278	91361	2288615	1344476
66256	10558236	8114415	437990	7171520	3386717
10299	488450	409009	19486	102659	385791
712	51805	23400	1306	6852	44952
7854	522076	483834	42001	445577	76499
438	13423647	1704995	692	8826228	4597418
10126	700928	183190	3224	493191	207737
17045	1822486	423089	1339	822232	1000254
222117	21157336	14674684	523749	12468156	8689181
230265	11814121	6071389	431736	5973875	5840246
565190	10826112	6645488	508429	5857104	4969008
97169	2661656	1771296	182126	1441732	1219923
29039	1586631	1018028	130518	936658	649973
14502	1483638	304068		635885	847753
9094	569917	392670	44115	159049	410869
76948	3417850	2506435	123616	1801065	1616786
82882	3006479	1881079	173335	1685071	1321408
11314	234838	179684	35066	134169	100669

项　目	利润总额	#盈利企业的利润额	#亏损企业的亏损额
总　计	**4496183**	**4986304**	**490121**
按登记注册类型分			
国有企业	91829	93959	2130
集体企业	-472	12	484
股份合作企业	17432	17432	
股份制企业	3383375	3717721	334346
外商及港澳台商投资企业	1003883	1156971	153088
其他经济类型企业	137	211	74
#国有控股企业	1126562	1254910	128348
按隶属关系分			
中央企业	467978	518198	50220
地方企业	4028205	4468106	439901
按轻、重工业分			
轻工业	1909827	2070889	161062
重工业	2586356	2915415	329059
按企业规模分			
大型企业	1542917	1758776	215859
中型企业	1737490	1886980	149490
小型企业	1215776	1340548	124772
按工业行业分			
非金属矿采选业	255	255	
农副食品加工业	239466	361588	122122
食品制造业	31141	33044	1903
酒、饮料和精制茶制造业	90805	90805	
烟草制品业	166544	166544	
纺织业	15183	17659	2476
纺织服装、服饰业	55272	59993	4721
皮革、毛皮、羽毛及其制品和制鞋业	136822	136828	6
木材加工和木、竹、藤、棕、草制品业	3044	3044	
家具制造业	18893	18947	54
造纸和纸制品业	224416	224628	212

表2

单位：万元

企业亏损面 (%)	资产负债率 (%)	产品销售率 (%)	平均用工人数 (人)	人均实现 利　润 (元)
14.8	**57.0**	**98.7**	**368890**	**121884**
40.0	47.4	98.1	2580	355926
50.0	150.2	100.0	165	-28606
	26.2	100.0	730	238795
14.2	57.2	98.8	310438	108987
19.0	55.9	98.6	54581	183925
33.3	98.5	99.8	396	3460
22.1	55.5	99.3	108143	104173
8.7	54.4	99.7	53389	87654
14.8	58.0	98.5	315501	127676
13.2	44.8	98.3	134856	141620
16.0	62.3	98.9	234034	110512
18.2	58.9	99.4	158257	97494
15.9	46.3	98.0	89874	193325
14.5	58.1	98.1	120759	100678
	19.3	100.0	35	72857
26.7	56.7	98.9	15977	149882
12.5	41.5	97.9	4516	68957
	40.4	97.9	5865	154825
	21.2	98.2	4731	352027
8.6	67.2	98.5	5845	25976
5.3	58.7	98.6	34595	15977
7.7	30.0	99.3	5487	249357
	60.1	99.8	870	34989
9.1	44.0	99.8	579	326304
15.0	64.3	99.6	3798	590879

项　　目	利润总额	#盈利企业的利润额	#亏损企业的亏损额
印刷和记录媒介复制业	51174	54623	3449
文教、工美、体育和娱乐用品制造业	22056	22056	
石油、煤炭及其他燃料加工业	494	494	
化学原料和化学制品制造业	217475	219000	1525
医药制造业	412915	423098	10183
化学纤维制造业	1287	1287	
橡胶和塑料制品业	310727	311719	992
非金属矿物制品业	258830	269903	11073
黑色金属冶炼和压延加工业	471098	471634	536
有色金属冶炼和压延加工业	107021	112122	5101
金属制品业	137856	141856	4000
通用设备制造业	223763	228449	4686
专用设备制造业	241808	249533	7725
汽车制造业	224575	286815	62240
铁路、船舶、航空航天和其他运输设备制造业	24259	24349	90
电气机械和器材制造业	208622	240769	32147
计算机、通信和其他电子设备制造业	117015	273940	156925
仪器仪表制造业	13252	18537	5285
其他制造业	361	1760	1399
废弃资源综合利用业	20722	21003	281
电力、热力生产和供应业	148987	199042	50055
燃气生产和供应业	102320	102320	
水的生产和供应业	197729	198664	935
按地区分			
高新开发区	635358	824192	188834
经济开发区	1543184	1736935	193751
南 昌 县	988070	1061167	73097
进 贤 县	200063	205683	5620
安 义 县	171079	175766	4687
西 湖 区	83363	83363	
青云谱区	57935	59185	1250
青山湖区	481665	483588	1923
新 建 区	264456	285001	20545
湾里管理局	19225	19639	414

注：本表总计数含省属企业，县区数据不含省属企业。

表3

单位：万元

企业亏损面(%)	资产负债率(%)	产品销售率(%)	平均用工人数(人)	人均实现利润(元)
26.7	30.4	98.6	5378	95154
	31.8	96.9	1908	115597
	72.0	98.8	145	34069
8.6	53.3	91.3	6306	344870
20.9	32.0	97.3	17737	232799
	76.6	92.8	197	65330
11.1	40.5	98.9	6744	460746
17.9	61.0	99.2	11295	229154
11.1	51.6	99.3	7987	589831
10.7	53.2	99.1	12987	82406
10.8	46.0	97.1	12445	110772
17.6	62.1	95.8	12766	175280
20.3	47.5	95.1	21179	114173
17.1	63.3	99.8	39945	56221
7.1	48.3	101.4	1917	126547
23.1	63.0	98.4	15084	138307
29.9	67.9	99.3	62987	18578
6.3	21.0	103.7	1458	90892
16.7	13.2	94.9	206	17524
14.3	85.3	99.8	1032	200795
9.5	65.8	100.0	40264	37003
	70.4	98.3	1747	585690
11.1	45.1	99.9	4878	405349
28.2	58.9	99.3	71200	89236
22.4	50.6	98.7	62834	245597
17.3	54.1	99.6	75283	131247
7.5	54.2	93.2	25427	78681
7.8	59.0	96.5	19265	88803
	42.9	100.0	3269	255011
6.7	27.9	98.1	5174	111973
6.4	52.7	98.3	40162	119931
14.1	56.0	98.6	26414	100120
10.7	57.1	99.0	1866	103028

11-9　规模以上国有控股

（2007-2021年）

指　　标	2007	2008	2009	2010	2011	2012
企业单位数(户)	115	113	103	104	87	92
#亏损企业	36	39	24	21	8	15
资产总计(万元)	6404587	9909633	10413857	12219294	12672054	13448747
流动资产合计(万元)	3260298		4567928	5980741	5765530	6177867
负债总计(万元)	3929888	6497418	6774871	7983472	7886287	8175400
所有者权益(万元)	2474699	3412215	3189970	4044067	4780344	5255273
营业收入(万元)	6237079	8507005	8789991	11390307	12127610	12511044
税金及附加(万元)	329058	368877	427615	508752	611883	701158
营业费用(万元)	211579	238594	291895	312125	314905	352501
利润总额(万元)	280694	193958	322655	495441	575176	645482
平均用工人数(人)	111706	120866	118685	114622	153285	150576
资本保值增值率(%)	126.38	165.43	106.65	126.77	118.21	109.94
资产负债率(%)	61.36	65.57	65.06	65.33	62.23	60.79
流动资产周转率(次)	2.09	1.98	1.92	1.90	2.15	2.06
成本费用利润率(%)	4.99	2.43	3.87	4.75	5.11	5.61
全员劳动生产率(元／人)	164367	191495	200887	216172	169742	76402
产品销售率(%)	98.46	99.26	98.88	98.39	99.07	98.73

注：表中规模以上工业营业收入2018年及以前为规模以上工业主营业务收入数据，税金及附加2018年及以前为主营业务税金及附加。

工业企业经济指标

2013	2014	2015	2016	2017	2018	2019	2020	2021
91	97	100	92	96	95	104	108	131
17	18	24	20	17	22	21	23	29
13943680	16131686	18198107	22049071	26434754	27884189	30360842	31875533	28733597
6412129	7644733	8783497	8809382	11570321	12412533	13653782	12933781	10167841
8560502	9733271	10875987	12685301	15490266	16865267	18382834	18785085	15961170
5380594	6528958	7119408	9363769	10944488	11018922	11978008	13090448	12772427
13936445	15669462	16290765	18174053	20896835	24545017	25964972	26580499	24975512
804799	969779	1072994	883215	1153382	1303161	1396015	1455502	1573785
387579	483797	476243	592538	711760	557701	608042	591568	368429
692290	967315	932311	972886	970153	942591	728320	943807	1126562
146129	149920	112216	139539	128723	136821	136732	125947	108143
102.38	121.34	109.04	131.52	112.89	103.49	108.70	109.29	97.57
61.39	60.34	59.76	57.53	58.60	60.50	60.50	58.90	55.50
2.20	2.07	1.88	2.09	1.99	3.95	2.00	2.14	2.12
5.56	6.88	6.38	5.84	5.10	4.20	3.04	3.90	4.99
274910	234908	386395	333976	396426	429826	457140	537755	680102
98.52	98.29	100.23	100.28	99.00	99.90	99.97	98.80	99.27

11-10 国有控股工业

项目	企业单位数(户)	#亏损企业	营业收入	税金及附加
总计	**131**	**29**	**24975512**	**1573785**
按登记注册类型分				
国有企业	10	4	310236	963
集体企业				
股份合作企业				
股份制企业	109	24	22029253	1567273
外商及港澳台商投资企业	12	1	2636022	5549
其他经济类型企业				
按隶属关系分				
中央企业	23	2	14655566	1455840
地方企业	108	27	10319945	117945
按轻、重工业分				
轻工业	28	6	4624244	1429429
重工业	103	23	20351268	144356
按企业规模分				
大型企业	16	1	19096591	1550887
中型企业	29	7	3008787	10472
小型企业	86	21	2870134	12426
按工业行业分				
非金属矿采选业	1		2402	80
农副食品加工业	2	1	8187	4
酒、饮料和精制茶制造业	1		104216	1384
烟草制品业	1		2425639	1411084
纺织业	1		11908	134
纺织服装、服饰业	5	2	71501	718
皮革、毛皮、羽毛及其制品和制鞋业	1		12427	165
造纸和纸制品业	1		3094	28
印刷和记录媒介复制业	6	2	379722	2579
化学原料和化学制品制造业	3		127084	643
医药制造业	6	1	1458034	12682

企业主要经济指标（2021年）

单位：万元

营业成本	营业费用	资产合计	流动资产	#产成品	负债合计
20955586	**368429**	**28733597**	**10167841**	**553942**	**15961170**
192211	13255	167902	98605	8045	79629
18415819	329229	26820683	8990661	432853	14845221
2347556	25945	1745013	1078575	113044	1036321
12148104	91643	18135681	4303022	198199	9861387
8807482	276786	10597916	5864819	355743	6099783
2205737	122727	5744064	2822931	141291	1417725
18749849	245702	22989533	7344910	412650	14543445
15806540	271725	22066509	6515317	294726	12351834
2569162	59501	3290786	1834044	116972	1683655
2579885	37203	3376302	1818480	142244	1925681
628	460	3842	2342		743
8375	142	13504	8561	137	13598
56022	20897	121301	34833	2327	35323
610383	30522	1778084	1299963	30758	376313
7789	22	11715	9128		3751
51077	214	111640	87761	2343	51444
6962		14014	11815		7353
2944	10	10735	3523	186	15784
298451	3538	420702	264846	11424	98454
90075	3313	88162	54392	4894	38342
1034073	63742	3139168	1028869	80551	758608

项目	企业单位数（户）	#亏损企业	营业收入	税金及附加
橡胶和塑料制品业	1		5665	55
非金属矿物制品业	17	3	844263	3605
黑色金属冶炼和压延加工业	1		194045	124
有色金属冶炼和压延加工业	4	3	537499	612
金属制品业	3	2	137116	446
通用设备制造业	4	1	1306009	1218
专用设备制造业	3		45333	163
汽车制造业	23	7	5249353	103956
铁路、船舶、航空航天和其他运输设备制造业	3		83525	245
电气机械和器材制造业	4	2	165023	313
计算机、通信和其他电子设备制造业	8	3	517021	619
仪器仪表制造业	2	1	61718	323
废弃资源综合利用业	3		609810	6504
电力、热力生产和供应业	10	1	9611649	23082
燃气生产和供应业	6		734216	1024
水的生产和供应业	11		269053	1995
按地区分				
高新开发区	25	8	4549792	1417896
经济开发区	37	7	4202211	16020
南 昌 县	26	3	4935081	101824
进 贤 县	4		63685	193
安 义 县	4	1	113825	744
西 湖 区	5		229552	1679
青云谱区	5	2	230969	1930
青山湖区	3	2	16045	105
新 建 区	20	6	1437022	11122
湾里管理局	1		5832	20

表1

单位：万元

营业成本	营业费用	资产合计	流动资产	#产成品	负债合计
4592	34	4565	2646	322	1479
663128	15488	574722	386733	19840	309070
187914	675	76443	64043	7357	54628
521067	3366	262418	207380	18068	194625
124792	954	76017	42242	12320	52004
1096589	4232	717873	515585	138127	570784
38463	630	495268	319619	678	150307
4577462	177706	4103496	2587412	170648	2701723
71302	1603	72839	49774	2099	42012
143823	3620	170303	135504	14041	115476
469189	2401	810107	682005	17014	470474
47765	3884	282212	230033	14478	26922
597665	3887	216818	190403	2975	153875
9431293	437	12907777	1463953	474	8552284
661636	9694	607558	128047	1539	421363
152130	16959	1642316	356429	1339	744433
2460205	75537	4737477	3134944	99188	1763401
3471097	78993	5252978	2073021	183896	2118900
4255501	173849	4208095	2491472	161649	2717193
50939	2592	187602	68755	1458	113695
75565	3651	99713	51414	5612	51848
128469	14502	1483638	304068		635885
165266	1852	269976	177948	11665	32282
12793	450	31761	20024	1197	23265
1317593	16402	1100211	800579	89277	760483
3279	239	12790	10632		8384

项　目	所有者权益合计(万元)	利润总额(万元)	#盈利企业的利润额
总　计	**12772427**	**1126562**	**1254910**
按登记注册类型分			
国有企业	88273	91829	93959
集体企业			
股份合作企业			
股份制企业	11975462	848068	971761
外商及港澳台商投资企业	708692	186665	189190
其他经济类型企业			
按隶属关系分			
中央企业	8274294	467978	518198
地方企业	4498133	658584	736712
按轻、重工业分			
轻工业	4326339	442361	448796
重工业	8446088	684201	806114
按企业规模分			
大型企业	9714675	709479	712086
中型企业	1607131	275088	379317
小型企业	1450621	141996	163508
按工业行业分			
非金属矿采选业	3099	255	255
农副食品加工业	-94	-408	2
酒、饮料和精制茶制造业	85979	25494	25494
烟草制品业	1401771	166544	166544
纺织业	7964	124	124
纺织服装、服饰业	60196	-3088	1041
皮革、毛皮、羽毛及其制品和制鞋业	6661	114	114
造纸和纸制品业	-5049	125	125
印刷和记录媒介复制业	322248	43293	44804
化学原料和化学制品制造业	49820	22059	22059
医药制造业	2380560	204375	204759

表2

#亏损企业的亏损额	企业亏损面 (%)	资产负债率 (%)	产品销售率 (%)	平均用工人数 (人)	人均实现利润 (元)
128348	**22.1**	**55.5**	**99.3**	**108143**	**104173**
2130	40.0	47.4	98.1	2580	355926
123693	22.0	55.3	99.6	96889	87530
2525	8.3	59.4	96.8	8674	215201
50220	8.7	54.4	99.7	53389	87654
78128	25.0	57.6	98.7	54754	120281
6435	21.4	24.7	98.6	24916	177541
121913	22.3	63.3	99.4	83227	82209
2607	6.3	56.0	99.4	74971	94634
104229	24.1	51.2	98.2	24373	112866
21512	24.4	57.0	99.5	8799	161377
		19.3	100.0	35	72857
410	50.0	100.7	100.9	42	-97143
		29.1	99.9	1602	159139
		21.2	98.2	4731	352027
		32.0	94.6	154	8052
4129	40.0	46.1	100.0	6920	-4462
		52.5	100.0	125	9120
		147.0	75.0	124	10081
1511	33.3	23.4	98.4	2750	157429
		43.5	75.5	521	423397
384	16.7	24.2	99.3	7459	273998

项　　目	所有者权益合　　计(万元)	利润总额(万元)	#盈利企业的利润额
橡胶和塑料制品业	3086	124	124
非金属矿物制品业	265652	143953	145805
黑色金属冶炼和压延加工业	21815	4953	4953
有色金属冶炼和压延加工业	67792	-2356	1453
金属制品业	24013	629	2393
通用设备制造业	147089	168067	169763
专用设备制造业	344962	1211	1211
汽车制造业	1401773	77532	130713
铁路、船舶、航空航天和其他运输设备制造业	30827	7429	7429
电气机械和器材制造业	54828	2123	3251
计算机、通信和其他电子设备制造业	339633	22145	26819
仪器仪表制造业	255290	-665	4620
废弃资源综合利用业	62942	16518	16518
电力、热力生产和供应业	4355493	40432	88956
燃气生产和供应业	186195	93348	93348
水的生产和供应业	897883	92231	92231
按地区分			
高新开发区	2974076	349199	362629
经济开发区	3134077	419241	476413
南 昌 县	1490902	131486	182248
进 贤 县	73907	6193	6193
安 义 县	47865	22058	22212
西 湖 区	847753	83363	83363
青云谱区	237694	33988	35238
青山湖区	8496	501	935
新 建 区	339729	27241	32387
湾里管理局	4407	1507	1507

注：本表总计数含省属企业，县区数据不含省属企业。

表3

#亏损企业的亏损额	企业亏损面 (%)	资产负债率 (%)	产品销售率 (%)	平均用工人数 (人)	人均实现利润 (元)
		32.4	93.9	66	18788
1852	17.6	53.8	99.7	2401	599554
		71.5	98.6	50	990600
3809	75.0	74.2	100.8	832	-28317
1764	66.7	68.4	100.9	679	9264
1696	25.0	79.5	93.0	4879	344470
		30.3	90.0	3594	3370
53181	30.4	65.8	100.6	22803	34001
		57.7	106.6	357	208095
1128	50.0	67.8	101.8	449	47283
4674	37.5	58.1	97.9	1842	120223
5285	50.0	9.5	113.1	504	-13194
		71.0	99.8	553	298698
48524	10.0	66.3	100.0	39326	10281
		69.4	98.1	1498	623151
		45.3	99.8	3847	239748
13430	32.0	37.2	99.0	10689	326690
57172	18.9	40.3	97.7	21739	192852
50762	11.5	64.6	99.8	20732	63422
		60.6	97.1	463	133758
154	25.0	52.0	72.7	558	395305
		42.9	100.0	3269	255011
1250	40.0	12.0	97.6	1448	234724
434	66.7	73.2	104.4	401	12494
5146	30.0	69.1	101.2	10759	25319
		65.5	100.0	89	169326

11-11 主要年份规模以上集体企业经济指标

指　　标	2000	2005	2010	2015	2018	2019	2020	2021
企业单位数(户)	154	31	17	5	3	2	2	2
#亏损企业	17	8	2	1	1	1	1	1
资产总计(万元)	187149	41857	28795	10992	5774	4752	4774	4424
流动资产合计(万元)	83807	20674	13953	7945	4535	3681	3854	3660
负债总计(万元)	115384	42862	19244	9437	6593	6166	6305	6645
所有者权益(万元)	71765	-1004	9551	1555	-819	-1414	-1532	-2221
营业收入(万元)	221337	90257	148247	16627	8879	6074	5035	5001
税金及附加(万元)	2773	174	1106	76	32	36	19	12
营业费用(万元)	7010	1658	1866	440	31	6	2	2
利润总额(万元)	8891	1722	7588	141	-463	-260	-335	-472
平均用工人数(人)	20598	4173	2792	400	227	203	176	165
资本保值增值率(%)	106.44	-52.84	111.12	4.70	-	-	-	-
资产负债率(%)	61.65	102.40	66.83	85.85	114.20	129.80	132.10	150.20
流动资产周转率(次)	3.01	4.37	10.63	2.10	3.92	0.75	1.35	1.33
成本费用利润率(%)	4.21	1.96	5.56	0.86	-5.00	-4.12	-6.24	-8.70
全员劳动生产率(元／人)	33769	75785	127672	170308	111529	92892	88943	87230
产品销售率(%)	94.82	97.02	98.14	87.53	100.00	100.00	100.00	100.00

注：表中规模以上工业营业收入2018年及以前为规模以上工业主营业务收入数据，税金及附加2018年及以前为主营业务税金及附加。

11-12 主要年份规模以上外商及港、澳、台投资工业企业经济指标

指 标	2000	2005	2010	2015	2018	2019	2020	2021
企业单位数(户)	43	108	154	143	122	118	116	137
#亏损企业	12	15	25	29	20	28	33	26
资产总计(万元)	959262	2336495	5943078	6959227	7820205	7334678	6817242	12599825
流动资产合计(万元)	467449	1169323	3232430	3104716	4871167	4605458	4166195	7182096
负债总计(万元)	634918	1292154	3565779	3653424	4062508	3680496	3463146	7049079
所有者权益(万元)	317943	786531	2179736	3292700	3757697	3654182	3354097	5550746
营业收入(万元)	575563	2106119	7367487	10558720	8053262	8027695	8574602	13864375
税金及附加(万元)	9545	28573	64630	42613	45599	39490	35169	43348
营业费用(万元)	31737	123244	287063	393178	218392	198649	212436	284028
利润总额(万元)	25215	137675	517089	579081	744849	609296	625760	1003883
平均用工人数(人)	23389	42481	79440	74913	57675	47515	45843	54581
资本保值增值率(%)	103.22	152.17	123.13	113.96	117.64	97.25	91.79	165.49
资产负债率(%)	66.19	55.30	60.00	52.50	51.90	50.20	50.80	55.90
流动资产周转率(次)	1.30	1.89	2.28	3.42	3.31	1.81	2.06	1.82
成本费用利润率(%)	4.62	7.13	7.43	5.77	10.10	8.22	7.95	7.78
全员劳动生产率(元/人)	54297	140159	218997	380689	385467	437254	473192	620469
产品销售率(%)	97.06	95.95	96.66	99.30	99.10	99.65	99.34	98.55

注：表中规模以上工业营业收入2018年及以前为规模以上工业主营业务收入数据，税金及附加2018年及以前为主营业务税金及附加。

11-13 主要年份规模以上股份制工业企业经济指标

指 标	2000	2005	2010	2015	2018	2019	2020	2021
企业单位数(户)	43	264	446	722	1049	1311	1417	1558
#亏损企业	6	36	36	91	187	207	229	222
资产总计(万元)	1530821	3458108	9992914	24865525	43560600	60079915	64572646	55137684
流动资产合计(万元)	779257	1621165	4300320	11511999	21847111	32854633	34891285	29002455
负债总计(万元)	903324	2026371	6087918	13217694	24255759	35625380	37956175	31557286
所有者权益(万元)	569156	1390789	3884695	11386725	19304841	24454535	26616471	23580398
营业收入(万元)	778318	2774547	12188753	28174212	46279621	61519628	64460805	62727619
税金及附加(万元)	3677	15403	45838	1042248	1326302	1544878	1611629	1745915
营业费用(万元)	59849	148683	256801	671066	878612	1378825	1360498	1040485
利润总额(万元)	32335	110326	422877	1549412	2527621	2768029	3748184	3383375
平均用工人数(人)	72586	97307	129171	240028	305542	370846	372788	310438
资本保值增值率(%)	142.05	97.81	118.90	120.62	110.28	126.68	108.84	88.59
资产负债率(%)	59.01	58.60	60.92	53.16	55.70	59.30	58.80	57.20
流动资产周转率(次)	1.12	1.79	2.83	2.46	4.24	2.20	1.95	2.07
成本费用利润率(%)	4.30	4.20	3.64	5.99	5.90	4.81	6.30	5.81
全员劳动生产率(元/人)	39417	84614	189063	294757	426866	408543	419904	505166
产品销售率(%)	96.13	99.24	98.80	98.39	99.40	99.16	98.27	98.77

注：表中规模以上工业营业收入2018年及以前为规模以上工业主营业务收入数据，税金及附加2018年及以前为主营业务税金及附加。

11-14 主要年份规模以上私营工业企业经济指标

指　标	2000	2005	2010	2015	2018	2019	2020	2021
企业单位数(户)	31	225	455	402	398	712	832	1241
#亏损企业	4	15	10	39	69	84	108	150
资产总计(万元)	31595	382492	1621181	4636780	5678031	9995516	10796359	15452490
流动资产合计(万元)	14534	183498	564687	1786357	3413064	6680043	7312232	10496026
负债总计(万元)	12764	158144	536099	1742775	2715391	5508106	6191216	8706133
所有者权益(万元)	18832	224347	1067477	2848875	2962640	4487410	4605143	6746357
营业收入(万元)	56665	788364	5604136	10863288	8870990	16389460	16364817	25871494
税金及附加(万元)	471	23130	27073	58841	37427	74150	73923	125519
营业费用(万元)	1491	58790	121993	228284	145868	378843	380124	515620
利润总额(万元)	377	51492	304061	573649	370116	771110	998697	1675116
平均用工人数(人)	2564	27469	61807	85084	61701	109861	112770	147076
资本保值增值率(%)	122.64	122.93	109.42	101.14	106.70	151.47	102.62	146.50
资产负债率(%)	40.40	41.35	33.07	37.59	47.80	55.10	57.30	56.30
流动资产周转率(次)	2.28	4.47	9.92	6.09	5.20	3.24	2.33	2.64
成本费用利润率(%)	0.70	7.66	6.04	5.61	4.40	4.95	6.38	6.90
全员劳动生产率(元／人)	63473	110321	225028	331914	410630	348956	345292	404985
产品销售率(%)	98.02	97.62	97.61	99.05	98.80	98.33	97.38	98.16

注：表中规模以上工业营业收入2018年及以前为规模以上工业主营业务收入数据，税金及附加2018年及以前为主营业务税金及附加。

11-15 工业园区主要经济指标（2021年）

项目	本年实际累计开发面积(平方公里)	投产工业企业数(户)	招商实际到位资金		出口交货值	
			绝对数(亿元)	比上年增长(%)	绝对数(亿元)	比上年增长(%)
南昌市		**2 114**	**1458.00**	**18.3**	**499.36**	
国家级园区						
南昌小蓝经济技术开发区		390	215.85	18.2	80.10	20.5
南昌经济技术开发区		369	543.22	8.4	80.74	-43.8
南昌高新技术产业开发区		333	334.46	30.2	296.76	14.9
省级重点园区						
南昌青山湖高新技术产业园区		302	84.00	12.0	27.39	65.7
新建经济开发区		174	146.12	49.6	3.06	31.1
安义工业园区		317	45.52	16.6	6.51	5.6
进贤产业园		229	88.82	10.3	4.80	-17.5

11-15 续表

项目	营业收入		利润总额		从事工业生产活动的从业人员平均人数(人)	
	绝对数(亿元)	比上年增长(%)	绝对数(亿元)	比上年增长(%)	绝对数(人)	比上年增长(%)
南昌市	**7774.89**	**21.8**	**478.78**	**9.2**	**349889**	**-1.4**
国家级园区						
南昌小蓝经济技术开发区	1596.46	15.5	98.19	16.4	74280	-1.3
南昌经济技术开发区	1544.07	12.4	155.22	12.0	68000	-10.4
南昌高新技术产业开发区	3049.28	28.6	120.59	-9.4	98287	-5.2
省级重点园区						
南昌青山湖高新技术产业园区	435.41	27.8	48.06	13.0	42352	1.9
新建长堎经济开发区	557.61	19.7	25.70	46.8	19727	-2.4
安义工业园区	317.43	41.1	18.07	52.1	27305	41.1
进贤产业园	274.64	22.9	12.94	23.7	19938	6.2

主要统计指标解释

工业 指从事自然资源的开采，对采掘品和农产品进行加工再加工的物质生产部门，具体包括：(1)对自然资源的开采，如采矿、晒盐、森林采伐等（但不包括禽兽捕猎和水产捕捞）；(2)对农副产品的加工、再加工，如粮油加工、食品加工、轧花、缫丝、纺织、制革等；(3)对采掘品的加工、再加工，如炼铁、炼钢、炼焦、化工生产、机器制造、木材加工以及自来水、煤气的生产和电力的生产及供应；(4)对工业品的修理、翻新，如修理机械设备、交通运输工具等。

1984年以前农村的村及村以下办工业归属农业，1984年及以后划归工业。

工业统计调查单位 工业统计调查单位分为两类：独立核算法人工业企业和工业活动单位。

(1)独立核算法人工业企业是指从事工业生产经营活动的单位。独立核算法人工业应同时具备以下条件：①依法成立，有自己的名称、组织机构和场所，能够承担民事责任；②独立拥有和使用资产，承担负债，有权与其他单位签订合同；③独立核算盈亏，并能够编制资产负债表。

(2)工业活动单位是指在一个场所从事一种或主要从事一种工业生产活动的经济单位。它包括独立核算工业企业按主营业务活动（即工业生产活动）划分的主营业务活动单位和非工业企业所属的工业生产活动单位（即原非独立核算工业生产单位）。工业活动单位，一般应同时具备以下三个条件：①具有一个场所，从事一种或主要从事一种工业活动；②单独组织工业生产、经营或业务活动；③单独核算收入和支出。

工业企业经济类型 是按企业生产资料和产品归属对象划分企业类型。1992年以前，执行的是由国家统计局和国家工商行政管理局于1980年联合颁发的《关于统计上划分经济类型的暂行规定》及近几年来的补充规定，将我国经济类型划分为：全民所有制、集体所有制、全民与集体合营、全民与大陆私人合营、全民与华侨或港澳台工商业者合营、集体与大陆私人合营、集体与华侨或港澳台工商业者合营、中外合营、华侨或港澳台工商业者经营、外资经营、个体经营、其他等十二种。随着经济体制改革的不断深化和社会经济的发展，我国国民经济结构发生了新的变化，出现了一些新的经济成份，原有的分类已不能反映我国体制格局发展变化的新情况。为此，国家统计局和国家工商行政管理局在调查研究的基础上，联合颁发了修订后的《关于经济类型划分暂行规定》，将我国经济成份划分为九种类型：

(1)国有经济工业是指生产资料归国家所有的一种经济类型，是社会主义公有制经济的重要组成部分。包括中央和地方各级国家机关、事业单位和社会团体使用国有资产投资举办的企业，也包括实行企业化经营，国家不再核拨经费或核拨部分经费的事业单位和从事经营性活动的社会团体，以及上述企业、事业单位和社会团体使用自有资金投资举办的企业。

(2)集体经济工业是指生产资料归公民集体所有的一种经济类型，是社会主义公有制经济的组成部分。包括城乡所有用集体投资举办的企业，以及部分个人通过集资自愿放弃所有权并依法经工商行政管理机关认定为集体所有制的企业。

(3)私营经济工业是生产资料归公民私人所有，以雇佣劳动力为基础的一种经济类型。包括所有按国家法律、规定登记注册的私营独资企业、私营合伙企业和私营有限责任公司。

(4)个体经济工业是指生产资料归劳动者个人所有，以个体劳动为基础，劳动成果归劳动者个人占有和支配的一种经济类型。包括所有按国家有关规定登记注册的个体工商户和个人合伙经营者。

(5)联营经济工业是指不同所有制性质的企业之间或者企业、事业单位之间共同投资组成新的经济实体的一种经济类型。联营经济只包括具备法人条件的紧密型联营企业。

(6)股份制经济工业是指全部注册资本由全体股东共同出资，并以股份形式投资举办企业而形成的一种经济类型。股份制经济主要有股份有限公司和有限责任公司两种组织形式。国有、集体、联营、私营企业等经济组织虽然以股份制形式经营，但不以股份有限公司或有限责任公司登记注册的，仍按原有所有制性质划归经济类型。

(7)外商投资经济工业是指国外投资者根据我国有关涉外经济的法律、法规，以合资、合作或独资的形式在大陆境内开办企业而形成的一种经济类型。外商投资经济包括中外合资经营企业、中外合作经营企业和外资企业的三种形式。

(8)港、澳、台投资经济工业是指港、澳、台地区投资者依照中华人民共和国有关涉外经济的法律、法规，以合资、合作或独资的形式在大陆举办企业而形成的一种经济类型。港、澳、台投资经济参照外商投资经济，可分为合资经营企业、合作经营企业和独资企业三种形式。

(9)其他经济工业是指以上八种类型之外的其他经济类型。随着经济体制改革的深化，可能会出现新的经济形式，或遇到不易划清的，可列入其他经济类型。

轻工业 指主要提供生活消费品和制作手工工具的工业。按其所使用的原料不同，可分为两大类：(1)以农产品为原料的轻工业，是指直接或间接以农产品为基本原料的轻工业。主要包括食品制造、饮料制造、烟草加工、纺织、缝纫、皮革和毛皮制作、造纸以及印刷等工业；(2)以非农产品为原料的轻工业，是指以工业品为原料的轻工业。主要包括文教体育用品、化学药品制造、合成纤维制造、日用化学制品、日用玻璃制品、日用金属制品、手工工具制造、医疗器械制造、文化和办公用机械制造等工业。

重工业 是指为国民经济各部门提供物质技术基础的主要生产资料的工业。按其生产性质和产品用途，可以分为下列三类：(1)采掘（伐）工业，是指对自然资源的开采，包括石油开采、煤炭开采、金属矿开采、非金属矿开采和木材采伐等工业；(2)原材料工业，指向国民经济各部门提供基本材料、动力和燃料的工业。包括金属冶炼及加工、炼焦及焦炭化学、化工原料、水泥、人造板以及电力、石油和煤炭加工等工业；(3)加工工业，是指对工业原材料进行再加工制造的工业。包括装备国民经济各部门的机械设备制造工业、金属结构、水泥制品等工业，以及为农业提供的生产资料如化肥、农药等工业。

根据上述划分原则，修理业中以重工业产品为修理作业对象的划为重工业，反之划为轻工业。

大、中、小、微型企业划分 根据工业信息化部、国家统计局、国家发展改革委、财政部《关于印发中小企业划型标准规定的通知》（工信部联企业〔2011〕300号），结合统计工作的实际情况，2011年制定了统计上大中小微型企业划分办法。它以法人企业或单位作为对企业规模的划分对象，以从业人员数、营业收入两项指标为划分标准。企业规模的具体划分标准见下表。

指标名称	计算单位	大型	中型	小型	微型
从业人员数(X)	人	X≥1000	300≤X<1000	20≤X<300	X<20
营业收入(Y)	万元	Y≥40000	2000≤Y<40000	300≤Y<2000	Y<300

(1)表中的“工业企业”包括采矿业，制造业，电力、热力、燃气及水的生产和供应业三个行业的企业。

(2)企业划分指标以现行统计制度为准。①从业人员，是指期末从业人员，没有期末从业人员数的，采用全年平均人员数代替。②营业收入，工业采用主营业务收入。

(3)大型、中型和小型企业须同时满足所列指标的下限，否则下划一档；微型企业只须满足所列指标中的一项即可。

(4)企业划分由政府综合统计部门根据统计年报每年确定一次。定报统计原则上不进行调整。

工业总产值 是指以货币表现的工业企业在一定时期内生产的已出售或可供出售工业产品总量，它反映一定时间内工业生产的总规模和总水平。它包括：在本企业内不再进行加工，经检验、包装入库（规定不需包装的产品除外）的成品价值，工业性作业价值，自制半成品、在产品期末初差额价值。工业总产值采用“工厂法”计算，即以工业企业作为一个整体，按企业工业生产活动的最终成果来计算，企业内部不允许重复计算，不能把企业内部各个车间（分厂）生产的成果相加。但在企业之间、行业之间、地区之间存在着重复计算。

轻重工业总产值的划分也是按“工厂法”计算的，即一个工业企业在正常情况下生产的主要产品的性质属于轻工业，则该企业的全部总产值作为轻工业总产值；一个工业企业生产的主要产品的性质属于重工业，则该企业的全部总产值作为重工业总产值。

工业增加值 是指工业企业在报告期内以货币形式表现的工业生产活动的最终成果，是企业全部生产活动的总成果扣除了在生产过程中消耗或转换的物质产品和劳务价值后的余额，即企业生产过程中新增加的价值。

流动资产是指可以在一年或者超过一年的一个营业周期内变现或者耗用的资产，包括现金及各种存款、短期投资、应收及预付货款、存货等。

营业收入 指企业从事销售商品、提供劳务和让渡资产使用权等生产经营活动形成的经济利益流入。包括“主营业务收入”和“其他业务收入”。

利润总额 是指企业实现的利润总额，等于盈利企业的利润额减亏损企业的亏损额。

工业产品销售率 指报告期销售产值与同期全部工业总产值之比，反映工业产品生产已实现销售的程度。计算公式为:

$$工业产品销售率(\%)=\frac{报告期现价工业销售产值}{报告期现价工业总产值}\times 100\%$$

工业成本费用利润率 指报告期实现利润与成本费用之比，反映降低成本的经济效益的指标。计算公式为:

$$工业成本费用利润率(\%)=\frac{利润总额}{成本费用总额}\times 100\%$$

成本费用总额 指企业的产品销售成本、产品销售费用、管理费用和财务费用之和。由于 1994 年工业财务统计年报中没有财务费用指标，故用利息支出代替（1993 年全省利息支出占财务费用的 91.7%）。

工业全员劳动生产率 指根据产品的价值量指标计算的平均每一个职工在单位时间内的产品生产量。是考核企业经济活动的重要指标，是企业生产技术水平、经营管理水平、职工技术熟练程度和劳动积极性的综合表现。目前我国的全员劳动生产率是将工业企业的工业增加值除以同一时期全部职工的平均人数来计算的。计算公式:

$$全员劳动生产率(元/人)=\frac{工业增加值}{全部职工平均人数}\times\frac{12}{累计月数}$$

流动资产周转次数 指一定时期内流动资产完成的周转次数，是反映工业企业投入流动资产的周转速度的指标。计算公式为:

$$流动资产周转次数(次)=\frac{报告期累计产品销售收入}{报告期流动资产平均余额}\times\frac{12}{累计月数}$$

总资产 指企业拥有或控制的全部资产。包括流动资产、长期投资、固定资产、无形及递延资产、其他长期资产、递延税项等，即为企业资产负债表的资产总计项。

(1)流动资产指企业可以在一年内或者超过一年的一个生产周期内变现或耗用的资产合计。包括现金及各种存款、短期投资、应收及预付款项、存货等。

(2)固定资产指企业固定资产净值、固定资产清理、在建工程、待处理固定资产损失所占用的资金合计。

(3)无形资产指企业长期使用而没有实物形态的资产。包括专利权、非专利技术、商标权、著作权、土地使用权、商誉等。

总负债 指企业承担并需要偿还的全部债务。包括流动负债和长期负债、递延税项等，即为企业资产负债表的负债合计项。

(1)流动负债指企业在一年内或者超过一年的一个营业周期内需要偿还的债务合计，其中包括短期借款、应付及预收款项、应付工资、应交税金和应交利润等。

(2)长期负债指企业在一年以上或者超过一年的一个生产周期以上需要偿还的债务合计，其中包括长期借款、应付债务、长期应付款项等。

所有者权益 指企业投资人对企业净资产的所有权。企业净资产等于企业全部资产减去全部负债后的余额，其中包括投资者对企业的最初投入，以及资本公积金、盈余公积金和未分配利润。对股份制企业即为股东权益。

十二、能　　源

ENERGY

本篇内容包括：

1. 规模以上工业企业主要能源指标
2. 电力消费量
3. 全社会用电量
4. 规模以上工业能源消费情况

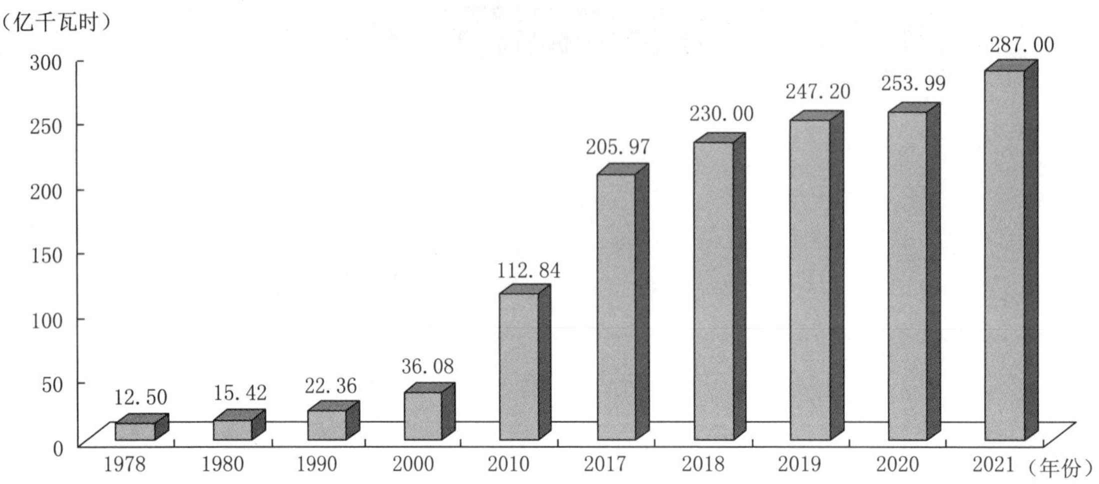
全社会用电量
（亿千瓦时）
300
250
200
150
100
50
0
12.50
15.42
22.36
36.08
112.84
205.97
230.00
247.20
253.99
287.00
1978
1980
1990
2000
2010
2017
2018
2019
2020
2021
（年份）

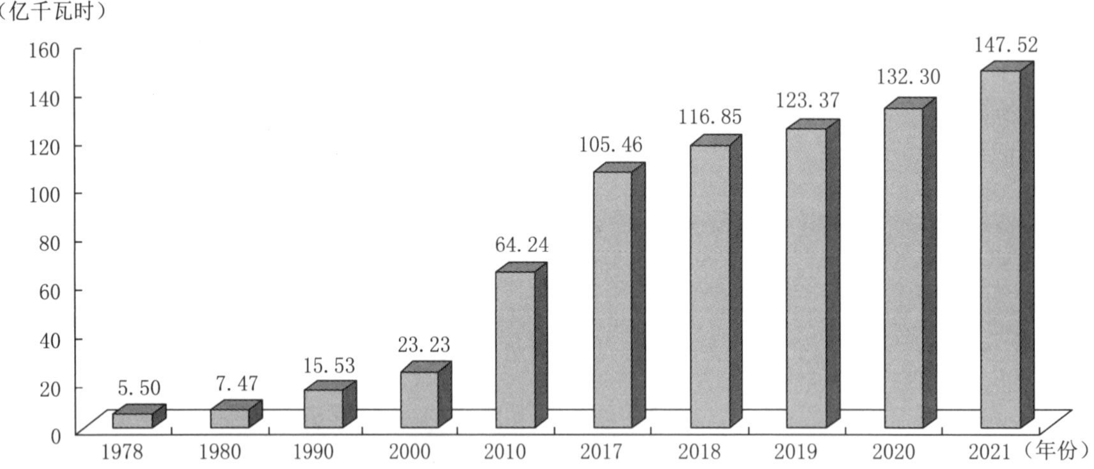
工业用电量
（亿千瓦时）
160
140
120
100
80
60
40
20
0
5.50
7.47
15.53
23.23
64.24
105.46
116.85
123.37
132.30
147.52
1978
1980
1990
2000
2010
2017
2018
2019
2020
2021
（年份）

12-1 规模以上工业企业能源购进、消费与库存（2021年）

单位：吨

项　目	年初库存	购进量	#购自省外	工业生产消费	#用于原材料	#运输工具消费	年末库存
原煤	125802	3683447	3075598	3661539			144223
洗精煤(用于炼焦)	57728	1262378	1262378	1292158			27948
其他洗煤	18477	656257	656257	666921			7812
焦炭	20254	568631	568141	1417693	322		24402
焦炉煤气(万立方米)		9479		37704			
高炉煤气(万立方米)		278781		560345			
转炉煤气(万立方米)		20529		51758			
天然气(气态)(万立方米)	198	229617		25612			108
液化天然气(液态)		35570	605	4026			7
汽油	35	8473	12	7895		6764	1
煤油		3		3			
柴油	309	26282	622	23883		13575	216
液化石油气		803		803			
热力(百万千焦)		6054669	39545	6346985			
电力(万千瓦小时)		16912217		1607555		3	
生物燃料(吨标准煤)	213	60940		99824			1343

12-2 规模以上工业企业水消费量（2021年）

单位:万立方米

项 目	取水量	外供水量
合 计	**73577**	**60178**
地表淡水	65913	
地下淡水	207	
自来水	7437	59979
雨水	18	
其他水	2	200
补充资料:		
外排水量	121190	
重复用水量	149374	
直流冷却水量(河湖水)	6950	
污水处理企业污水处理量(污水处理量)	114962	

12-3 规模以上工业企业主要能源库存量（2021年末，按行业分）

单位：吨

项 目	原煤	洗精煤	其他洗煤	焦炭	汽油	柴油
总 计	**144223**	**27948**	**7812**	**24402**	**1**	**216**
农副食品加工业						7
食品制造业						4
酒、饮料和精制茶制造业						
烟草制品业						
纺织业						
纺织服装、服饰业						
皮革、毛皮、羽毛及其制品和制鞋业						
木材加工和木、竹、藤、棕、草制品业						
家具制造业						
造纸和纸制品业	5517					41
印刷和记录媒介复制业						
文教、工美、体育和娱乐用品制造业						
石油、煤炭及其他燃料加工业						
化学原料和化学制品制造业				15		
医药制造业						5
化学纤维制造业						
橡胶和塑料制品业						
非金属矿物制品业	65					19
黑色金属冶炼和压延加工业		27948	7812	24387		96
有色金属冶炼和压延加工业				1		
金属制品业					1	
通用设备制造业						
专用设备制造业	4755					
汽车制造业						2
铁路、船舶、航空航天和其他运输设备制造						
电气机械和器材制造业						
计算机、通信和其他电子设备制造业						20
仪器仪表制造业						
其他制造业						
废弃资源综合利用业						23
金属制品、机械和设备修理业						
电力、热力生产和供应业	133886					
燃气生产和供应业						
水的生产和供应业						

12-4 规模以上工业企业

项　目	原煤	洗精煤	其他洗煤	焦炭	天然气(气态)(万立方米)
总　计	**3661539**	**1292158**	**666921**	**1417693**	**25612**
农副食品加工业	49347				2259
食品制造业					306
酒、饮料和精制茶制造业					1653
烟草制品业					518
纺织业					435
纺织服装、服饰业					4
皮革、毛皮、羽毛及其制品和制鞋业					
木材加工和木、竹、藤、棕、草制品业					20
家具制造业					
造纸和纸制品业	577029				1122
印刷和记录媒介复制业	2530				194
文教、工美、体育和娱乐用品制造业					11
石油、煤炭及其他燃料加工业					
化学原料和化学制品制造业	1532			322	1995
医药制造业	1731				2610
化学纤维制造业					
橡胶和塑料制品业					361
非金属矿物制品业	17188				1234
黑色金属冶炼和压延加工业		1292158	666921	1417153	187
有色金属冶炼和压延加工业					7734
金属制品业					314
通用设备制造业				219	503
专用设备制造业	4315				407
汽车制造业					3389
铁路、船舶、航空航天和其他运输设备制造业					
电气机械和器材制造业					66
计算机、通信和其他电子设备制造业					105
仪器仪表制造业					
其他制造业					7
废弃资源综合利用业					180
金属制品、机械和设备修理业					
电力、热力生产和供应业	3007867				
燃气生产和供应业					
水的生产和供应业					

主要能源消费量（2021年，按行业分）

单位：吨

液化天然气	汽油	煤油	柴油	燃料油	液化石油气	热力（百万千焦）	电力（万千瓦时）	生物燃料（吨标准煤）
4026	**7895**	**3**	**23883**		**803**	**6346985**	**1607555**	**99824**
	218		651				40915	3263
	22		94				3823	820
	4					73802	16594	
			320				4615	
	95		107				27766	9215
	143						11446	798
	45		1				2561	
							1146	
							299	
	5		199				94996	4589
	28		14				5975	517
	2						2018	31
							361	
	8		49			593778	17204	2099
881	95		728				21213	2005
			3				1732	
	109		84				18758	
1988	164		10427			12465	54793	5381
			2397			5348626	150257	
428	47		50				64011	
725	453		148		743		18859	
	108		38				23371	
	116		42				31734	
	775	3	2417		60	25997	81769	
	16		8				3377	
	306		116				17779	
4	15		46				154740	
	5						2537	669
							171	
	118		580				1128	
	4920		4926			292316	684002	70436
	38		53				222	
	40		385				47378	

12-5 各县区规模以上工业主要能源消费量（2021年）

单位：吨

县　区	原　煤	洗精煤	其他洗煤	焦　炭
合　计	**3661539**	**1292158**	**666921**	**1417693**
东湖区	-	-	-	-
西湖区				
青云谱区				
青山湖区	7409	1292158	666921	1417153
新建区				
红谷滩区	-	-	-	-
南昌县	10575			
安义县	414			
进贤县	10412			219
经济开发区	3583381			322
高新开发区	49347			
湾里管理局				

12-5 续表

单位：吨

县　区	天然气（万立方米）	汽　油	柴　油	生物燃料（吨标准煤）
合　计	**25612**	**7895**	**23883**	**99824**
东湖区	-	-	-	-
西湖区		39	374	0
青云谱区	288	23	370	0
青山湖区	942	64	3515	11981
新建区	1339	269	662	517
红谷滩区	-	-	-	-
南昌县	6287	1375	6082	855
安义县	9424	0	86	33263
进贤县	1385	516	1870	11341
经济开发区	3676	203	2354	41866
高新开发区	1998	146	2588	0
湾里管理局		312	1275	0

12-6 全社会用电量

单位：万千瓦小时

行　业	2020年	2021年
全社会用电	**2539878.55**	**2869952.25**
全行业用电	2335669.25	2067697.13
第一产业	11942.97	9986.18
第二产业	1533434.91	1379412.42
工　业	1475200.3	1322963.76
建筑业	60947.06	59133.45
第三产业	790291.38	678298.54
居民生活用电	534283.00	472181.42
城　镇	409963.01	359648.91
乡　村	124319.98	112532.51

注：本表数据来源于省电力公司。

12-7　工业电力消费量

单位：万千瓦时

项　　目	2020年	2021年
工业	**1475200.3**	**1322963.76**
农副食品加工业	41258.19	39464.48
食品制造业	21200.19	17871.64
酒、饮料及精制茶制造业	10926.95	9596.48
烟草制品业	1589.06	3156.19
纺织业	33701.28	27229.19
纺织服装、服饰业	17881.22	14453.3
造纸和纸制品业	31734.01	11881.32
印刷和记录媒介复制业	7300.22	7341.36
文教、工美、体育和娱乐用品制造业	6139.97	5551.29
化学原料及化学制品制造业	17928.87	17042.97
医药制造业	33424.19	26261.21
橡胶和塑料制品业	33008.97	31238.14
非金属矿物制品业	57334.01	53616.02
黑色金属冶炼及压延加工业	135778.48	132531.97
有色金属冶炼及压延加工业	117655.64	95987.45
金属制品业	32302.32	29667.79
通用设备制造业	14809.36	12459.64
专用设备制造业	11418.81	11775.57
汽车制造业	53068.75	51032.72
铁路.船舶.航空航天和其他运输设备制造业	22969.39	20939.99
电气机械和器材制造业	25173.83	18712.67
计算机、通信和其他电子设备制造业	164954.69	165156.87
仪器仪表制造业	1584.6	1415.47
其他制造业	86042.23	62948
电力、热力生产和供应业	446919.57	415583.47
燃气生产和供应业	624.93	743.77
水的生产和供应业	26097.32	19418.62

注：本表数据来源于省电力公司。

12-8 规模以上工业能源消费情况（2021年）

指标名称	规模以上工业 能源消费总量 (吨标准煤)	增长 (%)	规模以上工业增加值 能耗上升或下降 (±%)
全　市	**6298034**	**1.20**	**-9.16**
高新开发区	286771	1.62	-9.27
经济开发区	2103679	2.85	-7.84
南 昌 县	246778	-4.11	-13.85
进 贤 县	187265	-6.03	-14.34
安 义 县	270649	7.99	-3.15
西 湖 区	44902	23.35	11.13
青云谱区	13504	3.02	-5.83
青山湖区	2283326	-1.57	-11.48
新 建 区	54326	2.19	-8.10
湾里管理局	10204	2.25	-8.21

主要统计指标解释

工业企业能源消费 工业企业能源消费指独立核算的法人工业企业在报告期内实际使用的能源数量。能源消费数量分别用价值量和实物量表示。

能源消费 指独立核算的法人企业在报告期内实际使用的能源的数量，包括主营活动和附营活动实际使用能源数量；并包括由本企业(作为投资单位)代填的乡镇建筑企业为完成本企业建筑项口而实际使用的能源数量。能源消费数量用价值量和实物量表示。

消费的核算原则：“谁消费谁统计”，即能源在哪个企业使用，就由哪个企业统计消费。

消费的核算方法：能源进入第一道生产工序，改变了原来的形态或性能，或者已经实际投入使用，即作消费统计。

十三、建 筑 业

CONSTRUCTION

本篇内容包括:

1. 建筑业主要经济指标
2. 建筑业企业生产情况
3. 建筑业企业财务情况
4. 各县区建筑业主要经济指标

建筑业总产值

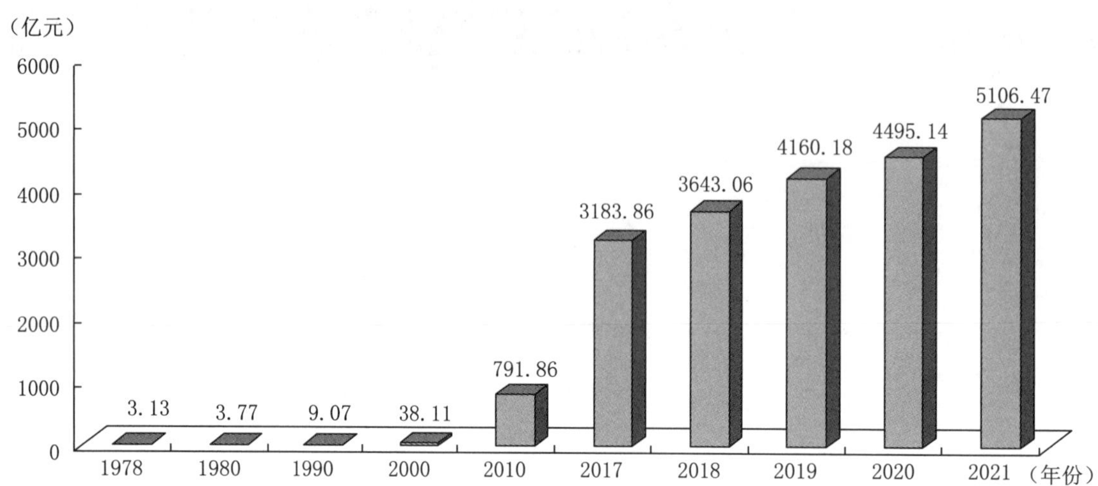

施工房屋面积及竣工房屋面积

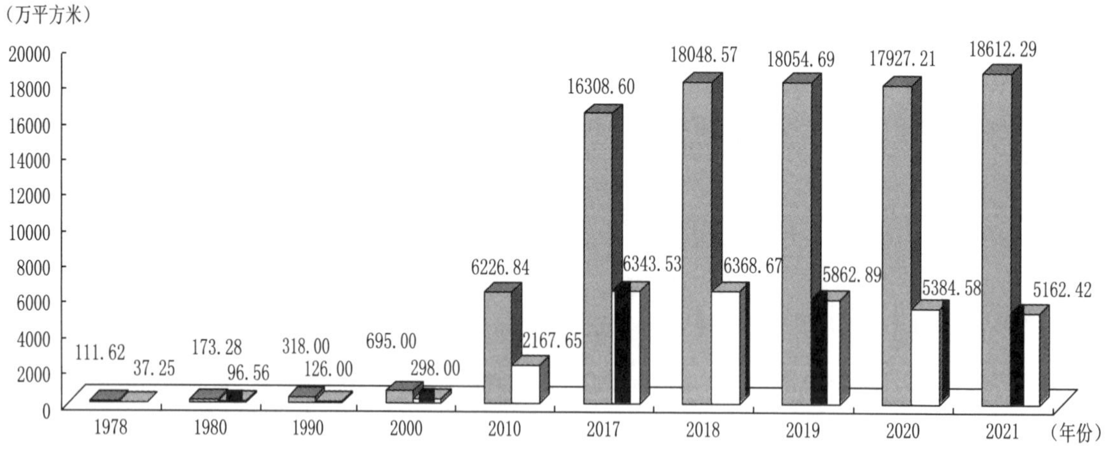

13-1　建筑业主要经济指标

指　　标	2020年	2021年	2021年比上年增长（%）
企业个数(个)	**933**	**1048**	**12.2**
#有工作量的企业个数	905	1028	13.5
建筑业合同情况(万元)			
签订的合同额	81278867	86670357	6.6
上年结转合同额	34324793	37473812	9.2
本年新签合同额	46954075	49196545	4.8
承包工程完成情况(万元)			
直接从建设单位承揽工程完成的产值	44038860	49805302	13.1
自行完成施工产值	43447539	49355497	13.6
分包出去工程的产值	591321	449805	-23.9
从建设单位以外承揽工程完成的产值	1502643	1709243	13.7
建筑业总产值(万元)	**44951355**	**51064740**	**13.6**
#装饰装修产值	1792631	2532453	41.3
在外省完成的产值	15585900	17833871	14.4
建筑工程产值	38617497	44076351	14.1
安装工程产值	3605308	3922056	8.8
其他产值	2728551	3066333	12.4
竣工产值(万元)	**16392812**	**16435334**	**0.3**
房屋建筑施工及竣工面积(万平方米)			
房屋建筑施工面积	**17927.21**	**18612.29**	**3.8**
#本年新开工面积	7371.00	6446.63	-12.5
房屋建筑竣工面积	**5384.58**	**5162.42**	**-4.1**
住宅房屋	3181.39	3265.08	2.6
商业及服务用房屋	549.44	347.96	-36.7
商厦房屋(批发和零售用房)	155.55	128.66	-17.3
宾馆用房屋(住宿用房)	7.54	4.77	-36.7
餐饮用房屋(餐饮用房)	3.70	8.52	129.9
商务会展用房屋	6.23	4.52	-27.4
其他商业及服务用房屋	376.42	201.49	-46.5

注：建筑业统计范围为具有建筑业资质等级的独立核算建筑业企业。

13-1　续表1

指　　标	2020年	2021年	2021年比上年增长（%）
办公用房屋	301.66	356.62	18.2
科研、教育、医疗用房屋	468.18	325.05	-30.6
科学研究用房屋	38.15	14.94	-60.8
教育用房屋	262.30	217.04	-17.3
医疗用房屋(卫生医疗用房)	167.72	93.07	-44.5
文化、体育、娱乐用房屋	51.67	49.21	-4.8
厂房及建筑物	678.38	728.51	7.4
厂房	410.14	448.74	9.4
仓库	30.52	13.05	-57.2
其他未列明的房屋建筑物	123.34	76.95	-37.6
竣工房屋价值(万元)	**9875365**	**9876075**	**0.0**
住宅房屋	5259600	6018118	14.4
商业及服务用房屋	1389009	574427	-58.6
商厦房屋(批发和零售用房)	280345	182693	-34.8
宾馆用房屋(住宿用房)	17696	6380	-63.9
餐饮用房屋(餐饮用房)	7374	22499	205.1
商务会展用房屋	11613	6526	-43.8
其他商业及服务用房屋	1071981	356329	-66.8
办公用房屋	542123	807174	48.9
科研、教育、医疗用房屋	1123492	728278	-35.2
科学研究用房屋	84910	26770	-68.5
教育用房屋	579700	508678	-12.3
医疗用房屋(卫生医疗用房)	458882	192831	-58.0
文化、体育、娱乐用房屋	132062	150604	14.0
厂房及建筑物	1164806	1355584	16.4
厂房	724569	911364	25.8
仓库	71926	23221	-67.7
其他未列明的房屋建筑物	192348	218669.90	13.7

13-1 续表2

指标	2020年	2021年	2021年比上年增长（%）
年末资产负债(万元)			
流动资产合计	28851634	32513674	12.7
#存货	7154948	5981358	-16.4
固定资产原值	1900979	2101899	10.6
累计折旧	972486	1099178	13.0
#本年折旧	123862	133510	7.8
在建工程	391483	291249	-25.6
资产合计	34487170	38641964	12.0
流动负债合计	21754399	24799363	14.0
#应付账款	9003442	10133361	12.5
非流动负债合计	1588119	1608491	1.3
负债合计	24269702	27549486	13.5
所有者权益合计	10217468	11092478	8.6
#实收资本	5746435	6020160	4.8
个人资本	1381307	1321720	-4.3
损益及分配(万元)			
营业收入	34247836	36620111	6.9
工程结算收入	33714876	35525524	5.4
营业成本	31837187	34307153	7.8
工程结算成本	31300709	33014342	5.5
营业税金及附加	227188	195132	-14.1
工程结算税金及附加	211164	173966	-17.6
其他业务利润	15594	23175	48.6
销售费用	51584	60077	16.5
管理费用	970995	1038464	6.9
财务费用	310190	261936	-15.6
#利息收入	16961	26655	57.2
#利息支出	177447	207269	16.8
营业利润	1039288	1014736	-2.4
营业外收入	28195	34374	21.9
营业外支出	16879	23199	37.4
利润总额	1051750	1025835	-2.5
应付职工薪酬	4130307	4487111	8.6

13-2 建筑业企业

(总承包和专业

项　　目	企业个数(个)	#有工作量的企业	建筑业合同	
			签订的合同额	上年结转
总　计	**1048**	**1028**	**86670357**	**37473812**
一、按登记注册类型分组				
内资企业	1043	1023	84237629	35571511
国有企业	23	22	3082767	809706
集体企业	28	28	1899931	595615
股份合作企业	4	4	56096	11319
有限责任公司	176	170	38964172	20560130
国有独资公司	22	21	2499495	1000507
其他有限责任公司	154	149	36464677	19559623
股份有限公司	6	6	156830	96674
私营企业	806	793	40077834	13498068
私营独资企业	2	2	3004	
私营合伙企业	1	1	2972	
私营有限责任公司	789	776	36295016	13046208
私营股份有限公司	14	14	3776843	451860
港、澳、台商投资企业	4	4	2349792	1897122
合资经营企业(港或澳、台资)	4	4	2349792	1897122
外商投资企业	1	1	82937	5178
中外合资经营企业	1	1	82937	5178
二、按控股情况分				
国有控股	102	100	39700968	21280143
集体控股	38	38	2378688	698428
私人控股	878	860	42948641	14643588
港澳台商控股	4	4	125326	23203
其他	26	26	1516734	828450
三、按营业状态分				
营业	1043	1023	86495528	37336484
当年关闭	4	4	174004	137328
其他	1	1	826	

生产情况(一)(2021年)

承包资质企业)　　　　单位：万元

情　况	承包工程完成情况			
	直接从建设单位承揽工程产值			从建设单位以外承揽工程完成的产值
本年新签		自行完成施工产值	分包出去工程产值	
49196545	**49805302**	**49355497**	**449805**	**1709243**
48666117	48797823	48348018	449805	1709243
2273062	2138267	2137167	1100	3088
1304316	1457729	1457427	302	253
44777	22966	22966		
18404042	17800815	17772405	28410	232488
1498988	1542884	1529313	13571	14081
16905054	16257932	16243093	14839	218407
60156	75276	74902	374	389
26579766	27302769	26883150	419619	1473025
3004	1361	1361		35
2972	2933	2933		
23248808	24249728	23831227	418501	1375082
3324982	3048746	3047628	1118	97909
452670	944062	944062		
452670	944062	944062		
77758	63417	63417		
77758	63417	63417		
18420825	18009286	17981830	27456	173380
1680260	1807281	1806979	302	24759
28305054	29187825	28766676	421149	1494452
102123	83959	83959		
688284	716950	716052	898	16652
49159044	49778466	49328661	449805	1709243
36676	26011	26011		
826	826	826		

(总承包和专业

项　　目	企业个数(个)	#有工作量的企业	建筑业合同	
			签订的合同额	上年结转
四、按企业资质等级分组	**1048**	**1027**	**86670357**	**37473812**
施工总承包	795	781	81277173	35728004
特级	14	14	20397582	8467490
一级	178	178	50109960	23000096
二级	261	258	7126664	3218610
三级及以下	343	332	3642966	1041808
专业承包	252	246	5393184	1745808
一级	76	76	3826966	1363106
二级	96	96	1094706	217712
三级及以下	80	74	471513	164990
五、按国民经济行业分组				
房屋建筑业	480	474	51815289	22209815
住宅房屋建筑	428	425	49860896	21552372
其他房屋建筑业	52	49	1954393	657443
土木工程建筑业	338	327	26148575	12733695
铁路、道路、隧道和桥梁工程建筑	224	217	15601124	7007816
水利和水运工程建筑	37	37	5902023	3645218
工矿工程建筑	5	5	139570	21024
架线和管道工程建筑	12	12	409156	113978
节能环保工程施工	3	1	5562	
电力工程施工	11	11	3335326	1788801
其他土木工程建筑	46	44	755814	156858
建筑安装业	77	77	4340745	1210252
电气安装	36	36	972047	471980
管道和设备安装	11	11	586870	209800
其他建筑安装业	30	30	2781828	528473
建筑装饰、装修和其他建筑业	153	150	4365749	1320050
建筑装饰和装修业	115	113	3861548	1203205
建筑物拆除和场地准备活动	6	5	39261	6769
提供施工设备服务	1	1	1696	
其他未列明建筑业	31	31	463243	110076

(2021年)

承包资质企业)

单位：万元

情况	承包工程完成情况			
本年新签	直接从建设单位承揽工程产值	自行完成施工产值	分包出去工程产值	从建设单位以外承揽工程完成的产值
49196545	**49805302**	**49355497**	**449805**	**1709243**
45549169	46502318	46187567	314751	1366115
11930092	13785048	13618672	166376	187675
27109865	26698649	26630367	68283	665239
3908055	3602302	3551771	50531	311383
2601158	2416319	2386757	29562	201818
3647376	3302984	3167930	135054	343128
2463859	2344854	2223553	121301	242883
876994	695753	687234	8519	64721
306523	262377	257143	5234	35523
29605474	31604615	31325034	279582	1007901
28308524	30393535	30122047	271488	962009
1296950	1211081	1202987	8094	45893
13414880	12591230	12554535	36695	327290
8593309	9021646	8988685	32960	213978
2256804	1581872	1579878	1994	27958
118546	94164	94164		3072
295178	269849	269849		
5562	4728	4728		278
1546525	1034437	1033257	1180	11610
598956	584534	583974	560	70393
3130493	2957611	2955193	2418	111102
500067	625745	625745		17377
377070	383133	383116	17	73726
2253355	1948734	1946333	2401	20000
3045699	2651846	2520735	131111	262949
2658344	2316229	2188816	127414	257780
32493	31836	31836		
1696	1768	1768		
353167	302013	298316	3697	5168

13-3 建筑业企业

(总承包和专业

项目	建筑业总产值(万元)	#装饰装修产值	#在外省完成产值	其中：装配式建筑工程产值	按构
					建筑工程
总计	**51064740**	**2532453**	**17833871**	**117641**	**44076351**
一、按登记注册类型分组					
内资企业	50057260	2526008	17479173	117641	43071663
国有企业	2140255	34998	657856	1858	1859356
集体企业	1457680	29463	230711	122	1360494
股份合作企业	22966	565	2380		22966
有限责任公司	18004894	313416	5835113	55379	15478489
国有独资公司	1543394	8232	763766	1042	1120461
其他有限责任公司	16461500	305184	5071347	54337	14358028
股份有限公司	75291	12617	50289		61568
私营企业	28356175	2134949	10702824	60282	24288791
私营独资企业	1396				1396
私营合伙企业	2933				2556
私营有限责任公司	25206309	2078171	9235448	60282	21568062
私营股份有限公司	3145538	56778	1467377		2716777
港、澳、台商投资企业	944062	6445	291280		941271
合资经营企业(港或澳、台资)	944062	6445	291280		941271
外商投资企业	63417		63417		63417
中外合资经营企业	63417		63417		63417
二、按控股情况分					
国有控股	18155210	186229	5811922	33880	15602465
集体控股	1831738	34799	254127	14127	1682717
私人控股	30261128	2206954	11498003	68911	26055542
港澳台商控股	83959	6445	66082		81168
其他	732704	98027	203737	723	654459
三、按营业状态分					
营业	51037903	2532453	17813085	117641	44049592
停业(歇业)	26011		20786		25933
其他	826				826

生产情况(二)(2021年)

承包资质企业)

成分		竣工产值(万元)	房屋建筑施工面积(平方米)	#本年新开工面积	房屋竣工面积(平方米)	房屋竣工价值(万元)
安装工程	其他产值					
3922056	**3066333**	**16435334**	**186122887**	**64466326**	**51624246**	**9876075**
3919563	3066035	16033213	177090533	63357483	50083778	9477735
235205	45694	850181	8209269	1555165	1575622	323377
11704	85483	483681	6849271	3400746	1466232	299203
		10065	608459	169779	50000	9300
1798445	727960	6013067	75159803	23390681	17896479	3498637
299829	123105	844346	1264955	479189	374955	76307
1498616	604856	5168721	73894848	22911492	17521524	3422330
13721	2	17369	14530		12485	3269
1860488	2206897	8658849	86249201	34841112	29082960	5343950
377		1726	5751		5751	1529
1673387	1964860	8162060	79784959	30606114	27132358	4954367
186724	242037	495064	6458491	4234998	1944851	388053
2493	298	402121	9032354	1108843	1540468	398340
2493	298	402121	9032354	1108843	1540468	398340
1906170	646575	6040415	87179624	23609146	18693744	3887580
36957	112064	579903	7635438	3650203	1622252	321816
1912599	2292987	9496551	89873159	36786749	31132361	5622097
2493	298	3780				
63837	14408	314685	1434666	420228	175889	44582
3921978	3066333	16432967	186093969	64445623	51611174	9873785
77		2367	28918	20703	13072	2290

13-3 续表

(总承包和专业

项目	建筑业总产值(万元)	#装饰装修产值	#在外省完成产值	其中：装配式建筑工程产值	按构
					建筑工程
四、按企业资质等级分组					
施工总承包	47553682	930095	15966025	111471	41469177
特级	13806347	221211	6503499	14479	12221013
一级	27295606	444285	8492383	33926	24079880
二级	3863154	69786	503795	46518	3173707
三级及以下	2588575	194814	466348	16548	1994578
专业承包	3511058	1602358	1867845	6170	2607174
一级	2466436	1488552	1461883	2463	1797921
二级	751955	88211	378828	2983	600713
三级及以下	292666	25595	27135	724	208540
五、按国民经济行业分组					
房屋建筑业	32332935	690625	10877551	100533	29061253
住宅房屋建筑	31084055	639481	10675914	91224	27885358
其他房屋建筑业	1248880	51144	201638	9309	1175895
土木工程建筑业	12881825	73795	4893349	10898	10963953
铁路、道路、隧道和桥梁工程建筑	9202663	28196	3238938	9040	8598993
水利和水运工程建筑	1607836	56	582840	1858	1595636
工矿工程建筑	97236		8484		91141
架线和管道工程建筑	269849	12617	33661		151884
节能环保工程施工	5006				
电力工程施工	1044867		769380		78628
其他土木工程建筑	654367	32926	260046		447672
建筑安装业	3066295	53065	710662	723	2054967
电气安装	643122	1630	175004	723	291242
管道和设备安装	456841		66391		225790
其他建筑安装业	1966333	51436	469267		1537936
建筑装饰、装修和其他建筑业	2783684	1714968	1352309	5488	1996178
建筑装饰和装修业	2446596	1702178	1247877	3474	1711576
建筑物拆除和场地准备活动	31836		2600	2013	31836
提供施工设备服务	1768				
其他未列明建筑业	303484	12790	101832		252766

(2021年)

承包资质企业)

成分		竣工产值（万元）	房屋建筑施工面积（平方米）		房屋竣工面积（平方米）	房屋竣工价值（万元）
安装工程	其他产值			#本年新开工面积		
3133149	2951356	15510941	183465812	63210692	50178703	9697263
312341	1272994	4321121	80591502	29831670	16925154	3496079
1975569	1240157	8638091	82896768	25573002	23182674	4812088
469122	220324	1386832	13342509	6034851	5295727	771335
376117	217880	1164897	6635033	1771169	4775148	617761
788907	114977	924393	2657075	1255634	1445543	178812
583765	84750	644428	1231595	383741	504258	94044
124549	26693	164424	1242870	743814	366032	67456
80593	3534	115540	182610	128079	576530	17588
1230686	2040997	12445842	17416	6144	48466232	9480673
1195871	2002826	12059614	17086	5993	46913315	9192051
34814	38171	386228	330	151	1552917	288622
1305233	612639	2644039	979	212	2116661	271248
183251	420420	1738693	759	190	1539636	224815
7940	4260	260678	178	0	8954	820
5683	413	82769	12	0	18083	7199
117965		65548	2	2	24293	19976
5000	6	3893				
966229	10	169126	6	4		
19165	187531	323332	21	16	525695	18439
934919	76410	714582	117	37	664464	75074
349126	2754	214721	1		27849	4234
231043	8	15442				
354749	73648	484419	117	37	636615	70841
451219	336288	630871	100	53	376889	49079
429701	305319	470211	26	16	81494	15938
		2401	0		3621	1052
1768						
19750	30968	158259	74	37	291774	32089

13-4 建筑业企业

(总承包和专业

项　　目	流动资产合计	#应收工程款	#存货	固定资产减值准备	固定资产原价	累计折旧	#本年折旧	在建工程
总　计	**32513674**	**7435267**	**5981358**	**2643**	**2101899**	**1099178**	**133510**	**291249**
一、按登记注册类型分组								
内资企业	32451367	7434514	5975530	2643	2097767	1097979	133100	290533
国有企业	4023540	886046	392983		371122	230946	14155	18095
集体企业	608868	42357	165885		88487	26662	3497	12096
股份合作企业	80576	6072	60207		3460	2202	136	
有限责任公司	15463929	2680531	2352222	668	694843	402001	32949	51517
国有独资公司	1967914	126182	375642	405	229878	155403	12011	4666
其他有限责任公司	13496014	2554349	1976580	263	464965	246598	20938	46852
股份有限公司	643749	495077	11857		4339	831	156	383
私营企业	11630706	3324431	2992376	1976	935516	435337	82207	208442
私营独资企业	2040	383	499	25				
私营合伙企业	2172	2165	2	1				
私营有限责任公司	10935905	3154820	2780445	1949	824363	364239	75369	164586
私营股份有限公司	690589	167064	211430		111153	71098	6838	43856
港、澳、台商投资企业	62308	754	5828		4132	1199	410	716
合资经营企业(港或澳、台资)	62308	754	5828		4132	1199	410	716
二、按控股情况分								
国有控股	18016539	3231941	2352854	530	986100	598830	41815	59239
集体控股	893635	91550	298294		110728	38196	5454	12648
私人控股	13541193	4111023	3324382	2114	1000939	460953	85831	218646
港澳台商控股	62308	754	5828		4132	1199	410	716
三、按营业状态分								
营业	32493474	7429215	5977664	2642	2098992	1098424	133346	290418
停业(歇业)	13260	1830	3579	2	860	134	119	
其他	6940	4222	116		2047	620	45	831

财务状况(一)(2021年)

承包资质企业)　　　　单位:万元

资产总计	流动负债合计	#应付账款	非流动负债合计	负债合计	所有者权益合计	实收资本	#个人资本	营业收入	主营业务收入
38641964	**24799363**	**10133361**	**1608491**	**27549486**	**11092478**	**6020160**	**1321720**	**36620111**	**35525524**
38567309	24763295	10117097	1608491	27513419	11053890	6005872	1321720	36538163	35503731
4910354	3991020	1675107	121026	4114209	796145	383386	24320	2571495	2527481
724961	380070	120208	1383	415912	309049	137720		893263	882769
82039	73911	3151		74140	7899	6811	3108	24339	24331
18200774	13329836	5695133	1138208	14888649	3312125	1958888	147707	14654912	14229258
2389493	1679995	710877	366943	2090878	298615	199144		1478096	1473520
15811281	11649841	4984256	771265	12797771	3013510	1759744	147707	13176815	12755738
660358	535210	361480	1247	537274	123085	38864	7364	76569	76206
13988824	6453247	2262018	346628	7483236	6505587	3480202	1139222	18317585	17763686
2040	1269	60		1269	771	600	600	1235	1235
2184	598	598		1800	384	100	100	459	391
13121418	6228281	2181720	317620	7185812	5935607	3299492	1079280	16740770	16349921
863182	223099	79641	29008	294356	568826	180010	59242	1575122	1412140
74656	36067	16264		36067	38588	14288		81948	21793
74656	36067	16264		36067	38588	14288		81948	21793
21369625	16424449	7035445	1234945	17998503	3371122	1887722	58613	15090804	14737246
1043555	624611	194255	2858	661929	381626	185753	738	1108145	1093666
16154129	7714236	2887397	370689	8852987	7301142	3932397	1262369	20339214	19672819
74656	36067	16264		36067	38588	14288		81948	21793
38618240	24784366	10128892	1608491	27534490	11083750	6013137	1321440	36598269	35503683
15019	9390	2794		9390	5629	3970	280	20210	20210
8706	5606	1675		5606	3099	3052		1631	1631

13-4 续表

(总承包和专业

项　　目	流动资产合计	#应收工程款	#存货	固定资产减值准备	固定资产原价	累计折旧	#本年折旧	在建工程
四、按企业资质等级分组								
施工总承包	30542955	6895376	5594689	2543	1853217	954108	114477	272249
特级	6899895	1051788	1682187		378028	218693	28173	46414
一级	17884851	4528032	2907755	763	1108288	588827	58632	97910
二级	3406369	822996	629391	1136	204280	95985	17377	69263
三级及以下	2351839	492560	375356	643	162620	50602	10296	58662
专业承包	1970720	539891	386670	101	248682	145070	19033	19000
一级	1151798	380592	181962	2	176976	117003	11297	8963
二级	548704	101185	151100	29	44317	16793	4813	4362
三级及以下	270218	58114	53608	70	27390	11275	2923	5675
五、按国民经济行业分组								
房屋建筑业	18790915	3868089	4559965	898	1038910	485341	71309	162687
住宅房屋建筑	17479057	3731446	4135480	765	874157	389022	61268	152985
其他房屋建筑业	1311857	136643	424485	133	164753	96319	10041	9702
土木工程建筑业	10615712	2724391	921837	1571	765385	441431	41306	100272
铁路、道路、隧道和桥梁工程建筑	7455727	1643896	723164	795	616217	356136	31917	56908
水利和水运工程建筑	917401	408845	61809	-27	43086	31596	357	6038
工矿工程建筑	49862	4790	715	553	9167	4760	715	
架线和管道工程建筑	133777	38918	33409		37446	19391	3223	5060
节能环保工程施工	3428	1350	394		293	212	23	
电力工程施工	1644424	515705	32964		25330	12632	1327	1629
其他土木工程建筑	411093	110888	69382	250	33846	16704	3745	30637
建筑安装业	1755014	409940	165676	162	164437	111192	10001	16502
电气安装	724416	194290	92916	2	133121	93593	7750	5187
管道和设备安装	518880	124700	30621	15	4024	2706	154	
其他建筑安装业	511718	90949	42140	144	27293	14893	2097	11315
建筑装饰、装修和其他建筑业	1352033	432848	333881	13	133166	61214	10895	11788
建筑装饰和装修业	1079812	341911	246486	13	89301	45204	7073	8972
建筑物拆除和场地准备活动	29497	19168	2105		2855	735	218	529
提供施工设备服务	9432	4871	69		19115	6326	2022	1425
其他未列明建筑业	233292	66899	85221		21896	8950	1583	862

(2021年)

承包资质企业)　　　　单位:万元

资产总计	流动负债合计	#应付账款	非流动负债合计	负债合计	所有者权益合计	实收资本	#个人资本	营业收入	主营业务收入
36043826	23471132	9484170	1573085	25846803	10197023	5475167	1220769	33235977	32214342
8389419	5954520	2589767	405310	6359830	2029589	708637	187873	9513248	9487992
20866933	14001744	5875533	846053	15365684	5501249	2974914	623946	18534708	17892497
3806395	2081790	696507	58555	2289478	1516917	994131	286818	3209060	2978339
2981079	1433078	322364	263167	1831811	1149268	797486	122133	1978961	1855515
2598139	1328230	649190	35407	1702684	895455	544993	100950	3384134	3311182
1326615	750789	404609	19349	822894	503722	296750	67123	2387805	2357150
925067	362216	162788	8449	654133	270934	183503	24069	689825	656950
346457	215226	81793	7609	225657	120800	64740	9759	306504	297082
21726418	13814194	5340818	819323	15088243	6638176	3277299	792504	21366123	21023184
20151180	12942552	5118905	611277	13941901	6209279	3048411	768903	20496571	20176684
1575238	871642	221913	208046	1146341	428897	228887	23601	869553	846500
13358886	9117991	3802607	747633	10185849	3173037	2104245	360698	10373994	10134687
9847861	6295813	2851305	700370	7258017	2589844	1772754	305500	6573220	6373464
1013907	817107	379333	29312	848732	165175	111750	23828	1493809	1470797
55958	26019	15765	192	26383	29574	14567	1200	95423	95117
165657	102629	58262	2224	104853	60804	40144	4558	285955	285333
5577	1193	276		3406	2171	1628		4656	4636
1706507	1583257	387548	12938	1596195	110311	20251	1474	1407832	1406583
563420	291972	110118	2597	348262	215158	143152	24138	513099	498757
1985854	1131350	596508	11064	1411262	574592	297658	77043	2179180	1818374
859594	576400	284632	9977	587927	271666	170698	49266	807853	780466
532293	160473	114140	1013	387254	145039	47103	7973	447458	138072
593967	394478	197736	75	436081	157887	79858	19805	923870	899836
1570806	735828	393428	30472	864132	706674	340959	91474	2700813	2549279
1230976	554852	332780	22701	673854	557121	265627	68037	2373252	2226682
33285	24683	14835	62	24744	8541	6864		31718	31610
25705	15847	2892	7709	23556	2149	2149		4172	4172
280840	140446	42921		141978	138863	66318	23437	291672	286815

13-5 建筑业企业

(总承包和专业

项目	营业成本	主营业务成本	营业税金及附加	主营业务税金及附加	其他业务利润	销售费用	管理费用
总计	**34307153**	**33014342**	**195132**	**173966**	**23175**	**60077**	**1038464**
一、按登记注册类型分组							
内资企业	34238860	32996549	195018	173940	23175	60077	1033174
国有企业	2424718	2388927	9600	9383	-120	2012	95601
集体企业	846455	840975	6821	6429	3150	192	19866
股份合作企业	23577	23577	300	300		23	464
有限责任公司	13673769	13195305	48283	42214	18115	15451	385696
国有独资公司	1357486	1347127	9541	9299	843	992	62332
其他有限责任公司	12316283	11848178	38742	32915	17272	14459	323363
股份有限公司	72195	72195	302	302		17	3602
私营企业	17198146	16475569	129711	115312	2030	42382	527945
私营独资企业	1141	1141	2	2			113
私营合伙企业	381	381	68	68	68	2	22
私营有限责任公司	15739479	15157532	107834	95522	1962	41354	490042
私营股份有限公司	1457145	1316516	21807	19721		1026	37769
港、澳、台商投资企业	68293	17793	114	26			5290
合资经营企业(港或澳、台资)	68293	17793	114	26			5290
二、按控股情况分							
国有控股	14125139	13723831	46618	41908	16548	13804	398309
集体控股	1031606	1023781	7521	6950	4573	192	46307
私人控股	19082115	18248936	140879	125081	2053	46081	588559
港澳台商控股	68293	17793	114	26			5290
三、按营业状态分							
营业	34286349	32993538	195060	173894	23175	60077	1037564
停业(歇业)	18702	18702	68	68			747
其他	2102	2102	5	5			153

财务状况(二)(2021年)

承包资质企业)

单位：万元

研发费用	财务费用	利息收入	利息支出	营业利润	营业外收入	营业外支出	利润总额	所得税费用	应付职工薪酬(本年贷方累计发生额)	应交增值税
315586	**261936**	**26655**	**207269**	**1014736**	**34374**	**23199**	**1025835**	**232330**	**4487111**	**720645**
315586	260936	26655	207269	1007484	34283	23194	1018497	230196	4482926	720027
29331	31740	14037	41595	49581	1570	1189	49961	12163	482721	51407
	7453	85	4975	23870	2055	244	25681	6750	78551	28374
	82	0		131		1	130	12	5335	360
188893	109517	7392	95733	358819	12676	11949	359687	75404	1832648	237032
25117	18829	2120	23423	13867	3125	1854	15412	6601	131472	29845
163777	90688	5273	72309	344953	9551	10095	344275	68803	1701177	207187
	179	5	153	348	1	46	302	119	2274	2278
97362	111965	5136	64814	574736	17982	9766	582736	135748	2081396	400576
				-21		9	-30	1	21	27
	1			35	0	0	35	15	211	58
90854	104363	5114	64094	514621	15888	9024	521268	121445	1936213	368994
6508	7601	22	720	60101	2094	733	61463	14287	144950	31497
	1000			7251	91	5	7337	2134	4186	618
	1000			7251	91	5	7337	2134	4186	618
204604	125515	21280	134035	353343	12457	9490	356447	74373	2107844	255705
2305	7941	213	4976	25551	3080	3248	25393	8004	115030	30081
108678	127481	5162	68259	628590	18746	10456	636657	147820	2260052	434241
	1000			7251	91	5	7337	2134	4186	618
315586	261901	26655	207234	1014705	34279	23191	1025717	232157	4481328	720523
	35		35	658		8	650	172	5353	27
	-1	0		-627	95	0	-533	1	430	94

13-5 续表

(总承包和专业

项目	营业成本	主营业务成本	营业税金及附加	主营业务税金及附加	其他业务利润	销售费用	管理费用
四、按企业资质等级分组							
施工总承包	31150801	29925378	169513	156197	23091	45804	899083
特级	9007117	8978751	36603	34472	-7	4075	134085
一级	17278771	16606328	94209	87175	20167	27392	546399
二级	3053270	2648212	26080	24231	1504	7894	121291
三级及以下	1811643	1692088	12622	10319	1426	6443	97308
专业承包	3156352	3088964	25619	17770	84	14273	139380
一级	2263030	2232597	16647	11397	-1622	5778	89369
二级	630073	601759	5904	4438	251	6333	24967
三级及以下	263250	254608	3068	1935	1455	2162	25044
五、按国民经济行业分组							
房屋建筑业	20157340	19677558	114366	107973	10149	21969	453380
住宅房屋建筑	19376895	18918893	110833	104521	10149	17584	404152
其他房屋建筑业	780446	758664	3533	3451	0	4386	49227
土木工程建筑业	9634914	9319484	42624	39189	11431	21696	398639
铁路、道路、隧道和桥梁工程建筑	6096662	5869284	34998	32248	9485	14423	238442
水利和水运工程建筑	1426563	1359646	2826	2487	1251	1039	29905
工矿工程建筑	91548	85992	584	568	60	65	4164
架线和管道工程建筑	258422	257474	768	715	-341	622	21999
节能环保工程施工	4492	4470	6	6			5
电力工程施工	1282120	1281564	1281	1277	909	5393	82596
其他土木工程建筑	475107	461055	2162	1890	68	154	21527
建筑安装业	1966847	1602959	15179	12746	435	8467	87512
电气安装	710521	642046	2415	2036	400	4828	53967
管道和设备安装	380950	102114	1033	563	25	1854	8020
其他建筑安装业	875377	858799	11732	10148	10	1786	25525
建筑装饰、装修和其他建筑业	2548052	2414340	22963	14058	1161	7945	98934
建筑装饰和装修业	2251074	2121732	19478	11720	101	4714	84754
建筑物拆除和场地准备活动	31252	30816	1145	130	108	2	1584
提供施工设备服务	3829	3829	247	247			365
其他未列明建筑业	261898	257964	2092	1961	952	3229	12231

(2021年)

承包资质企业)　　　　单位：万元

研发费用	财务费用	利息收入	利息支出	营业利润	营业外收入	营业外支出	利润总额	所得税费用	应付职工薪酬(本年贷方累计发生额)	应交增值税
298149	249001	25782	200807	933422	30662	21587	942430	213873	4210510	660648
48975	87667	7336	77695	231167	3981	2235	232914	53610	1818423	198174
234568	132609	17797	107901	498714	16153	10304	504222	124858	1874795	351258
10667	19623	664	10974	145161	6349	3836	147678	23439	320015	69853
3939	9102	-15	4238	58380	4180	5213	57617	11966	197278	41364
17438	12935	873	6462	81314	3712	1612	83404	18458	276602	59997
15393	6244	216	4406	37499	2477	678	39298	10905	144926	32344
662	3898	633	1160	31533	942	589	31891	5445	101967	21600
1383	2792	24	896	12282	293	345	12215	2108	29709	6053
108007	162695	19930	138931	606770	16733	10252	613252	150229	3484702	458650
107126	143300	17948	117745	594624	15185	9081	600727	142230	3408290	444311
881	19396	1982	21186	12146	1549	1171	12525	7999	76412	14339
176095	85385	5718	60684	235359	12631	7915	239993	45626	702376	189680
93644	62637	3066	42629	170426	6180	5622	170922	32380	508406	144152
34831	9342	1138	6947	33842	2998	1273	35567	7269	68654	15482
2612	0	66	47	1971	277	52	2196	69	22431	4259
926	1496	36	335	1419	986	58	2347	848	32009	6097
	1		0	161			146	9	214	17
39984	9432	1004	9697	16234	1598	137	17695	3197	39184	7840
4098	2478	408	1028	11306	592	773	11120	1853	31477	11833
16519	4400	1099	3404	110519	2705	3793	109430	24684	150300	37303
11172	2883	267	2592	40362	2194	3427	39129	6416	67536	9300
	-418	658	27	53098	80	20	53157	13214	9335	4661
5347	1935	175	785	17059	431	346	17144	5054	73428	23342
14966	9455	-93	4251	62089	2305	1239	63160	11792	149732	35012
13224	7604	-71	3204	43880	1917	1010	44791	9925	129235	25179
	49	-5	22	-1168	24	29	-1173	29	1365	959
	251		254	189	5	98	96	14	490	200
1741	1551	-17	771	19188	360	102	19446	1824	18643	8674

13-6 各县区建筑业企业

(总承包和专业

指　　　　标	全　市	东湖区	西湖区	青云谱区	青山湖区
企业个数(个)	**1048**	**91**	**103**	**93**	**78**
建筑业合同情况(万元)					
签订的合同额	86670357	2642512	9139725	13265280	2656369
上年结转合同额	37473812	919356	6253220	6205052	1078425
本年新签合同额	49196545	1723156	2886505	7060228	1577944
承包工程完成情况(万元)					
直接从建设单位承揽工程完成的产值	49805302	1340236	3788397	7104160	1470738
自行完成施工产值	49355497	1319517	3787212	7098565	1448351
分包出去工程的产值	449805	20720	1185	5595	22387
从建设单位以外承揽工程完成的产值	1709243	42913	35139	75427	69886
建筑业总产值(万元)	**51064740**	**1362430**	**3822350**	**7173992**	**1518237**
#装饰装修产值	2532453	363219	40111	304694	43944
在外省完成的产值	17833871	497151	1023728	2716613	482094
装配式建筑工程产值	117641		1846	5342	
建筑工程产值	44076351	941938	3458389	5678950	1287671
安装工程产值	3922056	313328	232607	1052842	172720
其他产值	3066333	107164	131355	442200	57846
竣工产值(万元)	**16435334**	**320244**	**1296178**	**2924888**	**381114**
房屋建筑施工及竣工面积(万平方米)					
房屋建筑施工面积	18612.29	157.12	1386.09	4272.12	347.78
#本年新开工面积	6446.63	49.98	258.70	1543.32	129.07
房屋建筑竣工面积	5162.42	5162.42	49.00	269.30	912.31
住宅房屋	3265.08	3265.08	26.72	141.09	562.28
商业及服务用房屋	347.96	347.96	0.46	15.25	12.65
商厦房屋(批发和零售用房)	128.66	128.66	0.12	13.47	1.84
宾馆用房屋(住宿用房)	4.77	4.77		0.03	0.18
餐饮用房屋(餐饮用房)	8.52	8.52		0.03	
商务会展用房屋	4.52	4.52	0.07		
其他商业及服务用房屋	201.49	201.49	0.27	1.72	10.63

主要经济指标（2021年）

承包资质企业）

新建区	红谷滩区	南昌县	安义县	进贤县	经济开发区	高新开发区	湾里管理局
88	**102**	**216**	**22**	**60**	**85**	**80**	**30**
3409637	11345542	24360636	302642	1630812	5525286	11770854	621064
1153134	4795567	7920025	39086	793253	2359134	5773566	183994
2256503	6549974	16440611	263556	837559	3166152	5997288	437070
2373382	7190480	17474692	281259	1037870	3155416	4057347	531323
2367577	7055168	17244697	280281	1029676	3140897	4052533	531023
5806	135312	229995	978	8194	14520	4814	300
45743	429678	724670	7242	68684	92005	91033	26823
2413320	**7484846**	**17969367**	**287523**	**1098360**	**3232902**	**4143566**	**557847**
134748	1044645	353304	2919	29449	32981	156018	26422
659641	2308449	6544102		258573	1277606	1837228	228685
7412	25956	9489		22830	12246	30688	1833
1843777	6770380	16800140	247191	863975	2119807	3712596	351539
305698	281132	867987	13062	141492	217528	219016	104645
263845	433335	301240	27270	92893	895567	211954	101663
1251105	**854175**	**5866493**	**184880**	**755343**	**656732**	**1873185**	**70997**
595.72	878.47	6701.90	132.63	373.54	996.83	2453.85	316.22
315.13	211.48	3008.88	31.38	174.28	198.76	488.73	36.92
169.89	291.83	264.62	1956.08	108.57	330.76	261.90	520.63
85.49	161.15	192.82	1293.42	81.89	173.73	244.70	274.47
7.13	38.09	13.24	178.90	1.50	18.26		62.43
4.85	12.95	8.70	68.06	1.50	17.15		
0.47	2.16		1.93				
0.19			1.89				6.41
0.00			4.42		0.03		
1.61	22.98	4.54	102.60		1.07		56.02

(总承包和专业

指　　标	全　市	东湖区	西湖区	青云谱区	青山湖区
办公用房屋	356.62	1.76	32.94	28.14	20.07
科研、教育、医疗用房屋	325.05	1.17	6.77	75.40	37.77
科学研究用房屋	14.94		0.09		
教育用房屋	217.04	0.30	6.69	70.55	8.49
医疗用房屋(卫生医疗用房)	93.07	0.86		4.85	29.28
文化、体育、娱乐用房屋	49.21		0.17	5.56	0.39
厂房及建筑物	728.51	10.50	68.68	226.83	17.59
厂房	448.74		56.62	112.92	6.36
仓库	13.05		0.60		0.25
其他未列明的房屋建筑物	76.95	8.39	3.78	1.44	1.20
竣工房屋价值(万元)	**9876075**	**83894**	**636343**	**1881651**	**311926**
住宅房屋	6018118	42858	340589	1009969	142549
商业及服务用房屋	574427	536	38645	38368	10538
商厦房屋(批发和零售用房)	182693	82	33439	3838	8090
宾馆用房屋(住宿用房)	6380		96	550	639
餐饮用房屋(餐饮用房)	22499		74		256
商务会展用房屋	6526	75			0
其他商业及服务用房屋	356329	379	5036	33980	1553
办公用房屋	807174	2364	136242	96404	41245
科研、教育、医疗用房屋	728278	1058	10380	290699	78351
科学研究用房屋	26770		136		
教育用房屋	508678	332	10244	271264	17203
医疗用房屋(卫生医疗用房)	192831	725		19435	61149
文化、体育、娱乐用房屋	150604		270	19475	530
厂房及建筑物	1355584	9500	98356	423039	36010
厂房	911364		84753	213490	11994
仓库	23221		695		357
其他未列明的房屋建筑物	218670	27579	11167	3697	2346

(2021年)

承包资质企业)

新建区	红谷滩区	南昌县	安义县	进贤县	经济开发区	高新开发区	湾里管理局
18.33	19.25	190.39	13.62	8.78	4.90	18.26	0.17
7.66	10.92	130.86	0.14	23.84	2.64	27.90	
3.21		11.17				0.47	
4.45	10.92	86.80	0.14	19.35	2.64	6.72	
		32.89		4.48		20.70	
21.90	0.30	6.46		0.22		14.20	
29.20	27.51	132.26	6.03	81.88	9.30	118.72	
13.94	15.63	106.16	0.39	30.22	6.49	100.02	
1.75	0.09	4.00	0.47	4.20	0.36	1.33	
13.76	0.51	19.78	4.91	19.86		3.32	
380934	**440787**	**4016771**	**173049**	**347057**	**385996**	**1170429**	**47237**
206436	313087	2749353	119726	167333	329612	549720	46885
35975	22880	277343	3298	23159		123586	100
14273	7456	91721	3298	20496			
2373		2722					
		2769				19400	
		6411		40			
19329	15424	173720		2623		104186	100
20698	29705	369472	24346	13864	22821	49762	252
10505	26238	229316	152	32804	3038	45737	
3827		22111				696	
6679	26238	143985	152	21641	3038	7903	
		63220		11163		37138	
36911	892	14517		482		77527	
42390	45468	260881	9883	79371	29897	320789	
18152	29498	198665	412	36257	25465	292679	
5484	283	7473	1880	4804	628	1617	
22536	2234	108416	13764	25240		1691	

(总承包和专业

指　　标	全　市	东湖区	西湖区	青云谱区	青山湖区
年末资产负债(万元)					
年初存货	**6802275**	**435811**	**1063017**	**1270654**	**236374**
流动资产合计	32513674	2216462	5139730	6116439	1233873
#应收工程款	7435267	261823	892133	1228302	247142
#存　货	5981358	389781	627909	1183345	192904
固定资产减值准备	2643	200	49	198	394
固定资产原值	2101899	212079	155783	167779	64839
累计折旧	1099178	117557	89342	66737	25138
#本年折旧	133510	11138	11124	9735	6605
在建工程	291249	50986	13694	7754	12847
无形资产	655493	68847	20370	51429	6330
资产合计	38641964	2688876	6418214	6457206	1410230
流动负债合计	24799363	1606722	4927656	5216771	951027
#应付账款	10133361	563614	2148904	2507043	431702
非流动负债合计	1608491	365389	123534	52283	4629
负债合计	27549486	2047737	5315665	5352727	1009431
所有者权益合计	11092478	641139	1102550	1104479	400799
#实收资本	6020160	349106	583707	522941	236460
个人资本	1321720	78112	91135	121298	47151
损益及分配(万元)					
营业收入	36620111	1634528	3085989	6247186	1270682
主营业务收入	35525524	1566859	2744402	6180069	1158470
营业成本	34307153	1486857	2775251	5892549	1181961
主营业务成本	33014342	1431653	2443490	5829616	1073364
营业税金及附加	195132	22182	9758	20838	9201
主营税金及附加	173966	16166	8816	17094	7296
其他业务利润	23175	107	11020	2162	196
销售费用	60077	9859	5471	5444	4374
管理费用	1038464	96823	92885	168733	44198
研发费用	315586	7835	39603	56216	5823
财务费用	261936	24575	39721	22877	3612
#利息收入	26655	2428	16089	3393	409
#利息支出	207269	25672	57233	21086	1743
资产减值损失	61258	8656	16804	11656	1756
公允价值变动收益	-321	-485	143		101
投资收益	29367	3349	18098	-10469	110
其他收益	66254	237	444	428	63
营业利润	1014736	41392	139466	118951	29998
营业外收入	34374	2502	1928	2161	714
营业外支出	23199	2366	4324	1212	551
利润总额	1025835	41488	137054	119900	30124
所得税费用	232330	15171	29638	27893	5673
应付职工薪酬	4487111	84149	428119	1013675	159756
应交增值税	720645	46512	48943	107230	34131

(2021年)

承包资质企业)

新建区	红谷滩区	南昌县	安义县	进贤县	经济开发区	高新开发区	湾里管理局
203709	**686810**	**1711465**	**14124**	**51124**	**320219**	**755109**	**53860**
1268555	2806343	7808518	62626	524509	2093336	3010249	233037
357873	461995	2448183	17749	67373	577175	802776	72745
234446	405957	1949204	17848	76250	255972	592380	55364
427	50	137	129	74	39	894	53
137493	235274	615296	11887	56062	137521	296903	10983
87144	136339	278923	2573	25530	51246	212403	6248
8696	14192	41177	565	4178	10448	15269	384
5593	45649	110703	2946	17649	4127	5334	13967
10010	96521	354442		5936	28383	6327	6897
1445389	3918694	8965049	147416	628126	2927425	3334753	300586
716452	2260935	4883317	30468	184933	1455745	2441850	123487
272172	797940	1641804	15760	34459	572396	1125285	22283
18291	280402	323804	1155	128827	212469	97197	513
844849	2643501	5356773	92900	336012	1859023	2564580	126289
600540	1275193	3608276	54516	292114	1068402	770173	174297
358417	673501	1808682	38519	153413	655708	506313	133392
102232	121119	530577	3595	31287	54075	62770	78369
1667594	4683680	10475947	203031	857110	2402999	3886934	204430
1622773	4470702	10349433	163704	825394	2398038	3844921	200760
1713988	4419263	9791811	185701	784450	2202831	3683062	189431
1513374	4191237	9671194	148237	761457	2197062	3592048	161610
9175	20825	55858	3950	12650	15184	13702	1809
7909	17137	55123	2285	12559	14996	13064	1522
-1668	8264	-158	393		1441	1418	
3611	4575	10834	1712	5820	2943	4952	482
42111	102846	247668	7249	15103	92726	121027	7096
5477	47586	55284	1	2503	25730	69530	
11731	37171	77129	949	2796	11003	28866	1507
644	414	1843		1	861	551	22
3715	14955	46656	8	813	9058	25909	421
-167	12651	3815	3		3291	2753	40
9	1	-3			-59	14	-40
355	9399	6509		-1	2614	-596	
30	6917	249		327	776	56787	-4
51772	95341	316824	9915	38990	97440	70225	4421
3880	1803	13164	286	18	3290	3802	828
1241	2411	4346	135	64	4338	1820	391
54412	94596	325438	10065	39253	96438	72207	4858
12938	14022	76525	1135	5748	23749	19307	531
157866	181449	1270317	16183	88869	459789	612511	14430
27007	65332	237130	3228	11970	74680	59528	4954

主要统计指标解释

建筑施工企业 指从事房屋、构筑物和设备安装生产活动的独立施工单位，分为建筑安装企业和自营施工单位两种组织形式。建筑安装企业是指行政上有独立组织、经济上实行独立核算的企业。一般称为建筑公司、安装公司、工程公司、工程局（处）等。自营施工单位是指附属于现有生产企业、事业内部或行政单位的，为建造和修理本单位固定资产而自行组织的。并同时具备下述条件：(1)对内独立核算；(2)有固定组织和施工队伍；(3)全年施工期在半年以上。

建筑业总产值 建筑总产值是货币表现的建筑安装企业在一定时期内生产的建筑业产品的总和。按现行报表制度规定，具体包括：建筑工程产值、设备安装工程产值和其他产值。

建筑业增加值 是建筑业企业在报告期内以货币表现的建筑业生产经营活动的最终成果。建筑业增加值有两种计算方法：一是生产法，即建筑业总产出减去建筑业中间消耗后的余额；二是分配法（收入法），即从收入的角度出发，根据生产要素在生产过程中应得到的收入份额计算，具体构成项目有固定资产折旧、劳动者报酬、生产税净额、营业盈余。

利润总额 指建筑业企业在一定时期内所实现的利润。包括营业利润、投资收益和营业外收入与营业外支出的差额。

工程结算收入 指本企业承包实现的工程价额结算收入以及向发包单位收取的除工程价款以外按规定列作营业收入的各种款项，如临时设施费、劳动保险费、施工机构调迁等以及向发包单位收取的各种索赔款。

十四、交通运输、邮电通信和规上服务业

TRANSPORTATION,POSTAL TELECOMMUNICATIONS AND ABOVE DESIGNATED SIZE IN SERVICES

本篇内容包括:

1. 交通运输业
2. 邮电通信业
3. 规模以上服务业

货物运输量

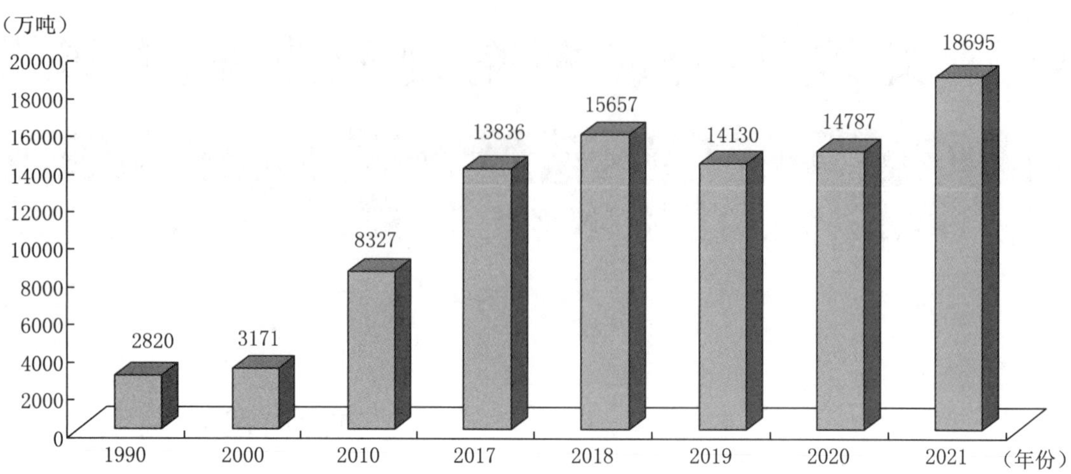

邮政业务总量

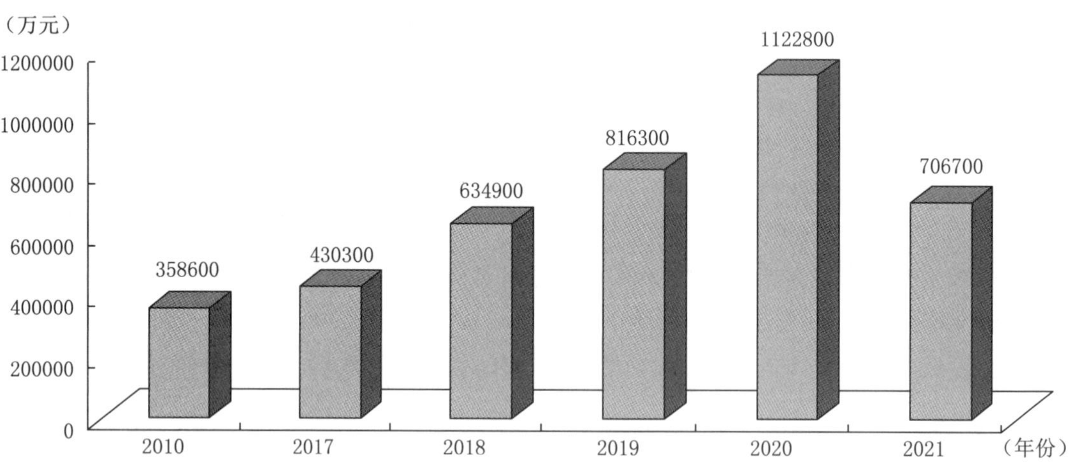

电信业务总量

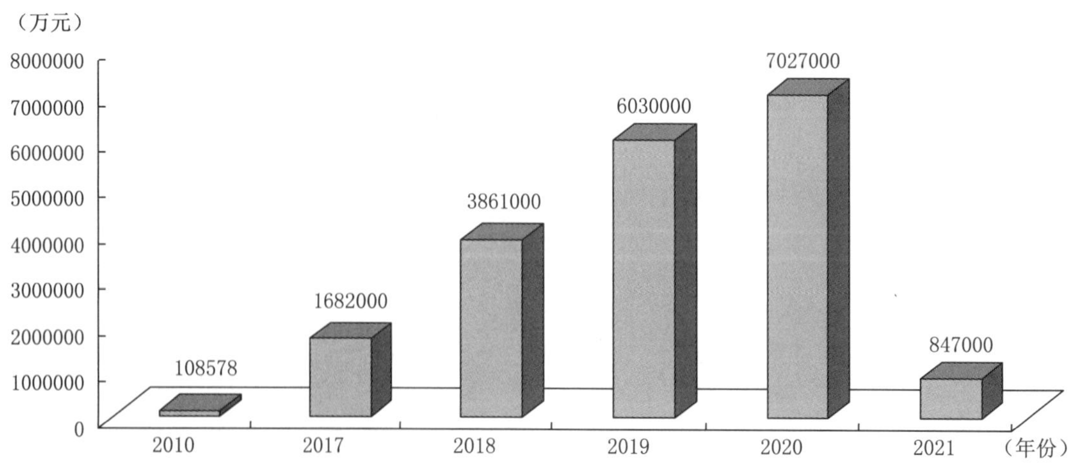

14-1 公 路 线 路 长 度

（2013-2021年） 单位：公里

指　　标	2013	2014	2015	2016	2017	2018	2019	2020	2021
公路通车里程	**10822**	**11166**	**11199**	**11386**	**11388**	**11258**	**11966**	**11890**	**11917**
等级公路	9090	9553	9586	9698	9700	9672	10654	11519	11580
#高速公路	342	342	377	395	417	432	429	428	429
一级公路	107	115	116	187	216	223	226	234	238
二级公路	624	628	671	689	685	674	627	657	657
三级公路	450	503	494	483	479	626	773	1007	1064
四级公路	7568	7965	7928	7944	7903	7717	8599	9193	9192
等外公路	1732	1613	1614	1688	1687	1586	1312	372	337

注：本表数据由市交通运输局提供。

14-2 主要年份民用汽车年末实有数

指　　标	1990	2000	2010	2014	2015	2016	2017	2018	2019	2020	2021
民用汽车合计(辆)	**21050**	**41707**	**362098**	**618086**	**738616**	**861045**	**965591**	**1071207**	**1171029**	**1258667**	**1376125**
#载货汽车	11150	20827	65080	58564	59256	58354	60546	69302	75646	82726	91704
载客汽车	8051	18280	287341	554951	674553	797750	899841	996367	1089466	1170371	1277617
其他汽车	1849	2600	9677	4571	4807	4941	5204	5538	5917	5570	6804
摩托车(辆)	7202	102505	120963	20563	9071	6102	5996	5211	6566	9082	11339
拖拉机(辆)	4681	9314	68205	64214	67855	69931	71949	73116	73851	73039	73264
汽车挂车(辆)		114	988	912	988	1572	3125	3782	4587	5718	6465
补充资料:											
汽车驾驶员(万人)		13.70	82.95	139.85	169.59	191.39	205.29	217.23	230.69	238.4	248.4

注：从2007年起，民用汽车拥有量划归市车管所统计，较以前年度的统计口径有所改变。

14-3　主要年份运输船舶年末实有数

单位：艘

指　　标	1990	2000	2010	2014	2015	2016	2017	2018	2019	2020	2021
运输船舶	**982**	**475**	**268**	**248**	**255**	**184**	**170**	**144**	**156**	**142**	**126**
机动船	771	334	258	246	253	182	170	144	156	142	126
#客货轮	11	6								142	126
推拖船		29	9	1		1					
驳　船	211	141	10	2	2	2					

注：本表数据由市交通运输局提供。

14-4　主要年份全社会运输量

单位：万吨、万人

指　　标	1990	2000	2010	2014	2015	2016	2017	2018	2019	2020	2021
货物运输量	**2820**	**3171**	**8327**	**12709**	**11645**	**12377**	**13836**	**15657**	**14130**	**14787**	**18695**
民　　航			3	5	5	5	5	8	12	18.2	17.3
铁　　路	221	224	412	183	193	247	273	327	318	362.6	418.8
公　　路	2298	2784	7244	11734	10397	11067	12436	14199	12568	13156	16784
水　　运	301	163	668	787	1050	1058	1122	1123	1232	1250.2	1474.9
旅客运输量	**3289**	**3904**	**10971**	**6970**	**6709**	**6913**	**7562**	**7893**	**7895**	**5497.4**	**4888.8**
民　　航			475	724	749	786	1094	1352	1364	942.7	979.6
铁　　路	517	906	1977	2415	2941	3126	3515	3769	3946	2658.8	3058
公　　路	2720	2978	8519	3831	3019	3001	2953	2772	2583	1892	842
水　　运	52	20								3.9	9.2

注：1.本表数据由江西省机场集团有限公司、南昌铁路局和市交通运输局提供。
2.从2009年起，公路数据统计口径发生改变，故数据变动较大；2013年全国开展了交通运输业经济统计专项调查，调整了公路2013年数据。
3.2015年开展了公路水路运输量小样本抽样调查，调整了水运2014、2015年数据。
4.2015年铁路旅客运输量由客发口径转变为乘车口径。
5.民航数据为昌北机场的货邮吞吐量和旅客吞吐量。
6.2015年交通运输部进行了第二次全国公路运输量专项调查，交通运输部根据2015年月度抽样调查数据，对2015年和2016年上报的道路运输量数据进行了调整。
7.2021年交通运输部开展货运专项调查对2019年、2020年全国公路货运数据进行了调整。

14-5 主要年份全社会运输周转量

单位：万吨公里、万人公里

指　标	1990	2000	2010	2014	2015
货物周转量	**152529**	**180742**	**1854517**	**2763343**	**2723225**
公　路	96686	148211	1751164	2583611	2326736
水　运	55843	32531	103353	179732	396489
旅客周转量	**118856**	**197376**	**716809**	**439688**	**304955**
公　路	115521	195477	716809	439688	304955
水　运	3335	1899			

14-5 续表

单位：万吨公里、万人公里

指　标	2016	2017	2018	2019	2020	2021
货物周转量	**2822360**	**3065439**	**3318322**	**2816134**	**2983006**	**3619232**
公　路	2422783	2641744	2894242	2351029	2510923	3062294
水　运	399577	423695	424080	465105	472083	556938
旅客周转量	**302357**	**296897**	**279488**	**261586**	**193845**	**104921**
公　路	302357	296897	279488	261586	193728	104643
水　运					117	278

注：1.本表数据由市交通运输局提供。
2.从2009年起，公路数据统计口径发生改变，故数据变动较大；2013年全国开展了交通运输业经济统计专项调查，调整了公路2013年数据。
3.2015年开展了公路水路运输量小样本抽样调查，调整了水运2014、2015年数据。
4.2015年交通运输部进行了第二次全国公路运输量专项调查，交通运输部根据2015年月度抽样调查数据，对2015年和2016年上报的道路运输量数据进行了调整。
5.货物周转量和旅客周转量仅包含公路和水运数据，未包含铁路、航空数据。
6.2021年交通运输部开展货运专项调查对2019年、2020年全国公路货运数据进行了调整。

14-6 主要年份邮政业务

指　　标	1990	2000	2010	2014
邮政业务总量(万元)			358600	162800
邮路总条数(条)		100	111	79
邮路总长度(单程)(公里)	5266	11821	19505	15848
农村投递路线单程长度(公里)	8110	8564	8687	8040
函　　件(万件)	4781	3016	17971	1049
包　　裹(万件)	85.0	60.0	121.2	34.4
订销报纸累计数(万份)				8573
订销杂志累计数(万份)				665
快递业务量(万件)			2245	8252
#国内同城快递(万件)			251	1324
国内异地快递(万件)			1974	6891
国际及港澳台快递(万件)			20	37

注：1.本表2014年以后数据由市邮政管理局提供。

2.2021年邮政业务总量测算不变单价已调整。

主要指标

2015	2016	2017	2018	2019	2020	2021
208600	314000	430300	634900	816300	1122800	706700
87	90	118	173	199	603	797
17027	43694	26453	41278	82638	64200	116400
7768	8625	8612	8910	7973	7782	5930
1065	1097	1055	1384	891	645.6	386.0
28.8	21.0	17.0	16.0	15.0	10.4	9.0
8586	8722	9053	8544	8353	8379.9	8923.5
516	480	435	378	372	337.9	317.6
10646	17150	18576	27718	32735	46641.5	63637.5
1922	2926	3278	4958	4904	5446.1	6274.9
8612	14060	15116	22542	27560	40613.9	56489.5
112	164	182	218	270	581.5	873.1

14-7 主要年份电信业务主要指标

指　　标	1990	2000	2010	2013	2014	2015
电信业务总量(万元)			108578	565600	657300	694700
固定电话用户(万户)	3.0	74.0	162.0	127.0	112.0	107.0
移动电话用户(万户)		43.0	472.6	629.0	601.0	609.0
互联网宽带用户数(万户)			62.0	116.0	120.0	128.0

14-7 续表

指　　标	2016	2017	2018	2019	2020	2021
电信业务总量(万元)	929000	1682000	3861000	6030000	7027000	847000
固定电话用户(万户)	102.0	93.0	90.5	87.0	91.5	88.7
移动电话用户(万户)	555.0	613.0	697.0	709.0	727.3	783.8
互联网宽带用户数(万户)	154.0	185.0	238.0	265.0	275.2	310.9

注：1.本表数据由市工信局提供。

2.2021年电信业务总量测算不变单价已调整。

14-8 规模以上服务业主要指标

单位：万元

年　份	企业数(户)	资产总计	营业收入	利润总额	平均用工人数(人)
2015	499	45000995	4899844	572040	111120
2016	610	57131894	5600595	533996	125811
2017	794	60790804	6916049	542796	151008
2018	917	65684962	8105230	699074	165534
2019	1007	76620234	8966903	859679	175248
2020	1034	82535713	9567993	512333	185443
2021	1250	88012265	12597192	955247	211726

14-9 规模以上服务业

类　　别	企业数(户)	资产总计	负债合计	所有者权益合计
总　　计	**1250**	**88012265**	**44813923**	**43198341**
按登记注册类型及隶属关系分组				
内资企业	1229	87575024	44572809	43002214
国有企业	57	2852953	1722969	1129984
集体企业	2	12121	9304	2817
股份合作企业	7	15936	9157	6779
联营企业	1	1981	697	1284
有限责任公司	450	69836549	35913341	33923208
股份有限公司	34	12278550	5039841	7238709
私营企业	669	2489874	1827891	661983
其他企业	9	87061	49610	37451
港、澳、台商投资企业	10	359684	185499	174185
外商投资企业	11	77557	55615	21942
#国有控股企业	272	81048612	40303346	40745267

企业主要指标（2021年）

单位：万元

营业收入	营业利润	利润总额	所得税费用	应交增值税	平均用工人数(人)
12597192	**896369**	**955247**	**193559**	**283154**	**211726**
12392591	873014	931384	192392	274187	209109
1100547	63785	66551	33123	42213	21046
3472	312	362	69	284	46
25558	5765	6491	1663	1133	707
6273	176	203	18	184	58
6238647	651472	676975	98600	114278	98157
1362602	60588	75325	39960	42165	10386
3575856	86534	100620	17713	73757	76850
79636	4384	4858	1247	174	1859
169917	25288	25210	666	7182	1412
34685	-1933	-1347	501	1784	1205
6136538	637168	674835	143940	148139	84423

14-10 规模以上服务业

行业类别	企业数(户)	资产总计	负债合计	所有者权益合计
总　　计	**1250**	**88012265**	**44813923**	**43198341**
铁路运输业	1	7635144	3231341	4403803
道路运输业	135	47602642	22187323	25415319
水上运输业	6	95260	52763	42497
航空运输业	7	1152719	569866	582853
管道运输业				
多式联运和运输代理业	8	55012	22066	32947
装卸搬运和仓储业	23	461005	380448	80556
邮政业	15	431376	416055	15321
电信、广播电视和卫星传输服务	19	1697522	581826	1115696
互联网和相关服务	23	142633	36758	105875
软件和信息技术服务业	120	1444287	757227	687060
物业管理	77	644522	473150	171372
房地产中介服务	35	84999	59124	25875
房地产租赁经营	54	8018473	4225101	3793373
其他房地产业				
租赁业	14	75779	63801	11978
商务服务业	293	2030533	1234148	796385
研究和试验发展	4	17168	10542	6626
专业技术服务业	188	12898698	8662142	4236555
科技推广和应用服务业	5	32429	20857	11572
水利管理业	1	214977	77968	137010
生态保护和环境治理业	6	21105	11068	10036
公共设施管理业	13	646106	471928	174179
土地管理业	1	81785	65614	16172
居民服务业	18	92218	47011	45208
机动车、电子产品和日用产品修理业	12	11858	10875	983
其他服务业	16	16619	13716	2904
教育	32	326002	176591	149411
卫生	39	268739	222230	46509
社会工作	1	3759	1694	2065
新闻和出版业	23	696500	299897	396603
广播、电视、电影和录音制作业	24	100229	81614	18615
文化艺术业	7	93060	27736	65324
体育	10	798437	249470	548967
娱乐业	20	120672	71974	48698

分行业主要指标（2021年）

单位：万元

营业收入	营业利润	利润总额	所得税费用	应交增值税	平均用工人数(人)
12597192	**896369**	**955247**	**193559**	**283154**	**211726**
197262	-145019	-145842	428	1415	148
2877451	450908	489006	52488	56123	42149
27470	402	1242	1311	111	259
227017	-28840	-31172	387	10034	4896
141191	3186	3972	398	183	440
134227	20980	21921	371	1179	1554
592532	-70477	-70944	1771	1586	9814
1149405	228720	229027	52602	45448	11100
199486	17945	18295	1924	3378	2166
1019398	92849	98424	10484	25884	16582
390116	31340	32761	8243	14707	22584
101295	-1323	-1415	835	4122	3041
343171	40066	41494	15482	9397	3252
37407	614	416	253	2013	464
1959318	57097	62472	11448	30593	36073
7929	366	556	32	368	221
1567886	112714	114566	19877	52785	23949
21313	2788	3056	37	575	249
95040	3729	3716	320	1839	724
18973	496	526	273	556	342
86993	4778	5404	1582	1562	3915
5849	412	399	309	163	23
120204	14485	14369	2518	2631	2515
26713	240	273	22	237	362
50581	727	820	18	1043	2883
361689	16783	17589	5025	5343	9129
280879	3567	2924	1886	627	6549
2893	84	52	3		158
413683	38955	41602	1701	7561	2649
66935	3849	3794	817	494	1069
14792	281	382	-42	318	536
14731	-1869	-853	600	329	620
43362	-4460	-3584	160	554	1311

14-11 规模以上服务业

县　区	企业数(户)	资产总计	负债合计	所有者权益合计
全　市	**1250**	**88012265**	**44813923**	**43198341**
东湖区	115	1106090	495899	610192
西湖区	180	43046876	18623277	24423599
青云谱区	126	2245532	1042572	1202960
青山湖区	106	10256729	6780846	3475883
新建区	79	338225	208718	129507
红谷滩区	150	16753065	9182373	7570692
南昌县	116	2537944	929396	1608549
安义县	28	162641	98810	63831
进贤县	13	80870	70774	10096
经济开发区	136	6120808	3818065	2302744
高新开发区	183	4842422	3215219	1627203
湾里管理局	18	521063	347977	173085

分县区主要指标（2021年）

单位：万元

营业收入	营业利润	利润总额	所得税费用	应交增值税	平均用工人数(人)
12597192	**896369**	**955247**	**193559**	**283154**	**211726**
811781	71781	73988	13617	20845	17236
2770066	94079	86913	46117	63544	37571
542263	65971	68646	14279	14275	13525
731694	-12298	-11369	5503	13189	15908
404361	10716	12367	3686	7917	4765
2142841	424186	469441	74781	67373	37206
836975	40262	46645	9301	17471	15884
93475	2224	2904	224	2934	3283
51857	261	197	340	360	1903
1900137	23588	23496	7158	24711	23723
2173957	153339	159539	17960	48643	38562
137785	22260	22482	593	1891	2160

主要统计指标解释

公路里程 指报告期末公路的实际长度。统计范围：包括城间、城乡间、乡（村）间能行驶汽车的公共道路，公路通过城镇街道的里程，公路桥梁长度、隧道长度、渡口宽度。不包括城市街道里程，断头路里程，农（林）业生产用道路里程，工（矿）企业等内部道路里程。

货(客)运量 指在一定时期内，各种运输工具实际运送的货物重量(旅客数量)。货运按吨计算，客运按人计算。货物不论运输距离长短、货物类别，均按实际重量统计。旅客不论行程远近或票价多少，均按一人一次客运量统计；半价票、儿童票也按一人统计。

货物(旅客)周转量 指在一定时期内，由各种运输工具运送的货物(旅客)数量与其相应运输距离的乘积之总和。该指标可以反映运输业生产的总成果，也是编制和检查运输生产计划，计算运输效率、劳动生产率以及核算运输单位成本的主要基础资料。计算货物周转量通常按发出站与到达站之间的最短距离，也就是计费距离计算。

民用汽车拥有量 指报告期末，在公安交通管理部门按照《机动车注册登记工作规范》，已注册登记领有民用车辆牌照的全部汽车数量。

邮政、电信业务总量 指以货币形式表示的邮政、电信通信企业为社会提供各类邮政、电信通信服务的总数量。计算方法为各类业务的实物量分别乘以相应的不变单价，求出各类业务的货币量加总求得。没有不变单价的业务按其业务收入直接相加。

移动电话用户 指在电信运营企业营业网点办理开户登记手续，通过移动电话交换机进入移动电话网，占用移动电话号码的各类电话用户。包括各类签约用户、智能网预付费用户、无线上网卡用户。

固定电话用户 指在电信企业营业网点办理开户登记手续并已接入固定电话网上的全部电话用户。包括普通电话用户、无线市话用户、公用电话用户、窄带综合业务数字网（N—ISDN）用户、智能网专用接入终端用户等。

十五、国内贸易

DOMESTIC TRADE

本篇内容包括：

1. 社会消费品零售总额情况
2. 限额以上批发零售法人企业商品购销存及主要财务状况
3. 限额以上住宿和餐饮法人企业经营情况及主要财务状况
4. 亿元以上商品交易市场主要经济指标
5. 批发和零售业连锁经营情况
6. 住宿和餐饮业连锁经营情况

社会消费品零售总额

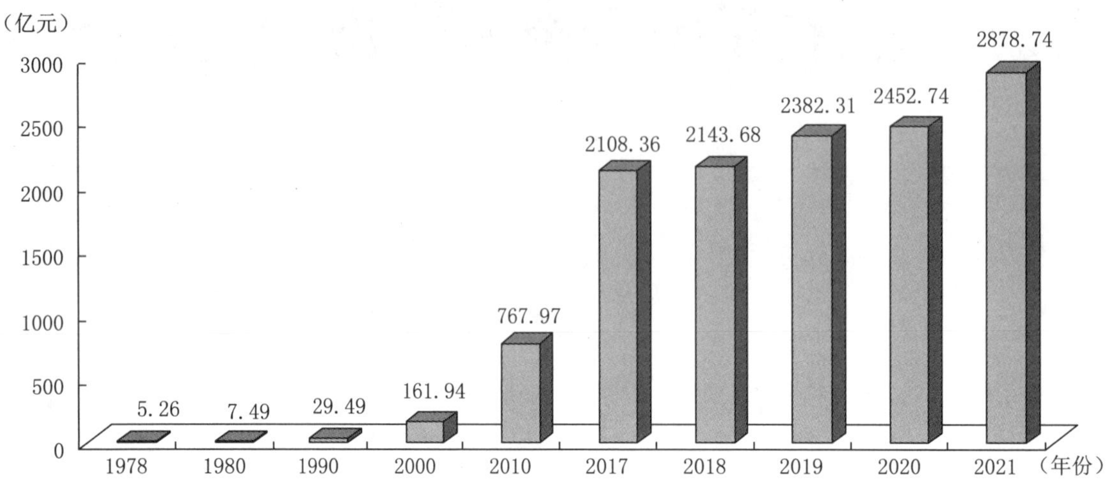

2021年社会消费品零售总额构成

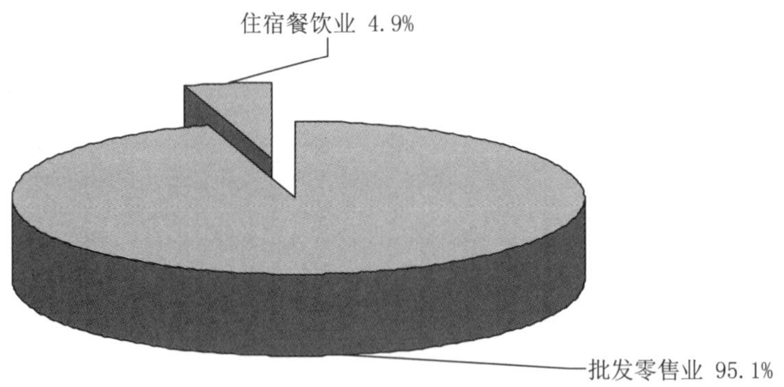

15-1 社会消费品零售总额

(1990-2021年)

单位：万元

年　份	社会消费品零售总额	比上年增长%	按行业分 批发零售贸易业	住宿餐饮业	其他行业	按所在地分 城镇	乡村
1990	294909	1.2	280964	12866	1079	179447	115462
1991	335311	13.7	320869	13278	1164	208060	127251
1992	393991	17.5	375937	16212	1842	259531	134460
1993	500085	26.9	470907	27178	1999	328669	171416
1994	652254	30.4	615382	34252	2620	435871	216383
1995	824630	26.4	776272	44949	3409	565985	258645
1996	1031839	25.1	962780	64875	4184	728552	303287
1997	1228157	19.0	1131215	92013	4929	902310	325847
1998	1343899	9.4	1234097	104458	5345	1000601	343298
1999	1466516	9.1	1340809	119735	5972	1107671	358845
2000	1619390	10.4	1479182	134013	6195	1238411	380979
2001	1804397	11.4	1646780	151334	6283	1395367	409029
2002	2017759	11.8	1841840	170287	5631	1569270	448489
2003	2282587	13.1	2085410	190935	6242	1788745	493842
2004	2665511	16.8	2421622	237097	6792	2101204	564307
2005	3106941	16.6	2823470	277802	5669	2472405	634535
2006	3649569	17.5	3315778	327425	6367	2924053	725515
2007	4378739	20.0	3991415	379380	7944	3534892	843847
2008	5469640	24.9	5002057	458793	8791	4436885	1032755
2009	6368060	16.4	5832724	524436	10900	5187061	1180998
2010	7679726	20.6	6999550	680177		7260842	418884
2011	9322243	21.4	8320073	1002170		8810239	512003
2012	11292129	21.1	10063883	1228247		10635906	656224
2013	12960841	14.8	11560291	1400550		12249707	711133
2014	14686068	13.3	13408491	1277577		13767289	918779
2015	16711768	13.8	15454809	1256959		15578031	1133737
2016	18777450	12.4	17467184	1310266		17550024	1227426
2017	21083557	12.3	19251235	1832322		19508879	1574678
2018	21436777	1.7	19604466	1832311		19793690	1643087
2019	23823110	11.2	21739373	2083737		22051892	1771218
2020	24527390	3.0	23404415	1122975		22296509	2230881
2021	28787407	17.4	27387833	1399574		26207408	2579999
东湖区	3955580	3.8	3786653	168927		3955351	228
西湖区	3963353	19.5	3610738	352614		3963353	
青云谱区	2949645	19.8	2889966	59679		2949645	
青山湖区	2888275	20.1	2771859	116417		2325935	562340
新建区	1733653	20.9	1555480	178173		1415592	318060
红谷滩区	3050433	19.5	2881903	168531		3050433	
南昌县	3759299	19.9	3625248	134051		2500784	1258515
安义县	295984	20.5	259649	36335		252680	43304
进贤县	1391034	19.6	1304418	86616		1043256	347778
经济开发区	2140030	20.0	2117570	22460		2126689	13341
高新开发区	2469655	19.7	2441563	28092		2469655	
湾里管理局	190466	20.7	142786	47680		154034	36433

注：2010年国家统计制度作了修订，社会消费品零售总额统计分组发生变化，取消社会消费品零售总额中的其他行业；根据国家统计局贸易司要求，依据全国第四次经济普查结果，对1993年至2018年的社会消费品零售总额及增速进行了修订。

15-2 限额以上批发零售贸易法人企业

指　　标	法人企业（个）	购进总额	#进　口
总　计	**1904**	**50537774**	**854585**
批发业	**1103**	**38865380**	**480222**
按登记注册类型分			
内资企业	1095	38349916	477688
国有企业	25	1423598	27251
集体企业			
有限责任公司	246	20515100	149584
国有独资公司	9	1124572	
其他有限责任公司	237	19390528	149584
股份有限公司	11	1941429	
私营企业	808	14343702	300854
#私营有限责任公司	792	14256621	298170
私营股份有限公司	5	36972	
其他企业			
港澳台商投资企业	4	452910	2211
与港澳台商合资经营企业	1	336865	2211
港澳台商独资企业	2	67141	
其他港澳台投资企业	1	48904	
外商投资企业	4	62555	323
#中外合资经营企业	3	55183	
外资企业	1	7372	323
按国民经济行业分			
农、林、牧、渔产品批发业	32	292664	
食品、饮料及烟草制品批发业	98	1765154	2685
#米、面制品及食用油批发业	13	332163	
烟草制品批发业	2	543638	
纺织、服装及家庭用品批发业	108	1309819	11572
#服装批发业	34	251671	
日用家电批发业	32	698882	
文化、体育用品及器材批发业	47	579802	
医药及医疗器材批发业	171	4765111	22825
矿产品、建材及化工产品批发业	373	24054076	369676
#煤炭及制品批发业	19	2943971	
石油及制品批发业	22	2215419	115
金属及金属矿批发业	158	14678352	140327
建材批发业	111	3208327	227661
化肥批发业	9	143727	
机械设备、五金交电及电子产品批发业	231	5226016	37662
#汽车及零配件批发业	66	1363988	2211
计算机、软件及辅助设备批发业	27	151659	6464
贸易经纪与代理	21	331418	31402
其他批发业	22	541321	4400

商品购进、销售、库存总额（2021年）

单位：万元

销售总额	批发	#出口	零售	年末库存总额
55206868	**39821852**	**1772665**	**15265946**	**2366712**
40829772	**38251275**	**1771989**	**2461427**	**1416542**
40289947	37711516	1406087	2461361	1383307
1735206	1679092	6662	56114	49735
21914034	20606057	1106430	1295419	610613
1176007	1171148		4859	20526
20738027	19434909	1106430	1290560	590087
1327751	1135355		192397	139353
15186262	14164319	292995	917431	582354
15084110	14071494	292995	908105	579232
41004	38971		2033	589
469385	469320	312418	66	16585
342080	342080	312418		5147
75670	75604		66	11432
51636	51636			6
70439	70439	53485		16650
63530	63530	49607		13051
6909	6909	3878		3599
313267	308254		5013	23674
2156684	1859523	8828	288685	105244
314779	286838		27034	62186
799976	799947		30	8587
1441658	1292585	152543	149073	118345
277418	230906	72518	46512	16370
782930	727901		55029	90089
624247	598062	1898	26131	43401
5579401	5304267	18712	251649	403357
24215004	23249166	107061	880784	502233
3170083	3117428	5088	44464	10052
1655193	1327665		327529	90169
14965509	14563078	10480	327692	166523
3375770	3235332	3884	138314	143271
142376	142376			21453
5547069	4751244	1389091	795825	187285
1479626	797655	318233	681971	46391
175304	142624		32680	10365
347720	308039	26154	39681	5530
604722	580136	67702	24586	27471

指　　标	法人企业(个)	购进总额	#进　口
零售业	**801**	**11672393**	**374363**
按登记注册类型分			
内资企业	773	10247121	227075
国有企业	4	54946	
股份合作企业	3	9668	
有限责任公司	205	5882911	59706
国有独资公司	3	582478	
其他有限责任公司	202	5300433	59706
股份有限公司	8	96399	1691
私营企业	552	4202663	165678
私营独资企业	6	12877	
私营合伙企业			
私营有限责任公司	544	4008793	165678
私营股份有限公司	2	180993	
其他企业			
港澳台商投资企业	9	785807	71688
#与港澳台商合资经营企业	3	79809	
港澳台商独资企业	6	705998	71688
外商投资企业	19	639466	75600
中外合资经营企业	4	51892	
外资企业	15	587574	75600
按国民经济行业分			
综合零售业	51	1605327	104
#百货零售业	26	1057732	
超级市场零售业	18	490426	104
食品、饮料及烟草制品专门零售业	69	688635	39604
纺织、服装及日用品专门零售业	69	201822	
#服装零售业	30	51157	
文化、体育用品及器材专门零售业	40	860080	
#图书、报刊零售业	11	761378	
医药及医疗器材专门零售业	31	513453	
#西药零售业	16	456288	
中药零售业	4	28581	
汽车、摩托车、燃料及零配件专门零售业	226	5364989	322801
#汽车新车零售业	178	4125612	322801
机动车燃油零售业	23	1121931	
家用电器及电子产品专门零售业	150	736494	
#日用家电零售业	42	294371	
计算机、软件及辅助设备零售业	44	189045	
通讯设备零售业	30	82435	
五金、家具及室内装修材料专门零售业	51	120998	
货摊、无店铺及其他零售业	114	1580596	11853

表（2021年）

单位：万元

销售总额	批发	#出口	零售	年末库存总额
14377096	**1570577**	**676**	**12804520**	**950171**
12684095	1561585	676	11120510	868598
57149	1383		55767	1313
10519	1637		8882	146
7595333	1220255	37	6374078	433838
631301	596613		34688	7534
6964032	623642	37	6339390	426304
163827	9352		154475	88470
4856716	328914	639	4526803	344831
13569			13569	1612
4657251	281658	639	4374594	341803
185897	47256		138641	1416
949689	744		948945	40665
79246			79246	5453
870443	744		869699	35212
743312	8247		735065	40908
55071	8247		46824	1421
688241			688241	39487
2174249	3584		2170665	118065
1570840	2381		1568459	65672
543697			543697	49747
940909	92119		848789	28250
352704	21707	498	329997	27154
119061	11564	498	106496	12376
1136342	386073		749270	78111
1012417	371854		640563	54698
610958	9248		601710	76834
544056	1977		542079	71094
35156			35156	2892
6479666	874302		5605365	406854
4531916	79253		4452662	362876
1827779	789363		1038416	33220
827086	105533		721553	73110
315603	34245		281358	54238
238820	35062		203758	10459
89912	26673		63239	4420
128278	19430		108848	4915
1726905	58582	178	1668323	136877

15-3 限额以上批发零售贸易

类　　别	流动资产合　　计	固定资产原　　价	固定资产净　　额	资产总计	负债合计
总　　计	**20423467**	**2224467**	**1200803**	**27831371**	**19603226**
批发业	**15359180**	**1311255**	**778125**	**20452190**	**14463462**
按登记注册类型分					
内资企业	15119417	1284427	760690	20057181	14306791
国有企业	788376	48761	17801	2384937	765165
集体企业					
有限责任公司	8805333	841760	519105	10470899	8259287
国有独资公司	441870	31811	11148	514283	329511
其他有限责任公司	8363462	809949	507957	9956616	7929776
股份有限公司	695682	148014	82271	1917451	971737
私营企业	4797954	245600	141424	5251239	4285533
#私营独资企业	22565	215	82	23523	20929
私营有限责任公司	4686543	240610	138109	5133181	4179765
港澳台商投资企业	159899	21202	13747	198572	119821
#港澳台商独资企业	25458	18749	12605	40415	25629
外商投资企业	79865	5625	3688	196437	36849
#中外合资经营企业	78536	5625	3688	195108	35732
外资企业	1329			1329	1117
按国民经济行业分					
农、林、牧、渔产品批发业	108630	73685	21101	166848	101420
食品、饮料及烟草制品批发业	1082292	205349	105277	1495074	900850
#米、面制品及食用油批发业	173127	103501	48701	276108	283728
烟草制品批发业	262788	40427	14615	281224	25649
纺织、服装及家庭用品批发业	783031	22787	17489	813043	650488
#服装批发业	74885	2939	929	81763	66290
日用家电批发业	577014	3645	1599	581179	470016
文化、体育用品及器材批发业	193299	7379	1905	233623	144233
医药及医疗器材批发业	3077495	147761	88273	3315297	2830791
矿产品、建材及化工产品批发业	7171861	746231	485370	9608607	6992515
#煤炭及制品批发业	1358259	600865	404103	2378121	1564863
石油及制品批发业	605420	53769	30089	1372575	952634
金属及金属矿批发业	3220872	27021	10355	3479687	2892910
建材批发业	1553859	32898	23406	1683193	1211004
化肥批发业	71562	7776	1734	74425	61775
机械设备、五金交电及电子产品批发业	2165281	94190	50492	3813286	2046975
#汽车及零配件批发业	471842	21413	10701	1664419	493456
计算机、软件及辅助设备批发业	78595	1595	756	79904	51600
贸易经纪与代理	148258	4006	1899	187518	153824
其他批发业	629034	9868	6319	818895	642366

法人企业主要财务指标（2021年）

单位：万元

所有者权益合　计	营业收入	营业成本	营业税金及附加	营业利润	利润总额	本年应交增值税
8125628	**49598845**	**46107747**	**172645**	**818313**	**836855**	**468152**
5957822	**36788009**	**34806972**	**139645**	**529519**	**539607**	**302329**
5719483	36255082	34318885	139295	520089	530039	300890
1619772	1555356	1301960	96860	103415	103873	37574
2203214	19809698	18918067	27611	279674	285513	87111
184772	1103466	1002560	1286	35663	35683	3415
2018442	18706232	17915506	26325	244012	249830	83696
945714	1228507	1189983	999	6696	7525	76010
943197	13548275	12799508	13756	129534	132356	99842
2595	29214	28031	36	-26	33	281
930907	13457796	12725377	13516	127849	130598	93214
78751	459806	438604	286	3360	3428	1368
14786	69598	63776	150	-622	-597	865
159588	73121	49483	64	6070	6141	71
159376	66561	43037	64	6047	6097	71
212	6560	6447		24	44	
65428	283544	262134	244	6169	6364	1439
569111	2028969	1638903	98650	132787	136517	46877
-24671	310017	291945	1212	-4423	-1767	2315
255575	710000	490379	95540	90626	90686	29622
162555	1321315	1259433	1029	-3577	-2723	8904
15473	263668	266897	209	-22895	-22666	989
111163	708156	662575	542	16644	16823	4509
89354	579895	537075	288	14790	14825	1144
479517	5005103	4378951	11931	73799	74096	75164
2615379	21563548	21033852	21408	282550	285841	137988
812690	2849011	2735002	7913	129031	129227	22186
419941	1484314	1427763	1345	9104	9344	8052
586716	13203046	13023979	6068	54470	55293	87041
472105	3051429	2929890	5234	63904	64958	16421
12649	135018	127991	65	1398	1782	319
1766254	5132574	4878431	5228	15879	16333	24363
1170963	1359415	1290697	999	-4504	-4706	4843
28304	161061	147983	248	1769	1851	546
33694	311672	298031	254	5853	5966	1313
176529	561388	520161	614	1270	2389	5137

类　　别	流动资产合　　计	固定资产原　　价	固定资产净　　额	资产总计	负债合计
零售业	**5064287**	**913213**	**422678**	**7379181**	**5139764**
按登记注册类型分					
内资企业	4750591	836155	394287	6589899	4422567
国有企业	17321	1909	1250	32369	7756
股份合作企业	4852	2547	640	6463	3762
有限责任公司	2854021	499211	279820	4167828	2742012
国有独资公司	235683	277	90	237299	187553
其他有限责任公司	2618338	498934	279730	3930529	2554459
股份有限公司	73449	21893	9389	87785	64157
私营企业	1800888	310593	103189	2295393	1604819
私营独资企业	6183	347	149	7195	2613
私营合伙企业					
私营有限责任公司	1500589	210989	72627	1866257	1420309
私营股份有限公司	294116	99257	30413	421941	181897
其他企业					
港澳台商投资企业	118976	31289	14126	526018	478896
#与港澳台商合资经营企业	14260	5728	2546	26484	16070
港澳台商独资企业	104717	25562	11581	499534	462826
外商投资企业	194720	45769	14264	263264	238301
中外合资经营企业	12582	2471	293	18726	32418
外资企业	182138	43298	13971	244538	205883
按国民经济行业分					
综合零售业	**508441**	**270052**	**103644**	**1594128**	**1457981**
#百货零售业	362623	206929	77257	1293562	1133234
超级市场零售业	126366	56755	23665	275140	289020
食品、饮料及烟草制品专门零售业	371199	55871	33139	486309	190637
纺织、服装及日用品专门零售业	131226	8366	2184	152081	106634
#服装零售业	69533	1550	304	75017	53834
文化、体育用品及器材专门零售业	1115483	158916	95327	1403565	536691
#图书、报刊零售业	1037280	136570	84834	1306085	470896
医药及医疗器材专门零售业	389727	43697	30924	516340	404900
西药零售业	363409	42656	30400	485868	381539
中药零售业	9996	222	91	12633	10941
汽车、摩托车、燃料及零配件专门零售业	1489872	336886	146469	2042776	1464872
#汽车新车零售业	1136563	229210	86929	1468812	1088378
机动车燃油零售业	307338	92265	49284	511354	325569
家用电器及电子产品专门零售业	440575	8687	2317	497457	420404
#日用家电零售业	122934	2498	550	151139	147934
计算机、软件及辅助设备零售业	125285	2546	687	148004	99503
通讯设备零售业	42753	646	118	45035	32232
五金、家具及室内装修材料专门零售业	137665	3287	419	175272	97379
货摊、无店铺及其他零售业	480100	27451	8257	511254	460267

表（2021年）

单位：万元

所有者权益合　计	营业收入	营业成本	营业税金及附加	营业利润	利润总额	本年应交增值税
2167807	**12810836**	**11300775**	**33000**	**288794**	**297248**	**165823**
2095722	11310260	9972179	27558	249866	253904	150632
24614	51170	48853	66	6609	7164	532
2701	9076	8351	44	279	279	49
1419219	6818108	6044104	15093	170717	167501	94372
49746	537598	521501	317	4045	4050	2382
1369473	6280511	5522604	14776	166672	163451	91990
23628	134773	119400	443	-3155	-2531	3963
625560	4296586	3750937	11911	75412	81488	51713
4582	20260	17616	27	1114	1122	74
380934	4109225	3618211	10782	40708	44554	44512
240044	167101	115110	1102	33590	35812	7127
47122	851243	779667	2008	16934	23416	5368
10414	71861	62906	213	3108	3223	994
36708	779383	716762	1795	13827	20193	4373
24963	649333	548929	3434	21994	19928	9824
-13692	50119	46198	26	-2425	-2325	211
38655	599213	502731	3408	24420	22252	9612
132579	**1881804**	**1609400**	**6046**	**-16753**	**-9057**	**14715**
160329	1339842	1163048	5378	6851	17935	10117
-17449	493294	409801	632	-21329	-24991	4451
293145	854885	670530	2712	63862	66076	12077
45345	322993	240923	904	6244	6641	7726
21181	100481	77858	301	-312	114	1627
864929	1125586	856809	2990	109548	100226	3636
835189	1027887	770406	2387	109920	99264	2991
111439	558339	443462	1517	17558	18006	11103
104329	498786	393066	1307	16004	16444	10124
1692	31435	25546	86	1164	1170	622
569264	5673425	5273676	15806	111581	115664	105463
372297	4010332	3710638	11347	67945	72436	55605
185283	1548561	1455283	4310	45309	44376	49304
76794	717741	659351	1008	-10769	-9157	4779
3205	253798	240486	181	-11979	-11305	1480
48502	212661	183030	413	4885	5370	2202
12803	85865	80032	139	549	565	408
24184	112213	100799	381	1524	1540	815
50127	1563850	1445826	1637	5998	7309	5509

15-4　限额以上住宿法人企业经营情况（2021年）

单位：万元

类　别	法人企业(个)	从业人数(人)	营业额	#客房收入	餐费收入	商品销售收入
总　计	**187**	**8208**	**174006**	**110523**	**43850**	**2227**
按登记注册类型分						
内资企业	185	8137	171278	108812	43411	2227
国有企业	9	474	8567	3321	4866	213
有限责任公司	40	2817	60263	31325	17371	1073
国有独资公司	2	125	1535	429	185	8
其他有限责任公司	38	2692	58728	30896	17187	1064
股份有限公司						
私营企业	136	4846	102448	74167	21174	942
私营有限责任公司	133	4793	101509	73315	21166	875
外商投资企业	2	71	2728	1711	439	
中外合资经营企业	1	7	770	325	268	
外资企业	1	64	1958	1386	171	
按控股情况分						
国有控股	19	1889	36339	14743	13503	308
集体控股	4	297	7168	3556	2013	3
私人控股	162	5951	127771	90514	27895	1917
港澳台商控股						
外商控股	2	71	2728	1711	439	
其他						
按经营形式分						
独立门店	141	6857	149876	90376	41767	1892
连锁总店(总部)	2	103	1765	1298	378	25
连锁直营店	5	213	4019	3841	35	17
连锁加盟店	28	630	12460	11278	448	34
其他	11	405	5885	3730	1222	259
按国民经济行业分						
旅游饭店	68	5203	109585	60412	34805	1697
一般旅馆	109	2776	58021	45611	7634	405
民宿服务	3	44	1377	1015	191	94
其他住宿业	7	185	5024	3486	1220	31

15-5 限额以上餐饮法人企业经营情况（2021年）

单位：万元

类 别	法人企业(个)	从业人数(人)	营业额	#客房收入	餐费收入	商品销售收入
总 计	**119**	**10983**	**286073**	**7689**	**270396**	**6525**
按登记注册类型分						
内资企业	113	7214	184470	7689	169733	5586
国有企业	2	110	5016	309	4707	
股份合作企业	1	58	1157		925	232
有限责任公司	22	1154	28270	4179	22606	779
其他有限责任公司	21	1121	26323	4179	20659	779
私营企业	88	5892	150028	3201	141495	4575
私营独资企业	1	8	428		428	
私营有限责任公司	87	5884	149600	3201	141067	4575
港、澳、台商投资企业						
与港澳台商合资经营企业						
外商投资企业	6	3769	101603		100663	939
中外合资经营企业	2	157	4637		3698	939
外资企业	4	3612	96966		96966	
按控股情况分						
国有控股	7	473	12469	548	11903	18
集体控股						
私人控股	107	6822	173572	7141	159333	5635
港澳台商控股						
外商控股	5	3688	100032		99160	872
其他						
按经营形式分						
独立门店	90	4252	110991	7114	97214	5275
连锁总店(总部)	12	5992	144996		143797	1142
连锁直营店	3	50	1611		1611	
连锁加盟店	2	55	2061		2061	
按国民经济行业分						
正餐服务	101	6848	161427	7689	145879	6421
快餐服务	9	3753	101476		101476	
其他餐饮业	5	201	16686		16686	

15-6 限额以上住宿法人

类　　别	流动资产合　　计	固定资产原　　价	固定资产净　　额	资产总计	负债合计
总　　计	**208104**	**344677**	**164969**	**670774**	**475366**
按登记注册类型分					
内资企业	203885	330080	162876	659417	460357
国有企业	16256	13077	5660	52081	11958
有限责任公司	64835	169322	66063	319464	166935
国有独资公司	260	102	67	349	145
其他有限责任公司	64576	169220	65996	319115	166790
股份有限公司					
私营企业	122793	147682	91153	287872	281464
私营有限责任公司	122461	147368	91108	286853	281209
外商投资企业	4219	14596	2093	11357	15010
中外合资经营企业	3099	9168		7668	9793
外资企业	1119	5429	2093	3689	5217
按控股情况分					
国有控股	47567	97194	26338	244780	49270
集体控股	10537	10335	3040	35285	14028
私人控股	145781	222551	133498	379353	397058
港澳台商控股					
外商控股	4219	14596	2093	11357	15010
其他					
按经营形式分					
独立门店	183814	308747	150074	588392	427695
连锁总店(总部)	2186	617	95	2556	2914
连锁直营店	5589	5707	2188	11698	4802
连锁加盟店	6702	6842	2999	16407	13810
其他	9813	22764	9613	51721	26146
按国民经济行业分					
旅游饭店	143980	301919	147788	530625	403719
一般旅馆	56070	39071	15109	129714	63115
民宿服务	5163	2969	1769	7219	7174
其他住宿业	2892	719	303	3216	1359

企业主要财务指标（2021年）

单位：万元

所有者权益合计	营业收入	营业成本	营业税金及附加	营业利润	利润总额	本年应交增值税
192772	**177467**	**73420**	**2009**	**-23584**	**-21681**	**5155**
196425	174705	73155	1991	-22636	-20773	5040
38198	8848	4234	159	-1941	-1547	257
152732	65547	32597	927	-8907	-8100	2455
204	1535	1201	4	34	42	64
152528	64012	31396	923	-8941	-8142	2391
5495	100310	36324	905	-11788	-11126	2329
4731	99372	35967	853	-11688	-11025	2283
-3653	2762	265	18	-948	-908	115
-2125	770	166	3	-902	-895	-5
-1528	1991	99	15	-46	-13	119
193583	42181	22576	832	-4324	-3612	1574
21257	6987	2726	93	686	704	111
-18416	125537	47853	1066	-18998	-17865	3355
-3653	2762	265	18	-948	-908	115
158062	153757	61807	1872	-21724	-20309	4734
-358	1730	599	6	121	129	132
6896	3912	1636	52	-76	-44	7
2597	12326	6645	46	-645	-537	217
25576	5742	2732	33	-1260	-920	66
124980	114355	43292	1655	-19511	-17891	3908
65890	56993	26953	339	-4121	-3898	1159
45	1328	273	1	-429	-392	11
1857	4791	2902	14	475	500	78

15-7 限额以上餐饮法人

类　　别	流动资产合　　计	固定资产原　　价	固定资产净　　额	资产总计	负债合计
总　　计	**97152**	**71224**	**31494**	**201133**	**174614**
按登记注册类型分组					
内资企业	90021	51776	24202	157924	145134
国有企业	1585	1244	768	2941	1233
股份合作企业	2939	798	20	2959	4312
有限责任公司	22665	17898	7696	39833	53940
国有独资公司	443	63	54	497	293
其他有限责任公司	22221	17835	7642	39336	53647
私营企业	62832	31836	15718	112191	85648
私营独资企业	58	2	1	146	4
私营有限责任公司	62774	31834	15717	112045	85645
港、澳、台商投资企业					
与港澳台商合资经营企业					
外商投资企业	7131	19447	7292	43208	29480
外资企业	4793	17905	7170	39950	28107
中外合资经营企业	2338	1543	122	3258	1373
按控股情况分					
国有控股	4194	11930	7998	13747	14562
集体控股					
私人控股	87302	41249	16242	145691	131150
港澳台商控股					
外商控股	5656	18045	7254	41695	28902
其他					
按经营形式分					
独立门店	59151	32209	11172	105076	110764
连锁总店(总部)	27257	30552	13972	77612	54408
连锁直营店	443	54	1	753	715
连锁加盟店	624	460	254	1012	728
其他	9677	7949	6094	16680	7998
按国民经济行业分					
正餐服务	83952	48955	21482	148568	139337
快餐服务	6044	19936	8056	42809	30383
其他餐饮业	6530	1826	1658	8265	4365

企业主要财务指标（2021年）

单位：万元

所有者权益合计	营业收入	营业成本	营业税金及附加	营业利润	利润总额	本年应交增值税
26266	**280497**	**151596**	**1057**	**9054**	**9722**	**2611**
12538	184485	99645	905	-1081	-300	2560
1708	4985	3773	10	20	47	
-1353	1109	552	2	-156	-147	66
-14180	28402	16925	74	-1678	-1619	921
204	1937	1712	5	30	30	205
-14384	26465	15213	70	-1708	-1649	716
26363	149989	78396	818	733	1418	1573
142	404	153	0	-23	-23	1
26221	149586	78243	818	757	1442	1571
13728	96012	51951	153	10135	10022	52
11843	91577	49722	149	10375	10255	23
1885	4435	2229	4	-240	-233	29
-815	12413	9675	30	-976	-924	665
14288	173440	90400	879	-283	450	1924
12792	94644	51520	149	10312	10196	23
-5940	109843	61329	849	-2364	-1774	1635
23203	136916	70129	67	11348	11389	25
38	1398	486	3	-46	-46	17
284	2061	815	93	-69	-41	
8681	30279	18838	46	185	192	935
8978	157377	84672	880	-1692	-820	2347
12426	96177	53702	155	10425	10269	35
3900	16498	10750	21	243	227	221

15-8 各地区限额以上批发零售贸易法人企业主要指标（2021年）

地区	法人企业（个）	批发企业	零售企业	产业活动单位（个）	年末从业人数（人）	商品销售额合计(万元)
全市	**1904**	**1103**	**801**	**2979**	**99093**	**55206868**
东湖区	164	76	88	155	9043	4083574
西湖区	487	234	253	880	29055	7411933
青云谱区	195	129	66	57	6722	3081388
青山湖区	173	83	90	3	2177	2479967
新建区	110	65	45	564	9575	2928724
红谷滩区	116	45	71	369	3863	4863266
南昌县	198	147	51	139	13357	8208200
安义县	26	23	3	160	6588	584791
进贤县	57	41	16	7	1050	780523
经济开发区	206	155	51	44	4080	12589326
高新开发区	147	89	58	138	7530	7912890
湾里管理局	25	16	9	463	6053	282286

15-8 续表（2021年）

单位：万元

地区	批发额	#出口	零售额	营业收入	营业成本	营业税金及附加	营业利润
全市	**39821852**	**1772665**	**15265946**	**49598845**	**46107747**	**172645**	**818313**
东湖区	2289653	41267	1790697	3695900	3476942	5010	-7904
西湖区	5672804	59177	1739129	6657810	5911523	109968	167039
青云谱区	1425518	89366	1650971	2778523	2588505	4060	21873
青山湖区	1021400	7884	1455517	2270031	2059120	4536	39259
新建区	1579403	498	1349321	2651901	2428527	7014	27516
红谷滩区	2867703	25651	1995563	4400038	3952472	8372	266549
南昌县	6650121	364880	1538960	7395925	6907315	8776	74838
安义县	497052	381	10877	528651	512876	268	2451
进贤县	396273	20610	381526	738851	564824	2684	56588
经济开发区	10999811	296755	1589515	11097974	10775421	10012	100281
高新开发区	6177305	866195	1726395	7135560	6695027	11676	69564
湾里管理局	244810		37476	247679	235194	269	261

15-9 各地区限额以上住宿餐饮法人企业主要指标（2021年）

地　区	法人企业（个）	住宿企业	餐饮企业	产业活动单位（个）	年末从业人数（人）	营业额（万元）	#客房收入
全　市	**306**	**187**	**119**	**315**	**19191**	**460079**	**118212**
东湖区	33	20	13	104	4001	85758	21509
西湖区	75	51	24	162	6733	152152	24274
青云谱区	12	9	3	12	918	19139	6454
青山湖区	20	16	4	18	724	17582	9077
新建区	14	5	9		690	18455	5169
红谷滩区	68	35	33		2904	82931	26188
南昌县	21	15	6		1099	20398	8931
安义县	5	3	2		136	2423	1316
进贤县	5	3	2		204	3841	1657
经济开发区	12	4	8	13	585	13371	1992
高新开发区	26	17	9	2	759	23775	9635
湾里管理局	15	9	6	4	438	20253	2010

15-9 续表（2021年）

单位：万元

地　区	餐费收入	商品销售收入	营业收入	营业成本	营业税金及附加	营业利润
全　市	**314246**	**8752**	**457963**	**225016**	**3066**	**-14530**
东湖区	56371	1820	84190	29769	1045	-6572
西湖区	120806	2166	152779	79623	1280	1089
青云谱区	11368	860	22375	9990	59	-1345
青山湖区	6370	195	17021	6189	96	-450
新建区	12278	275	18939	9518	73	-181
红谷滩区	53906	908	80069	41184	300	-4186
南昌县	8672	1628	20004	8746	48	-2063
安义县	1081		2410	1137	2	26
进贤县	1766	242	3911	1820	25	605
经济开发区	10165	291	13009	10036	26	-373
高新开发区	13496	114	23072	13869	61	-735
湾里管理局	17970	254	20184	13135	53	-344

15-10 亿元以上商品交易市场摊位成交额情况（2021年）

类　　别	年末出租摊位数（个）	成交额（万元）
全　　市	**23419**	**9250032**
粮油、食品类	5022	4300058
#粮油类	477	347984
肉禽蛋类	793	849288
水产品类	1017	920650
蔬菜类	634	674598
干鲜果品类	790	497343
饮料类	7	495
烟酒类	3	561
服装、鞋帽、针纺织品类	5519	2493637
服装类	4655	2309848
鞋帽类	670	180825
针纺织品类	194	2964
化妆品类	39	585
金银珠宝类	73	57964
日用品类	1600	464825
#可穿戴智能设备		
五金、电料类	545	206185
体育、娱乐用品类	108	946
书报杂志类	15	255
电子出版物及音像制品类		
家用电器和音像器材类	814	53597
中西药品类		
#西药类		
中草药及中成药类		
文化办公用品类	718	152520
家俱类	700	26000
通讯器材类		
煤炭及制品类		
木材及制品类		
化工材料及制品类	20	7571
#化肥类		
金属材料类	679	38130
建筑及装潢材料类	4813	278749
机电产品及设备类	462	223292
#农机类	40	61701
汽车类	1472	907906
种子饲料类		
棉麻类		
其他类	810	36756

15-11 各地区亿元以上商品交易市场基本情况（2021年）

地　区	市场数量(个)	总摊位数(个)	年末出租摊位数(个)	营业面积(平方米)	成交额(万元)
全　市	**25**	**24631**	**23419**	**1976123**	**9250032**
东湖区	3	1355	1230	68434	1203564
西湖区	10	11924	11083	636354	4584711
青云谱区	3	2383	2383	212564	2244102
青山湖区	5	4043	3867	482863	281246
红谷滩区	2	4548	4518	283155	660504
南昌县	2	378	338	292753	275905

15-12 批发和零售业连锁经营情况

指标名称	计量单位	合计		直营店		加盟店	
		2021年	2020年	2021年	2020年	2021年	2020年
门店总数	个	5189	4798	2635	2448	2554	2350
年末从业人员数	人	27466	27751	24275	25280	3191	2471
年末零售营业面积	平方米	1589836	1483342	1442897	1395497	146939	87845
连锁门店商品购进额	万元	3333081	3085590	3026209	2866396	306872	219194
#统一配送商品购进额	万元	2764554	2781486	2559457	2574203	205097	207283
#自有配送中心配送商品购进额	万元	1823114	1676771	1620800	1471095	202315	205676
非自有配送中心配送商品购进额	万元	348341	599775	347841	599275	500	500
连锁门店商品销售额	万元	5128811	4674851	4806150	4458906	322660	215946
#零售额	万元	3756175	3421973	3433515	3206027	322660	215946

15-13 住宿和餐饮业连锁经营情况

指标名称	计量单位	合计		直营店		加盟店	
		2021年	2020年	2021年	2020年	2021年	2020年
门店总数	个	226	212	226	212		
年末从业人员数	人	5471	5256	5471	5256		
年末餐饮营业面积	平方米	57624	57094	57624	57094		
客房数	间	1056	1126	1056	1126		
床位数	个	2056	2201	2056	2201		
餐位数	位	19316	18910	19316	18910		
连锁门店商品购进(采购)额	万元	59107	53767	59107	53767		
#统一配送商品购进(采购)额	万元	57976	52921	57976	52921		
#自有配送中心配送商品购进(采购)额	万元						
非自有配送中心配送商品购进(采购)额	万元						
连锁门店营业额	万元	123542	109561	123542	109561		
#餐费收入	万元	121698	107928	121698	107928		

15-14 批发和零售业连锁门店及配送中心分布情况

单位：个

地区	门店总数		直营店数		加盟店数		配送中心数			
									#自有	
	2021年	2020年	2021年	2020年	2021年	2020年	2021年	2020年	2021年	2020年
全国合计	**5189**	**4798**	**2635**	**2448**	**2554**	**2350**	**28**	**27**	**23**	**23**
北京										
天津										
河北		10				10				
内蒙古										
#呼和浩特										
上海	44	34			44	34				
江苏	84	112			84	112				
#南京	29				29					
浙江	172	158	3	3	169	155				
#杭州	66	52			66	52				
宁波	16	12			16	12				
安徽	48				48					
#合肥	14				14					
江西	4510	4170	2631	2444	1879	1726	28	27	23	23
#南昌	1884	1730	1208	1217	676	513	16	15	14	14
山东	168	119			168	119				
#济南	29	20			29	20				
青岛	40	21			40	21				
湖北	27	38			27	38				
湖南	136	157	1	1	135	156				
#长沙	59	81	1	1	58	80				

主要统计指标解释

社会消费品零售总额 指各种经济类型的批发零售贸易业、住宿和餐饮业对城乡居民和社会集团的消费品零售额总和。这个指标反映通过各种商品流通渠道向居民和社会集团供应的生活消费品来满足他们生活需要，是研究人民生活、社会消费品购买力、货币流通等问题的重要指标。对居民的消费品零售额：指售给城乡居民用于生活消费的商品。对社会集团的消费品零售额：指售给机关、团体、部队、学校企业、事业单位和城市街道居民委员会、农村村民委员会用公款购买的用作非生产、非经营使用的消费品。社会消费品零售额包括：(1)售给城乡居民作为生活用的商品及修建房屋建筑材料；(2)售给机关、团体、学校、部队、企业、事业单位的职工食堂和旅店（招待所）附设专门供本店旅客食用，不对外营业的食堂的各种食品、燃料；企业、单位和国营农场直接售给本单位职工和职工食堂的自己生产的产品；(3)售给部队干部、战士生活粮食、副食品、衣着品、日用品、燃料；(4)售给来华的外国人、华侨、港澳台同胞的消费品(包括友谊商店、在海关前后设立的免税商店、外轮供应公司等)；(5)居民自费购买的中、西药品，中药材及医疗用品；(6)报社、出版社直接售给居民和社会集团的报纸、图书、杂志，集邮公司（包括邮局集邮专柜）出售的新、旧（盖销的）纪念邮票、特种邮票、首日封、集邮册、集邮工具等；(7)旧货寄售商店自购、自销部分的商品；(8)煤气公司、液化石油气站售给居民和社会集团的煤气灶具和罐装液化石油气；(9)售给社会集团的办公用品、纸张、帐册、文印用品、计算工具、书报杂志和奖品；公共用品和纺织品、针织品；学校用的教学用具；文体用品；有明确专用的劳动保护用品。

（一）按行业分的社会消费品零售额

1.批发和零售业零售额 指专门从事商品转卖业务的各种经济类型独立核算的批发零售贸易企业、产业活动单位直接售给居民和社会集团的消费品零售额。

2.住宿和餐饮业零售额 指从事食品的烹饪、调制并直接零售给居民饮食的各种宾馆、旅社、饭馆、酒馆、茶馆等餐饮业的零售额。包括各种企业单位附设对外营业的饭馆、火车餐厅、轮船餐厅、车站食堂、机场餐厅的零售额。不包括旅店（招待所）专供本店旅客食用，不对外营业的食堂，机关、团体学校、企业、事业单位的职工食堂出售饭菜的收入。

（二）按销售地区分的社会消费品零售额

1.城镇的零售额 指设立在中央直辖市，省、地辖市的市区和镇以上的各行业消费品零售额，不包括乡村的消费品零售额。

2.城区的零售额 指设立在城区内的各行业消费品零售额。

3.乡村的零售额 指设立在农村的各行业消费品零售额。但不包括分布在农村的独立工矿、林区的商品零售额，这部分零售额，凡属直辖镇以上的列入“城镇的零售额”中。

商品购进总额 指从本企业以外的单位和个人购进（包括从国外直接进口）作为转卖或加工后转卖的商品金额。本指标由从生产者购进额、从批发零售贸易业购进额、进口额和其他项目组成。这个指标反映批发零售贸易业从国内、国外市场上购进商品的总量。

从生产者购进额 指直接从工农业生产者购进的各种工矿产品、农副产品。

进口指直接从国外进口的商品和委托外贸部门代理进口的商品。

商品销售总额 指对本企业以外的单位和个人出售的商品（包括售给本单位消费用的商品）金额。本指标由对生产经营单位批发额、对批发零售贸易批发额、出口额和对居民和社会集团商品零售额项目组成。这个指标反映批发零售贸易业在国内市场上销售商品以及出口商品的总量。

批发 指除零售以外的一切商品销售活动，包括对生产经营单位批发、对批发零售贸易业批发和出口。

对生产经营单位批发　指售给国民经济和社会各部门作为生产或经营使用的商品。

出口　指直接向国（境）外出口商品和委托外贸部门代理出口的商品。

零售　指售给城乡居民直接用于生活消费的商品和社会集团直接用于公用消费的商品。

期末库存　指批发零售贸易业已取得所有权的全部商品。这个指标反映批发零售业的商品库存情况，以及对市场商品供应的保证程度。

年末从业人数　指在该企业工作并取得劳动报酬的年末实有人员数。包括在岗职工、再就业的离退休人员、在该企业工作的外方人员、港、澳、台方人员、兼职人员、借用的外单位人员和第二职业者。不包括离开本单位但仍保留劳动关系的职工。

年末营业面积　零售业按建筑面积计算的直接对顾客销售商品的固定场地，不包括办公室、仓库、加工场地等面积。住宿和餐饮业对外提供就餐服务的门店建筑面积和从事食品加工、烹饪、调制的厨房面积，不包括办公用房和仓库等面积。该指标按年末实有面积统计。

住宿和餐饮业营业额　指住宿和餐饮业法人企业、产业活动单位在经营活动中因提供服务或销售商品等取得的收入。包括客房收入、餐费收入、商品销售额（含增值税）和其他收入。

客房收入　指住宿和餐饮业法人企业、产业活动单位在经营活动中因提供住宿服务取得的收入。

餐费收入　指住宿和餐饮业法人企业、产业活动单位因为顾客提供就餐服务取得的收入。包括经烹饪、调制后出售的各种食品，如主食、炒菜、凉拌菜等的收入。

商品销售额　指住宿和餐饮业法人企业、产业活动单位出售商品的销售总额（含增值税）。

其他收入　指营业额中除客房收入、餐费收入、商品销售额（含增值税）以外的其他收入。包括：娱乐、健身和商务服务等。

床位数　指宾馆、饭店、酒店、旅馆等供应旅客使用的床位数，不包括临时加的床位和宾馆、饭店、酒店、旅馆等内部工作人员使用的床位。该指标按年内正常情况下的实有数统计。

餐饮数　指住宿和餐饮业法人企业、产业活动单位为顾客提供就餐服务时，正常可同时容纳就餐人员的餐位数量，不包括临时加的餐位。该指标按年内正常情况下的实有数统计。

批发和零售业、住宿和餐饮业的限额以上统计划型标准为：

1.批发业：全年销售额2000万元及以上

2.零售业：全年销售额500万元及以上

3.餐饮业：全年主营业务收入200万元及以上

4.住宿业：星级宾馆、饭店

连锁企业　（或称连锁店、连锁公司）指在核心企业或总店的领导下，由分散的、经营同类商品或服务的企业或活动单位，采取共同方针，实行集中采购和分散销售的有机结合，通过规范化经营，实现规模效益的经济联合组织形式。

一般连锁店应由若干个分店组成。其经营特征：(1)经营同类商品；(2)使用统一商号；(3)统一采购配送，采购与销售相分离（部分商品可根据物流合理和保质保鲜原则由供应商直接送货到门店，其余均由总部统一配送。连锁店总店（总部）指连锁店的核心企业或管理中心。连锁店分店指连锁店所属各分散经营的企业或活动单位，也可称分店或成员店。

连锁店包括下列两种形式：

(1)直营连锁：也叫正规连锁。连锁门店均由总部全资或控股开设，在总部的直接领导下统一经营。连锁总店或核心店作为一个直营店统计。

(2)加盟连锁：包括特许连锁和自由连锁。特许连锁：各连锁门店（被特许人）通过合同形式，取得使用总部（特许人）商标、经营技术和销售总部开发的商品的特许权，各加盟连锁门店为独立法人，但无自主经营权，在总部指导下统一经营。自由连锁：也称自愿连锁，连锁公司的门店均为独立法人，各自的资产所有权关系不变，在公司总部的指导下共同经营。各成员店使用共同的店名，与总部订阅相关购、销、宣传等方面的合同，并按合同开展经营活动。在合同规定的范围之外，各成员店可以自由活动。根据自愿原则，各成员店可自由加入连锁体系，也可自由退出。

商品交易市场 指有固定场所、设施，有若干经营者入场实行集中、公开交易各类实物商品的市场。

亿元以上商品交易市场 指全年成交额在一亿元及以上的商品交易市场。

市场成交总额指该市场所有摊位商品交易总额之和。

在地口径：指批零住餐统计中的统计范围，以企业经营所在地为统计口径的统计方法，称为“在地口径”统计。

法人口径：指批零住餐统计中的统计范围，以企业法人所在地为统计口径的统计方法，称为“法人口径”统计。

十六、外贸和旅游

FOREIGN ECONOMIC TRANDE AND TOURISM

本篇内容包括:

1. 海关进出口情况
2. 外商直接投资情况
3. 旅游发展情况
4. 星级饭店一览表

16-1 海关货物进出口总值

单位：亿美元

年 份 地 区	进出口 总 值	出口值	进口值	差 额
2001	9.72	7.96	1.76	6.20
2002	9.09	7.28	1.82	5.46
2003	13.42	10.04	3.37	6.67
2004	16.59	10.75	5.84	4.91
2005	17.45	12.40	5.05	7.35
2006	24.90	17.24	7.66	9.58
2007	31.80	23.21	8.59	14.62
2008	33.99	25.03	8.96	16.08
2009	34.80	21.30	13.49	7.81
2010	53.07	36.76	16.30	20.46
2011	78.75	56.54	22.21	34.33
2012	82.89	64.66	18.24	46.42
2013	97.11	73.08	24.04	49.04
2014	122.22	84.17	38.05	46.12
2015	113.72	85.01	28.71	56.31
2016	93.80	57.90	35.90	22.00
2017	98.41	62.80	35.61	27.19
2018	119.56	68.63	50.93	17.70
2019	153.73	93.47	60.26	33.21
2020	166.15	102.97	63.17	39.80
2021	1293.56	897.68	395.87	501.81
东湖区	36.95	35.15	1.8	34.35
西湖区	49.64	42.29	7.35	34.94
青云谱区	39.13	38.57	0.56	38.01
青山湖区	110.74	99.09	11.65	87.44
新建区	23.26	22.54	0.72	21.82
红谷滩区	38.57	36.83	1.74	35.09
南昌县	138.44	111.07	27.37	83.7
安义县	15.82	14.52	1.31	13.21
进贤县	13.78	12.5	1.28	11.22
经济开发区	192.95	132.72	60.23	72.49
高新开发区	484.94	275.18	209.76	65.42
湾里管理局				

注：1.表中数据为市商务局提供快报数，其中2021年全市及分县区数据是以人民币“亿元”为单位统计。

2.新建区数据包含湾里管理局。

16-2 外商直接投资情况

年 份 地 区	项 目 数 (个)	合同外资金额 (万美元)	实际使用外资 (万美元)
2001	65	17381	10202
2002	149	53239	34233
2003	172	73579	53656
2004	195	104743	71550
2005	187	111479	83026
2006	174	120976	93520
2007	155	148992	101961
2008	137	134407	111768
2009	145	152387	125089
2010	304	235619	147655
2011	185	319599	168160
2012	164	249575	190259
2013	176	246918	211657
2014	189	306128	232115
2015	82	98858	261656
2016	72	128446	288964
2017	52	192480	318065
2018	53	100059	348899
2019	43	140657	377156
2020	60	128223	406004
2021	76	120307	439506
东 湖 区	6	1517	27441
西 湖 区	3	36777	39106
青云谱区	2	4457	21784
青山湖区	3	1025	36396
新 建 区	4	2822	41290
红谷滩区	14	17265	24253
南 昌 县	14	33137	70408
安 义 县			5017
进 贤 县			8804
经济开发区	12	12342	74815
高新开发区	18	10965	90193
湾里管理局			

注：表中数据由市商务局提供。

16-3　外商在南昌直接投资情况（2021年）

类　　别	项 目 数（个）	合同外资金额（万美元）	实际使用外资（万美元）
总　　计	**76**	**120307**	**439506**
按投资方式分			
合资经营企业	42	22529	253620
合作经营企业			
外资企业	33	91320	106163
外商投资股份制企业	1	6458	79723
按国民经济行业分			
农、林、牧、渔业			
农业	3	550	1855
林业			
渔业			
采矿业			
非金属矿采选业			
制造业			
农副食品加工业		11	
食品制造业			
酒、饮料和精制茶制造业			4051
纺织业			
纺织服装、服饰业			2477
印刷和记录媒介复制业		666	666
化学原料和化学制品制造业			7082
医药制造业	2		9804
金属制品业			11246
通用设备制造业			334
专用设备制造业	1	1413	3064
汽车制造业		4145	7
电气机械和器材制造业		1100	26183
计算机、通信和其他电子设备制造业	2	8172	119859
废弃资源综合利用业			
电力、热力、燃气及水生产和供应业			
燃气生产和供应业			20260
水的生产和供应业			18788
文化、体育和娱乐业	4	224	
居民服务、修理和其他服务业			

16-3 续表1（2021年）

类　　别	项 目 数（个）	合同外资金额（万美元）	实际使用外资（万美元）
建筑业			
房屋建筑业	1	16800	15150
建筑装饰、装修和其他建筑业			
批发和零售业			
批发业	8	16987	22089
零售业	8	3201	9060
交通运输、仓储和邮政业			
道路运输业	1	500	12974
多式联运和运输代理业			
装卸搬运和仓储业	4	5174	14793
住宿和餐饮业			
餐饮业	2	13	
信息传输、软件和信息技术服务业			
互联网和相关服务			
软件和信息技术服务业	6	2018	1000
金融业			
货币金融服务			
其他金融业			
房地产业			
房地产业	10	36528	80621
租赁和商务服务业			
租赁业			
商务服务业	13	15759	49987
科学研究和技术服务业			
研究和试验发展	2	116	
专业技术服务业	2	948	
科技推广和应用服务业	4	3645	7772
水利、环境和公共设施管理业			
公共设施管理业			
教育			
教育	2	25	384
卫生和社会工作			
卫生	1	2312	

16-3　续表2（2021年）

类　别	项 目 数（个）	合同外资金额（万美元）	实际使用外资（万美元）
按投资国别（地区）分	**76**	**120307**	**439506**
亚洲			
中国香港	31	78792	359594
印度			
日本			7
约旦			
中国澳门			
巴基斯坦			
新加坡	1	30	
韩国			
中国台湾	13	3940	3863
哈萨克斯坦			
非洲			
喀麦隆	1	8	
尼日利亚	1	1000	
欧洲			
英国			
德国			
法国			26435
意大利			6926
荷兰			
西班牙			
奥地利			
瑞士			
捷克			
南美洲			
巴巴多斯			
英属维尔京群岛			25983
北美洲			
加拿大	1	25	
美国	4	5507	5018
大洋洲			
澳大利亚	1	44	
其他			
其他	5	17855	4680
联合国及机构和国际组织			
创业投资公司投资	1	15	
投资性公司投资	17	13091	7000

注：表中数据由市商务局提供。

16-4　外商投资企业年底注册登记情况（2021年）

类　　别	新批外商投资企业数 （户）	合同外资金额 （万美元）	实际使用外资 （万美元）
总　　计	**76**	**84 043**	**18 968**
按投资方式分			
合资经营企业	42	10197	7108
合作经营企业			
外资企业	33	71533	11860
外商投资股份制企业	1	2313	
其他外商投资企业			
外商投资企业分支机构			

注：表中数据由市商务局提供。

16-5 旅游业发展情况

年份	旅游总收入(亿元)	比上年增长(%)
2006	55.32	19.5
2007	66.73	20.6
2008	76.11	14.1
2009	85.85	12.8
2010	100.80	17.4
2011	145.54	44.4
2012	202.00	38.8
2013	275.95	36.6
2014	386.25	40.0
2015	537.90	39.3
2016	816.80	51.8
2017	1204.60	47.5
2018	1520.00	26.2
2019	1869.16	23.0
2020	1475.24	-21.1
2021	1743.95	18.2

注：表中数据由市文广新旅局提供。

16-6 入境旅游情况

（2010-2021年）

指标	2010	2011	2012	2013	2014	2015	2016	2017	2018	2019	2020	2021
旅游外汇收入												
绝对值(万美元)	3069	4650	5300	6390	6803	7415	8603	9971	12681	14236	6035	
比上年增长%	-3.1	16.3	14.0	20.6	6.5	9.0	16.0	15.9	27.2	12.3	-57.6	
接待海外旅游者人数												
绝对值(人次)	120524	143600	184466	201782	207830	222008	251000	278600	291168	326923	28365	
比上年增长%	15.8	18.7	28.5	9.4	3.0	6.8	13.1	11.0	9.9	12.3	-91.3	

注：1.表中数据由市文广新旅局提供，2017年起接待海外旅游者人数含过境一日游客。

2.根据江西省文化和旅游厅要求，2021年入境旅游数据不做统计。

16-7　星级饭店接待入境旅游者人数

（2010-2021年）

指　　标	接待总人数(人次)											
	2010	2011	2012	2013	2014	2015	2016	2017	2018	2019	2020	2021
合　　计	**120524**	**143600**	**184466**	**201782**	**207830**	**222008**	**251000**	**265009**	**291168**	**326923**	**28365**	
外 国 人	**86552**	**96498**	**84854**	**95082**	**97268**	**97117**	**108681**	**116267**	**116304**	**140178**	**12245**	
亚洲小计	**23106**	**25303**	**23081**	**29568**	**33789**	**41518**	**46022**	**42557**	**43105**	**57176**	**4995**	
日　本	5789	6358	3230	3180	4180	6726	8017	6249	4880	7098	620	
韩　国	5257	5769	6920	9505	11126	8800	10862	3761	3592	7736	676	
蒙　古	26	30	25	23	20	65	4	31		132	12	
印度尼西亚	997	1082	1120	1350	1280	2463	2314	2907	3335	4006	350	
马来西亚	1279	1359	1380	1650	1518	1257	1156	2555	3343	3802	332	
菲律宾	1278	1420	1020	1378	1213	731	903	2277	3168	3716	325	
新加坡	2055	2108	2200	2659	2553	2792	2874	3524	3723	4342	379	
泰　国	1180	1308	1508	3506	5638	10750	11453	9156	7265	6917	604	
印　度	1711	1911	1801	2151	1936	2074	1727	1496	1614	2226	194	
越　南	488	505	520	630	570	451	610	1196	1351	1945	170	
缅　甸	45	50	45	46	50	91	70	928	1211	1766	154	
朝　鲜	88	90	92	90				2	6			
巴基斯坦	356	506	510	550	570	667	881	1447	1672	2289	200	
其　他	2557	2807	2710	2850	3135	4651	5151	7028	7945	11201	979	
欧洲小计	**19096**	**21173**	**19639**	**21258**	**22136**	**18787**	**25289**	**32732**	**30902**	**32692**	**2856**	
英　国	3231	3501	3280	3580	4296	2730	4469	5086	5269	5390	471	
法　国	2823	3320	2240	2680	2814	2027	3866	4951	4819	4502	393	
德　国	2470	2680	2808	3049	2896	2127	3730	4689	4356	3749	328	
意大利	1802	2008	1980	2037	1833	1823	2288	3458	3192	2586	226	
瑞　士	278	305	300	308	323	522	815	1532	1408	1733	151	
瑞　典	321	350	320	350	368	507	666	1265	1132	1485	130	
俄罗斯	2284	2584	2803	3105	3726	2835	3075	3330	3126	4012	350	
西班牙	2121	2320	2108	2309	2424	1532	1826	2670	2638	3160	276	
其　他	3766	4105	3800	3840	3456	4684	4554	5751	4962	6075	531	
美洲小计	**35485**	**39136**	**31031**	**30255**	**25779**	**16813**	**15574**	**15205**	**16486**	**18417**	**1608**	
美　国	30527	33528	25215	24125	19203	13586	12513	12691	13736	15683	1370	
加拿大	2258	2503	2608	2780	3058	1515	1687	1453	1560	1676	146	
其　他	2700	3105	3208	3350	3518	1712	1374	1061	1190	1058	92	
大洋洲小计	**2971**	**3206**	**3116**	**3358**	**3271**	**4336**	**4068**	**4085**	**4328**	**5026**	**439**	
澳大利亚	1757	1850	1808	1950	2145	1859	1898	1776	1906	2304	201	
新西兰	778	850	802	889	711	1105	1161	1348	1358	1673	146	
其　他	436	506	506	519	415	1372	1009	961	1064	1049	92	
非洲小计	**5796**	**7580**	**7905**	**10563**	**12195**	**15305**	**17688**	**20562**	**21483**	**25987**	**2270**	
其他小计	**98**	**100**	**82**	**80**	**98**	**358**	**40**	**1126**		**880**	**77**	
港澳同胞	**18998**	**29387**	**74758**	**80325**	**69250**	**71379**	**72503**	**88094**	**174864**	**186745**	**16120**	
#香港同胞	17142	23071	56467	60606	51132	44330	48590	56207	67384	64133	5950	
台湾同胞	**14974**	**17715**	**24854**	**26375**	**41312**	**53512**	**69816**	**60648**	**75061**	**81768**	**6750**	

注：1.表中数据由市文广新旅局提供。

2.根据江西省文化和旅游厅要求，2021年接待入境旅游数据不做统计。

16-8　国内旅游收入情况

（2010-2021年）

指　标	2010	2011	2012	2013	2014	2015	2016	2017	2018	2019	2020	2021
国内旅游收入												
绝对值(亿元)	98	143	199	272	382	533	811	1198	1512	1859	1471	1744
比上年增长%	17.1	45.4	39.3	36.9	40.45	39.5	52.1	47.8	26.1	23.0	-21	18.2
接待国内旅游人数												
绝对值(万人次)	1498	2094	2519	3282	4266	5512	8276	12029	15044	17904	15119	17795
比上年增长%	22.1	39.8	20.3	30.3	29.98	29.2	50.1	45.3	25.3	19.0	-16	17.7

注：表中数据由市市文广新旅局提供。

16-9　春节、五一、十一旅游情况

年　份	旅游人数（万人次）			旅游收入（万元）		
	春　节	五　一	十　一	春　节	五　一	十　一
2010	75	88	334	31600	34024	95000
2011	81	102	317	34180	39638	103656
2012	98	121	448	47800	49865	130813
2013	114	146	475	57600	61132	140910
2014	138	198	539	72460	80388	194738
2015	167	282	675	91372	117527	271659
2016	251	432	953	132672	175468	428677
2017	361	628	1348	193170	248813	678600
2018	476	767	1530	267800	367060	800541
2019	496	860	1386	300000	447000	807100
2020		340	679		13 960	21 360
2021	397	689	1 442	175 500	328 600	645 100

注：表中数据由市文广新旅局提供。

16-10 全市星级饭店一览表(2021年)

序号	饭店名称	星级	地址	电话	客房数	床位数
1	江西宾馆	五	八一大道368号	87823388	241	407
2	锦峰大酒店	五	站前西路281号	88867777	245	400
3	嘉莱特和平国际酒店	五	广场南路10号	86111118	359	390
4	力高皇冠假日酒店	五	沿江中大道266号	86699999	380	504
5	赣江宾馆	四	八一大道138号	88856888	310	512
6	江西锦都皇冠酒店	四	洪城路99号	86429999	233	352
7	江西省江西饭店有限公司	四	八一大道356号	88858808	305	540
8	国贸酒店	四	洪城路2号	88863265	246	402
9	江西师大白鹿会馆	四	师大瑶湖校区	88121889	94	158
10	百瑞四季酒店	四	洪都北大道10号	88688002	244	400
11	京西宾馆	四	省府大院南一路	88850666	173	320
12	江西玉泉岛大酒店	四	湖滨东路888号	88111111	140	215
13	七星商务酒店	四	南京西路225号	88866666	247	392
14	新吉花园酒店	四	丰和北大道299号	86750606	161	286
15	进贤皇庭大酒店	四	进贤胜利中路68号	85539666	199	327
16	唯客丽晶大酒店	四	洛阳路70号	88599999	216	377
17	进贤军山湖大酒店	四	进贤胜利中路	85680888	180	280
18	红牛君亭酒店(银树叶)	四	二七南路552号	82116999	200	340
19	锦怡大酒店	四	洛阳路25号	86392701	220	380
20	鼎昇大酒店	四	洪都南大道207号	87788888	248	400
21	琴源山庄	四	南昌乌井路28号	88681000	51	106
22	洗药湖山庄	四	南昌市湾里区太平镇梅岭旅游风景区云顶一号	87703333	68	117
23	江西万国国际大酒店	四	西湖区八一大道1号	86220613	181	257
24	普瑞思酒店(南昌县澄碧湖店)	四	南昌县莲西路888号	85737777	168	256
25	为邦理想酒店	四	安义县迎宾大道为邦广场	83417777	169	263
26	凯美旅城国际酒店	四	南昌县小蓝经济开发区邓埠路99号	82286888	154	218

16-10 续表（2021年）

序号	饭店名称	星级	地址	电话	客房数	床位数
27	铁路大酒店	三	南昌火车站	86168882	96	178
28	明园大酒店	三	二七南路527号	86899777	157	289
29	核工宾馆	三	北京西路134号	86351111	101	185
30	东城宾馆	三	青山湖区京东大道777号	87768889	140	220
31	体育宾馆	三	福州路28号	86202112	142	272
32	阳光假日酒店	三	二七北路520号	82108888	130	230
33	百胜酒店	三	顺外路578号	87702888	138	207
34	新都宾馆	三	新建县解放路346号	83706699	120	242
35	东申商务宾馆	三	南京东路1225号	88356330	155	200
36	大客天下度假酒店	三	湾里区 太平乡(场)红岭分场狮山茶场	87193066	52	104
37	南昌君来大酒店	三	南昌市北京西路259号	86200333	215	380
38	永恒经典酒店	三	南昌市东湖区永外正街8号	82219788	143	218
39	互有精品酒店	三	西湖区福山路96号	88619888	118	200
40	江西悦岸酒店	三	昌东镇天祥大道289号南昌工程学院内	82063666	75	139
41	维也纳南昌县店	三	南昌县迎宾大道788号	82225555	151	220
42	维也纳新洪城华侨店	三	东新一路金涛御景花园43栋	85818111	121	187
43	瑶湖明珠大酒店	三	高新技术产业开发区天祥大道291号江西外语外贸职业学院内	88388866	132	220
44	林兴利恒酒店	三	金沙二路幸福时光综合楼2718	85996777	120	160
45	江铃宾馆	二	迎宾北大道290号	85233348	122	212

主要统计指标解释

进出口总额　是指从国外（境外）进入国境的进口商品和从国内运出国境的出口商品的总金额，包括一般贸易（含进料加工）、技术成套设备进口和出口、补偿贸易、加工装配、易货贸易以及中外合资、合作和外商独资企业的进口和出口等。我国规定进口按到岸价格(CIF)计算，出口按离岸价格(FOB)计算。

利用外资　是指我国各级政府、部门、企业、中国银行和其他单位通过对外借款、吸收外商直接投资和用其他方式的境外现汇、设备、技术等。

对外借款　是我国利用外资的主要部分，包括我国通过外国政府贷款、国际金融组织贷款、外国银行商业贷款、出口信贷以及对外发行证券等方式，从国外和港澳地区筹措的资金。

外商直接投资　是指外国企业和经济组织或个人（包括华侨、港澳同胞以及我国在境外注册的企业）按我国有关政策、法规，用现汇、实物、技术等在我国境内开办外商独资企业、与我国境内的企业或经济组织共同举办中外合资经营企业、合作经营企业或合作开发资源的投资（包括外商投资收益的再投资）以及政府有关部门批准的项目投资总额内，企业从境外借入的资金。

外商其他投资　指对外借款和外商直接投资以外，用其他方式吸收的外资，包括补偿贸易、加工装配以及国际租赁等。

入境旅游者　指来中国（大陆）观光、度假、探亲访友、就医疗养、购物、参加会议或从事经济、文化、体育、宗教活动的外国人、港澳台同胞等游客（即入境旅游人数）中在中国（大陆）的旅游住宿设施内至少停留一夜的外国人、港澳台同胞。

入境旅游者不包括下列人员:

(1)应邀来华访问的政府部长以上官员及其随行人员;

(2)外国驻华使领官员、外交人员以及随行的家庭服务人员和受瞻养者;

(3)常驻中国（大陆）一年以上的外国专家、留学生、记者、商务机构人员等;

(4)乘坐国际航班过境不需要通过护照检查进入中国（大陆）口岸的中转旅客;

(5)边境地区往来的边民;

(6)回大陆定居的港澳台同胞;

(7)已在中国（大陆）定居的外国人和原已出境又返回在中国（大陆）定居的外国侨民;

(8)归国的中国（大陆）出国人员。

国内旅游者　指中国（大陆）居民离开惯常居住地在境内其他地方的旅游住宿设施内至少停留一夜，最长不超过 12 个月的国内游客。

国内旅游者应包括在中国（大陆）境内常住一年以上的外国人、港澳台同胞。但不包括到各地巡视工作的部以上领导、驻外地办事机构的临时工作人员、调遣的武装人员、到外地学习的学生、到基层锻炼的干部、到境内其他地区定居的人员和无固定居住地的无业游民。

旅游收入　游客（入境游客和国内游客）在旅游过程中（由游客或游客的代表为游客）支付的一切旅游支出就是国家（省、区、市）的旅游收入。旅游支出应包括（过夜）旅游者和一日游游客在整个游程中食、住、行、游、购、娱，以及为亲友、家人购买纪念品、礼品等方面的旅游支出，不包括为商业目的购物、购买房、地、车、船等资本性或交易性的投资、馈赠亲友的现金及给公共机构的捐赠。旅游收入包括国际旅游（外汇）收入和国内旅游收入。

国际旅游（外汇）收入　入境游客在中国（大陆）境内旅行、游览过程中用于交通、参观游览、住宿、餐饮、购物、娱乐等全部花费。

国内旅游收入　指国内游客在国内旅行、游览过程中用于交通、参观游览、住宿、餐饮、购物、娱乐等全部花费。

人天数　指旅游者在旅游目的地停留天数之和，天数按过夜数统计。一个旅游者过一夜为一人天。计算公式为：人天数=人数×逗留（过夜）天数

星级宾馆　指符合中华人民共和国《旅游饭店星级的划分与评定国家标准》暨《旅游涉外饭店星级的划分与评定国家标准1997年版》并经过有关旅游管理权威部门评定（验收）后授予“星级”称号的宾馆、饭店。

十七、房 地 产

REAL ESTATE

本篇内容包括:

1. 房地产开发投资
2. 房地产施工及销售
3. 房地产企业财务状况
4. 房地产企业资金及土地
5. 各县区房地产开发

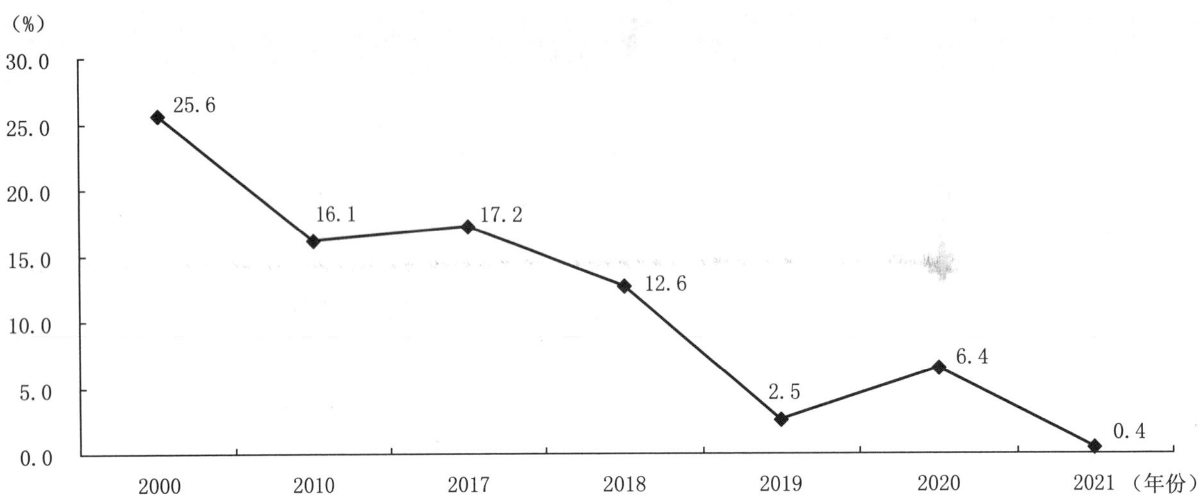
房地产开发投资增速
（%）
30.0
25.0
20.0
15.0
10.0
5.0
0.0
25.6
16.1
17.2
12.6
2.5
6.4
0.4
2000
2010
2017
2018
2019
2020
2021
（年份）

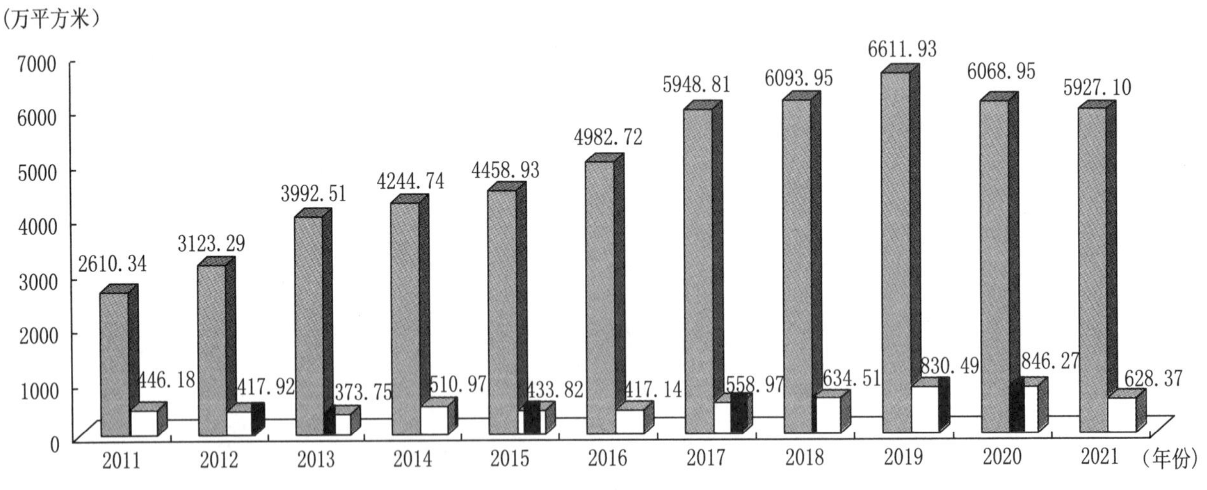
房地产施工竣工情况
（万平方米）
7000
6000
5000
4000
3000
2000
1000
0
2610.34
446.18
3123.29
417.92
3992.51
373.75
4244.74
510.97
4458.93
433.82
4982.72
417.14
5948.81
558.97
6093.95
634.51
6611.93
830.49
6068.95
846.27
5927.10
628.37
2011
2012
2013
2014
2015
2016
2017
2018
2019
2020
2021
（年份）
房屋施工面积
房屋竣工面积

17-1 房地产开发情况（2021年）

指 标	企业数 (个)	计划总投资 比上年增长 (%)	本年完成投资 比上年增长 (%)
按登记注册类型分	**586**	**7.5**	**0.4**
内资企业	543	4.8	-0.8
国有企业	17	383.2	167.8
集体企业	1		-42.9
国有独资公司	19	-52.8	-50.3
其他有限责任公司	248	2.6	-6.6
股份有限公司	5	-64.5	-74.7
私营独资企业	2		
私营合伙企业			
私营有限责任公司	250	22.3	19.0
私营股份有限公司	1		221.3
其他企业			
港澳台商投资企业	32	34.4	18.8
与港澳台商合资经营企业	18	38.9	134.9
与港澳台商合资合作经营企业			
港澳台商独资经营企业	13	11.9	-38.9
其他港澳台投资	1		
外商投资企业	11	57.9	-16.4
中外合资经营企业	5	-5.8	-89.0
外资企业	5		-73.4
外商投资股份有限公司	1		
按控股情况分	**586**	**7.5**	**0.4**
国有控股	97	6.1	13.0
集体控股	6	59.3	125.1
私人控股	449	42.8	27.6
港澳台商控股	27	7.7	-28.6
外商控股	7	67.8	-5.6
其他			
按资质等级分	**586**	**7.5**	**0.4**
一级	7	-67.3	-59.2
二级	42	-24.9	28.8
三级	52	-13.0	1.9
四级	38	-2.1	-23.4
暂定	408	17.7	6.3
其他	39	-12.4	-30.3

17-2 房地产销售及待售情况（2021年）

指标	合计	住宅	#90平米以下住房	144平米以上住房	别墅、高档公寓	办公楼	商业营业用房	其他
房屋施工面积(平方米)	59270959	40978828	9662401	4986775		4294896	6190899	7806336
#本年新开工面积	12415271	9017557	1401095	1233389		837861	890753	1669100
房屋竣工面积(平方米)	6283681	4078922	1033734	730624		585520	541579	1077660
#不可销售面积	180408	61396	17532	16814			22507	96505
商品住宅竣工套数(套)		37151	12403	4438				
竣工房屋价值(万元)	2059035	1304614	314489	219397		234239	188645	331537
出租房屋面积(平方米)								
商品房销售面积(平方米)	20194934	15622908	3340084	1515871		1585493	1882926	1103607
现房销售面积	3255236	2300042	522965	233141		224200	304590	426404
期房销售面积	16939698	13322866	2817119	1282730		1361293	1578336	677203
商品房销售额(万元)	20762689	16522776	3640342	2096443		1442015	1909553	888345
现房销售额	2722472	1850022	588093	359973		164927	312005	395518
期房销售额	18040217	14672754	3052249	1736470		1277088	1597548	492827
商品住宅销售套数(套)		147543	43633	7844				
现房销售套数		21501	6126	1305				
期房销售套数		126042	37507	6539				
待售面积(平方米)	1199246	351085	75017	125102		210198	497142	140821
#待售1-3年面积	665904	157898	30290	22147		173695	214966	119345
待售3年以上面积	290603	72142	15871	27955		4282	202135	12044

17-3 房地产企业财务指标（2021年）

单位:万元

指　　标	年初存货	流动资产合计	#存　货
按登记注册类型分	**35421997**	**68935828**	**35261477**
内资企业	31917389	62666099	31699130
国有企业	610972	1121247	562301
集体企业	8013	16324	12935
国有独资公司	6085162	11896015	6452907
其他有限责任公司	17237362	33587207	16252188
股份有限公司	311376	1025051	221255
私营独资企业		248693	201689
私营合伙企业			
私营有限责任公司	7503132	14605967	7832085
私营股份有限公司	161370	165595	163770
其他企业			
港澳台商投资企业	2946302	4641979	2922629
与港澳台商合资经营企业	1229142	2040758	1316609
与港澳台商合资合作经营企业			
港澳台商独资经营企业	1475368	2166199	1298949
其他港澳台投资	241792	435022	307071
外商投资企业	558307	1627751	639719
中外合资经营企业	399268	961952	320340
外资企业	159038	404033	126141
其他外商投资		261766	193237
按控股情况分	**35421997**	**68935828**	**35261477**
国有控股	10722172	23639163	10877758
集体控股	79730	301991	77564
私人控股	22218228	40606915	21800284
港澳台商控股	2223868	3624076	2175366
外商控股	178000	763684	330504
其他			
按资质等级分	**35421997**	**68935828**	**35261477**
一级	419351	1167100	271339
二级	3071505	6223234	2940479
三级	5714094	11493836	5767379
四级	1833230	3493665	1896216
暂定	22622684	42760182	22446758
其他	1761134	3797812	1939307

指　　标	固定资产原　价	固定资产累计折旧	#本年折旧	在建工程
按登记注册类型分	**1837316**	**424158**	**94992**	**1995856**
内资企业	1579613	345171	82589	1946730
国有企业	89394	15492	2117	41
集体企业	92	33	14	
国有独资公司	239714	34610	6037	642819
其他有限责任公司	626746	186555	33050	984222
股份有限公司	4849	3768	247	280665
私营独资企业				
私营合伙企业				
私营有限责任公司	614543	103203	40997	38984
私营股份有限公司	4275	1512	128	
其他企业				
港澳台商投资企业	193270	67017	9329	23523
与港澳台商合资经营企业	70961	32725	5057	8
与港澳台商合资合作经营企业				
港澳台商独资经营企业	122307	34293	4272	23515
其他港澳台投资	2			
外商投资企业	64433	11970	3074	25603
中外合资经营企业	56812	9419	2710	
外资企业	7549	2548	360	
其他外商投资	72	4	4	25603
按控股情况分	**1837316**	**424158**	**94992**	**1995856**
国有控股	411878	73487	12320	1596097
集体控股	2175	1569	151	
私人控股	1168895	273149	70239	350638
港澳台商控股	192976	66865	9213	23517
外商控股	61393	9089	3069	25603
其他				
按资质等级分	**1837316**	**424158**	**94992**	**1995856**
一级	103296	30866	2400	
二级	393958	107624	15500	17447
三级	91640	29409	3711	1184053
四级	441002	126508	22130	9822
暂定	654259	115479	46470	135231
其他	153162	14273	4781	649303

(2021年)

单位:万元

资产总计	流动负债合计	非流动负债合计	负债总计	所有者权益合计	#实收资本
83213367	**46310767**	**17414112**	**63724879**	**19488488**	**9148558**
75622370	42673393	16213330	58886723	16735647	7321555
1312939	774741	293533	1068275	244665	149474
16389	21264		21264	-4875	
14841479	5310574	5232136	10542710	4298769	670955
40982901	24628130	7101774	31729905	9252997	4968861
1322240	524219	649989	1174208	148033	73500
249392	171646	68644	240290	9102	12000
16601989	11169998	2863884	14033882	2568107	1403411
295041	72821	3370	76191	218850	43354
5746680	3345174	601800	3946973	1799707	1223627
2348281	1400428	258772	1659199	689082	475818
2963375	1765269	217478	1982746	980628	634757
435024	179478	125550	305028	129997	113053
1844317	292200	598983	891183	953134	603376
1047658	75259	576510	651769	395888	246254
508700	67821	22395	90215	418485	217122
287959	149120	78	149199	138761	140000
83213367	**46310767**	**17414112**	**63724879**	**19488488**	**9148558**
30575272	14833991	7689707	22523697	8051575	2217601
334736	215571	441	216012	118725	50194
46722784	28207710	9284753	37492463	9230321	5543413
4619385	2818952	365060	3184012	1435373	907154
961191	234543	74153	308696	652495	430196
83213367	**46310767**	**17414112**	**63724879**	**19488488**	**9148558**
1715067	1022666	210218	1232884	482183	381439
7610604	4056230	1307314	5363543	2247061	616943
14633964	5660799	4880860	10541660	4092305	656658
5007348	2900420	448281	3348701	1658648	584312
48913372	29964450	8995131	38959581	9953791	6497791
5333013	2706203	1572309	4278512	1054501	411415

指　　标	营业收入	主营业务收入	土地转让收　入	商品房屋销售收入
按登记注册类型分	**13337957**	**11922199**	**1317**	**11153587**
内资企业	11953852	10601901	1317	9852440
国有企业	123660	117792		114056
集体企业				
国有独资公司	625279	498136		133848
其他有限责任公司	7559910	6531521	1317	6221782
股份有限公司	214309	212115		191744
私营独资企业				
私营合伙企业				
私营有限责任公司	3428381	3240025		3189244
私营股份有限公司	2312	2312		1767
其他企业				
港澳台商投资企业	1176830	1121764		1103698
与港澳台商合资经营企业	208093	183573		183573
与港澳台商合资合作经营企业				
港澳台商独资经营企业	822776	792231		774165
其他港澳台投资	145961	145961		145961
外商投资企业	207276	198535		197449
中外合资经营企业	158155	149414		149414
外资企业	49121	49121		48036
其他外商投资				
按控股情况分	**13337957**	**11922199**	**1317**	**11153587**
国有控股	2186019	1700873	251	1189604
集体控股	107532	106158		106158
私人控股	10103179	9237748	1066	8999557
港澳台商控股	883365	828300		810234
外商控股	57862	49121		48036
其他				
按资质等级分	**13337957**	**11922199**	**1317**	**11153587**
一级	318664	316130		292418
二级	638500	512910		483609
三级	984062	972851		621456
四级	757040	741866		718476
暂定	9472342	8259064	1066	7941195
其他	1167350	1119377	251	1096433

(2021年)

单位:万元

自持物业收入	房屋出租收入	其他收入	营业成本	#主营业务成本	营业税金及附加	其他业务利润
110392	**99051**	**656903**	**10392178**	**9469645**	**421364**	**-10741**
107129	96656	641015	9535242	8627739	341951	-10741
2837	2837	898	102641	101414	5819	800
					38	
13145	7838	351143	550991	525071	18848	6372
52471	48727	255951	6030978	5332707	180984	-21114
		20372	159602	158349	17813	1081
					99	
38130	36708	12651	2690319	2509487	118149	2120
546	546		712	712	202	
2395	2395	15671	712255	699284	76134	
			145749	135375	23995	
2395	2395	15671	554911	552313	48058	
			11595	11595	4082	
868		217	144682	142622	3278	
			109034	106974	1796	
868		217	35648	35648	1308	
					174	
110392	**99051**	**656903**	**10392178**	**9469645**	**421364**	**-10741**
38548	30683	472470	1720386	1443972	48971	9373
			84517	83619	588	
68582	65973	168544	7964185	7333942	305362	-20114
2395	2395	15671	585383	572465	64886	
868		217	37707	35648	1556	
110392	**99051**	**656903**	**10392178**	**9469645**	**421364**	**-10741**
7658	7496	16055	253500	249993	7226	3421
12656	11787	16646	447968	426498	66162	2576
13231	8180	338165	837561	833994	39268	5958
2903	2903	20487	561035	546804	27141	-24083
65835	60995	250968	7390364	6517323	273030	1344
8111	7689	14582	901751	895032	8537	42

指标	销售费用	管理费用	财务费用			营业利润
				#利息收入	利息支出	
按登记注册类型分	**473449**	**284710**	**223864**	**30371**	**123533**	**1512828**
内资企业	431329	249583	191792	25064	119001	1271342
国有企业	5861	6304	-557	766	11	6779
集体企业	2306	467	-1	-2		-2809
国有独资公司	1270	19839	58325	9146	36167	20952
其他有限责任公司	244062	110079	75663	12737	37187	888905
股份有限公司	9315	4439	619	153	-25	33773
私营独资企业	1929	600	53	31	2	-3188
私营合伙企业						
私营有限责任公司	165711	105686	54985	2231	42951	331705
私营股份有限公司	877	2170	2706	3	2707	-4774
其他企业						
港澳台商投资企业	37335	27160	31424	2305	1312	200991
与港澳台商合资经营企业	16519	11897	2006	812	558	8167
与港澳台商合资合作经营企业						
港澳台商独资经营企业	18351	15200	29560	1492	895	172767
其他港澳台投资	2465	63	-141		-141	20057
外商投资企业	4784	7967	648	3002	3220	40494
中外合资经营企业	1522	4666	2607	77	2247	37101
外资企业	2061	2807	-1830	2787	970	5132
其他外商投资	1201	494	-130	137	3	-1738
按控股情况分	**473449**	**284710**	**223864**	**30371**	**123533**	**1512828**
国有控股	49958	64687	71881	18265	39516	312459
集体控股	6025	4978	231	6	236	11213
私人控股	387152	187197	119730	7533	79598	1016741
港澳台商控股	26918	21645	31826	1551	963	169012
外商控股	3395	6202	195	3017	3220	3403
其他						
按资质等级分	**473449**	**284710**	**223864**	**30371**	**123533**	**1512828**
一级	7965	9517	26844	1768	276	28420
二级	14441	27793	27840	7228	7031	86469
三级	31143	31192	31511	10638	36058	30896
四级	48613	17121	3143	151	2164	98076
暂定	355295	185830	126765	9759	72454	1043328
其他	15990	13257	7761	827	5551	225640

(2021年)

单位:万元

营业外收入	营业外支出	利润总额	应交增值税	本年应付职工薪酬	所得税费用	资产减值损失	公允价值变动收益	投资收益
26150	**25838**	**1452941**	**411380**	**239431**	**227603**	**27899**	**-5174**	**72101**
24851	24899	1211096	368095	215903	174725	27924	-1378	57742
670	5305	3115	2490	6073	3538	236	100	3299
0		-2809	434	328				
1468	2783	3200	27004	12656	4148	2565		13413
12277	8255	884483	242002	114474	116145	11811	-1478	25162
5	377	33401	2546	2999	142			11100
20	118	-3286		1258	-514	508		
10411	8057	297771	93503	76875	52129	12803	0	5351
	4	-4778	115	1240	-864			-582
1012	438	201565	29301	19276	44456		1666	14359
541	302	8405	7707	8824	4642			235
459	130	173096	8455	8953	33917		1666	14125
12	6	20064	13139	1499	5897			
287	501	40280	13985	4253	8423	-25	-5463	
65	444	36722	13549	1512	8872		-1428	
158	58	5233	436	1376	-14	-25	-4035	
64		-1675		1365	-436			
26150	**25838**	**1452941**	**411380**	**239431**	**227603**	**27899**	**-5174**	**72101**
6587	10963	293216	107228	46973	32849	4839	31	49729
233	12	11434	1439	6205	3402			
18148	14395	975162	289177	170283	157072	23084	-1409	8013
958	399	169571	13012	13230	34730		1666	14359
224	69	3558	525	2741	-449	-25	-5463	
26150	**25838**	**1452941**	**411380**	**239431**	**227603**	**27899**	**-5174**	**72101**
6894	89	35225	8300	7618	829		1666	10640
1046	5635	59887	23379	14360	10341	40	-4035	5011
1379	4600	26135	36052	19259	11333	-588	-69	11476
1626	1023	103644	28668	20948	21379			202
11314	13460	1001344	306091	168452	147649	27838	-2836	43547
3892	1031	226706	8891	8795	36072	609	100	1225

17-4 房地产企业

指　　标	本年资金来源合计	上年末结余资金	本年资金来源小计
按登记注册类型分	**17412738**	**4550215**	**12862523**
内资企业	15468606	4170645	11297961
国有企业	258624	6352	252272
集体企业	25816	80	25736
国有独资公司	806557	135084	671473
其他有限责任公司	8589608	2742472	5847136
股份有限公司	93117	12959	80158
私营独资企业	98369	1520	96849
私营合伙企业			
私营有限责任公司	5589268	1266369	4322899
私营股份有限公司	7247	5809	1438
其他企业			
港澳台商投资企业	1484567	293785	1190782
与港澳台商合资经营企业	485752	184026	301726
与港澳台商合资合作经营企业			
港澳台商独资经营企业	762985	73288	689697
其他港澳台投资	235830	36471	199359
外商投资企业	459565	85785	373780
中外合资经营企业	3466	2428	1038
外资企业	100420	83357	17063
其他外商投资	355679		355679
按控股情况分	**17412738**	**4550215**	**12862523**
国有控股	2795967	665399	2130568
集体控股	98427	6971	91456
私人控股	13124089	3690575	9433514
港澳台商控股	937102	103897	833205
外商控股	457153	83373	373780
其他			
按资质等级分	**17412738**	**4550215**	**12862523**
一级	109026	19465	89561
二级	906706	190815	715891
三级	703269	163463	539806
四级	592467	136571	455896
暂定	14035745	3850375	10185370
其他	1065525	189526	875999

资金和土地情况（2021年）

单位:万元

国内贷款			利用外资	自筹资金
	银行贷款	非银行金融机构贷款		
1798038	**1560021**	**238017**	**44780**	**4123901**
1677433	1439416	238017		3548700
				101686
4500	4500			
79922	40000	39922		95705
721577	617122	104455		1920019
29674	29674			47375
73000	73000			
768760	675120	93640		1383915
120605	120605		44780	325833
49690	49690		44780	157463
415	415			168370
70500	70500			
				249368
				1038
				2700
				245630
1798038	**1560021**	**238017**	**44780**	**4123901**
164859	124937	39922		694628
8500	8500			42100
1624264	1426169	198095		2891100
415	415		44780	246705
				249368
1798038	**1560021**	**238017**	**44780**	**4123901**
				54543
166582	126660	39922		277668
20504	20504			184542
55868	55868			102345
1534423	1336328	198095	44780	3217821
20661	20661			286982

指　　标	本年资金来源小计		
	定金及预收款	个人按揭贷款	其他资金来源
按登记注册类型分	**3887496**	**2839538**	**168770**
内资企业	3436114	2470678	165036
国有企业	130135	10911	9540
集体企业	15725	5511	
国有独资公司	368555	104028	23263
其他有限责任公司	1768034	1339004	98502
股份有限公司		2409	700
私营独资企业	21849	2000	
私营合伙企业			
私营有限责任公司	1130378	1006815	33031
私营股份有限公司	1438		
其他企业			
港澳台商投资企业	385551	310279	3734
与港澳台商合资经营企业	40054	9739	
与港澳台商合资合作经营企业			
港澳台商独资经营企业	299717	217461	3734
其他港澳台投资	45780	83079	
外商投资企业	65831	58581	
中外合资经营企业			
外资企业	3723	10640	
其他外商投资	62108	47941	
按控股情况分	**3887496**	**2839538**	**168770**
国有控股	791711	435128	44242
集体控股	17568	14563	8725
私人控股	2702015	2104066	112069
港澳台商控股	310371	227200	3734
外商控股	65831	58581	
其他			
按资质等级分	**3887496**	**2839538**	**168770**
一级	10088	24930	
二级	238359	28228	5054
三级	189064	143428	2268
四级	176206	118776	2701
暂定	2905996	2361017	121333
其他	367783	163159	37414

(2021年)

单位:万元

本年各项应付款合计	#工程款	待开发土地面积(平方米)	本年购置土地面积(平方米)	本年土地成交价款
3194154	**2001907**	**2130909**	**586391**	**602422**
2947087	1845714	2089505	408148	351034
41229	36486			
12177	3770			
103054	83986			
1751986	1168175	1545145	283186	269573
3950	3950			
1034691	549347	544360	124962	81461
237823	148645	34050	41849	71813
101633	60081	34050	41849	71813
66326	18700			
69864	69864			
9244	7548	7354	136394	179575
2553	857			
1367	1367	7354		
5324	5324		136394	179575
3194154	**2001907**	**2130909**	**586391**	**602422**
436920	276194	592385		
23230	9990	8530		
2600851	1630254	1488590	408148	351034
126004	78320	34050	41849	71813
7149	7149	7354	136394	179575
3194154	**2001907**	**2130909**	**586391**	**602422**
65436				
157856	115115	23000		
144640	96487	391354		
142147	131227			
2500495	1568719	1716555	466915	476336
183580	90359		119476	126086

17-5 各地区房地产开发

指　　标	全　市	东湖区	西湖区	青云谱区	青山湖区
企业个数(个)	**586**	**27**	**48**	**44**	**29**
投资比去年增长(%)	**0.4**	**-9.5**	**-36.4**	**24.2**	**35.9**
按构成分					
建筑工程	10.7	-11.3	-20.1	56.3	14.7
安装工程	3.0	11.0	-9.4	-52.6	4.8
设备工器具购置	-19.4	-31.2	-5.6	-40.2	-58.9
其他费用	-11.8	-8.3	-66.2	-1.6	81.9
#土地购置费	-18.7	3.7	-66.2	-8.3	70.7
按工程用途分					
住　宅	5.6	-7.4	-33.9	28.2	41.7
#90平方米及以下住房	7.8	-88.0	-75.4	150.9	4.7
办公楼	-16.6		31.1	-16.0	45.8
商业营业用房	-12.6	30.5	-44.8	14.1	-14.2
其　他	-4.6	-68.2	-77.2	44.7	47.3
本年新增固定资产(万元)	**2723320**	**36592**	**67746**	**356486**	**40926**
房屋施工、竣工和销售、出租情况					
房屋施工面积(平方米)	**59270959**	**1090686**	**2200922**	**3947896**	**1824546**
住　宅	40978828	527030	1266440	2784882	1326422
#90平方米及以下住房	9662401	87830	66627	311011	480479
办公楼	4294896	217237	243778	169170	195481
商业营业用房	6190899	166590	234781	340808	121730
其他	7806336	179829	455923	653036	180913
房屋新开工面积(平方米)	**12415271**	**211377**	**507170**	**803821**	**174532**
住　宅	9017557	61228	317089	656385	143297
#90平方米及以下住房	1401095		24010	33984	55641
办公楼	837861	135070	28484	18048	21719
商业营业用房	890753	15079	20639	42462	2173
其　他	1669100		140958	86926	7343

和经营指标（2021年）

新建区	红谷滩区	南昌县	安义县	进贤县	经济开发区	高新开发区	湾里管理局
38	**76**	**116**	**12**	**51**	**56**	**54**	**35**
-7.5	**-10.1**	**-12.6**	**66.2**	**33.5**	**29.9**	**1.9**	**-26.5**
82.6	-1.2	2.3	66.1	-0.1	41.2	0.1	-21.9
19.0	47.6	-30.7	23.6	-20.0	-29.5	19.0	-82.4
-37.5	-2.8	-26.6	-40.9	278.9	-40.4	5.4	-89.5
-66.0	-35.2	-24.2	91.4	95.7	51.5	0.0	-32.5
-79.6	-36.9	-31.4	93.0	11.7	44.3	-1.1	-30.7
-6.0	5.7	-18.6	90.1	25.2	42.9	-5.3	-13.6
0.1	49.2	-15.7	24269.1	1128.5	44.8	-68.7	-17.6
15.9	-31.2	55.8	4306.7		-38.4	14.4	1466.4
22.6	-28.9	-1.4	90.8	225.2	-17.7	13.5	-63.6
-26.5	-31.9	62.9	-22.9	4170.8	271.3	73.2	-81.4
52901	**861967**	**640888**	**182485**	**31157**	**114905**	**135837**	**201430**
7191517	**13271978**	**9774185**	**1453921**	**2746232**	**5085379**	**7634882**	**3048815**
5758924	8749999	7426429	1097935	2320438	3663833	3719715	2336781
1061693	3083260	1872340	158893	412177	1190738	253480	683873
436633	1407573	56509	20010	2512	276523	1200385	69085
341056	1706031	1090540	78885	218123	333028	1360650	198677
654904	1408375	1200707	257091	205159	811995	1354132	444272
2663869	**2823173**	**1832357**	**435821**	**557972**	**1109541**	**997750**	**297888**
1966827	2013261	1489952	321527	390254	810646	594074	253017
254201	273435	261563	123306	31921	251968	22000	69066
278507	223112	8550	19870		22914	69361	12226
69289	257985	120859	42518	69156	99890	149191	1512
349246	328815	212996	51906	98562	176091	185124	31133

指　　　　标	全　市	东湖区	西湖区	青云谱区	青山湖区
房屋竣工面积(平方米)	**6283681**	**90599**	**163452**	**922633**	**79880**
住　宅	4078922	88160	106367	697384	5010
#90平方米及以下住房	1033734			88256	
办公楼	585520		55114	13646	30000
商业营业用房	541579	2439	1456	110661	32670
其　他	1077660		515	100942	12200
竣工房屋价值(万元)	**2059035**	**36592**	**67745**	**293638**	**21936**
住　宅	1304614	35351	31396	239234	1424
#90平方米及以下住房	314489			28328	
办公楼	234239		35759	3843	7500
商业营业用房	188645	1241	436	23395	9474
其　他	331537		154	27166	3538
商品房销售面积(平方米)	**20194934**	**239289**	**518394**	**830819**	**434603**
住　宅	15622908	188614	417655	697138	324349
#90平方米及以下住房	3340084	7391	11946	78317	102345
办公楼	1585493	43757	42167	54420	92476
商业营业用房	1882926	6918	23900	68100	13072
其　他	1103607		34672	11161	4706
商品房销售额(万元)	**20762689**	**355022**	**882140**	**1034231**	**463927**
住　宅	16522776	304546	751419	873625	389084
#90平方米及以下住房	3640342	11469	21807	87004	122800
办公楼	1442015	35060	38024	48519	61370
商业营业用房	1909553	15416	50025	102027	9233
其　他	888345		42672	10060	4240
商品房待售面积(平方米)	**1199246**	**45181**	**20113**	**98582**	**45015**
住　宅	351085	17750	15709	46200	6816
#90平方米及以下住房	75017	315	316	39904	64
办公楼	210198			1200	4339
商业营业用房	497142	27431	2636	50982	22203
其　他	140821		1768	200	11657

（2021年）

新建区	红谷滩区	南昌县	安义县	进贤县	经济开发区	高新开发区	湾里管理局
141961	**1326063**	**1689192**	**478905**	**50086**	**338374**	**450096**	**552440**
73673	831194	1380053	298873	50086	36158	21383	490581
	340643	430165	7682		36158		130830
68288	83929	8550			78822	247171	
	134716	157034	2169		43887	43355	13192
	276224	143555	177863		179507	138187	48667
38861	**505942**	**492301**	**159374**	**13886**	**113832**	**122507**	**192421**
29839	247536	397997	118931	13886	10485	4600	173935
	100526	121968	3610		10485		49572
9022	40804	1466			58025	77820	
	74193	44193	1031		15563	14702	4417
	143409	48645	39412		29759	25385	14069
2606272	**5050688**	**4507974**	**834005**	**1148966**	**2168118**	**1319166**	**536640**
2284829	3366145	3888595	646269	1085585	1299614	897741	526374
393161	1166678	763482	182049	94866	364392	60744	114713
144417	734460	66540	140	451	319928	86737	
142283	665055	463931	24283	40399	262796	161923	10266
34743	285028	88908	163313	22531	285780	172765	
2262396	**6460587**	**4150323**	**574678**	**648727**	**2050235**	**1363459**	**516964**
2064718	4588420	3551183	504884	609077	1317461	1057542	510817
359083	1519710	755475	162239	69397	354191	72391	104776
92463	825393	36784	98	172	235181	68951	
100629	683522	496709	23347	30728	244085	147685	6147
4586	363252	65647	46349	8750	253508	89281	
4369	**164209**	**371805**	**20225**	**49678**	**58195**	**263283**	**58591**
2126	98104	58135	973	16882	35768	5046	47576
1126	20136	2795					10361
	11759	1337			1050	190513	
2243	54346	228812		32796	21377	43301	11015
		83521	19252			24423	

主要统计指标解释

房地产开发投资 是指房地产开发公司、商品房建设公司及其他房地产开发法人单位和附属于其他法人单位实际从事房地产开发或经营的活动单位统一开发的包括统筹待建、拆迁还建的住宅、厂房、仓库、饭店、宾馆、度假村、写字楼、办公楼等房屋建筑物和配套的服务设施，土地开发工程（如道路、给水、排水、供电、供热、通讯、平整场地等基础设施工程）的投资；不包括单纯的土地交易活动。

房地产开发投资按工程用途分 房地产开发投资按工程用途分为住宅、办公楼、商业营业用房和其他；住宅按照户型结构可以划分为90平方米以下住房、144平方米以上住房等。

(1)住宅：指专供居住的房屋，包括别墅、公寓、职工家属宿舍和集体宿舍（包括职工单身宿舍和学生宿舍）等，但不包括住宅楼中作为人防用、不住人的地下室等。

(2)90平方米以下住房：指在房地产开发企业（单位）投资建设的商品住宅中，套型建筑面积不超过90平方米（包括90平方米）的住房。

(3)144平方米以上住房：指在房地产开发企业（单位）投资建设的商品住宅中，套型建筑面积超过144平方米（不包括144平方米）的住房。

(4)办公楼：指企业、事业、机关、团体、学校、医院等单位使用的各类办公用房（又称写字楼）。

(5)商业营业用房：指商业、粮食、供销、饮食服务业等部门对外营业的用房，如度假村、饭店、商店、门市部、粮店、书店、供销店、菜店、加油站、日杂等房屋。

(6)其他：凡不属于上述各项用途的房屋建筑物，如中小学教学用房、托儿所、幼儿园、图书馆、体育馆等。

房屋建筑面积 房屋建筑面积是从房屋建筑物勒脚以上外墙外围的水平截面积，包括房屋建筑物的有效面积和结构面积，包括房屋结构（如柱、墙）占用的面积和地下室面积。多层建筑按各自然层面积计算，包括房屋内的楼隔层，突出墙面的眺望间、门斗、有柱雨罩的面积。不包括突出墙面结构的构件、艺术装饰等所占的面积，如台阶等。凹阳台、桃台按其水平投影面积一半计算建筑面积。

施工面积 是指报告期内施工的全部房屋建筑面积。包括本期新开工的面积和上期开工跨入本期继续施工的房屋面积，以及上期已停建在本期恢复施工的房屋面积。

新开工面积 指报告期内新开工建设的房屋面积，以单位工程为核算对象。不包括在上期开工跨入报告期继续施工的房屋建筑面积和上期停缓建而在本期复工的建筑面积。房屋的开工面积指整栋房屋的全部建筑面积，不能分割计算。

竣工面积 指报告期内房屋建筑按照设计要求已全部完工，达到住人和使用条件，经验收鉴定合格或达到竣工验收标准，可正式移交使用单位的各栋房屋建筑面积的总和。

销售面积 指报告期内出售商品房屋的合同总面积（即双方签署的正式买卖合同中所确定的建筑面积）。由现房销售面积和期房销售面积两部分组成。

待售面积 指报告期末已竣工的可供销售或出租的商品房屋建筑面积中，尚未销售或出租的商品房屋建筑面积，包括以前年度竣工和本期竣工的房屋面积，但不包括报告期已竣工的拆迁还建、统建代建、公共配套建筑、房地产公司自用及周转房等不可销售或出租的房屋面积。

十八、科技·教育·文化

SCI-TECH, EDUCATION AND CULTURE

本篇内容包括:

1. 科技事业情况
2. 教育事业情况
3. 文化事业情况

高等学校在校学生数

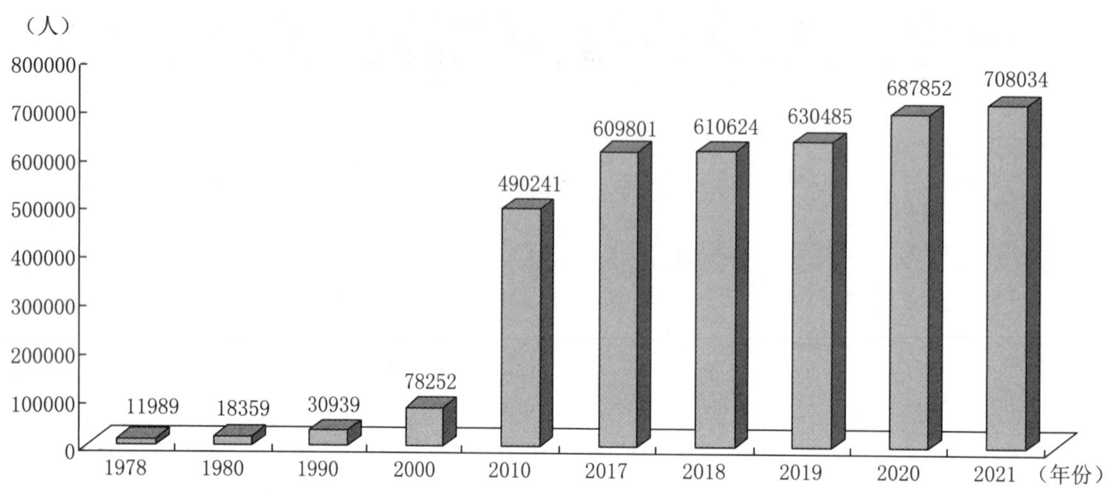

中等专业学校在校学生数

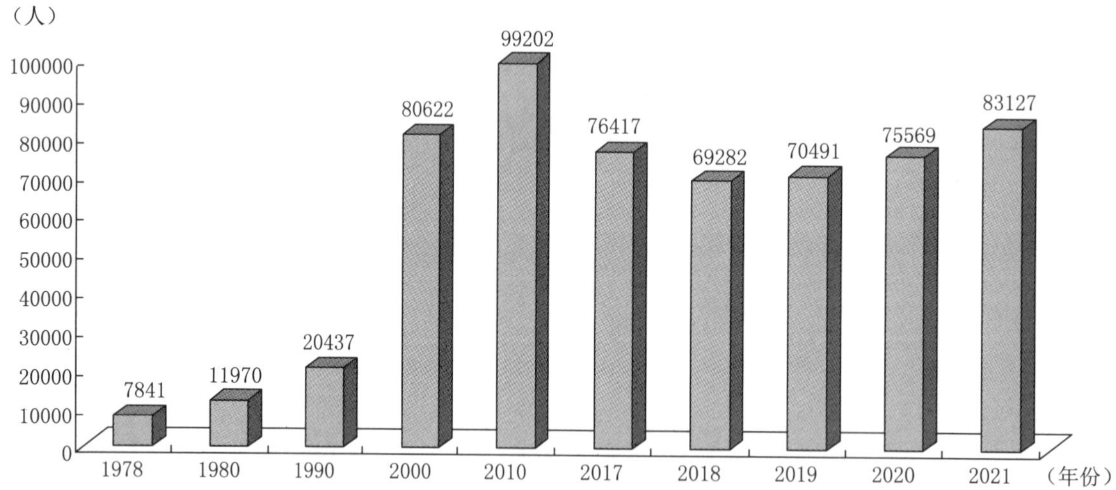

18-1 R&D 经费内部支出

年　份	R&D经费内部支出(亿元)		R&D经费内部支出与GDP比值(%)
		规上工业企业	
2010	42.89	25.96	1.94
2011	44.20	28.14	1.64
2012	46.74	30.03	1.56
2013	53.54	33.11	1.58
2014	59.41	39.72	1.60
2015	63.72	43.35	1.59
2016	71.42	50.49	1.62
2017	81.02	56.78	1.68
2018	89.65	61.81	1.70
2019	101.24	70.26	1.81
2020	111.77	70.01	1.95
2021	128.16	75.96	1.93

18-2 规模以上工业企业研究与试验发展情况

指　　标	2020年	2021年
企业基本情况		
企业数(个)	1644	1863
#有R&D活动企业数	461	552
#有研发机构企业数	218	259
R&D人员情况		
R&D人员合计(人)	23788	24165
R&D人员折合全时当量合计(人年)	16227	16145
R&D经费支出情况		
R&D经费内部支出合计(万元)	700102	759643
R&D经费外部支出合计(万元)	26021	57969
企业办研发机构情况		
期末机构数(个)	284	305
机构人员合计(人)	14229	17287
机构经费支出(万元)	544916	794213
科技活动产出及相关情况		
自主知识产权情况		
专利申请数(件)	6609	6372
#发明专利	1995	2391
期末有效发明专利数(件)	6708	7704
新产品开发、生产及销售情况		
新产品开发项目数(项)	4002	4652
新产品开发经费支出(万元)	1016776	995590
新产品销售收入(万元)	16998859	18564166
其他情况		
发表科技论文(篇)	660	707
期末拥有注册商标(件)	3897	4893
形成国家或行业标准(项)	102	83

18-3　技术市场基本情况（2021年）

指　　标	登记合同数（份）	合同成交总金额（万元）	#技术交易额	所含卖方数量（份）
合　计	**3278**	**1067007.83**	**661206.14**	**3243**
技术开发	840	86566.52	79610.24	826
技术转让	133	61670.60	61760.53	119
技术咨询	573	23954.31	23287.43	573
技术服务	1732	894816.40	496637.94	1727

注：本表数据由市科技局提供。

18-4　专利申请受理量和授权量（2021年）

单位：项

项　　目	专利授权量				发　明有效量
	合计	发明	实用新型	外观设计	
合　　计	**23800**	**2667**	**19039**	**2094**	**10018**
个　　人	3358	126	2406	826	642
大专院校	5277	1102	3843	332	3177
科研机构	731	295	413	23	841
企　　业	14022	1114	12003	905	5273
事业单位	412	30	374	8	85

注：本表数据由市市场监督管理局提供。

18-5 主要年份地方企事业单位专业技术人员

（事业单位、公有经济企业专业技术人才）

项 目	2005	2010	2015	2017	2018	2019	2020	2021
总 计	**66232**	**70169**	**77034**	**76784**	**58390**	**57651**	**64386**	**16343**
工程技术人员	8152	8687	15437	14841	2704	2354	12017	12643
农业技术人员	1114	1278	1284	1160	850	753	781	164
科学研究人员	117	109	99	137	137	255	263	57
卫生技术人员	8981	9467	9884	9505	9162	9348	12234	43
教学人员	35188	40632	40127	40645	41411	40326	36853	420
其他人员								3016

注：1.表18-5至表18-9数据由市人社局提供。

2.表18-5至表18-9中2021年数据只含公有经济企业专业技术人才基本情况。

18-6 公有经济企业专业技术人员基本情况（2021年）

项 目	合 计		平均每万人口专业技术人员（人）	平均每万在岗职工专业技术人员（人）
	人数（人）	比重（%）		
总 计	**16343**	**100.0**	**25**	**162**
工程技术人员	12643	77.4	20	125
农业技术人员	164	1.0	0	2
科学研究人员	57	0.3	0	1
卫生技术人员	43	0.3	0	0
教学人员	420	2.6	1	4
其他人员	3016	18.5	5	30

18-7　专业技术人员学历、年龄状况（2021年）

（公有经济企业专业技术人才）　　　　单位：人

项　　目	合　计	工　程 技术人员	农　业 技术人员	科　学 研究人员	卫　生 技术人员	教学人员	其他人员
总　计	**16343**	**12643**	**164**	**57**	**43**	**420**	**3016**
按学历分							
研究生	1558	1221	3	1	2	36	295
大学本科	8895	6898	27	55	15	252	1648
大学专科	3434	2384	77	1	22	127	823
中专	808	636	40		2	3	127
高中及以下	1648	1504	17		2	2	123
按年龄分							
35岁及以下	7424	5983	15		9	82	1335
36岁至40岁	2615	2129	18	55	7	75	331
41岁至45岁	2451	1915	15	1	6	86	428
46岁至50岁	1722	1212	26		7	99	378
51岁至54岁	1124	742	42	1	5	50	284
55岁及以上	1007	662	48			28	260

18-8　专业技术人员职务状况（2021年）

（公有经济企业专业技术人才）　　　　单位：人

项　　目	合　计	高级职务	#正高级职务	中级职务	初级职务	未聘任专业 技术职务
总　计	**16343**	**1154**	**95**	**4696**	**6644**	**3849**
按学历分						
研究生	1558	248	34	889	241	180
大学本科	8895	829	60	2497	3743	1826
大学专科	3434	68	1	876	1531	959
中专	808	5		84	481	238
高中及以下	1648	4		350	648	646
按年龄分						
35岁及以下	7424	78		1669	3497	2180
36岁至40岁	2615	202	4	842	1087	484
41岁至45岁	2451	197	10	722	911	621
46岁至50岁	1722	221	23	676	543	282
51岁至54岁	1124	201	25	443	324	156
55岁及以上	1007	255	33	344	282	126

18-9 专业技术人员行业状况（2021年）

（公有经济企业专业技术人才）

单位：人

指　　标	合　　计
总　　计	**16343**
农林牧渔业	177
采矿业	
制造业	8272
电力、燃气及水的生产和供应业	1105
建筑业	3095
交通运输、仓储和邮政业	73
信息传输、软件和信息技术服务业	1501
批发和零售业	25
住宿和餐饮业	31
金融业	244
房地产业	284
租赁和商务服务业	774
科学研究、技术服务业	437
水利、环境和公共设施管理业	165
居民服务、修理和其他服务	6
教　育	
卫生和社会工作	
文化体育和娱乐业	154
公共管理、社会保障和社会组织	

18-10　各类全日制学校基本情况（2021年）

单位：人

项　　目	学校数（个）	招生数	毕业生	在校学生	教职员工	#专任教师
合　　计	**852**	**458412**	**371108**	**1616085**	**109517**	**91065**
普通高等学校	49	218469	163495	708034	50149	36273
普通中等学校	27	31324	21588	83127	3091	2172
技工学校	21	14220	7292	32741	2088	1577
普通中学	312	110204	104209	329182	34671	32452
职业高中	16	9816	3802	21389	1295	704
小　　学	419	74133	70503	440345	17969	17638
特教学校	8	246	219	1267	254	249

注：本表数据由市教育局、市人社局提供。

18-11 普通中学基本情况（2021年）

单位：人

类别	招生数	毕业生	在校学生数	教职员工数	#专任教师
合计	**110204**	**104209**	**329182**	**34671**	**32452**
#女性	50457	46748	149696	22762	21543
按城乡分					
城市	64883	59763	191694	20486	19128
县镇	39766	37113	118729	11774	11232
农村	5555	7333	18759	2411	2092
按层次分					
初中	70266	69378	211499	20832	20142
城市	39787	36899	117557	10645	10245
县镇	25699	25837	77465	8306	8069
农村	4780	6642	16477	1881	1828
高中	39938	34831	117683	13839	12310
城市	25096	22864	74137	9841	8883
县镇	14067	11276	41264	3468	3163
农村	775	691	2282	530	264
按地区分					
市区	69709	64122	205808	22786	21318
南昌县	21088	18309	61978	6102	5819
安义县	4383	4525	13886	992	949
进贤县	15024	17253	47510	4791	4366
按部门分					
教育部门办	86885	87124	263725	27740	27110
社会力量办	23178	16821	64869	6741	5190
其他部门办	141	264	588	190	152

注：本表数据由市教育局提供。

18-12 职业高中基本情况（2021年）

单位：人

类　别	招生数	毕业生	在校学生数	教职员工数	#专任教师
合　计	**9816**	**3802**	**21389**	**1295**	**704**
#女　性	3633	1350	7410	637	345
按城乡分					
城　市	2330	949	5593	528	236
县　镇	7486	2853	15796	767	468
农　村					
按部门分					
教育部门办	2869	273	4516	190	161
社会力量办	6908	3418	16648	1071	510
其他部门办	39	111	225	34	33

注：本表数据由市教育局提供。

18-13 小学、特殊教育学校基本情况（2021年）

单位：人

类别	招生数	毕业生	在校学生数	教职员工数	#专任教师
一、小学	**74133**	**70503**	**440345**	**17969**	**17638**
#女性	34386	32410	203146	13765	13573
按城乡分					
城　市	45890	38864	258587	9074	8892
县　镇	23351	24060	145643	5199	5083
农　村	4892	7579	36115	3696	3663
按县、区分					
市　区	49956	43785	285291	10820	10626
南昌县	15443	14222	92651	3718	3624
安义县	2228	3083	16248	1154	1128
进贤县	6506	9413	46155	2277	2260
按部门分					
教育部门	68327	64003	405143	17285	17071
社会力量办	5462	6140	33097	561	448
其他部门办	344	360	2105	123	119
二、特殊教育					
特教学校	246	219	1267	254	249

注：本表数据由市教育局提供。

18-14 幼儿园基本情况（2021年）

单位：人

类　别	幼儿园（个）	在园幼儿	教职员工数	#教　师
总　计	**1150**	**202283**	**26597**	**14916**
#女　性	—	92989	25450	14785
按城乡分				
城　市	551	113942	16303	8939
县　镇	429	76255	9070	5274
农　村	170	12086	1224	703
按部门分				
教育部门和集体办	322	83610	9669	5564
社会力量办	700	89226	12702	6946
其他部门办	128	29447	4226	2406

注：本表数据由市教育局提供。

18-15 广播电视情况（2021年）

项　目	2021
一、广播	
1.广播电台(座)	3
2.中短波发射台和转播台(座)	1
3.调频广播台和传输台(座)	2
4.广播覆盖率(%)	100.0
二、电视	
1.电视台(座)	6
2.电视转播发射台和差转台(座)	2
3.卫星电视地面站(个)	
4.全年自制电视节目(小时)	3249
5.电视覆盖率(%)	100.0
6.有线电视用户(万户)	75.13
其中:数字电视(万户)	75.13
7.南昌农村直卫星用户(万户)	9.18

注：1.本表数据由市文广新旅局提供。
　　2.“电视”含有线电视台，不含教育台。
　　3.调频广播台和传输台包括了乡村的小调频台。

18-16　艺术剧团和剧院（2021年）

项　目	合 计	市　级	县　级
艺术表演团体			
剧团个数(个)	3	1	2
职工人数(人)	262	191	71
演出场次(场)	635	407	228
年未固定资产原值(万元)	2412.16	2044.56	367.60
当年创作首演剧目(个)	2	1	1
全年收入(万元)	6228.80	5794.80	434.00
#演出收入	91.90		91.90
全年支出(万元)	4965.50	4478.60	486.90

注:本表数据由市文广新旅局提供。

18-17　群众艺术馆和文化馆（2021年）

项　　目	合 计		
		市　　级	县　　级
群艺馆、文化馆数(个)	10	1	9
举办展览(次)	684	98	586
组织文艺活动次数(次)	11143	2592	8551
举办训练班结业人数(人次)	5193	1989	3204
公用房屋建筑面积(平方米)	46029	20000	26029
职工人数(人)	154	37	117

注:本表数据由市文广新旅局提供。

18-18　博　　物　　馆（2021年）

项　　目	合 计		
		市　　级	县　　级
博物馆(个)	28	19	9
公用房屋面积(平方米)	268500	245857	22643
藏品(件)	139024	127891	11133
陈列个数(个)	57	43	14
展览个数(个)	61	41	20
参观人次(万人次)	887.32	793.67	93.65
职工(人)	672	520	152

注:本表数据由市文广新旅局提供。

18-19 公共图书馆(2021年)

项目	合计	市级	县级
图书馆(个)	10	1	9
藏书(万册)	354.40	198.00	156.40
公用房屋建筑面积(平方米)	46334	16700	29634
发放借书证(个)	139531	51943	87588
总流通人次(万人次)	537.00	197.00	340.00
书刊外借册数(万册次)	124.00	34.00	90.00
经费支出合计(万元)	3982.00	2501.00	1481.00
#购书支出	627.10	546.00	81.10
职工(人)	154	37	117

注:本表数据由市文广新旅局提供。

主要统计指标解释

R&D　指在科学技术领域，为增加知识总量，以及运用这些知识去创造新的应用进行的系统的创造性的活动，包括基础研究、应用研究、试验发展三类活动。国际上通常采用 R&D 活动的规模和强度指标反映一国的科技实力和核心竞争力。

R&D 人员　指参与研究与试验发展项目研究、管理和辅助工作的人员，包括项目(课题)组人员，企业科技行政管理人员和直接为项目(课题)活动提供服务的辅助人员。反映投入从事拥有自主知识产权的研究开发活动的人力规模。

R&D 经费支出　指企业用于 R&D 活动的费用合计，包括人员人工费用、直接投入费用、折旧费用与长期待摊费用、无形资产摊销费用、设计费用、装备调试费用与试验费用、委托外部研究开发费用及其他费用。

期末机构数　指企业自办（或与外单位合办），管理上同生产系统相对独立（或单独核算）的专门研究开发活动机构，如企业办的技术中心、研究院所、开发中心、开发部、实验室、中试车间、试验基地等。

新产品　指采用新技术原理、新设计构思研制、生产的全新产品，或在结构、材质、工艺等某一方面比原有产品有明显改进，从而显著提高了产品性能或扩大了使用功能的产品。

专业技术人员　专门从事各种科学研究和专业技术工作的人员。从事本类职业工作的人员，一般都要求接受过系统的专业教育，具备相应的专业理论知识，并且按规定的标准条件评聘专业技术职务，以及未聘任专业技术职务，但在专业技术岗位上工作的人员。

专利　是专利权的简称，是对发明人的发明创造经审查合格 后，由专利局依据专利法授予发明人和设计人对该项发明创 造享有的专有权。包括发明、实用新型和外观设计。反映拥 有自主知识产权的科技和设计成果情况。

普通高等学校　指按照国家规定的设置标准和审批程序批 准举办的，通过全国普通高等学校统一招生考试，招收高中 毕业生为主要培养对象，实施高等教育的全日制大学、独立设置的学院和高等专科学校、高等职业学校和其他机构。

成人高等学校　指按照国家规定的设置标准和审批程序批 准举办的，通过全国成人高等学校统一招生考试，招收具有 高中毕业或同等学历的在职从业人员为主要培养对象，利用 函授、业余、脱产等多种形式对其实施高等学历教育的学校。 包括职工高等学校、农民高等学校、管理干部学院、教育学 院、独立函授学院、广播电视大学、其他机构等。其他机构 是承担国家成人招生计划任务不计校数的机构。

文化事业机构　指从事专业文化工作和为专业文化工作服务的独立建制的单位。不包括这些单位另外举办独立核算的 其他机构和各部门的业余文化组织。该指标主要反映文化事 业机构发展规模水平。

艺术表演团体　指从事戏曲、音乐、舞蹈、杂技等专业艺术表演，有独立帐户的单位，不包括半工半艺、半农半艺和民间职业剧团。该指标主要反映专业艺术表演团体发展规模水平。

艺术表演观众人数　指售票、包场演出或民族地区免费演出 的艺术表演观众人次数，不包括彩排审查和内部观摩演出的观看人次数。该指标主要反映观看专业艺术表演团体演出的效益规模。

十九、卫生·体育·其他

PUBLIC HEALTH, SPORTS AND OTHERS

本篇内容包括:

1. 医疗卫生事业情况
2. 体育事业
3. 婚姻情况
4. 民政事业
5. 社会保险情况
6. 司法情况
7. 交通事故、火灾事故、职工伤亡事故

卫生技术人员数

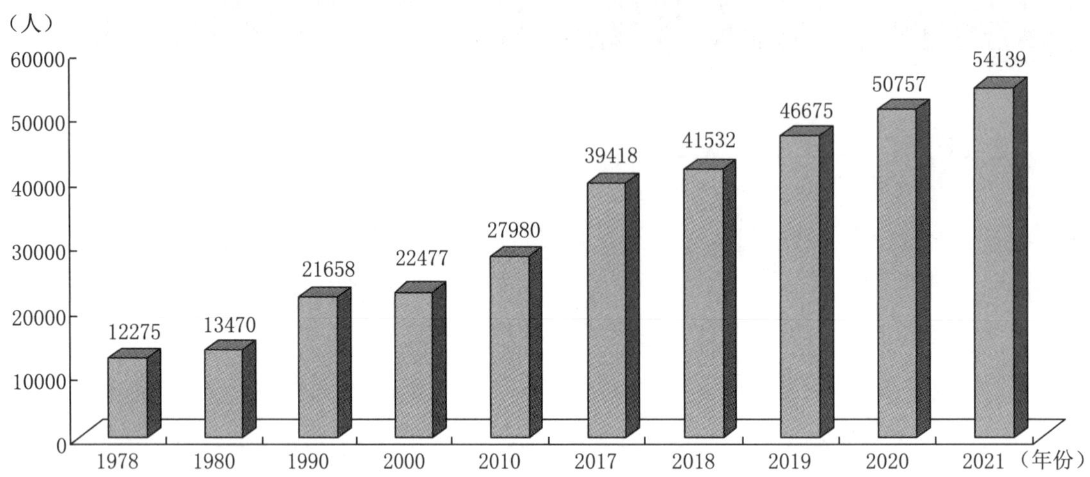

医疗卫生机构病床数

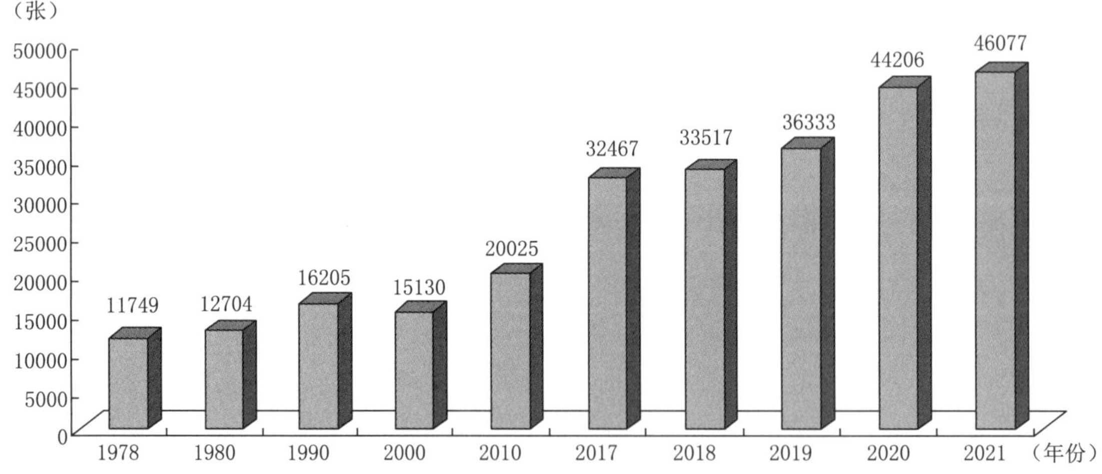

19-1 卫生机构、床位、人员数（2021年）

类　　别	机构数(个)	床位数(张)	人员数(人)	#卫生技术人　员	#医　　生	注册护士
总　　计	**2715**	**46077**	**65767**	**54139**	**19133**	**26320**
一、医　　院	**139**	**40209**	**44057**	**38181**	**12370**	**20339**
#综合医院	70	25255	26367	23423	7505	12897
中医医院	10	3590	4599	3955	1490	1758
中西医结合医院	4	1222	1772	1578	575	776
专科医院	53	9993	11224	9168	2781	4875
二、基层医疗卫生机构	**2492**	**4248**	**14523**	**10723**	**5027**	**4228**
#社区卫生服务中心(站)	142	562	2546	2213	826	1018
卫生院	94	3336	3417	2820	1154	921
村卫生室	1152		3149	820	584	169
门诊部	375	350	3290	2862	1353	1293
诊所、卫生所、医务室	729		2121	2008	1110	827
三、专业公共卫生机构	**42**	**1595**	**4304**	**3528**	**1304**	**1303**
#疾病预防控制中心	12		974	767	370	117
专科医病防治院(所、站)	5	350	253	186	81	55
妇幼保健院(所、站)	10	1245	2380	2086	799	978
卫生监督所(所、站)	10		253	201		
其他	5		444	288	54	153
四、其他卫生机构	**42**	**25**	**2883**	**1707**	**432**	**450**

注：本表数据由市卫健委提供。

19-2 体　育　事　业（2021年）

项　　目	2021
一、举办综合(单项)运动会次数(次)	31
二、参加运动会人数(百人次)	1000
三、等级裁判员发展人数(人)	362
四、等级运动员发展人数(人)	411
五、参加省级及其以上和同等城市比赛次数(次)	47
六、参加比赛人数(人次)	12800
七、获得奖牌数(枚)	458
金牌	195
银牌	141

注：本表数据由市体育局提供。

19-3　市属共青团组织情况

年　　份	基层团支部(个)	共青团员(人)		专职干部(人)
			#女团员	
2000	5636	113758	47461	1402
2010	5996	127529	51038	1053
2011	6170	137326	54958	926
2012	6385	142657	57091	962
2013	8379	160177	71408	999
2014	8456	166076	73954	1026
2015	6321	171885	70792	85
2016	6319	165268	71264	189
2017	6745	159323		187
2018	7002	155257		224
2019	6371	267778		151
2020	8279	263498		119
2021	10008	254269		123

注：本表数据由共青团南昌市委提供。

19-4 主要年份妇联系统组织情况

单位：个

项　　目	2000	2011	2012	2013	2014	2015	2016	2017	2018	2019	2020	2021
城镇街道基层妇代会	792	446	440	446	497	579	675					
社区妇联								649	705	698	705	793
农村基层妇代会	1197	1037	1037	1050	1051	1154	1146	80				
农村妇联								1080	1146	1143	1148	1153
乡镇(街办)妇联(含乡级单位)	137	111	111	122	111	120	133	105	123	125	123	114
机关、事业单位妇委会	72	286	341	334	364	375	359	360	360	360	360	384

注：本表数据由市妇联提供。

19-5 主要年份工会组织情况

单位：个、万人

项　　目	2000	2011	2012	2013	2014	2015	2016	2017	2018	2019	2020	2021
工会基层组织数(含法人、行政事业单位)	1713	12879	13779	14936	16001	17016	18021	18503	18930	19361	19856	20316
已建工会组织的基层单位职工人数	37.01	78.82	80.92	82.08	85.16	86.18	87.24	91.44	93.97	96.50	97.13	97.82
已建工会组织的基层单位工会人数	33.01	65.87	67.75	68.90	71.88	72.90	73.96	78.16	80.69	83.22	85.75	88.25

注：本表数据由市总工会提供。

19-6　历届南昌市人民

项　目	一届(1954年)	二届(1956年)	三届(1958年)	四届(1960年)	五届(1963年)	六届(1965年)	七届(1968年)
代表总数	**233**	**239**	**253**	**307**	**375**	**385**	**724**
代表中							
女代表	52	49	68	77	99		
占代表总数%	22.3	20.5	27	25.1	26.4		
代表中							
少数民族代表							
占代表总数%							

注：1.本表数据由市人大常委会提供。
2.国家政治生活处于不正常的“文化大革命”时期，1968年2月18日成立了南昌市革命委员会。根据江西省人民代表表、群众组织推举的代表。

19-7　历届南昌市

项　目	一届(1955年)	二届(1958年)	三届(1959年)	四届(1962年)	五届(1963年)	六届(1965年)
委员总数	**129**	**189**	**299**	**288**	**300**	**302**
委员中						
中国共产党代表	22	47	63	81	82	87
占代表总数%	17.05	24.87	21.07	28.13	27.33	28.81
委员中						
少数民族代表	3	3	3	3	4	4
占代表总数%	2.33	1.58	1	1.04	1.33	1.32
委员中						
女性代表	20	29	54	54	58	64
占代表总数%	15.50	15.34	18.06	18.75	19.33	21.19

注：本表数据由市政协提供。

代表大会的代表人数

单位：人

八届 (1982年)	九届 (1987年)	十届 (1992年)	十一届 (1997年)	十二届 (2001年)	十三届 (2006年)	十四届 (2011年)	十五届 (2016年)	十六届 (2021年)
555	**495**	**489**	**434**	**421**	**438**	**433**	**428**	**429**
150	102	98	89	90	90	94	111	115
27	20.6	20	20.5	21.4	20.5	21.7	25.9	26.8
		8	7	8	9	7	6	8
		1.6	1.6	1.9	2.1	1.6	1.4	1.9

大会常务委员会的规定，将革命委员会作为南昌市第七届人民代表大会。七届代表构成为革命委员会成员、人民解放军代

政治协商会议的委员人数

单位：人

七届 (1982年)	八届 (1987年)	九届 (1992年)	十届 (1997年)	十一届 (2001年)	十二届 (2006年)	十三届 (2011年)	十四届 (2016年)	十五届 (2021年)
458	**405**	**413**	**403**	**405**	**419**	**427**	**422**	**424**
175	171	169	157	149	165	170	184	165
38.21	42.22	40.92	38.9	36.8	39.4	39.81	43.6	38.91
6	8	10	11	6	6	6	5	6
1.31	1.98	2.42	2.7	1.5	1.43	1.41	1.18	1.41
108	100	89	103	119	115	125	139	134
21.19	24.69	20.09	25.60	29.40	27.4	29.27	32.94	31.6

19-8　社会福利事业单位基本情况（2021年）

项　　目	院　数（个）	工作人员（人）	床　位（张）	年末在院人　　数（人）
全市总计	**122**	**1595**	**18101**	**6757**
社会福利院	4	124	872	433
儿童福利机构	1	186	500	394
民办养老服务机构	47	972	12600	4167
农村敬老院	70	313	4129	1763

注：本表数据由市民政局提供。

19-9　城镇社区服务和农村服务网络（2021年）

单位：个

地　　区	城镇社区机构数
总　　计	**921**
东 湖 区	97
西 湖 区	147
青云谱区	75
青山湖区	145
新 建 区	132
红谷滩区	92
南 昌 县	134
安 义 县	27
进 贤 县	72
湾里管理局	/

注：本表数据由市民政局提供。

19-10 享受国家补助、救济人员情况（2021年）

单位：人、户

项　　目	2021
优抚对象	
抚恤、补助优抚对象总金人数	16197
享受定期抚恤金人数	2684
享受定期补助人数	13513
城市居民最低生活保障家庭数	17125
城市居民最低生活保障人数	29556
传统救济情况	
农村居民最低生活保障家庭数	42607
农村居民最低生活保障人数	74329

注：本表数据由市民政局、市退役军人事务局提供。

19-11 婚姻登记情况（2021年）

地 区	结婚登记（人）	#复婚	离婚登记（对）
南昌市	**62608**	**5146**	**9516**
东湖区	5208	608	946
西湖区	5492	730	1171
青云谱区	3198	292	600
青山湖区	8532	530	1567
新建区	9962	632	1292
红谷滩区	4758	262	690
南昌县	13748	916	1832
安义县	2970	284	310
进贤县	7586	688	922
湾里管理局	1154	204	186

注：本表数据由市民政局提供。

19-12 婚姻登记情况(2005-2021年)

年份	结婚登记(人)	#复婚	离婚(对)
2005	29898	847	7447
2006	43424	286	8607
2007	45201	2153	9329
2008	55610	212	6747
2009	53979	1199	7326
2010	36444	300	7525
2011	50281		8579
2012	53283		10440
2013	78303		15034
2014	106024	6172	13439
2015	92494	6474	13455
2016	82672	6512	14553
2017	82056	6656	14761
2018	77496	6932	15349
2019	72112	7196	16473
2020	63692	5868	15235
2021	62608	5146	9516

注：本表数据由市民政局提供。

19-13 社会保险情况

单位：人

项　　目	2020年	2021年
失业保险参保人数	**651925**	**691918**
企　　业	480348	517120
国有企业	136398	135189
集体企业	9817	8621
港、澳、台及外资企业	19695	18760
其他企业	314438	354550
事业单位	133965	136886
其他单位	37612	37912
领取失业保险金人数	**8634**	**19577**
基本养老保险参保人数	**2224822**	**2337666**
企　　业	1212960	1331224
国有企业	525201	376757
集体企业	133652	104225
其他企业	482500	802421
港、澳、台及外资企业	71607	47821
机关事业单位	155353	166754
其　　他	856509	839688

注：本表数据由市人社局提供。

19-14 律师、公证和人民调解基本情况（含省属）

项　目	2020年	2021年
一、律师工作		
律师事务所(个)	174	194
律师(人)	2805	3097
#专 职	2574	2854
兼 职	231	243
聘请担任常年法律顾问的单位(处)	3435	4397
刑事诉讼辩护及代理(件)	2667	4307
民事诉讼代理(件)	17569	27495
办理非诉讼法律事务(件)	2559	4783
解答法律咨询(件)	9501	8093
代理法律文书(件)	2623	1764
二、公证工作		
公证处(个)	12	10
公证人员(人)	207	199
#公证员	66	64
助理公证员	108	96
办理公证文书(件)	70148	78122
#经济合同文书	1556	2044
三、人民调解工作		
专职人民调解员(人)	2339	2462
人民调解委员会(个)	2111	2188
调解工作人员(人)	12343	11481
调解民间纠纷(件)	11207	12826

注：本表数据由市司法局提供。

19-15　南昌市消协

（2006-2021年）

项　　目	2006	2007	2008	2009	2010	2011	2012
一、投诉案件数	**1447**	**1151**	**1176**	**1165**	**1025**	**1148**	**2566**
按行业分							
家用电器类	338	273	229	229	215	97	597
家用机械类	106	63	80	69	57	78	178
日用百货类	489	349	347	347	352	352	852
房屋及装修建材	127	109	94	94	89	95	195
服务类	27	12	298	298	267	405	405
农用生产资料类	248	211	6	6		26	26
其他类	112	134	122	122	45	95	313
按内容分							
质量	905	688	518	513	537	557	657
价格	77	57	57	57	34	95	259
虚假广告	76	79	20	20	16	16	335
假冒商品	23	14	5	6		2	248
计量	15	20	9	9	6	8	256
安全	32	9	139	139	98	89	292
其他	319	284	428	431	334	381	519
二、当年解决件数	**1354**	**1100**	**1101**	**1039**	**989**	**1090**	**2493**
解决率(%)	93.6	94.0	93.6	89.2	96.5	95.0	97.0
三、消费者免受损失(万元)	**144**	**255.9**	**137**	**180**	**167**	**180**	**210**

注：本表数据由市市场监督管理局提供。

受理投诉情况

单位：件

2013	2014	2015	2016	2017	2018	2019	2020	2021
2673	**2700**	**1161**	**1366**	**1977**	**1378**	**1467**	**1917**	**1477**
652	670	344	375	613	368	368	384	324
341	381	50	47	141	96	76	61	51
563	573	90	312	442	312	412	451	477
124	135	120	210	459	221	203	203	118
226	178		172	242	21	31	134	122
182	76	60	21	11	5	9	5	2
585	687	497	229	69	355	368	679	383
686	818	524	597	721	434	550	751	514
384	397	120	105	101	54	63	274	109
206	216	56	71	113	152	178	166	83
152	167	78	92	112	71	83	59	27
168	101	81	61	61	47	55	72	47
386	215	30	61	63	21	24	23	15
691	786	272	379	806	599	514	572	682
2593	**2621**	**1047**	**1256**	**1789**	**1245**	**1341**	**1751**	**1339**
97.0	97.0	90.1	91.9	90.4	90.3	91.4	91.3	90.6
200	**203**	**136**	**329**	**631**	**463**	**324**	**628**	**473**

19-16　南昌“12315”受理举报申诉情况

单位:件

项　　目	2020年	2021年
一、受理申诉	**28221**	**33894**
#商　　品	16205	19030
服　　务	12016	14864
二、申诉内容	**28221**	**33894**
质　　量	5436	6923
价　　格	7619	1043
广　　告	1273	1433
计　　量	189	215
售后服务	6020	5028
其　　他	7684	19252
三、挽回损失(万元)	**1915**	**1092**

注：本表数据由市市场监督管理局提供。

19-17　社会治安案件 (2021年)

单位: 件

项　目	全　市	
		市　区
受 理 数	88199	75396
查 处 数	81084	70293

注：本表数据由市公安局提供。

19-18 交 通 事 故（2021年）

项　目	合　计	市　区	三　县
一、交通事故次数(次)	390	150	240
二、死亡人数(人)	204	70	134
三、受伤人数(人)	298	107	191
四、经济损失(万元)	97	28.3	68.7

注：本表数据由市公安局提供。

19-19 火 灾 事 故（2021年）

项　目	合　计	市　区	三　县
一、火灾次数(次)	4001	2646	1355
二、死亡人数(人)	10	8	2
三、受伤人数(人)	17	14	3
四、经济损失(万元)	6684.96	5613.81	1071.15

注：本表数据由市消防救援支队提供。

19-20 人民法院一审案件结案情况

（2007-2021年）

单位：件

项　目	2007	2008	2009	2010	2011	2012	2013	2014	2015	2016	2017	2018	2019	2020	2021
合　计	**14358**	**13845**	**15363**	**15904**	**16608**	**19668**	**22797**	**25310**	**35162**	**30622**	**42040**	**49712**	**58394**	**55629**	**80845**
刑事案件	2806	2536	2476	2811	2920	3836	3729	3736	5440	4812	5476	5708	6015	6818	5392
民事案件	11404	11182	12752	12996	13530	15717	18916	21434	29304	25168	35810	43926	52374	48807	75446
行政案件	148	127	135	97	158	115	152	140	418	642	754	78	5	4	7

注：1.本表数据由市中级人民法院提供。
2.以上数据取自人民法院大数据管理和服务平台。自2017年10月1日起，南昌中院、东湖区、西湖区、青云谱区、湾里区、青山湖区、新建区、经开区、高新区人民法院不再受理行政一审案件，改由铁路运输两级法院受理。

19-21 安全事故情况（2021年）

项　目	安全生产事故(起)	死亡人数(人)
全　市	**148**	**129**
工矿商贸	46	51
生产经营性道路交通	102	78

注：本表数据由市应急管理局提供。

主要统计指标解释

卫生机构 包括医疗机构、疾病预防控制中心(防疫站)、采 供血机构、卫生监督及监测(检验)机构、医学科研和在职培 训机构、健康教育所等。

医疗机构 包括医院、社区卫生服务中心(站)、疗养院、卫 生院、门诊部、诊所(卫生所、医务室)、妇幼保健院(所、站)、 专科疾病防治院(所、站)、急救中心(站)和临床检验中心。 医疗机构分为非营利性医疗机构和营利性医疗机构。

医院 包括综合医院、中医医院、中西医结合医院、民族医 院、各类专科医院和护理院。

卫生技术人员 指卫生机构中医生、护理人员 、药剂人员、 检验人员等卫生技术人员。

医生 指在医疗、预防保健机构工作且取得《执业医师证书》 的执业医师和执业助理医师。

社会福利事业单位 指集中收养社会孤老、残、幼的机构，包括由民政部门管理的社会福利院、儿童福利院、精神病人 福利院和城镇集体举办的福利院及农村集体举办的敬老院 以及优抚医院和具有收养能力的社区服务中心等。

社会福利事业单位收养人数 包括民政部门管理和城镇、农 村集体举办的社会福利事业单位中收养的老人、少年儿童、 缺乏生活自理能力的残疾人员和精神病人。

律师 指依法取得律师执业证书，担任法律顾问，民事(刑 事、行政)案件代理人、刑事案件辩护人、办理非诉讼业务， 解答法律询问，代写法律事务文书等，为社会提供法律服务的人员。

公证人员 指在公证处工作的人员总称，包括公证处主任、 副主任、公证员、公证员助理(助理公证员)和其他从事辅助性工作的人员。

公证文书 指公证处根据当事人申请，依照事实和法律，按 照法定程序制作的，具有法律效力的司法证明文书。根据公证书用途和使用地，公证书分为国内公证书、国内经济公证书、涉外民事公证书、涉外经济公证书四类。

调解员 指在人民调解委员会担负调解民间纠纷工作的人员，包括调解委员会的委员和调解小组的调解员。

调解民间纠纷 指调解委员会按照法律规定，根据自愿原则，用说服教育的方法调解民间发生的有关民事权利和义务争执的件数，包括调解成功数和调解未成功数。

二十、附　　录

APPENDIX

本篇内容包括：

1. 中华人民共和国2021年国民经济和社会发展统计公报
2. 江西省2021年国民经济和社会发展统计公报
3. 全国各省（市、区）主要经济指标
4. 全国各省会城市主要经济指标
5. 江西省各设区市主要经济指标

中华人民共和国2021年国民经济和社会发展统计公报[1]

国家统计局

2022年2月28日

2021 年是党和国家历史上具有里程碑意义的一年。在以习近平同志为核心的党中央坚强领导下，各地区各部门坚持以习近平新时代中国特色社会主义思想为指导，全面贯彻党的十九大和十九届历次全会精神，弘扬伟大建党精神，按照党中央、国务院决策部署，坚持稳中求进工作总基调，完整、准确、全面贯彻新发展理念，加快构建新发展格局，全面深化改革开放，坚持创新驱动发展，推动高质量发展。我们隆重庆祝中国共产党成立一百周年，实现第一个百年奋斗目标，开启向第二个百年奋斗目标进军新征程，沉着应对百年变局和世纪疫情，构建新发展格局迈出新步伐，高质量发展取得新成效，实现了“十四五”良好开局。我国经济发展和疫情防控保持全球领先地位，国家战略科技力量加快壮大，产业链韧性得到提升，改革开放向纵深推进，民生保障有力有效，生态文明建设持续推进。这些成绩的取得，是以习近平同志为核心的党中央坚强领导的结果，是全党全国各族人民勠力同心、艰苦奋斗的结果。

一、综合

初步核算，全年国内生产总值[2]1143670 亿元，比上年增长 8.1%，两年平均增长[3]5.1%。其中，第一产业增加值 83086 亿元，比上年增长 7.1%；第二产业增加值 450904 亿元，增长 8.2%；第三产业增加值 609680 亿元，增长 8.2%。第一产业增加值占国内生产总值比重为 7.3%，第二产业增加值比重为 39.4%，第三产业增加值比重为 53.3%。全年最终消费支出拉动国内生产总值增长 5.3 个百分点，资本形成总额拉动国内生产总值增长 1.1 个百分点，货物和服务净出口拉动国内生产总值增长 1.7 个百分点。全年人均国内生产总值 80976 元，比上年增长 8.0%。国民总收入[4]1133518 亿元，比上年增长 7.9%。全员劳动生产率[5]为 146380 元/人，比上年提高 8.7%。

图1 2017-2021年国内生产总值及其增长速度

图2 2017-2021年三次产业增加值占国内生产总值比重

	2017	2018	2019	2020	2021
第三产业	52.7	53.3	54.3	54.5	53.3
第二产业	39.9	39.7	38.6	37.8	39.4
第一产业	7.5	7.0	7.1	7.7	7.3

图3 2017-2021年全员劳动生产率[6]

年末全国人口[7]141260 万人，比上年末增加 48 万人，其中城镇常住人口 91425 万人。全年出生人口 1062 万人，出生率为 7.52‰；死亡人口 1014 万人，死亡率为 7.18‰；自然增长率为 0.34‰。全国人户分离的人口[8]5.04 亿人，其中流动人口[9]3.85 亿人。

表 1 2021 年年末人口数及其构成

指标	年末数（万人）	比重（%）
全国人口	141260	100.0
#城镇	91425	64.7
乡村	49835	35.3
#男性	72311	51.2
女性	68949	48.8
#0-15 岁（含不满 16 周岁）[10]	26302	18.6
16-59 岁（含不满 60 周岁）	88222	62.5
60 周岁及以上	26736	18.9
#65 周岁及以上	20056	14.2

年末全国就业人员 74652 万人，其中城镇就业人员 46773 万人，占全国就业人员比重为 62.7%，比上年

末上升 1.1 个百分点。全年城镇新增就业 1269 万人，比上年多增 83 万人。全年全国城镇调查失业率平均值为 5.1%。年末全国城镇调查失业率为 5.1%，城镇登记失业率为 3.96%。全国农民工[11]总量 29251 万人，比上年增长 2.4%。其中，外出农民工 17172 万人，增长 1.3%；本地农民工 12079 万人，增长 4.1%。

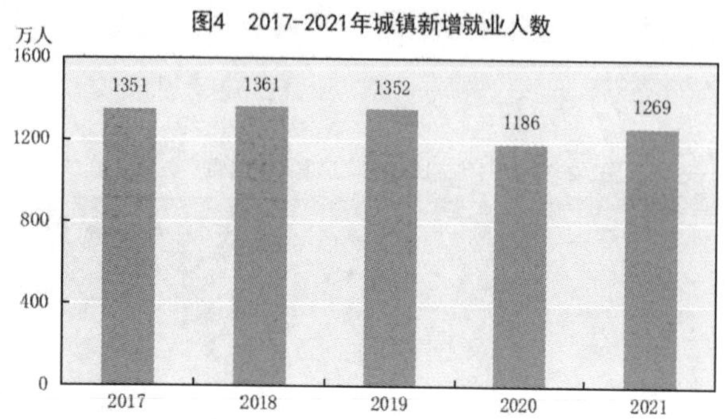

图4 2017-2021年城镇新增就业人数

全年居民消费价格比上年上涨 0.9%。工业生产者出厂价格上涨 8.1%。工业生产者购进价格上涨 11.0%。农产品生产者价格[12]下降 2.2%。12 月份，70 个大中城市中，新建商品住宅销售价格同比上涨的城市个数为 53 个，下降的为 17 个；二手住宅销售价格同比上涨的城市个数为 43 个，持平的为 1 个，下降的为 26 个。

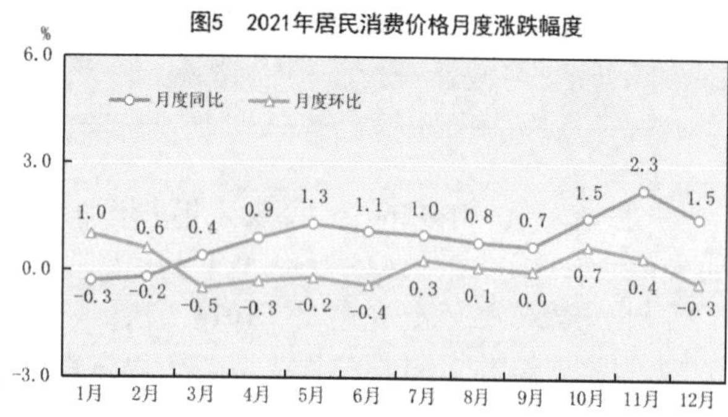

图5 2021年居民消费价格月度涨跌幅度

表 2 2021 年居民消费价格比上年涨跌幅度

单位：%

指标	全国	城市	农村
居民消费价格	0.9	1.0	0.7
其中：食品烟酒	-0.3	0.0	-1.2
衣　着	0.3	0.3	0.0
居　住[13]	0.8	0.8	1.1
生活用品及服务	0.4	0.4	0.4
交通通信	4.1	4.2	3.9
教育文化娱乐	1.9	2.0	1.7
医疗保健	0.4	0.3	0.7
其他用品及服务	-1.3	-1.4	-1.2

年末国家外汇储备 32502 亿美元，比上年末增加 336 亿美元。全年人民币平均汇率为 1 美元兑 6.4515 元人民币，比上年升值 6.9%。

图6 2017-2021年年末国家外汇储备

新产业新业态新模式加速成长。全年规模以上工业中，高技术制造业[14]增加值比上年增长 18.2%，占规模以上工业增加值的比重为 15.1%；装备制造业[15]增加值增长 12.9%，占规模以上工业增加值的比重为 32.4%。全年规模以上服务业[16]中，战略性新兴服务业[17]企业营业收入比上年增长 16.0%。全年高技术产业投资[18]比上年增长 17.1%。全年新能源汽车产量 367.7 万辆，比上年增长 152.5%；集成电路产量 3594.3 亿块，增长 37.5%。全年网上零售额[19]130884 亿元，按可比口径计算，比上年增长 14.1%。全年新登记市场主体 2887 万户，日均新登记企业 2.5 万户，年末市场主体总数达 1.5 亿户。

城乡区域协调发展扎实推进。年末全国常住人口城镇化率为 64.72%，比上年末提高 0.83 个百分点。分区域看[20]，全年东部地区生产总值 592202 亿元，比上年增长 8.1%；中部地区生产总值 250132 亿元，增长 8.7%；西部地区生产总值 239710 亿元，增长 7.4%；东北地区生产总值 55699 亿元，增长 6.1%。全年京津冀地区生产总值 96356 亿元，比上年增长 7.3%；长江经济带地区生产总值 530228 亿元，增长 8.7%；长江三角洲地区生产总值 276054 亿元，增长 8.4%。粤港澳大湾区建设、黄河流域生态保护和高质量发展等区域重大战略深入实施。

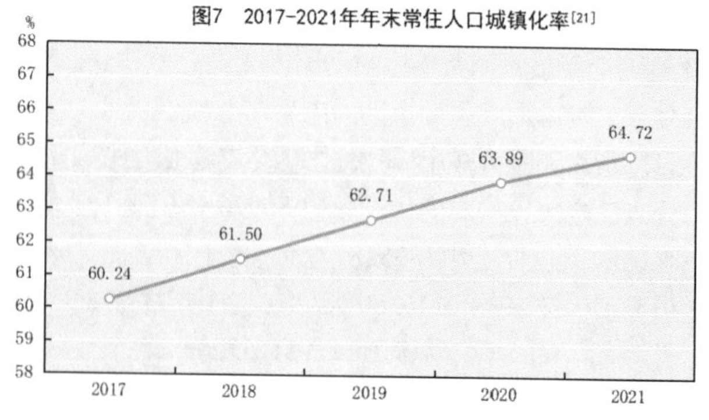

图7 2017-2021年年末常住人口城镇化率[21]

生态环境保护取得新成效。全年全国万元国内生产总值能耗[22]比上年下降 2.7%。在监测的 339 个地级及以上城市中，全年空气质量达标的城市占 64.3%，未达标的城市占 35.7%；细颗粒物（$PM_{2.5}$）年平均浓度 30 微克/立方米，比上年下降 9.1%。3641 个国家地表水考核断面中，全年水质优良（Ⅰ～Ⅲ类）断面比例为84.9%，Ⅳ类断面比例为11.8%，Ⅴ类断面比例为2.2%，劣Ⅴ类断面比例为1.2%。

二、农业

全年粮食种植面积11763万公顷，比上年增加86万公顷。其中，稻谷种植面积2992万公顷，减少15万公顷；小麦种植面积2357万公顷，增加19万公顷；玉米种植面积4332万公顷，增加206万公顷。棉花种植面积303万公顷，减少14万公顷。油料种植面积1310万公顷，减少3万公顷。糖料种植面积146万公顷，减少11万公顷。

全年粮食产量68285万吨，比上年增加1336万吨，增产2.0%。其中，夏粮产量14596万吨，增产2.2%；早稻产量2802万吨，增产2.7%；秋粮产量50888万吨，增产1.9%。全年谷物产量63276万吨，比上年增产2.6%。其中，稻谷产量21284万吨，增产0.5%；小麦产量13695万吨，增产2.0%；玉米产量27255万吨，增产4.6%。

图8 2017-2021年粮食产量

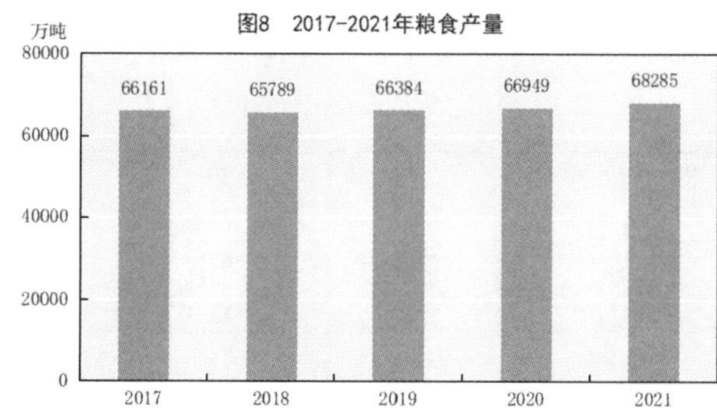

全年棉花产量573万吨，比上年减产3.0%。油料产量3613万吨，增产0.8%。糖料产量11451万吨，减产4.7%。茶叶产量318万吨，增产8.3%。

全年猪牛羊禽肉产量8887万吨，比上年增长16.3%。其中，猪肉产量5296万吨，增长28.8%；牛肉产量698万吨，增长3.7%；羊肉产量514万吨，增长4.4%；禽肉产量2380万吨，增长0.8%。禽蛋产量3409万吨，下降1.7%。牛奶产量3683万吨，增长7.1%。年末生猪存栏44922万头，比上年末增长10.5%；全年生猪出栏67128万头，比上年增长27.4%。

全年水产品产量6693万吨，比上年增长2.2%。其中，养殖水产品产量5388万吨，增长3.1%；捕捞水产品产量1305万吨，下降1.5%。

全年木材产量9888万立方米，比上年下降3.6%。

全年新增耕地灌溉面积46万公顷，新增高效节水灌溉面积188万公顷。

三、工业和建筑业

全年全部工业增加值372575亿元，比上年增长9.6%。规模以上工业增加值增长9.6%。在规模以上工业中，分经济类型看，国有控股企业增加值增长8.0%；股份制企业增长9.8%，外商及港澳台商投资企业增长8.9%；私营企业增长10.2%。分门类看，采矿业增长5.3%，制造业增长9.8%，电力、热力、燃气及水生产和供应业增长11.4%。

图9 2017-2021年全部工业增加值及其增长速度

全年规模以上工业中，农副食品加工业增加值比上年增长7.7%，纺织业增长1.4%，化学原料和化学制品制造业增长7.7%，非金属矿物制品业增长8.0%，黑色金属冶炼和压延加工业增长1.2%，通用设备制造业增长12.4%，专用设备制造业增长12.6%，汽车制造业增长5.5%，电气机械和器材制造业增长16.8%，计算机、通信和其他电子设备制造业增长15.7%，电力、热力生产和供应业增长10.9%。

表3 2021年主要工业产品产量及其增长速度[23]

产品名称	单位	产量	比上年增长（%）
纱	万吨	2873.7	9.8
布	亿米	502.0	9.3
化学纤维	万吨	6708.5	9.5
成品糖	万吨	1482.3	3.6
卷烟	亿支	24182.4	1.3
彩色电视机	万台	18496.5	-5.8
#液晶电视机	万台	17424.3	-9.5
家用电冰箱	万台	8992.1	-0.3
房间空气调节器	万台	21835.7	3.8
一次能源生产总量	亿吨标准煤	43.3	6.2
原煤	亿吨	41.3	5.7
原油	万吨	19888.1	2.1
天然气	亿立方米	2075.8	7.8
发电量	亿千瓦时	85342.5	9.7
#火电[24]	亿千瓦时	58058.7	8.9
水电	亿千瓦时	13390.0	-1.2
核电	亿千瓦时	4075.2	11.3
粗钢	万吨	103524.3	-2.8
钢材[25]	万吨	133666.8	0.9
十种有色金属	万吨	6477.1	4.7
#精炼铜（电解铜）	万吨	1048.7	4.6
原铝（电解铝）	万吨	3850.3	3.8
水泥	亿吨	23.8	-0.4
硫酸（折100%）	万吨	9382.7	1.6
烧碱（折100%）	万吨	3891.3	5.9
乙烯	万吨	2825.7	30.8

产品名称	单位	产量	比上年增长（%）
化肥（折 100%）	万吨	5543.6	0.9
发电机组（发电设备）	万千瓦	15954.6	19.2
汽车	万辆	2652.8	4.8
#基本型乘用车（轿车）	万辆	976.5	5.7
运动型多用途乘用车	万辆	973.6	7.6
大中型拖拉机	万台	41.2	19.4
集成电路	亿块	3594.3	37.5
程控交换机	万线	699.6	-0.4
移动通信手持机	万台	166151.6	13.1
微型计算机设备	万台	46692.0	23.5
工业机器人	万台(套)	36.6	67.9

年末全国发电装机容量 237692 万千瓦，比上年末增长 7.9%。其中[26]，火电装机容量 129678 万千瓦，增长 4.1%；水电装机容量 39092 万千瓦，增长 5.6%；核电装机容量 5326 万千瓦，增长 6.8%；并网风电装机容量 32848 万千瓦，增长 16.6%；并网太阳能发电装机容量 30656 万千瓦，增长 20.9%。

全年规模以上工业企业利润 87092 亿元，比上年增长[27]34.3%。分经济类型看，国有控股企业利润 22770 亿元，比上年增长 56.0%；股份制企业 62702 亿元，增长 40.2%，外商及港澳台商投资企业 22846 亿元，增长 21.1%；私营企业 29150 亿元，增长 27.6%。分门类看，采矿业利润 10391 亿元，比上年增长 190.7%；制造业 73612 亿元，增长 31.6%；电力、热力、燃气及水生产和供应业 3089 亿元，下降 41.9%。全年规模以上工业企业每百元营业收入中的成本为 83.74 元，比上年减少 0.23 元；营业收入利润率为 6.81%，提高 0.76 个百分点。年末规模以上工业企业资产负债率为 56.1%，比上年末下降 0.1 个百分点。全年全国工业产能利用率[28]为 77.5%。

全年建筑业增加值 80138 亿元，比上年增长 2.1%。全国具有资质等级的总承包和专业承包建筑业企业利润 8554 亿元，比上年增长 1.3%，其中国有控股企业 3620 亿元，增长 8.0%。

图10 2017-2021年建筑业增加值及其增长速度

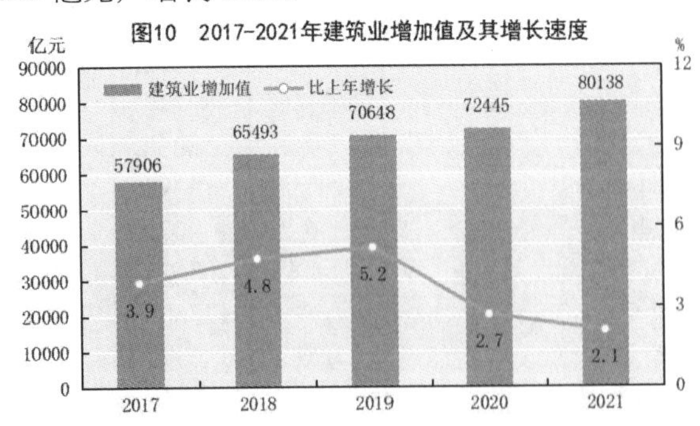

四、服务业

全年批发和零售业增加值 110493 亿元，比上年增长 11.3%；交通运输、仓储和邮政业增加值 47061 亿元，增长 12.1%；住宿和餐饮业增加值 17853 亿元，增长 14.5%；金融业增加值 91206 亿元，增长 4.8%；房地产业增加值 77561 亿元，增长 5.2%；信息传输、软件和信息技术服务业增加值 43956 亿元，增长 17.2%；租赁和商务服务业增加值 35350 亿元，增长 6.2%。全年规模以上服务业企业营业收入比上年增长 18.7%，利润总额增长 13.4%。

图11 2017-2021年服务业增加值及其增长速度

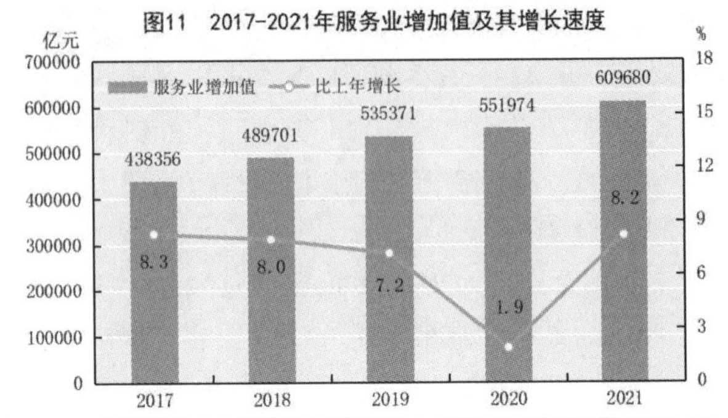

全年货物运输总量[29]530 亿吨，货物运输周转量 223574 亿吨公里。全年港口完成货物吞吐量 155 亿吨，比上年增长 6.8%，其中外贸货物吞吐量 47 亿吨，增长 4.5%。港口集装箱吞吐量 28272 万标准箱，增长 7.0%。

表 4 2021 年各种运输方式完成货物运输量及其增长速度

指标	单位	绝对数	比上年增长（%）
货物运输总量	亿吨	529.7	12.3
铁路	亿吨	47.2	5.9
公路	亿吨	391.4	14.2
水路	亿吨	82.4	8.2
民航	万吨	731.8	8.2
管道	亿吨	8.7	5.7
货物运输周转量	亿吨公里	223574.4	13.7
铁路	亿吨公里	33190.7	9.3
公路	亿吨公里	69087.7	14.8
水路	亿吨公里	115577.5	9.2
民航	亿吨公里	278.2	15.8
管道	亿吨公里	5440.3	4.9

全年旅客运输总量 83 亿人次，比上年下降 14.1%。旅客运输周转量 19758 亿人公里，增长 2.6%。

表 5 2021 年各种运输方式完成旅客运输量及其增长速度

指标	单位	绝对数	比上年增长（%）
旅客运输总量	亿人次	83.0	-14.1
铁路	亿人次	26.1	18.5
公路	亿人次	50.9	-26.2
水路	亿人次	1.6	9.0
民航	亿人次	4.4	5.5
旅客运输周转量	亿人公里	19758.2	2.6
铁路	亿人公里	9567.8	15.7
公路	亿人公里	3627.5	-21.8
水路	亿人公里	33.1	0.4
民航	亿人公里	6529.7	3.5

年末全国民用汽车保有量 30151 万辆（包括三轮汽车和低速货车 732 万辆），比上年末增加 2064 万辆，其中私人汽车保有量 26246 万辆，增加 1852 万辆。民用轿车保有量 16739 万辆，增加 1099 万辆，其中私人轿车保有量 15732 万辆，增加 1059 万辆。

全年完成邮政行业业务总量[30]13698 亿元，比上年增长 25.1%。邮政业全年完成邮政函件业务 10.9 亿件，包裹业务 0.2 亿件，快递业务量 1083.0 亿件，快递业务收入 10332 亿元。全年完成电信业务总量[31]16960 亿元，比上年增长 27.8%。年末移动电话基站数[32]996 万个，其中 4G 基站 590 万个，5G 基站 143 万个。全国电话用户总数 182353 万户，其中移动电话用户 164283 万户。移动电话普及率为 116.3 部/百人。固定互联网宽带接入用户[33]53579 万户，比上年末增加 5224 万户，其中固定互联网光纤宽带接入用户[34]50551 万户，增加 5136 万户。蜂窝物联网终端用户[35]13.99 亿户，增加 2.64 亿户。互联网上网人数 10.32 亿人，其中手机上网人数[36]10.29 亿人。互联网普及率为 73.0%，其中农村地区互联网普及率为 57.6%。全年移动互联网用户接入流量 2216 亿 GB，比上年增长 33.9%。全年软件和信息技术服务业[37]完成软件业务收入 94994 亿元，按可比口径计算，比上年增长 17.7%。

图12 2017-2021年快递业务量及其增长速度

图13 2017-2021年年末固定互联网宽带接入用户数

万户
34854
40738
44928
48355
53579
2017
2018
2019
2020
2021

五、国内贸易

全年社会消费品零售总额 440823 亿元，比上年增长 12.5%。按经营地统计，城镇消费品零售额 381558 亿元，增长 12.5%；乡村消费品零售额 59265 亿元，增长 12.1%。按消费类型统计，商品零售额 393928 亿元，增长 11.8%；餐饮收入额 46895 亿元，增长 18.6%。

图14 2017-2021年社会消费品零售总额及其增长速度

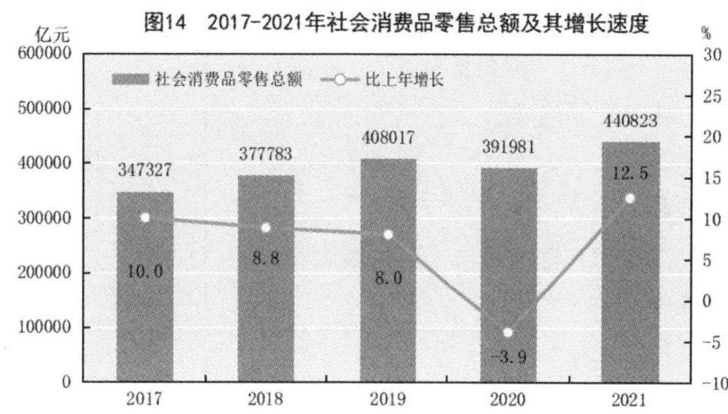

全年限额以上单位商品零售额中，粮油、食品类零售额比上年增长 10.8%，饮料类增长 20.4%，烟酒类增长 21.2%，服装、鞋帽、针纺织品类增长 12.7%，化妆品类增长 14.0%，金银珠宝类增长 29.8%，日用品类增长 14.4%，家用电器和音像器材类增长 10.0%，中西药品类增长 9.9%，文化办公用品类增长 18.8%，家具类增长 14.5%，通讯器材类增长 14.6%，建筑及装潢材料类增长 20.4%，石油及制品类增长 21.2%，汽车类增长 7.6%。

全年实物商品网上零售额 108042 亿元，按可比口径计算，比上年增长 12.0%，占社会消费品零售总额的比重为 24.5%。

六、固定资产投资

全年全社会固定资产投资[38]552884 亿元，比上年增长 4.9%。固定资产投资（不含农户）544547 亿元，增长 4.9%。在固定资产投资（不含农户）中，分区域看[39]，东部地区投资增长 6.4%，中部地区投资增长 10.2%，西部地区投资增长 3.9%，东北地区投资增长 5.7%。

在固定资产投资（不含农户）中，第一产业投资 14275 亿元，比上年增长 9.1%；第二产业投资 167395 亿元，增长 11.3%；第三产业投资 362877 亿元，增长 2.1%。民间固定资产投资[40]307659 亿元，增长 7.0%。基础设施投资[41]增长 0.4%。社会领域投资[42]增长 10.7%。

图15 2021年三次产业投资占固定资产投资（不含农户）比重

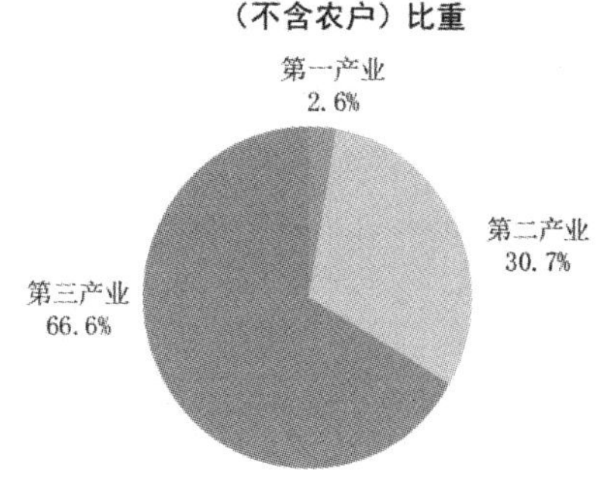

表 6　2021 年分行业固定资产投资（不含农户）增长速度

行业	比上年增长(%)
总计	**4.9**
农、林、牧、渔业	9.3
采矿业	10.9
制造业	13.5
电力、热力、燃气及水生产和供应业	1.1
建筑业	1.6
批发和零售业	-5.9
交通运输、仓储和邮政业	1.6
住宿和餐饮业	6.6
信息传输、软件和信息技术服务业	-12.1
金融业	1.9
房地产业[43]	5.0
租赁和商务服务业	13.6
科学研究和技术服务业	14.5
水利、环境和公共设施管理业	-1.2
居民服务、修理和其他服务业	-10.3
教育	11.7
卫生和社会工作	19.5
文化、体育和娱乐业	1.6
公共管理、社会保障和社会组织	-38.2

表 7　2021 年固定资产投资新增主要生产与运营能力

指标	单位	绝对数
新增 220 千伏及以上变电设备	万千伏安	24334
新建铁路投产里程	公里	4208
其中：高速铁路	公里	2168
增、新建铁路复线投产里程	公里	2769
电气化铁路投产里程	公里	4189
新改建高速公路里程	公里	9028
港口万吨级码头泊位新增通过能力	万吨/年	25368
新增民用运输机场	个	7
新增光缆线路长度	万公里	319

全年房地产开发投资 147602 亿元，比上年增长 4.4%。其中住宅投资 111173 亿元，增长 6.4%；办公楼投资 5974 亿元，下降 8.0%；商业营业用房投资 12445 亿元，下降 4.8%。年末商品房待售面积 51023 万平方米，比上年末增加 1173 万平方米，其中商品住宅待售面积 22761 万平方米，增加 381 万平方米。

全年全国各类棚户区改造开工 165 万套，基本建成 205 万套；全国保障性租赁住房开工建设和筹集 94 万套。

表 8　2021 年房地产开发和销售主要指标及其增长速度

指标	单位	绝对数	比上年增长(%)
投资额	亿元	147602	4.4
其中：住宅	亿元	111173	6.4
房屋施工面积	万平方米	975387	5.2
其中：住宅	万平方米	690319	5.3
房屋新开工面积	万平方米	198895	-11.4
其中：住宅	万平方米	146379	-10.9
房屋竣工面积	万平方米	101412	11.2
其中：住宅	万平方米	73016	10.8
商品房销售面积	万平方米	179433	1.9
其中：住宅	万平方米	156532	1.1
本年到位资金	亿元	201132	4.2
其中：国内贷款	亿元	23296	-12.7
个人按揭贷款	亿元	32388	8.0

七、对外经济

全年货物进出口总额 391009 亿元，比上年增长 21.4%。其中，出口 217348 亿元，增长 21.2%；进口 173661 亿元，增长 21.5%。货物进出口顺差 43687 亿元，比上年增加 7344 亿元。对“一带一路”[44]沿线国家进出口总额 115979 亿元，比上年增长 23.6%。其中，出口 65924 亿元，增长 21.5%；进口 50055 亿元，增长 26.4%。

图16　2017-2021年货物进出口总额

表 9　2021 年货物进出口总额及其增长速度

指标	金　额（亿元）	比上年增长(%)
货物进出口总额	391009	21.4
货物出口额	217348	21.2
其中：一般贸易	132445	24.4
加工贸易	53378	9.9
其中：机电产品	128286	20.4
高新技术产品	63266	17.9
货物进口额	173661	21.5
其中：一般贸易	108395	25.0
加工贸易	31601	13.3
其中：机电产品	73657	12.2
高新技术产品	54088	14.7
货物进出口顺差	43687	20.2

表 10　2021 年主要商品出口数量、金额及其增长速度

商品名称	单位	数量	比上年增长(%)	金额(亿元)	比上年增长(%)
钢材	万吨	6690	24.6	5289	67.9
纺织纱线、织物及制品	—	—	—	9384	-12.2
服装及衣着附件	—	—	—	11000	15.6
鞋靴	万双	873231	18.1	3097	26.2
家具及其零件	—	—	—	4772	18.2
箱包及类似容器	万吨	244	21.4	1800	26.1
玩具	—	—	—	2980	28.6
塑料制品	—	—	—	6397	20.5
集成电路	亿个	3107	19.6	9930	23.4
自动数据处理设备及其零部件	—	—	—	16488	12.9
手机	万台	95420	-1.2	9447	9.3
集装箱	万个	484	144.0	1514	198.3
液晶显示板	万个	142439	12.4	1788	30.5
汽车（包括底盘）	万辆	212	95.9	2227	104.6

表 11　2021 年主要商品进口数量、金额及其增长速度

商品名称	单位	数量	比上年增长(%)	金额(亿元)	比上年增长(%)
大豆	万吨	9652	-3.8	3459	26.1
食用植物油	万吨	1039	-3.7	706	24.0
铁矿砂及其精矿	万吨	112432	-3.9	11942	39.6
煤及褐煤	万吨	32322	6.6	2319	64.1
原油	万吨	51298	-5.4	16618	34.4
成品油	万吨	2712	-4.0	1078	31.6
天然气	万吨	12136	19.9	3601	56.3
初级形状的塑料	万吨	3397	-16.4	3950	8.8
纸浆	万吨	2969	-2.7	1296	19.5
钢材	万吨	1427	-29.5	1210	3.9
未锻轧铜及铜材	万吨	553	-17.2	3387	12.5
集成电路	亿个	6355	16.9	27935	15.4
汽车（包括底盘）	万辆	94	0.6	3489	7.6

表 12　2021 年对主要国家和地区货物进出口金额、增长速度及其比重

国家和地区	出口额(亿元)	比上年增长(%)	占全部出口比重(%)	进口额(亿元)	比上年增长(%)	占全部进口比重(%)
东盟	31255	17.7	14.4	25489	22.2	14.7
欧盟	33483	23.7	15.4	20028	12.1	11.5
美国	37224	19.0	17.1	11603	24.2	6.7
日本	10722	8.5	4.9	13298	10.1	7.7
韩国	9617	23.5	4.4	13791	15.1	7.9
中国香港	22641	20.3	10.4	627	30.2	0.4
中国台湾	5063	21.7	2.3	16146	16.5	9.3
巴西	3464	43.4	1.6	7138	20.3	4.1
俄罗斯	4364	24.7	2.0	5122	28.2	2.9
印度	6302	36.6	2.9	1819	25.1	1.0
南非	1365	29.4	0.6	2147	49.4	1.2

全年服务进出口总额 52983 亿元，比上年增长 16.1%。其中，服务出口 25435 亿元，增长 31.4%；服务进口 27548 亿元，增长 4.8%。服务进出口逆差 2113 亿元。

全年外商直接投资（不含银行、证券、保险领域）新设立企业 47643 家，比上年增长 23.5%。实际使用外商直接投资金额 11494 亿元，增长 14.9%，折 1735 亿美元，增长 20.2%。其中“一带一路”沿线国家对华直接投资（含通过部分自由港对华投资）新设立企业 5336 家，增长 24.3%；对华直接投资金额 743 亿元，增长 29.4%，折 112 亿美元，增长 36.0%。全年高技术产业实际使用外资 3469 亿元，增长 17.1%，折 522 亿美元，增长 22.1%。

表 13　2021 年外商直接投资（不含银行、证券、保险领域）及其增长速度

行业	企业数(家)	比上年增长(%)	实际使用金额(亿元)	比上年增长(%)
总计	**47643**	**23.5**	**11494**	**14.9**
农、林、牧、渔业	491	-0.4	55	38.4
制造业	4455	19.4	2216	2.8
电力、热力、燃气及水生产和供应业	465	78.9	249	14.9
交通运输、仓储和邮政业	693	17.1	351	1.3
信息传输、软件和信息技术服务业	4053	15.1	1345	18.8
批发和零售业	13379	23.7	1098	34.1
房地产业	1125	-5.5	1571	11.7
租赁和商务服务业	9290	23.7	2193	19.3
居民服务、修理和其他服务业	522	16.8	31	44.6

全年对外非金融类直接投资额 7332 亿元，比上年下降 3.5%，折 1136 亿美元，增长 3.2%。其中，对“一带一路”沿线国家非金融类直接投资额 203 亿美元，增长 14.1%。

表 14　2021 年对外非金融类直接投资额及其增长速度

行业	金额(亿美元)	比上年增长(%)
总计	1136.4	3.2
农、林、牧、渔业	11.3	-18.7
采矿业	49.8	-2.2
制造业	184.0	-7.9
电力、热力、燃气及水生产和供应业	48.9	75.9
建筑业	55.7	7.9
批发和零售业	176.5	9.8
交通运输、仓储和邮政业	51.0	92.5
信息传输、软件和信息技术服务业	75.3	12.2
房地产业	24.9	-8.8
租赁和商务服务业	366.2	-12.4

全年对外承包工程完成营业额 9996 亿元，比上年下降 7.1%，折 1549 亿美元，下降 0.6%。其中，对“一带一路”沿线国家完成营业额 897 亿美元，下降 1.6%，占对外承包工程完成营业额比重为 57.9%。对外劳务合作派出各类劳务人员 32 万人。

八、财政金融

全年全国一般公共预算收入 202539 亿元，比上年增长 10.7%，其中税收收入 172731 亿元，增长 11.9%。全国一般公共预算支出 246322 亿元，比上年增长 0.3%。全年新增减税降费约 1.1 万亿元。

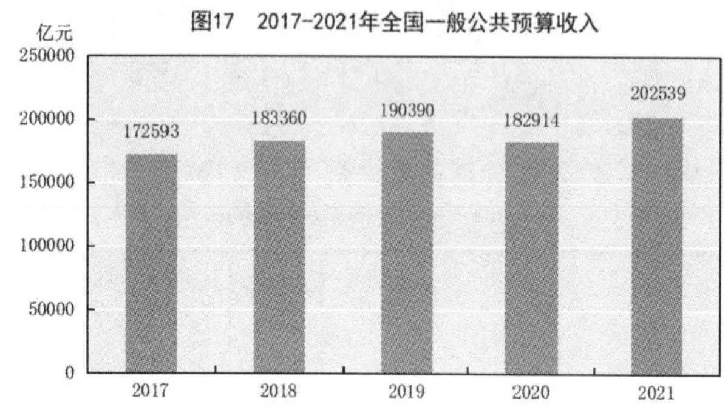

注：图中 2017 年至 2020 年数据为全国一般公共预算收入决算数，2021 年为执行数。

年末广义货币供应量（M_2）余额 238.3 万亿元，比上年末增长 9.0%；狭义货币供应量（M_1）余额 64.7 万亿元，增长 3.5%；流通中货币（M_0）余额 9.1 万亿元，增长 7.7%。

全年社会融资规模增量[45]31.4 万亿元，按可比口径计算，比上年少 3.4 万亿元。年末社会融资规模存量[46]314.1 万亿元，按可比口径计算，比上年末增长 10.3%，其中对实体经济发放的人民币贷款余额 191.5 万亿元，增长 11.6%。年末全部金融机构本外币各项存款余额 238.6 万亿元，比年初增加 20.2 万亿元，其中人民币各项存款余额 232.3 万亿元，增加 19.7 万亿元。全部金融机构本外币各项贷款余额 198.5 万亿元，增加 20.1 万亿元，其中人民币各项贷款余额 192.7 万亿元，增加 19.9 万亿元。人民币普惠金融贷款[47]余额 26.5 万亿元，增加 5.0 万亿元。

表 15 2021 年年末全部金融机构本外币存贷款余额及其增长速度

指标	年末数（亿元）	比上年末增长（%）
各项存款	2386062	9.3
其中：境内住户存款	1033118	10.6
其中：人民币	1025012	10.7
境内非金融企业存款	730137	6.1
各项贷款	1985108	11.3
其中：境内短期贷款	520506	5.7
境内中长期贷款	1291149	13.5

年末主要农村金融机构（农村信用社、农村合作银行、农村商业银行）人民币贷款余额 242496 亿元，比年初增加 26607 亿元。全部金融机构人民币消费贷款余额 548849 亿元，增加 53181 亿元。其中，个人短期消费贷款余额 93558 亿元，增加 6080 亿元；个人中长期消费贷款余额 455292 亿元，增加 47101 亿元。

全年沪深交易所 A 股累计筹资[48]16743 亿元，比上年增加 1326 亿元。沪深交易所首次公开发行上市 A 股 481 只，筹资 5351 亿元，比上年增加 609 亿元，其中科创板股票 162 只，筹资 2029 亿元；沪深交易所 A 股再融资（包括公开增发、定向增发、配股、优先股、可转债转股）11391 亿元，增加 717 亿元。北京证券交易所公开发行股票 11 只，筹资[49]21 亿元。全年各类主体通过沪深交易所发行债券（包括公司债、可转债、可交换债、政策性金融债、地方政府债和企业资产支持证券）筹资 86553 亿元，比上年增加 1776 亿元。全国中小企业股份转让系统[50]挂牌公司 6932 家，全年挂牌公司累计股票筹资 260 亿元。

全年发行公司信用类债券[51]14.7 万亿元，比上年增加 0.5 万亿元。

全年保险公司原保险保费收入[52]44900 亿元，按可比口径计算，比上年增长 4.0%。其中，寿险业务原保险保费收入 23572 亿元，健康险和意外伤害险业务原保险保费收入 9657 亿元，财产险业务原保险保费收入 11671 亿元。支付各类赔款及给付 15609 亿元。其中，寿险业务给付 3540 亿元，健康险和意外伤害险业务赔款及给付 4381 亿元，财产险业务赔款 7687 亿元。

九、居民收入消费和社会保障

全年全国居民人均可支配收入 35128 元，比上年增长 9.1%，扣除价格因素，实际增长 8.1%。全国居民人均可支配收入中位数[53]29975 元，增长 8.8%。按常住地分，城镇居民人均可支配收入 47412 元，比上年增长 8.2%，扣除价格因素，实际增长 7.1%。城镇居民人均可支配收入中位数 43504 元，增长 7.7%。农村居民人均可支配收入 18931 元，比上年增长 10.5%，扣除价格因素，实际增长 9.7%。农村居民人均可支配收入中位数 16902 元，增长 11.2%。城乡居民人均可支配收入比值为 2.50，比上年缩小 0.06。按全国居民五等份收入分组[54]，低收入组人均可支配收入 8333 元，中间偏下收入组人均可支配收入 18445 元，中间收入组人均可支配收入 29053 元，中间偏上收入组人均可支配收入 44949 元，高收入组人均可支配收入 85836 元。全国农民工人均月收入 4432 元，比上年增长 8.8%。全年脱贫县[55]农村居民人均可支配收入 14051 元，比上年增长 11.6%，扣除价格因素，实际增长 10.8%。

全年全国居民人均消费支出 24100 元，比上年增长 13.6%，扣除价格因素，实际增长 12.6%。其中，人均服务性消费支出[56]10645 元，比上年增长 17.8%，占居民人均消费支出的比重为 44.2%。按常住地分，城镇居民人均消费支出 30307 元，增长 12.2%，扣除价格因素，实际增长 11.1%；农村居民人均消费支出 15916 元，增长 16.1%，扣除价格因素，实际增长 15.3%。全国居民恩格尔系数为 29.8%，其中城镇为 28.6%，农村为 32.7%。

图18 2017-2021年全国居民人均可支配收入及其增长速度

图19 2021年全国居民人均消费支出及其构成

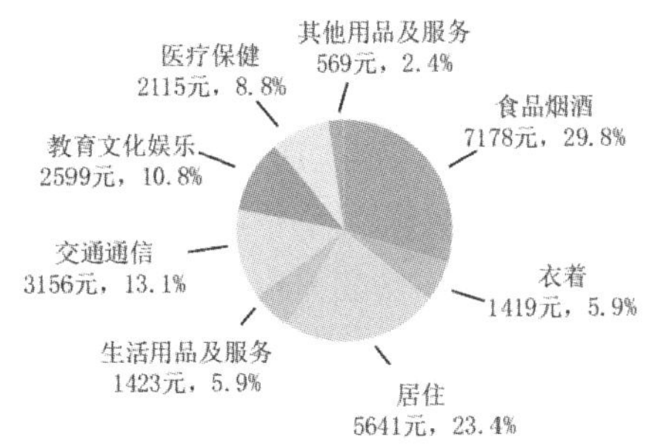

年末全国参加城镇职工基本养老保险人数 48075 万人，比上年末增加 2454 万人。参加城乡居民基本养老保险人数 54797 万人，增加 554 万人。参加基本医疗保险人数 136424 万人，增加 293 万人。其中，参加职工基本医疗保险人数 35422 万人，增加 967 万人；参加城乡居民基本医疗保险人数 101002 万人。参加失业保险人数 22958 万人，增加 1268 万人。年末全国领取失业保险金人数 259 万人。参加工伤保险人数 28284 万人，增加 1521 万人，其中参加工伤保险的农民工 9086 万人，增加 152 万人。参加生育保险人数 23851 万人，增加 283 万人。年末全国共有 738 万人享受城市最低生活保障，3474 万人享受农村最低生活保障，438 万人享受农村特困人员[57]救助供养，全年临时救助[58]1089 万人次。全年国家抚恤、补助退役军人和其他优抚对象 817 万人。

年末全国共有各类提供住宿的民政服务机构 4.3 万个，其中养老机构 4.0 万个，儿童福利和救助保护机构 801 个。民政服务床位[59]840.2 万张，其中养老服务床位 813.5 万张，儿童福利和救助保护机构床位 9.6 万张。年末共有社区服务中心 2.9 万个，社区服务站 47.2 万个。

十、科学技术和教育

全年研究与试验发展（R&D）经费支出 27864 亿元，比上年增长 14.2%，与国内生产总值之比为 2.44%，其中基础研究经费 1696 亿元。国家自然科学基金共资助 4.87 万个项目。截至年末，正在运行的国家重点实验室 533 个，纳入新序列管理的国家工程研究中心 191 个，国家企业技术中心 1636 家，大众创业万众创新示范基地 212 家。国家科技成果转化引导基金累计设立 36 支子基金，资金总规模 624 亿元。国家级科技企业孵化器[60]1287 家，国家备案众创空间[61]2551 家。全年授予专利权 460.1 万件，比上年增长 26.4%；PCT 专利申请受理量[62]7.3 万件。截至年末，有效专利 1542.1 万件，其中境内有效发明专利 270.4 万件。每万人口高价值发明专利拥有量[63]7.5 件。全年商标注册 773.9 万件，比上年增长 34.3%。全年共签订技术合同 67 万项，技术合同成交金额 37294 亿元，比上年增长 32.0%。

图20 2017-2021年研究与试验发展（R&D）经费支出及其增长速度

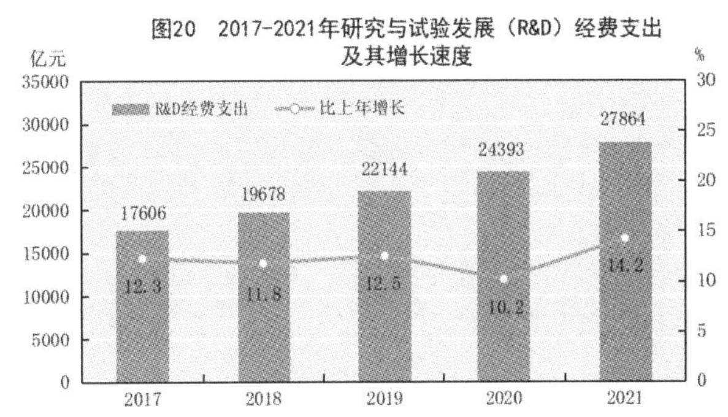

表 16 2021 年专利授权和有效专利情况

指标	专利数（万件）	比上年增长(%)
专利授权数	460.1	26.4
其中：境内专利授权	445.1	27.0
其中：发明专利授权	69.6	31.3
其中：境内发明专利	57.8	33.2
年末有效专利数	1542.1	26.5
其中：境内有效专利	1429.5	28.6
其中：有效发明专利	359.7	17.6
其中：境内有效发明专利	270.4	22.2

全年成功完成 52 次宇航发射。天问一号探测器成功着陆火星，祝融号火星车驶上火星表面。天和核心舱发射成功，神舟十二号、神舟十三号等任务相继实施，中国人首次进入自己的空间站。羲和号探日卫星成功发射运行。祖冲之二号、九章二号成功研制，我国在超导量子和光量子两种物理体系上实现量子计算优越性。海斗一号全海深无人潜水器打破多项世界纪录。华龙一号自主三代核电机组投入商业运行。

年末全国共有国家质检中心869家。全国现有产品质量、体系和服务认证机构932个，累计完成对87万家企业的认证。全年制定、修订国家标准2815项，其中新制定1900项。全年制造业产品质量合格率[64]为93.08%。

全年研究生教育招生117.7万人，在学研究生333.2万人，毕业生77.3万人。普通、职业本专科[65]招生1001.3万人，在校生3496.1万人，毕业生826.5万人。中等职业教育[66]招生656.2万人，在校生1738.5万人，毕业生484.1万人。普通高中招生905.0万人，在校生2605.0万人，毕业生780.2万人。初中招生1705.4万人，在校生5018.4万人，毕业生1587.1万人。普通小学招生1782.6万人，在校生10779.9万人，毕业生1718.0万人。特殊教育招生14.9万人，在校生92.0万人，毕业生14.6万人。学前教育在园幼儿4805.2万人。九年义务教育巩固率为95.4%，高中阶段毛入学率为91.4%。

图21　2017-2021年本专科、中等职业教育及普通高中招生人数

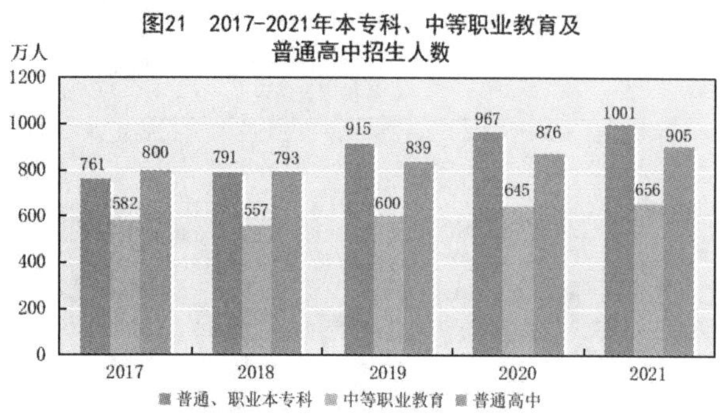

十一、文化旅游、卫生健康和体育

年末全国文化和旅游系统共有艺术表演团体2044个，博物馆3671个。全国共有公共图书馆3217个，总流通[67]72898万人次；文化馆3317个。有线电视实际用户2.01亿户，其中有线数字电视实际用户1.95亿户。年末广播节目综合人口覆盖率为99.5%，电视节目综合人口覆盖率为99.7%。全年生产电视剧194部6736集，电视动画片78372分钟。全年生产故事影片565部，科教、纪录、动画和特种影片[68]175部。出版各类报纸276亿份，各类期刊20亿册，图书110亿册(张)，人均图书拥有量[69]7.76册（张）。年末全国共有档案馆4233个，已开放各类档案18931万卷（件）。全年全国规模以上文化及相关产业企业营业收入119064亿元，按可比口径计算，比上年增长16.0%。

全年国内游客32.5亿人次，比上年增长12.8%。其中，城镇居民游客23.4亿人次，增长13.4%；农村居民游客9.0亿人次，增长11.1%。国内旅游收入29191亿元，增长31.0%。其中，城镇居民游客花费23644亿元，增长31.6%；农村居民游客花费5547亿元，增长28.4%。

图22　2017-2021年国内游客人次及其增长速度

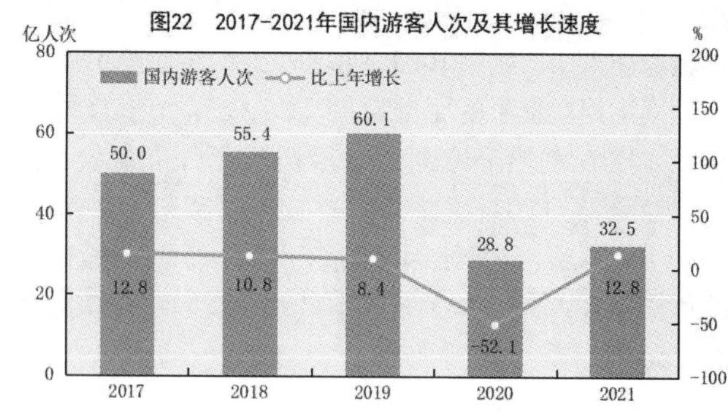

年末全国共有医疗卫生机构103.1万个，其中医院3.7万个，在医院中有公立医院1.2万个，民营医院2.5万个；基层医疗卫生机构97.7万个，其中乡镇卫生院3.5万个，社区卫生服务中心（站）3.6万个，门诊部（所）30.7万个，村卫生室59.9万个；专业公共卫生机构1.3万个，其中疾病预防控制中心3380个，卫生监督所(中心)2790个。年末卫生技术人员1123万人，其中执业医师和执业助理医师427万人，注册护士502万人。医疗卫生机构床位957万张，其中医院748万张，乡镇卫生院144万张。全年总诊疗人次[70]85.3亿人次，出院人数[71]2.4亿人。截至年末，全国累计报告新型冠状病毒肺炎确诊病例102314例，累计治愈出院病例94792例，累计死亡4636人。全国累计报告接种新型冠状病毒疫苗283533万剂次。全国共有11937家医疗卫生机构提供新型冠状病毒核酸检测服务，总检测能力达到4168万份/天。

图23　2017-2021年年末卫生技术人员人数

年末全国共有体育场地[72]397.1万个，体育场地面积[73]34.1亿平方米，人均体育场地面积2.41平方米。全年我国运动员在16个运动大项中获得67个世界冠军，共创12项世界纪录。在第32届奥运会上，我国运动员共获得38枚金牌，奖牌总数88枚，位列奥运会金牌榜和奖牌榜第二位。全年我国残疾人运动员在5项国际赛事中获得110个世界冠军。在第16届残奥会上，我国运动员共获得96枚金牌，奖牌总数207枚，第五次蝉联金牌榜和奖牌榜第一位。

十二、资源、环境和应急管理

全年全国国有建设用地供应总量[74]69.0万公顷，比上年增长4.8%。其中，工矿仓储用地17.5万公顷，

增长 4.9%；房地产用地[75]13.6 万公顷，减少 12.2%；基础设施用地 37.9 万公顷，增长 12.7%。

全年水资源总量 29520 亿立方米。全年总用水量 5921 亿立方米，比上年增长 1.9%。其中，生活用水增长 5.3%，工业用水增长 2.0%，农业用水增长 0.9%，人工生态环境补水增长 2.9%。万元国内生产总值用水量[76]54 立方米，下降 5.8%。万元工业增加值用水量 31 立方米，下降 7.0%。人均用水量 419 立方米，增长 1.8%。

全年完成造林面积 360 万公顷，其中人工造林面积 134 万公顷，占全部造林面积的 37.1%。种草改良面积[77]307 万公顷。截至年末，国家级自然保护区 474 个，国家公园 5 个。新增水土流失治理面积 6.2 万平方公里。

初步核算，全年能源消费总量 52.4 亿吨标准煤，比上年增长 5.2%。煤炭消费量增长 4.6%，原油消费量增长 4.1%，天然气消费量增长 12.5%，电力消费量增长 10.3%。煤炭消费量占能源消费总量的 56.0%，比上年下降 0.9 个百分点；天然气、水电、核电、风电、太阳能发电等清洁能源消费量占能源消费总量的 25.5%，上升 1.2 个百分点。重点耗能工业企业单位电石综合能耗下降 5.3%，单位合成氨综合能耗与上年持平，吨钢综合能耗下降 0.4%，单位电解铝综合能耗下降 2.1%，每千瓦时火力发电标准煤耗下降 0.5%。全国万元国内生产总值二氧化碳排放[78]下降 3.8%。

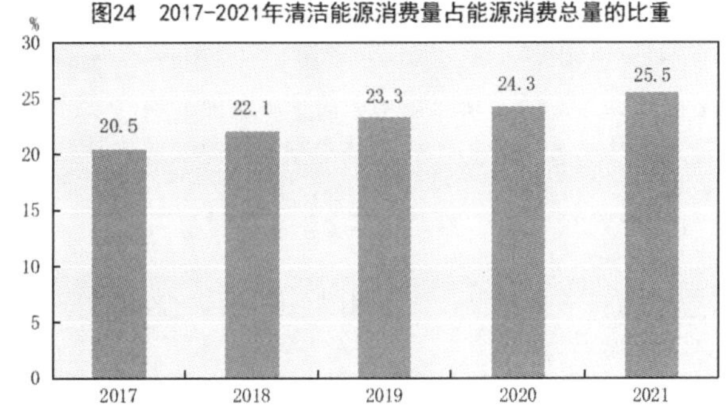

全年近岸海域海水水质[79]达到国家一、二类海水水质标准的面积占 81.3%，三类海水占 5.2%，四类、劣四类海水占 13.5%。

在开展城市区域声环境监测的 324 个城市中，全年昼间声环境质量好的城市占 4.9%，较好的占 61.7%，一般的占 31.5%，较差的占 1.9%。

全年平均气温为 10.53℃，比上年上升 0.28℃。共有 5 个台风登陆。

全年农作物受灾面积 1174 万公顷，其中绝收 163 万公顷。全年因洪涝和地质灾害造成直接经济损失 2477 亿元，因干旱灾害造成直接经济损失 201 亿元，因低温冷冻和雪灾造成直接经济损失 133 亿元，因海洋灾害造成直接经济损失 30 亿元。全年大陆地区共发生 5.0 级以上地震 20 次，造成直接经济损失 107 亿元。全年共发生森林火灾 616 起，受害森林面积约 0.4 万公顷。

全年各类生产安全事故共死亡 26307 人。工矿商贸企业就业人员 10 万人生产安全事故死亡人数 1.374 人，比上年上升 5.6%；煤矿百万吨死亡人数 0.045 人，下降 23.7%。道路交通事故万车死亡人数 1.57 人，下降 5.4%。

注释：

[1]本公报中数据均为初步统计数。各项统计数据均未包括香港特别行政区、澳门特别行政区和台湾省。部分数据因四舍五入的原因，存在总计与分项合计不等的情况。

[2]国内生产总值、三次产业及相关行业增加值、地区生产总值、人均国内生产总值和国民总收入绝对数按现价计算，增长速度按不变价格计算。

[3]两年平均增速是指以 2019 年同期数为基数，采用几何平均的方法计算的增速。

[4]国民总收入，原称国民生产总值，是指一个国家或地区所有常住单位在一定时期内所获得的初次分配收入总额，等于国内生产总值加上来自国外的初次分配收入净额。

[5]全员劳动生产率为国内生产总值（按 2020 年价格计算）与全部就业人员的比率，根据第七次全国人口普查结果对历史数据进行了修订。

[6]见注释[5]。

[7]全国人口是指我国大陆 31 个省、自治区、直辖市和现役军人的人口，不包括居住在 31 个省、自治区、直辖市的港澳台居民和外籍人员。

[8]人户分离的人口是指居住地与户口登记地所在的乡镇街道不一致且离开户口登记地半年及以上的人口。

[9]流动人口是指人户分离人口中扣除市辖区内人户分离的人口。市辖区内人户分离的人口是指一个直辖市或地级市所辖区内和区与区之间，居住地和户口登记地不在同一乡镇街道的人口。

[10]2021 年年末，0-14 岁（含不满 15 周岁）人口为 24678 万人，15-59 岁（含不满 60 周岁）人口为 89846 万人。

[11]年度农民工数量包括年内在本乡镇以外从业 6 个月及以上的外出农民工和在本乡镇内从事非农产业 6 个月及以上的本地农民工。

[12]农产品生产者价格是指农产品生产者直接出售其产品时的价格。

[13]居住类价格包括租赁房房租、住房保养维修及管理、水电燃料等价格。

[14]高技术制造业包括医药制造业，航空、航天器及设备制造业，电子及通信设备制造业，计算机及办公设备制造业，医疗仪器设备及仪器仪表制造业，信息化学品制造业。

[15]装备制造业包括金属制品业，通用设备制造业，专用设备制造业，汽车制造业，铁路、船舶、航空航天和其他运输设备制造业，电气机械和器材制造业，计算机、通信和其他电子设备制造业，仪器仪表制造业。

[16]规模以上服务业统计范围包括：年营业收入 2000 万元及以上的交通运输、仓储和邮政业，信息传输、软件和信息技术服务业，水利、环境和公共设施管理业，卫生行业法人单位；年营业收入 1000 万元及以上的房地产业（不含房地产开发经营），租赁和商务服务业，科学研究和技术服务业，教育行业法人单位；以及年营业收入 500 万元及以上的居民

服务、修理和其他服务业，文化、体育和娱乐业，社会工作行业法人单位。

[17]战略性新兴服务业包括新一代信息技术产业、高端装备制造产业、新材料产业、生物产业、新能源汽车产业、新能源产业、节能环保产业和数字创意产业等八大产业中的服务业相关行业，以及新技术与创新创业等相关服务业。2021 年战略性新兴服务业企业营业收入增速按可比口径计算。

[18]高技术产业投资包括医药制造、航空航天器及设备制造等六大类高技术制造业投资和信息服务、电子商务服务等九大类高技术服务业投资。

[19]网上零售额是指通过公共网络交易平台（主要从事实物商品交易的网上平台，包括自建网站和第三方平台）实现的商品和服务零售额。

[20]东部地区是指北京、天津、河北、上海、江苏、浙江、福建、山东、广东和海南 10 省（市）；中部地区是指山西、安徽、江西、河南、湖北和湖南 6 省；西部地区是指内蒙古、广西、重庆、四川、贵州、云南、西藏、陕西、甘肃、青海、宁夏和新疆 12 省（区、市）；东北地区是指辽宁、吉林和黑龙江 3 省。

[21]根据第七次全国人口普查结果，对 2017-2019 年年末常住人口城镇化率数据进行了修订。

[22]万元国内生产总值能耗按 2020 年价格计算。

[23]2020 年部分产品产量数据进行了核实调整，2021 年产量增速按可比口径计算。

[24]火电包括燃煤发电量，燃油发电量，燃气发电量，余热、余压、余气发电量，垃圾焚烧发电量，生物质发电量。

[25]钢材产量数据中含企业之间重复加工钢材。

[26]少量发电装机容量（如地热等）公报中未列出。

[27]由于统计调查制度规定的调查范围变动、统计执法、剔除重复数据等因素，2021 年规模以上工业企业财务指标增速及变化按可比口径计算。

[28]产能利用率是指实际产出与生产能力（均以价值量计量）的比率。企业的实际产出是指企业报告期内的工业总产值；企业的生产能力是指报告期内，在劳动力、原材料、燃料、运输等保证供给的情况下，生产设备（机械）保持正常运行，企业可实现并能长期维持的产品产出。

[29]货物运输总量及周转量包括铁路、公路、水路、民航和管道五种运输方式完成量，2021 年增速按可比口径计算。

[30]邮政行业业务总量按 2020 年价格计算。

[31]电信业务总量按 2020 年价格计算。

[32]移动电话基站数是指报告期末为小区服务的无线收发信设备，处理基站与移动台之间的无线通信，在移动交换机与移动台之间起中继作用，监视无线传输质量的全套设备数。

[33]固定互联网宽带接入用户是指报告期末在电信企业登记注册，通过 xDSL、FTTx+LAN、FTTH/O 以及其他宽带接入方式和普通专线接入公众互联网的用户。

[34]固定互联网光纤宽带接入用户是指报告期末在电信企业登记注册，通过 FTTH 或 FTTO 方式接入公众互联网的用户。

[35]蜂窝物联网终端用户是指报告期末接入移动通信网络并开通物联网业务的用户。物联网终端即连接传感网络层和传输网络层，实现远程采集数据及向网络层发送数据的物联网设备。

[36]手机上网人数是指过去半年通过手机接入并使用互联网的人数。

[37]软件和信息技术服务业包括软件开发、集成电路设计、信息系统集成和物联网技术服务、运行维护服务、信息处理和存储支持服务、信息技术咨询服务、数字内容服务和其他信息技术服务等行业。

[38]根据统计调查方法改革和制度规定，对 2020 年固定资产投资相关数据进行修订，2021 年相关指标增速按可比口径计算。

[39]见注释[20]。

[40]民间固定资产投资是指具有集体、私营、个人性质的内资调查单位以及由其控股（包括绝对控股和相对控股）的调查单位建造或购置固定资产的投资。

[41]基础设施投资包括交通运输、邮政业，电信、广播电视和卫星传输服务业，互联网和相关服务业，水利、环境和公共设施管理业投资。

[42]社会领域投资包括教育，卫生和社会工作，文化、体育和娱乐业投资。

[43]房地产业投资除房地产开发投资外，还包括建设单位自建房屋以及物业管理、中介服务和其他房地产投资。

[44]“一带一路”是指“丝绸之路经济带”和“21 世纪海上丝绸之路”。

[45]社会融资规模增量是指一定时期内实体经济从金融体系获得的资金总额。

[46]社会融资规模存量是指一定时期末（月末、季末或年末）实体经济从金融体系获得的资金余额。

[47]普惠金融贷款包括单户授信小于 1000 万元的小微型企业贷款、个体工商户经营性贷款、小微企业主经营性贷款、农户生产经营贷款、建档立卡贫困人口消费贷款、创业担保贷款和助学贷款。

[48]沪深交易所股票筹资额按上市日统计，筹资额包括了可转债实际转股金额，2020 年、2021 年可转债实际转股金额分别为 1195 亿元、1342 亿元。

[49]北京证券交易所股票筹资额按上市日统计，筹资额只计入北京证券交易所开市日起新上市公司，精选层平移公司历史筹资数据保留在原全国中小企业股份转让系统统计报表中。

[50]全国中小企业股份转让系统是 2012 年经国务院批准的全国性证券交易场所。全年全国中小企业股份转让系统挂牌公司累计筹资不含优先股，股票筹资按新增股份挂牌日统计。

[51]公司信用类债券包括非金融企业债务融资工具、企业债券以及公司债、可转债等。

[52]原保险保费收入是指保险企业确认的原保险合同保费收入。

[53]人均收入中位数是指将所有调查户按人均收入水平从低到高（或从高到低）顺序排列，处于最中间位置调查户的人均收入。

[54]全国居民五等份收入分组是指将所有调查户按人均收入水平从低到高顺序排列，平均分为五个等份，处于最低 20%的收入家庭为低收入组，依此类推依次为中间偏下收入组、中间收入组、中间偏上收入组、高收入组。

[55]脱贫县包括原 832 个国家扶贫开发工作重点县和集中连片特困地区县，以及新疆阿克苏地区 7 个市县。

[56]服务性消费支出是指住户用于餐饮服务、教育文化娱乐服务和医疗服务等各种生活服务的消费支出。

[57]农村特困人员是指无劳动能力，无生活来源，无法定赡养、抚养、扶养义务人或者其法定义务人无履行义务能力的农村老年人、残疾人以及未满 16 周岁的未成年人。

[58]临时救助是指国家对遭遇突发事件、意外伤害、重大疾病或其他特殊原因导致基本生活陷入困境，其他社会救助制度暂时无法覆盖或救助之后基本生活暂时仍有严重困难的家庭或个人给予的应急性、过渡性的救助。

[59]民政服务床位除收养性机构外，还包括救助类机构、社区类机构的床位。

[60]国家级科技企业孵化器是指符合《科技企业孵化器管理办法》规定的，以促进科技成果转化、培育科技企业和企业家精神为宗旨，提供物理空间、共享设施和专业化服务的科技创业服务机构，且经过科学技术部批准确定的科技企业孵化器。

[61]国家备案众创空间是指符合《发展众创空间工作指引》规定的新型创新创业服务平台，且按照《国家众创空间备案暂行规定》经科学技术部审核备案的众创空间。

[62]PCT专利申请受理量是指国家知识产权局作为PCT专利申请受理局受理的PCT专利申请数量。PCT（PatentCooperationTreaty）即专利合作条约，是专利领域的一项国际合作条约。

[63]每万人口高价值发明专利拥有量是指每万人口本国居民拥有的经国家知识产权局授权的符合下列任一条件的有效发明专利数量：战略性新兴产业的发明专利；在海外有同族专利权的发明专利；维持年限超过10年的发明专利；实现较高质押融资金额的发明专利；获得国家科学技术奖、中国专利奖的发明专利。

[64]制造业产品质量合格率是指以产品质量检验为手段，按照规定的方法、程序和标准实施质量抽样检测，判定为质量合格的样品数占全部抽样样品数的百分比，统计调查样本覆盖制造业的29个行业。

[65]普通、职业本专科包括普通本科、职业本科、高职（专科）。2021年高职（专科）招生人数统计口径发生变化，包含五年制高职转入专科招生人数。

[66]中等职业教育包括普通中专、成人中专、职业高中和技工学校。

[67]总流通人次是指本年度内到图书馆场馆接受图书馆服务的总人次，包括借阅书刊、咨询问题以及参加各类读者活动等。

[68]特种影片是指采用与常规影院放映在技术、设备、节目方面不同的电影展示方式，如巨幕电影、立体电影、立体特效（4D）电影、动感电影、球幕电影等。

[69]人均图书拥有量是指在一年内全国平均每人能拥有的当年出版图书册数。

[70]总诊疗人次是指所有诊疗工作的总人次数，包括门诊、急诊、出诊、预约诊疗、单项健康检查、健康咨询指导（不含健康讲座、核酸检测）人次。

[71]出院人数是指报告期内所有住院后出院的人数，包括医嘱离院、医嘱转其他医疗机构、非医嘱离院、死亡及其他人数，不含家庭病床撤床人数。

[72]体育场地调查对象不包括军队、铁路系统所属体育场地。

[73]体育场地面积是指体育训练、比赛、健身场地的有效面积。

[74]国有建设用地供应总量是指报告期内市、县人民政府根据年度土地供应计划依法以出让、划拨、租赁等方式与用地单位或个人签订出让合同或签发划拨决定书、完成交易的国有建设用地总量。

[75]房地产用地是指商服用地和住宅用地的总和。

[76]万元国内生产总值用水量、万元工业增加值用水量按2020年价格计算。

[77]种草改良面积是指通过实施播种、栽种等措施增加牧草数量的面积以及通过压盐压碱压沙、土壤改良、围栏封育等措施使草原原生植被、生态得到改善的面积之和。

[78]万元国内生产总值二氧化碳排放按2020年价格计算。

[79]近岸海域海水水质采用面积法进行评价。

资料来源:

本公报中城镇新增就业、城镇登记失业率、养老保险、失业保险、工伤保险、技工学校数据来自人力资源和社会保障部；外汇储备、汇率数据来自国家外汇管理局；市场主体、质量检验、国家标准制定修订、制造业产品质量合格率数据来自国家市场监督管理总局；环境监测等数据来自生态环境部；水产品产量、新增高效节水灌溉面积数据来自农业农村部；木材产量、造林面积、种草改良面积、国家级自然保护区、国家公园数据来自国家林业和草原局；新增耕地灌溉面积、水资源总量、用水量、新增水土流失治理面积数据来自水利部；发电装机容量、新增220千伏及以上变电设备、电力消费量数据来自中国电力企业联合会；港口货物吞吐量、港口集装箱吞吐量、公路运输、水路运输、新改建高速公路里程、港口万吨级码头泊位新增通过能力数据来自交通运输部；铁路运输、新建铁路投产里程、增新建铁路复线投产里程、电气化铁路投产里程数据来自中国国家铁路集团有限公司；民航运输、新增民用运输机场数据来自中国民用航空局；管道运输数据来自中国石油天然气集团有限公司、中国石油化工集团有限公司、中国海洋石油集团有限公司、国家石油天然气管网集团有限公司；民用汽车保有量、道路交通事故数据来自公安部；邮政业务数据来自国家邮政局；通信业、软件业务收入、新增光缆线路长度等数据来自工业和信息化部；互联网上网人数、互联网普及率数据来自中国互联网络信息中心；棚户区改造、保障性租赁住房数据来自住房和城乡建设部；货物进出口数据来自海关总署；服务进出口、外商直接投资、对外直接投资、对外承包工程、对外劳务合作等数据来自商务部；财政数据来自财政部；新增减税降费数据来自国家税务总局；货币金融、公司信用类债券数据来自中国人民银行；境内交易场所筹资数据来自中国证券监督管理委员会；保险业数据来自中国银行保险监督管理委员会；医疗保险、生育保险数据来自国家医疗保障局；城乡低保、农村特困人员救助供养、临时救助、民政服务数据来自民政部；优抚对象数据来自退役军人事务部；国家自然科学基金资助项目数据来自国家自然科学基金委员会；国家重点实验室、国家科技成果转化引导基金、国家级科技企业孵化器、国家备案众创空间、技术合同等数据来自科学技术部；国家工程研究中心、国家企业技术中心、大众创业万众创新示范基地等数据来自国家发展和改革委员会；专利、商标数据来自国家知识产权局；宇航发射数据来自国家国防科技工业局；教育数据来自教育部；艺术表演团体、博物馆、公共图书馆、文化馆、旅游数据来自文化和旅游部；电视、广播数据来自国家广播电视总局；电影数据来自国家电影局；报纸、期刊、图书数据来自国家新闻出版署；档案数据来自国家档案局；医疗卫生数据来自国家卫生健康委员会；体育数据来自国家体育总局；残疾人运动员数据来自中国残疾人联合会；国有建设用地供应、海洋灾害造成直接经济损失数据来自自然资源部；平均气温、台风登陆数据来自中国气象局；农作物受灾面积、洪涝和地质灾害造成直接经济损失、干旱灾害造成直接经济损失、低温冷冻和雪灾造成直接经济损失、地震次数、地震灾害造成直接经济损失、森林火灾、受害森林面积、生产安全事故数据来自应急管理部；其他数据均来自国家统计局。

江西省2021年国民经济和社会发展统计公报[1]

江西省统计局　国家统计局江西调查总队

2022年3月24日

2021 年是中国共产党成立 100 周年，是全面建设社会主义现代化国家新征程开启之年。全省上下坚持以习近平新时代中国特色社会主义思想为指导，全面贯彻党的十九大和十九届历次全会精神，深入贯彻习近平总书记视察江西重要讲话精神，聚焦“作示范、勇争先”的目标定位和“五个推进”的重要要求，坚持稳中求进工作总基调，完整、准确、全面贯彻新发展理念，加快构建新发展格局，推动高质量发展，扎实做好“六稳”工作、全面落实“六保”任务，持续巩固拓展疫情防控和经济社会发展成果，全省经济保持平稳恢复，质量效益稳步提高，创新发展步伐加快，民生福祉持续改善，高质量跨越式发展取得新成效，顺利实现“十四五”良好开局。

一、综合

经国家统计局统一核算，全年全省地区生产总值[2]29619.7 亿元，比上年增长 8.8%，两年平均增长 6.2%。其中，第一产业增加值 2334.3 亿元，增长 7.3%；第二产业增加值 13183.2 亿元，增长 8.2%；第三产业增加值 14102.2 亿元，增长 9.5%。三次产业结构为 7.9:44.5:47.6，三次产业对 GDP 增长的贡献率分别为 7.3%、40.4%和 52.3%。人均国内生产总值 65560 元，增长 8.8%，按年平均汇率计算，折合 10162 美元。

图1　2017-2021年江西地区生产总值及其增长速度

图2　2017-2021年三次产业增加值占生产总值比重

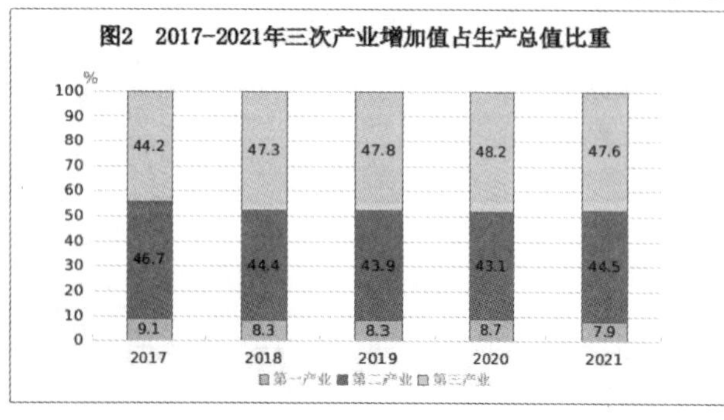

年末全省常住人口 4517.4 万人，比 2020 年第七次全国人口普查减少 1.5 万人。其中，城镇常住人口 2776.4 万人，占总人口的比重（常住人口城镇化率）为 61.46%，比 2020 年提高 1.02 个百分点。全年出生人口 37.7 万人，出生率 8.34‰，比 2020 年下降 1.14 个千分点；死亡人口 30.3 万人，死亡率 6.71‰，上升 0.10 个千分点；自然增长率 1.63‰，下降 1.24 个千分点。

表 1　2021 年年末常住人口数及其构成

指　标	年末数（万人）	比重（%）
全省常住人口	4517.4	100.0
#城　镇	2776.4	61.5
乡村	1741.0	38.5
#男性	2335.2	51.7
女性	2182.2	48.3
#0-15 岁（含不满 16 周岁）	1021.1	22.6
16-59 岁（含不满 60 周岁）	2727.2	60.4
60 周岁及以上	769.1	17.0
#65 周岁及以上	560.1	12.4

就业形势总体稳定。全年全省城镇新增就业 48.0 万人，新增转移农村劳动力 60.4 万人，失业人员再就业 15.2 万人，就业困难人员就业 4.9 万人。全年城镇调查失业率平均值控制在预期目标 5.5%以内。年末城镇登记失业率为 2.84%，比上年下降 0.31 个百分点。

居民消费价格温和上涨。全年全省居民消费价格比上年上涨 0.9%，涨幅比上年回落 1.7 个百分点。分类别看，八大类商品和服务价格“四涨四降”，交通通信类价格上涨 4.3%，教育文化娱乐类价格上涨 3.0%，居住类价格上涨 0.9%，生活用品及服务类价格上涨 0.4%，医疗保健类价格下降 0.1%，衣着类下降 0.3%，食品烟酒类价格下降 0.7%，其他用品及服务类价格下降 1.3%。全年工业生产者出厂价格同比上涨 10.5%，工业生产者购进价格同比上涨 12.3%。农产品生产者价格[3]同比下降 3.9%。

图3　2021年居民消费价格各月涨跌幅度

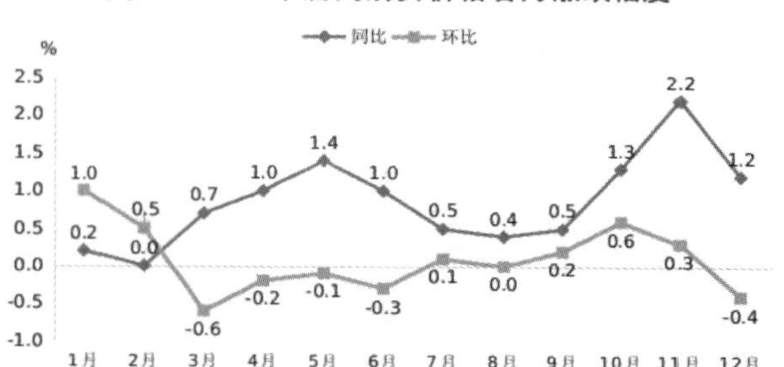

表 2　2021 年居民消费价格分类别涨跌幅度

类　别	比上年上涨（%）
居民消费价格指数	0.9
食品烟酒	-0.7
衣着	-0.3
居住	0.9
生活用品及服务	0.4
交通通信	4.3
教育文化娱乐	3.0
医疗保健	-0.1
其他用品及服务	-1.3

动力活力持续增强。战略性新兴产业、高新技术产业增加值占规模以上工业增加值比重分别为 23.2%、38.5%，比上年分别提高 1.1、0.3 个百分点；新增国家级专精特新“小巨人”企业 109 家，总数达 144 家。工业技改投资增长 24.5%，高技术产业投资增长 29.2%。网上零售额增长 25.5%。新登记各类市场主体 128.9 万户，市场主体总量达到 402.5 万户，增长 26.1%。

二、农业

全年全省农林牧渔业总产值 3998.1 亿元，比上年增长 9.0%。粮食种植面积 3772.8 千公顷，增长 0.01%。其中，谷物种植面积 3490.0 千公顷，下降 0.6%。油料种植面积 713.4 千公顷，增长 5.2%。其中，油菜籽 504.5 千公顷，增长 6.1%。蔬菜种植面积 686.3 千公顷，增长 3.8%。棉花种植面积 11.0 千公顷，下降 68.5%。甘蔗种植面积 13.4 千公顷，下降 1.3%。

全年全省粮食产量 2192.3 万吨，比上年增长 1.3%。油料产量 130.9 万吨，增长 6.7%。蔬菜及食用菌产量 1730.6 万吨，增长 5.4%。棉花产量 1.7 万吨，下降 67.5%。甘蔗产量 60.7 万吨，下降 0.8%。烟叶产量 2.6 万吨，下降 3.1%。茶叶产量 7.4 万吨，增长 3.1%。园林水果产量 518.4 万吨，增长 5.1%。

表 3　2021 年主要农产品产量及其增长速度

产品名称	产量（万吨）	比上年增长(%)
粮食	2192.3	1.3
其中：谷物	2100.1	1.1
油料	130.9	6.7
其中：油菜籽	73.4	8.2
蔬菜及食用菌	1730.6	5.4
棉花	1.7	-67.5
甘蔗	60.7	-0.8
烟叶	2.6	-3.1
茶叶	7.4	3.1
园林水果	518.4	5.1
猪牛羊禽肉	344.0	21.5
水产品	269.5	2.6

全年全省猪牛羊禽肉产量 344.0 万吨，比上年增长 21.6%。其中，猪肉产量 238.5 万吨，增长 32.0%；牛肉产量 16.7 万吨，增长 9.9%；羊肉产量 2.9 万吨，增长 11.4%；禽肉产量 85.9 万吨，增长 1.6%。禽蛋产量 62.6 万吨，增长 2.3%。牛奶产量 8.3 万吨，下降 8.7%。水产品产量 269.5 万吨，增长 2.6%。年末生猪存栏 1683.2 万头，比上年末增长 7.2%；全年生猪出栏 2910.4 万头，比上年增长 31.2%。

三、工业和建筑业

全年全省工业增加值 10773.4 亿元，比上年增长 9.0%；规模以上工业增加值增长 11.4%。分经济类型看，国有控股企业增长 8.8%；股份制企业增长 11.9%，外商及港澳台商投资企业增长 8.9%；私营企业增长 11.4%。高耗能行业增加值增长 6.3%，占比为 40.6%，比上年提高 1.5 个百分点。非公工业贡献突出。非公有制工业增加值增长 12.6%，占全省规上工业比重为 81.7%，对规模以上工业增长的贡献率为 86.9%。

重点监测的 437 种主要工业产品中有 320 种产品产量同比实现增长。工业机器人、稀土磁性材料、3D 打印设备、新能源汽车等工业新产品产量分别增长 139.8%、61.7%、32.7%、29.1%。

表 4　2021 年规模以上工业主要产品产量及其增长速度

产品名称	单位	产量	比上年增长(%)
多晶硅	万千克	223.4	-76.7
单一稀土金属	万千克	1439.2	7.5
中成药	万吨	9.4	1.5
白酒(折 65 度,商品量)	万千升	16.2	90.7
啤酒	万千升	62.4	-9.3
精制茶	吨	76175.0	6.7
卷烟	亿支	642.0	1.8
化学纤维	万吨	107.7	20.2
布	万米	95518.5	13.4
服装	万件	136204.5	17.0
机制纸及纸板	万吨	280.2	17.2
饲料	万吨	1161.0	7.8
硫酸(折 100%)	万吨	290.9	0.4
农用氮、磷、钾化学肥料	万吨	97.4	345.1
化学原料药	吨	123203.8	31.8
水泥	万吨	10130.7	3.2
瓷质砖	万平方	129395.2	12.3
粗钢	万吨	2711.0	1.1

产品名称	单位	产量	比上年增长(%)
钢材	万吨	3480.9	10.9
十种有色金属	万吨	218.9	10.7
其中:精炼铜(电解铜)	万吨	160.4	11.6
铜材	万吨	514.3	10.7
汽车	万辆	43.6	-1.3
家用电冰箱	万台	72.3	-7.5
太阳能电池	万千瓦	714.0	-25.2
房间空气调节器	万台	352.0	1.9

全年全省规模以上工业企业实现营业收入43976.7亿元,比上年增长25.6%;实现利润总额3122.4亿元,增长28.5%;每百元营业收入中的成本为86.3元,比上年增加0.3元。年末规上工业资产负债率为53.5%,比上年末下降0.2个百分点。

年末全省开发区投产工业企业15375家,比上年末增加1118家。全年开发区工业增加值增长11.9%,较规模以上工业高0.5个百分点。实现出口交货值2283.0亿元,增长10.1%。招商签约资金17015.5亿元,增长34.3%;招商实际到位资金8837.8亿元,招商资金实际到位率为51.9%。实现营业收入40504.4亿元,增长27.5%,较上年提高17.4个百分点;实现利润总额2887.7亿元,增长31.4%。营业收入超300亿元的开发区48个,增加12个;超500亿元的开发区28个,增加7个;超1000亿元的开发区8个,增加2个。

全年全省规模以上工业生产原煤213.4万吨,比上年下降25.1%;原煤消费库存量387.6万吨,增长36.4%。原油加工量666.7万吨,下降5.0%。其中,汽油产量197.7万吨,下降6.6%;煤油产量45.7万吨,下降15.7%;柴油产量203.7万吨,下降14.0%。发电量1425.2亿千瓦时,增长6.1%。新型能源发电量167.0亿千瓦时,比上年增长26.1%。其中,垃圾焚烧发电量22.9亿千瓦时,增长67.7%;风力发电量85.3亿千瓦时,增长31.7%;太阳能发电量41.4亿千瓦时,增长11.7%。

全年全省总承包和专业承包建筑业总产值完成9762.9亿元,比上年增长12.9%。其中,建筑工程产值完成8490.7亿元,增长14.2%,占全省建筑业总产值的比重为87.0%;安装工程产值完成701.6亿元,增长7.6%,占比7.2%;其他产值完成570.6亿元,增长1.8%,占比5.8%。资质以上总、专包建筑业企业共4815家,比上年增加946家。其中,总承包企业4224家,增加828家;专业承包企业591家,增加118家。按资质等级划分,资质等级为特、一级企业472家,增加47家;二级企业1167家,增加137家;三级及其他企业3176家,增加762家。

四、服务业

全年全省服务业实现增加值14102.2亿元,比上年增长9.5%。其中,批发和零售业增加值2536.7亿元,增长11.4%;交通运输、仓储和邮政业增加值1218.9亿元,增长14.9%;住宿和餐饮业增加值506.4亿元,增长19.5%;金融业增加值1975.0亿元,增长5.4%;房地产业增加值2176.6亿元,增长5.2%;信息传输、软件和信息技术服务业增加值561.3亿元,增长10.7%。全年全省规模以上服务业企业营业收入3669.4亿元,比上年增长18.0%;利润总额230.4亿元,增长27.9%。

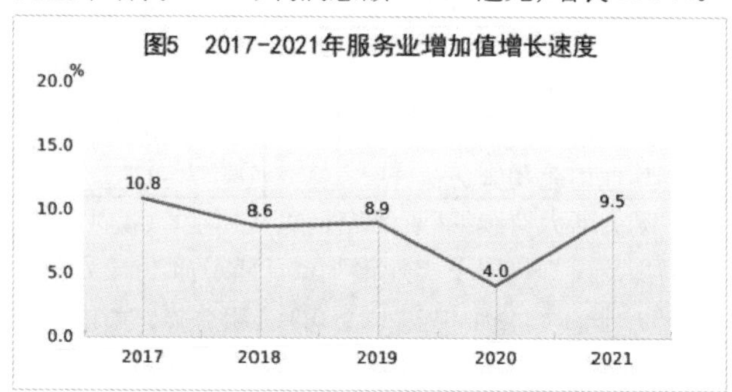

全年全省货物运输总量198702.0万吨,比上年增长26.4%;货物运输周转量4884.7亿吨公里,增长21.8%。南昌港完成货物吞吐量3700.6万吨,下降23.9%;完成集装箱吞吐量13.2万标准箱,下降5.5%。九江港完成货物吞吐量15174.9万吨,增长26.0%;完成集装箱吞吐量64.9万标准箱,增长6.3%。

表5 2021年各种运输方式货物运输量及其增长速度

指 标	单 位	绝对值	比上年增长(%)
货物运输量	万吨	198702.0	26.4
铁路	万吨	4818.2	5.8
公路	万吨	181022.6	27.6
水路	万吨	12843.3	20.1
民航	万吨	17.9	-4.3
货物运输周转量	亿吨公里	4884.7	21.8
铁路	亿吨公里	570.4	14.7
公路	亿吨公里	3960.1	22.0
水路	亿吨公里	354.2	33.0

旅客运输量25675.0万人,比上年下降40.5%;旅客运输周转量603.9亿人公里,下降4.3%。昌北国际机场旅客吞吐量976.6万人次,增长3.6%。

表6 2021年各种运输方式旅客运输量及其增长速度

指 标	单 位	绝对值	比上年增长(%)
旅客运输量	万人	25675.0	-40.5
铁路	万人	9167.2	12.4
公路	万人	14977.0	-55.5
水路	万人	159.2	40.6
民航	万人	1371.6	7.8
旅客运输周转量	亿人公里	603.9	-4.3
铁路	亿人公里	506.0	12.4
公路	亿人公里	97.7	-46.0
水路	亿人公里	0.2	36.2

年末全省公路通车里程 211101.2 公里，比上年增长 0.2%，其中高速公路通车里程 6308.9 公里，增长 1.2%。铁路营业里程 4822.0 公里，增长 6.1%。年末全省民用汽车保有量 717.8 万辆，比上年增长 8.5%；民用轿车保有量 377.6 万辆，增长 8.6%，其中私人轿车 363.5 万辆，增长 9.0%。

全年全省邮电业务总量 626.8 亿元。其中，邮政业务总量[4]210.7 亿元，增长 30.5%；电信业务总量[5]416.1 亿元，增长 30.0%。完成邮政函件业务 745.0 万件，下降 37.1%；包裹业务 33.6 万件，下降 8.6%。快递服务企业业务量 16.0 亿件，增长 42.9%；业务收入 144.3 亿元，增长 25.9%。

年末固定电话用户 474 万户，比上年末下降 1.7%。移动电话用户 4496.8 万户，增长 5.8%。年末 5G 终端用户 1392.7 万户。年末互联网宽带接入用户(计算机互联网用户)1700.2 万户，增长 12.6%。

五、固定资产投资

全年全省固定资产投资比上年增长 10.8%。分产业看，第一产业投资增长 1.7%，第二产业投资增长 15.5%，第三产业投资增长 6.4%。民间投资增长 16.1%，占全部投资的 68.4%，占比较上年提高 3.2 个百分点。基础设施投资增长 2.5%，制造业投资增长 17.1%。

表 7 2021 年分行业固定资产投资增长速度及构成

行 业	比上年增长(%)	构成(%)(以投资额为 100)
总 计	10.8	100.0
第一产业	1.7	1.7
第二产业	15.5	51.7
工业	15.4	51.6
采矿业	8.3	0.9
制造业	17.1	47.8
电力、热力、燃气及水生产和供应业	-5.1	2.9
建筑业	39.8	0.1
第三产业	6.4	46.6
批发和零售业	44.7	1.4
交通运输、仓储和邮政业	1.4	3.9
住宿和餐饮业	20.1	0.5
信息传输、软件和信息技术服务	63	1.2
金融业	-11.7	0.1
房地产业	6.5	18.5
租赁和商务服务业	1.5	2.2
科学研究和技术服务业	29.9	0.7
水利、环境和公共设施管理业	-0.2	11.3
居民服务、修理和其他服务业	42.2	0.3
教育	18.4	2.0
卫生和社会工作业	24.1	1.4
文化、体育和娱乐业	11.3	1.4
公共管理、社会保障和社会组织	-14.6	1.5

全年全省施工项目 23121 个，比上年增加 4836 个。其中，新开工项目 12451 个，增加 3107 个，完成投资占全部投资的 32.3%。施工项目中，全省亿元以上施工项目 8999 个，比上年增加 1013 个；其中，亿元以上新开工项目 3240 个，比上年增加 382 个。民生领域项目 1713 个，比上年增加 291 个，完成投资增长 17.9%；其中，教育投资增长 18.4%，卫生投资增长 24.7%，体育投资增长 58.1%。

全年全省房地产开发投资比上年增长 6.3%，其中住宅投资增长 10.3%。商品房销售面积 7676.2 万平方米，增长 14.0%，其中住宅销售面积 6681.3 万平方米，增长 14.2%。商品房销售额 5894.1 亿元，增长 12.9%；其中住宅销售额 5110.0 亿元，增长 15.5%。商品房单位面积销售额 7678 元/平方米，较上年降低 79 元。年末商品房待售面积 737.5 万平方米，比上年末下降 8.2%，其中住宅待售面积 324.6 万平方米，下降 20.6%。

全年全省棚户区改造开工 11.6 万套，基本建成 11.2 万套。

六、国内贸易

全年全省实现社会消费品零售总额 12206.7 亿元，比上年增长 17.7%。其中，限额以上消费品零售额 3960.3 亿元，增长 19.5%。按经营地统计，城镇消费品零售额 10272.7 亿元，增长 17.4%；乡村消费品零售额 1934.0 亿元，增长 19.0%。按消费类型统计，商品零售 10947.8 亿元，增长 15.2%；餐饮收入 1258.9 亿元，增长 45.5%。全省实物商品网上零售额 1878.4 亿元，增长 26.9%。

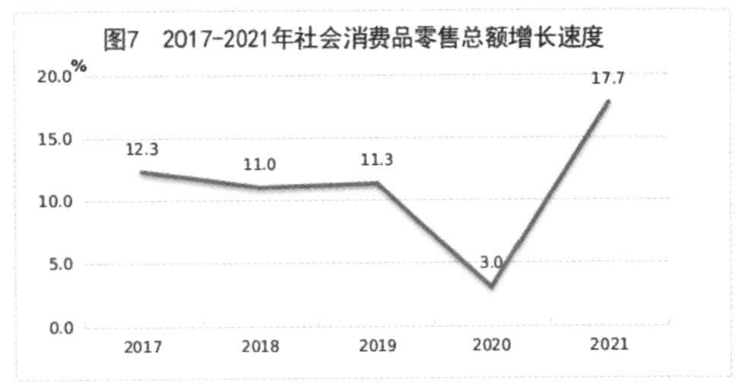

在限额以上单位商品零售额中，基本生活消费增势较好，饮料类、服装鞋帽针纺织品类、粮油食品类商品零售额比上年分别增长28.6%、25.4%、19.0%。升级类消费需求持续释放，体育娱乐用品类、化妆品类、计算机及其配套产品商品零售额分别增长45.2%、43.5%、40.7%。

表8　2021年限额以上单位按商品分类零售额及其增长速度

类　别	零售额（亿元）	比上年增长(%)
合　　计	3748.3	20.5
#通过公共网络实现的商品	379.7	24.1
粮油、食品类	510.2	19.0
饮料类	60.8	28.6
烟酒类	115.7	50.7
服装、鞋帽、针纺织品类	213.4	25.4
化妆品类	49.3	43.5
金银珠宝类	44.1	12.9
日用品类	131.6	15.7
五金、电料类	23.0	21.7
体育、娱乐用品类	9.0	45.2
书报杂志类	67.1	12.7
电子出版物及音像制品类	2.9	-2.7
家用电器和音像器材类	166.8	22.0
中西药品类	174.2	17.0
文化办公用品类	49.1	16.2
家具类	52.4	17.6
通讯器材类	51.9	6.3
煤炭及制品类	8.6	6.6
石油及制品类	556.0	15.2
建筑及装潢材料类	92.4	30.7
机电产品及设备类	12.1	6.6
汽车类	1183.0	18.8
棉麻类	0.9	8.6
其他类	173.9	41.7

七、对外经济

全年全省货物贸易进出口总值4980.4亿元，比上年增长23.7%。其中，出口值3671.8亿元，增长25.8%；进口值1308.6亿元，增长18.3%。一般贸易进出口3698.7亿元，增长30.7%，占全省比重74.3%。民营企业进出口3638.3亿元，增长22.7%，占全省比重73.1%。对"一带一路"沿线国家进出口1424.3亿元，增长21.5%。

表9　2021年货物贸易进出口总值及其增长速度

指　标	金额（亿元）	比上年增长（%）
进出口总值	4980.4	23.7
出口值	3671.8	25.8
其中：一般贸易	2935.0	30.9
加工贸易	586.1	-7.5
其中：机电产品	1838.1	14.2
高新技术产品	955.7	-1.5
进口值	1308.6	18.3
其中：一般贸易	763.7	29.7
加工贸易	420.1	-5.4
其中：机电产品	542.9	-9.2
高新技术产品	458.9	-8.3

表10　2021年对主要国家（地区）出口值及其增长速度

国家（地区）	出口值（亿元）	比上年增长（%）
美国	664.4	36.6
东盟	660.4	21.9
欧盟	475.7	21.1
中国香港	351.3	8.9
越南	195.6	38.4
韩国	169.2	25.3
印度	154.1	94.2
日本	152.9	18.0
马来西亚	107.0	7.6
印度尼西亚	85.2	45.2
中国台湾	67.7	48.4

全年全省新设外商投资企业633家，比上年增加68家；合同外资金额96.1亿美元，下降22.1%；实际使用外商直接投资金额157.8亿美元，增长8.1%。利用省外项目实际进资9541.8亿元，增长9.0%。

表11　2021年分行业实际使用外商直接投资金额及其增长速度

行　业	金额（亿美元）	比上年增长（%）
总　计	157.8	8.1
#农、林、牧、渔业	1.9	-38.9
制造业	89.0	7.0
电力、热力、燃气及水生产和供应业	8.0	-0.7
交通运输、仓储和邮政业	3.3	1262.4
信息传输、软件和信息技术服务业	5.3	14.2
批发和零售业	14.8	13.0
房地产业	14.7	-23.2
租赁和商务服务业	8.6	17.6
科学研究技术服务和地质勘查业	5.7	91.1

全年对外承包工程新签合同147份，比上年下降5.2%；合同金额36.1亿美元，下降7.6%；完成营业额41.2亿美元，增长1.4%。对外承包工程和对外劳务合

作派出各类劳务人员 1910 人，增长 50.7%。

八、财政金融

全年全省一般公共预算收入 2812.3 亿元，比上年增长 12.2%。其中税收收入 1929.4 亿元，增长 13.4%，占一般公共预算收入的比重为 68.6%。全省一般公共预算支出 6778.5 亿元，比上年增长 1.6%。民生方面支出 5345.5 亿元，占一般公共预算支出比重为 78.9%。

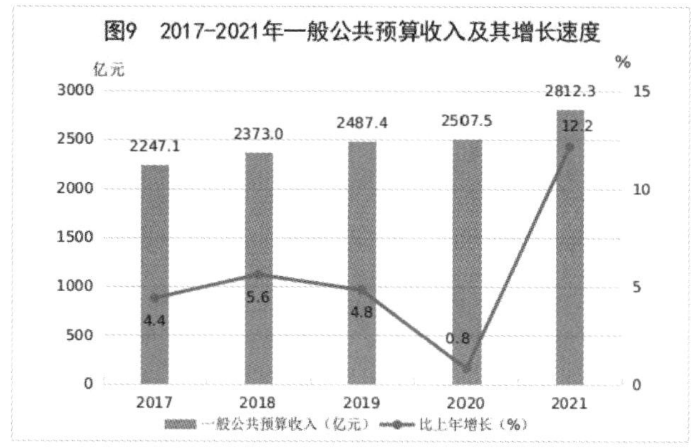

年末全省金融机构人民币各项存款余额 47455.7 亿元，比上年末增长 8.8%，比年初增加 3847.6 亿元。全省金融机构人民币各项贷款余额 46920.7 亿元，比上年末增长 13.3%，比年初增加 5511.5 亿元。

年末全省辖区内共有境内上市公司 66 家，其中，主板公司 44 家，创业板公司 17 家，科创板公司 4 家，北交所公司 1 家。辖区内证券公司 2 家，分公司 49 家，证券营业部 303 家，证券交易额 8.7 万亿元；期货公司 1 家，分公司 5 家，期货营业部 25 家，期货代理成交金额 4.6 万亿元。

全年全省保险公司保费收入 909.6 亿元，比上年增长 2.3%。其中，财产险保费收入 264.8 亿元，寿险保费收入 444.0 亿元，健康险保费收入 175.5 亿元，意外伤害险保费收入 25.3 亿元。支付各类赔款及给付 334.1 亿元。其中，财产险赔款及给付 177.3 亿元，人寿险赔款及给付 62.1 亿元，健康险赔款及给付 87.4 亿元，意外伤害险赔款及给付 7.4 亿元。

九、居民收入消费和社会保障

全年全省居民人均可支配收入 30610 元，比上年增长 9.3%，扣除价格因素，实际增长 8.3%。按常住地分，城镇居民人均可支配收入 41684 元，增长 8.1%，扣除价格因素，实际增长 7.2%；农村居民人均可支配收入 18684 元，增长 10.0%，扣除价格因素，实际增长 9.3%。城乡居民人均可支配收入比值为 2.23，比上年缩小 0.04。

全年全省居民人均消费支出 20290 元，比上年增长 13.0%。按常住地分，城镇居民人均消费支出 24587 元，增长 11.1%；农村居民人均消费支出 15663 元，增长 15.3%。全省居民恩格尔系数为 32.1%，其中城镇为 31.4%，农村为 33.3%。

年末全省参加城镇职工基本养老保险人数 1247.5 万人，比上年末增加 79.3 万人。参加城乡居民基本养老保险人数 2074.3 万人，减少 3.7 万人。参加基本医疗保险人数 4710.5 万人，减少 69.4 万人。其中，参加城镇职工基本医疗保险人数 608.2 万人，增加 9.2 万人；参加城乡居民基本医疗保险人数 4102.4 万人。参加失业保险人数 308.0 万人，增加 16.1 万人。全省领取失业保险金人数 4.7 万人。参加工伤保险人数 563.3 万人，增加 9.9 万人。参加生育保险人数 378.4 万人，增加 6.2 万人。城市居民纳入政府最低生活保障人数 31.1 万人，城市低保标准 765 元/人 · 月，向城市低保户发放低保金 19.8 亿元，月人均补差 490 元；农村居民纳入政府最低生活保障人数 142.7 万人，农村低保标准 515 元/人 · 月，向农村低保户发放低保金 63.7 亿元，月人均补差 355 元。城市、农村特困供养标准分别为 995 元/人 · 月、670 元/人 · 月。

全年全省义务教育阶段免除学杂费学生数 612.2 万人，义务教育阶段补助家庭经济困难寄宿生活费学生数 20.5 万人，普通高中国家助学金资助人数 15.9 万人，普通高中免学费补助人数 8.0 万人，资助考入大学(含民办高校独立学院)家庭经济困难学生数 3.0 万人，中等职业教育(不含技工学校)国家助学金资助人数 11.6 万人，中等职业教育(不含技工学校)免学费补助人数 43.2 万人。

年末全省共有提供住宿的社会服务机构 1928 个，床位数 18.1 万张，收养人数 9.9 万人。社区综合服务机构和设施总数 2.2 万个，其中社区服务中心 1166 个。全年销售社会福利彩票 28.7 亿元，筹集福利彩票公益金 9.1 亿元，直接接受社会捐赠 10.7 亿元。

十、教育和科学技术

全年全省研究生教育招生 2.2 万人，在校生 5.9 万人，毕业生 1.4 万人。普通高等教育招生 42.3 万人，在校生 134.9 万人，毕业生 31.0 万人。成人高等教育招生 16.9 万人，在校生 40.1 万人，毕业生 7.0 万人。中等职业教育招生 20.5 万人，在校生 51.9 万人，毕业生 11.8 万人。普通高中招生 39.7 万人，在校生 115.8 万人，毕业生 34.2 万人。初中学校招生 70.4 万人，在校生 216.4 万人，毕业生 74.4 万人。普通小学招生 59.8 万人，在校生 395.8 万人，毕业生 70.5 万人。民办学校 8673 所，在校学生 184.4 万人。特殊教育在校生 4.1 万人，幼儿园在园幼儿 161.8 万人。学前教育毛入园率 90.4%，小学毛入学率 101.5%，初中阶段毛入学率 107.9%，高中阶段毛入学率 93.3%。普通高考录取率 83.5%，高等教育毛入学率 55.2%。

表 12　2021 各类学校招生、在校生和毕业生人数

单位：万人

指　标	招生数	在校生数	毕业生数
研究生教育	2.2	5.9	1.4
普通高等教育	42.2	134.9	31.0
成人高等教育	16.9	40.1	7.0
中等职业教育	20.5	51.9	11.8
普通高中	39.7	115.8	34.2
初中学校	70.4	216.4	74.4
普通小学	59.8	395.8	70.5

全年全省研究与试验发展（R&D）经费支出占 GDP 的比重预计为 1.8%。年末共有国家工程（技术）研究中心 8 个，省工程（技术）研究中心 351 个；国家级重点实验室 6 个，省级重点实验室 240 个。全年授权专利 9.7 万件；签订技术合同 6625 项，技术市场合同成交金额 414.0 亿元。其中，技术开发合同成交额 151.3 亿元，技术转让合同成交额 75.2 亿元。

年末全省共有获省级检验检测机构资质认定的机构 1699 个。其中，国家产品质量监督检验中心 10 个，法定计量技术机构 336 个。全年强制检定计量器具 118.4 万台（件）。累计获得 CCC 认证证书的企业 664 家，获得 CCC 认证证书 4638 张。累计发放自愿性产品认证证书 13247 张，发放工业产品生产许可证 907 张。测绘部门为经济社会发展提供各种基本比例尺地形图 26440 幅，测绘基准成果 730 点，遥感影像成果 568.5 万平方公里。

十一、文化旅游、卫生健康和体育

年末全省共有公有制艺术表演团体 75 个，文化馆 117 个，公共图书馆 114 个，博物馆 189 个。广播电视播出机构 96 座，中、短波转播发射台 17 座。有线电视实际用户 533 万户，其中，数字电视实际用户 508 万户。年末广播综合人口覆盖率 99.2%，电视综合人口覆盖率 99.6%。全年出版各种图书、期刊、报纸 10186 种，出版各类图书 28051 万册、期刊 7860 万册、报纸 72576 万份。

全年全省旅游接待总人数 74297.3 万人次，比上年增长 33.4%；旅游总收入 6769.0 亿元，增长 24.8%。

年末全省共有各类医疗卫生机构（不含村卫生室）9567 个。其中，医院、卫生院 2532 个，妇幼保健院（所、站）112 个，专科疾病防治院（所、站）92 个，疾病预防控制中心 144 个，卫生监督所（中心）110 个。卫生技术人员 30.5 万人。其中，执业医师和执业助理医师 11.1 万人，注册护士 14.0 万人。医院、卫生院床位数 28.5 万张，其中乡镇卫生院床位数 6.1 万张。

年末全省共有青少年俱乐部 196 个，青少年户外活动营地 3 个；国家级体育传统项目学校 15 所，省级体育传统项目学校 237 所，省级单项体育后备人才基地 38 个。全年新建村级农民体育健身工程 89 个，乡镇体育健身工程 76 个。在国际和国内的重大比赛中共获得 38 枚金牌、36 枚银牌和 44 枚铜牌。

十二、资源、环境和应急管理

全年全省 $PM_{2.5}$ 浓度为 29 微克/立方米，比上年下降 3.3%，平均浓度达国家二级标准。全年优良天数比例为 96.1%，比上年上升 1.4 个百分点，优良天数增加 4 天。空气中的 SO_2、PM_{10}、NO_2 浓度均达到国家二级标准，NO_2 和 PM_{10} 浓度与上年持平，SO_2 浓度下降 7.7%。

全年全省地表水监测断面（点位）水质优良比例为 93.6%，Ⅴ类比例为 0.3%，劣Ⅴ类水质比例为 0%。全省地表水国考断面水质优良比例为 95.5%、同比上升 1.6 个百分点。长江干流 10 个断面均为Ⅱ类水质。赣江干流 33 个断面均为Ⅱ类水质。全省设区城市集中式饮用水源地达标率为 100%。

全年全省完成人工造林（更新）104.1 万亩，完成低产低效林改造 180.7 万亩。共建成各类自然保护地 547 处，其中，国家公园 1 处，自然保护区 190 处，风景名胜区 45 处，地质公园 15 处，世界遗产 5 处，湿地公园 109 处，森林公园 182 处；自然保护地总面积 2800 多万亩，占全省国土面积的 11.4%。

全年全省平均降水量 1524.8 毫米，较常年偏少 11.4%，排名 1961 年以来第 21 低位。平均气温 19.4℃，较常年偏高 1℃，为 1961 年以来第 1 高位。平均日照时数 1693.1 小时，较常年偏多 94 小时，历史同期排位第 25 高位。

全年全省规模以上工业综合能源消费量 6103.2 万吨标准煤，增长 2.9%；万元规模以上工业增加值能耗下降 7.6%。

全年全省共发生生产安全事故 1293 起，比上年减少 453 起，其中，道路运输业事故 1000 起，工矿商贸事故 266 起，铁路运输业事故 20 起。生产安全事故死亡人数 932 人，比上年减少 130 人。其中，道路运输业事故死亡 615 人，工矿商贸事故死亡 288 人，铁路运输业事故死亡 18 人。亿元生产总值生产安全事故死亡人数 0.031 人。全年未发生重大以上事故。

注释:

[1]本公报中数据均为初步统计数。部分数据因四舍五入的原因，存在总计与分项合计不等的情况。

[2]地区生产总值、各产业增加值绝对数按现价计算，增长速度按不变价格计算。

[3]农产品生产者价格是指农产品生产者直接出售其产品时的价格。

[4]邮政业务总量按 2020 年价格计算。

[5]电信业务总量按 2020 年价格计算。

资料来源:

本公报中城镇新增就业、登记失业率、社会保障数据来自省人力资源和社会保障厅；财政数据来自省财政厅；水产品产量数据来自省农业农村厅；保障性住房数据来自省住房和城乡建设厅；外贸数据来自南昌海关；利用外资和省外资金、对外承包工程数据来自省商务厅；铁路客货运输量、周转量数据来自中国铁路南昌局集团有限公司；公路、水路客货运输量、周转量数据来自省交通运输厅；民用汽车数据来自省公安厅；机场旅客吞吐量数据来自省机场集团公司；电信业务量、移动电话用户数、固定电话用户数来自省通信管理局；邮政业务量、快递业务量数据来自省邮政管理局；存贷款数据来自人民银行南昌中心支行；证券、期货数据来自江西证监局；保险数据来自江西银保监局；教育数据来自省教育厅；科技数据来自省科技厅；专利数据来自省知识产权局；质量检测、行业标准数据来自省市场监督管理局；艺术表演团体、博物馆、公共图书馆、文化馆、旅游数据来自省文化和旅游厅；广播、电视数据来自省广播电视局；报纸、期刊、图书数据来自省委宣传部；测绘数据来自省自然资源厅；卫生数据来自省卫生健康委；体育数据来自省体育局；城乡低保、社会福利、社区服务、社会捐赠数据来自省民政厅；扶贫数据来自省扶贫办；造林、森林覆盖率数据来自省林业局；空气和地表水质量、污染物排放、自然保护区数据来自省生态环境厅；降水量、平均气温、日照时数数据来自省气象局；安全生产数据来自省应急管理厅；其他数据来自省统计局和国家统计局江西调查总队。

20-1 各省(市、区)按三次产业分法人单位数(2020年)

单位：个

地区	法人单位	第一产业	第二产业	第三产业
全　国	**29389255**	**1827421**	**5904042**	**21657792**
北　京	1174904	6858	67254	1100792
天　津	371124	10684	69170	291270
河　北	1456954	106861	379431	970662
山　西	772765	97184	112411	563170
内蒙古	439523	60334	69478	309711
辽　宁	748782	50296	152619	545867
吉　林	237731	26302	38739	172690
黑龙江	344360	53748	50982	239630
上　海	532762	5200	76033	451529
江　苏	2540015	41935	743879	1754201
浙　江	2277240	48515	593845	1634880
安　徽	1160828	96705	254409	809714
福　建	1156978	54003	221019	881956
江　西	**765836**	**77906**	**155567**	**532363**
山　东	2842426	127605	666397	2048424
河　南	1652264	136573	281552	1234139
湖　北	1183265	67468	225063	890734
湖　南	831104	66175	138136	626793
广　东	3526206	40563	795214	2690429
广　西	754741	81140	99060	574541
海　南	140362	11535	17239	111588
重　庆	642720	78978	86191	477551
四　川	934554	93708	145612	695234
贵　州	543603	108209	92893	342501
云　南	741669	97737	105141	538791
西　藏	49889	2533	12397	34959
陕　西	689053	55017	134092	499944
甘　肃	302596	61979	35020	205597
青　海	112136	18304	15464	78368
宁　夏	133774	18974	19866	94934
新　疆	329091	24392	49869	254830

注：本表2021年数据尚未公布。

20-2 各省(市、区)生产总值（2021年）

地　区	地区生产总值(亿元)	第一产业	第二产业	第三产业	地区生产总值指数(上年=100)	人均地区生产总值(元)	人均地区生产总值指数(上年=100)
全　国	**1143670**	**83086**	**450904**	**609680**	**108.1**	**80976**	**108.0**
北　京	40270	111	7269	32890	108.5	183980	108.5
天　津	15695	225	5854	9615	106.6	113732	107.0
河　北	40391	4030	16364	19997	106.5	54172	106.5
山　西	22590	1287	11213	10090	109.1	64821	109.4
内蒙古	20514	2225	9374	8915	106.3	85422	106.6
辽　宁	27584	2462	10875	14247	105.8	65026	106.4
吉　林	13236	1554	4768	6913	106.6	55450	108.3
黑龙江	14879	3463	3975	7441	106.1	47266	108.2
上　海	43215	100	11449	31666	108.1	173630	107.9
江　苏	116364	4722	51775	59866	108.6	137039	108.3
浙　江	73516	2209	31189	40118	108.5	113032	107.1
安　徽	42959	3361	17613	21985	108.3	70321	108.1
福　建	48810	2898	22866	23046	108.0	116939	107.3
江　西	**29620**	**2334**	**13183**	**14102**	**108.8**	**65560**	**108.8**
山　东	83096	6029	33187	43880	108.3	81727	107.9
河　南	58887	5621	24332	28935	106.3	59410	106.4
湖　北	50013	4662	18953	26398	112.9	86416	113.8
湖　南	46063	4323	18126	23614	107.7	69440	107.8
广　东	124370	5004	50219	69147	108.0	98285	107.1
广　西	24741	4016	8188	12537	107.5	49206	106.9
海　南	6475	1254	1239	3982	111.2	63707	109.8
重　庆	27894	1922	11185	14787	108.3	86879	107.8
四　川	53851	5662	19901	28288	108.2	64326	108.0
贵　州	19586	2731	6985	9871	108.1	50808	108.0
云　南	27147	3870	9589	13687	107.3	57686	107.5
西　藏	2080	164	757	1159	106.7	56831	106.1
陕　西	29801	2409	13803	13589	106.5	75360	106.3
甘　肃	10243	1365	3467	5412	106.9	41046	107.3
青　海	3347	353	1333	1661	105.7	56398	105.4
宁　夏	4522	364	2022	2136	106.7	62549	106.1
新　疆	15984	2356	5967	7660	107.0	61725	106.3

注：本表绝对量按当年价格计算，指数按不变价格计算。

20-3 各省(市、区)年末总人口

（2014-2021年）

单位：万人

地　区	2014	2015	2016	2017	2018	2019	2020	2021
全　国	**137646**	**138326**	**139232**	**140011**	**140541**	**141008**	**141212**	**141260**
北　京	2171	2188	2195	2194	2192	2190	2189	2189
天　津	1429	1439	1443	1410	1383	1385	1387	1373
河　北	7323	7345	7375	7409	7426	7447	7464	7448
山　西	3528	3519	3514	3510	3502	3497	3490	3480
内蒙古	2449	2440	2436	2433	2422	2415	2403	2400
辽　宁	4358	4338	4327	4312	4291	4277	4255	4229
吉　林	2642	2613	2567	2526	2484	2448	2399	2375
黑龙江	3608	3529	3463	3399	3327	3255	3171	3125
上　海	2467	2458	2467	2466	2475	2481	2488	2489
江　苏	8281	8315	8381	8423	8446	8469	8477	8505
浙　江	5890	5985	6072	6170	6273	6375	6468	6540
安　徽	5997	6011	6033	6057	6076	6092	6105	6113
福　建	3945	3984	4016	4065	4104	4137	4161	4187
江　西	**4480**	**4485**	**4496**	**4511**	**4513**	**4516**	**4519**	**4517**
山　东	9808	9866	9973	10033	10077	10106	10165	10170
河　南	9645	9701	9778	9829	9864	9901	9941	9883
湖　北	5816	5850	5885	5904	5917	5927	5745	5830
湖　南	6611	6615	6625	6633	6635	6640	6645	6622
广　东	11489	11678	11908	12141	12348	12489	12624	12684
广　西	4770	4811	4857	4907	4947	4982	5019	5037
海　南	936	945	957	972	982	995	1012	1020
重　庆	3043	3070	3110	3144	3163	3188	3209	3212
四　川	8139	8196	8251	8289	8321	8351	8371	8372
贵　州	3677	3708	3758	3803	3822	3848	3858	3852
云　南	4653	4663	4677	4693	4703	4714	4722	4690
西　藏	325	330	340	349	354	361	366	366
陕　西	3827	3846	3874	3904	3931	3944	3955	3954
甘　肃	2531	2523	2520	2522	2515	2509	2501	2490
青　海	576	577	582	586	587	590	593	594
宁　夏	678	684	695	705	710	717	721	725
新　疆	2325	2385	2428	2480	2520	2559	2590	2589

注：本表数据根据年度人口抽样调查推算。全国数据包括中国人民解放军现役军人数，但不包括香港、澳门特别行政区和台湾地区数据；分省数据中未包括中国人民解放军现役军人数。

20-4 各省(市、区)年末城镇人口比重

(2014-2021年)

单位：%

地　区	2014	2015	2016	2017	2018	2019	2020	2021
全　国	**55.75**	**57.33**	**58.84**	**60.24**	**61.50**	**62.71**	**63.89**	**64.72**
北　京	86.50	86.71	86.76	86.93	87.09	87.35	87.55	87.50
天　津	82.55	82.88	83.27	83.57	83.95	84.31	84.70	84.88
河　北	49.36	51.67	53.87	55.74	57.33	58.77	60.07	61.14
山　西	54.30	55.87	57.27	58.59	59.85	61.29	62.53	63.42
内蒙古	60.97	62.09	63.40	64.60	65.51	66.46	67.48	68.21
辽　宁	67.05	68.05	68.87	69.49	70.26	71.21	72.14	72.81
吉　林	56.81	57.64	58.75	59.71	60.85	61.63	62.64	63.36
黑龙江	59.22	60.47	61.09	61.90	63.46	64.62	65.61	65.69
上　海	89.30	88.53	89.00	89.10	89.13	89.22	89.30	89.30
江　苏	65.70	67.49	68.93	70.18	71.19	72.47	73.44	73.94
浙　江	64.96	66.32	67.72	68.91	70.02	71.58	72.17	72.66
安　徽	49.31	50.97	52.62	54.29	55.65	57.02	58.33	59.39
福　建	61.99	63.22	64.39	65.78	66.98	67.87	68.75	69.70
江　西	**50.55**	**52.30**	**53.99**	**55.70**	**57.34**	**59.07**	**60.44**	**61.46**
山　东	54.77	56.97	59.13	60.79	61.46	61.86	63.05	63.94
河　南	45.05	47.02	48.78	50.56	52.24	54.01	55.43	56.45
湖　北	55.73	57.18	58.57	59.88	61.00	61.83	62.89	64.09
湖　南	48.98	50.79	52.70	54.62	56.09	57.45	58.76	59.71
广　东	68.62	69.51	70.15	70.74	71.81	72.65	74.15	74.63
广　西	46.54	47.99	49.24	50.59	51.82	52.98	54.20	55.08
海　南	53.30	54.91	56.70	58.04	59.13	59.37	60.27	60.97
重　庆	59.74	61.47	63.33	65.00	66.61	68.24	69.46	70.32
四　川	46.51	48.27	50.00	51.78	53.50	55.36	56.73	57.82
贵　州	40.24	42.96	45.56	47.76	49.54	51.48	53.15	54.33
云　南	41.21	42.93	44.64	46.29	47.44	48.67	50.05	51.05
西　藏	26.23	28.87	31.57	33.38	33.80	34.51	35.73	36.61
陕　西	53.01	54.74	56.39	58.07	59.65	61.28	62.66	63.63
甘　肃	42.28	44.24	46.07	48.12	49.69	50.70	52.23	53.33
青　海	50.84	51.67	53.55	55.45	57.27	58.78	60.08	61.02
宁　夏	54.82	56.98	58.74	60.95	62.15	63.63	64.96	66.04
新　疆	46.79	48.78	50.42	51.90	54.01	55.51	56.53	57.26

20-5 各省(市、区)固定资产投资(不含农户)增长速度

(2018-2021年)

单位：%

地区	2018	2019	2020	2021
全　国	**5.9**	**5.4**	**2.9**	**4.9**
北　京	-5.4	-2.5	2.2	4.9
天　津	-4.9	13.1	3.0	4.8
河　北	5.7	6.5	3.2	3.0
山　西	5.7	9.3	10.6	8.7
内蒙古	-28.3	6.7	-1.5	9.8
辽　宁	3.9	0.3	2.6	2.6
吉　林	1.4	-16.2	8.3	11.0
黑龙江	-4.7	6.3	3.6	6.4
上　海	5.2	5.1	10.3	8.0
江　苏	5.5	5.1	0.3	5.8
浙　江	7.2	10.0	5.4	10.8
安　徽	11.8	9.2	5.1	9.4
福　建	11.5	5.9	-0.4	6.0
江　西	**11.1**	**9.2**	**8.2**	**10.8**
山　东	3.8	-8.2	3.6	6.0
河　南	8.1	8.0	4.3	4.5
湖　北	10.9	10.7	-18.8	20.4
湖　南	10.0	10.1	7.6	8.0
广　东	10.7	11.1	7.2	6.3
广　西	10.7	9.6	4.2	7.6
海　南	-12.5	-9.2	8.0	10.2
重　庆	7.0	5.6	3.9	6.1
四　川	10.2	8.6	2.8	5.9
贵　州	15.8	0.9	3.2	-3.1
云　南	11.6	8.5	7.7	4.0
西　藏	9.9	-2.2	5.4	-14.2
陕　西	10.4	2.5	4.1	-3.0
甘　肃	-3.9	6.6	7.8	11.1
青　海	7.3	5.0	-12.2	-2.9
宁　夏	-18.2	-10.3	4.0	2.2
新　疆	-25.2	2.5	16.2	15.0

20-6　各省(市、区)建筑业总产值和房屋建筑面积（2021年）

地区	总产值(亿元)	施工面积(万平方米)	#新开工面积	竣工面积(万平方米)	#住宅
全　国	**293079.3**	**1575495**	**492097**	**408257**	**270590**
北　京	13987.7	91155	20361	13254	9347
天　津	4653.0	18023	4580	2190	1328
河　北	6484.6	35549	10415	8212	5781
山　西	5677.7	23316	7843	5048	3339
内蒙古	1279.4	7497	2296	1321	1073
辽　宁	4044.9	18130	5456	3459	2588
吉　林	2246.3	8737	3951	3006	2172
黑龙江	1328.5	3754	1837	787	536
上　海	9236.4	54803	13722	9232	4967
江　苏	38244.5	273463	83534	74993	54570
浙　江	23011.0	181956	52005	43302	23293
安　徽	10584.0	53887	17580	14007	8647
福　建	15810.4	87172	26133	19183	13504
江　西	**9762.9**	**35526**	**15796**	**14475**	**8801**
山　东	16412.0	95012	32572	24018	15816
河　南	14192.0	67394	22669	18989	13844
湖　北	19031.5	94016	33711	33113	20377
湖　南	13280.1	76368	26085	24029	16144
广　东	21345.6	105978	30525	24526	16056
广　西	6699.6	29484	7491	8597	5052
海　南	447.1	1700	338	476	362
重　庆	9943.0	37895	13251	14162	10432
四　川	17351.2	72352	25053	23251	16533
贵　州	4578.0	17892	5345	4036	2663
云　南	7336.6	18747	7064	6649	4353
西　藏	270.7	426	132	196	120
陕　西	9176.4	36562	10751	7165	4803
甘　肃	2270.3	12419	3750	2341	1637
青　海	587.3	936	277	277	199
宁　夏	681.5	1990	1129	840	438
新　疆	3124.8	13356	6445	3125	1814

20-7 各省(市、区)房地产开发企业投资、土地购置面积和成交价款（2021年）

地　区	房地产开发投资(亿元)	#住　宅	#办公楼	#商业营业用房	#其　他	土地购置面积(万平方米)	土地成交价款(亿元)
全　国	**147602.1**	**111173.0**	**5973.9**	**12444.8**	**18010.4**	**21589.9**	**17756.3**
北　京	4139.0	2522.2	289.6	205.1	1122.2	230.6	1257.8
天　津	2770.0	2168.3	54.7	190.2	356.7	389.3	587.1
河　北	5023.9	4092.7	107.4	349.7	474.1	505.3	208.9
山　西	1945.2	1556.1	30.6	147.8	210.8	316.2	94.8
内蒙古	1234.1	971.4	7.9	108.3	146.7	268.2	67.9
辽　宁	2900.7	2321.0	61.9	279.4	238.4	699.0	332.5
吉　林	1540.9	1094.8	60.1	173.9	212.1	849.6	270.6
黑龙江	936.0	724.0	12.9	112.6	86.4	201.8	89.9
上　海	5035.2	2673.9	767.6	511.5	1082.1	376.5	614.9
江　苏	13477.4	10786.2	410.8	975.6	1304.8	1984.3	2831.2
浙　江	12389.1	8801.5	457.4	890.4	2239.8	1913.1	2927.5
安　徽	7263.2	5976.8	158.1	623.7	504.7	2401.9	1249.1
福　建	6195.6	4560.7	189.8	449.0	996.1	346.7	625.9
江　西	**2528.8**	**1994.9**	**87.1**	**283.4**	**163.4**	**391.9**	**181.5**
山　东	9819.7	7694.5	410.1	716.1	999.0	1906.3	1030.6
河　南	7874.3	6696.1	183.8	553.7	440.7	631.2	417.4
湖　北	6121.9	4859.3	278.1	490.7	493.8	818.6	493.2
湖　南	5427.8	4164.6	143.6	639.8	479.9	817.2	335.3
广　东	17465.8	12438.3	1268.3	1354.9	2404.3	1638.0	2201.2
广　西	3733.9	2902.9	75.4	256.2	499.5	811.2	323.4
海　南	1379.6	897.1	89.1	166.3	227.1	101.1	48.3
重　庆	4355.0	3288.1	80.9	413.1	572.9	694.5	454.8
四　川	7831.9	5767.3	281.0	824.3	959.3	543.6	322.5
贵　州	3383.1	2624.9	36.6	369.8	351.7	363.0	219.7
云　南	4309.9	3175.1	175.0	427.7	532.1	525.7	167.3
西　藏	142.0	87.5	6.7	28.0	19.8	81.1	5.9
陕　西	4441.0	3411.0	186.2	370.1	473.7	260.1	91.3
甘　肃	1525.9	1159.1	27.5	151.2	188.1	145.1	66.0
青　海	442.5	350.6	9.4	50.1	32.4	140.3	67.5
宁　夏	466.9	344.2	2.0	55.1	65.6	276.0	63.1
新　疆	1501.4	1067.7	24.4	277.1	132.3	962.3	109.2

20-8 各省(市、区)房地产开发企业房屋施工、竣工面积（2021年）

单位：万平方米

地　区	房屋施工面积	#住　宅	#新开工面积	#住　宅	房屋竣工面积	#住　宅
全　国	**975386.5**	**690319.4**	**198895.0**	**146378.6**	**101411.9**	**73016.2**
北　京	14055.3	6895.6	1895.9	1025.9	1983.9	981.1
天　津	12627.8	8781.8	1885.4	1324.2	1892.8	1445.6
河　北	35681.4	27646.1	9069.2	7146.2	2522.5	1950.4
山　西	24930.4	18600.5	4347.7	3392.1	2639.3	2020.8
内蒙古	16394.6	11693.8	2911.8	2261.8	1052.3	789.8
辽　宁	25423.5	18823.3	4598.2	3457.7	2339.1	1909.4
吉　林	13061.6	9157.7	3120.9	2409.2	845.4	635.4
黑龙江	10740.9	7831.1	1738.3	1360.3	968.1	731.6
上　海	16627.9	7603.1	3846.0	1682.5	2739.5	1421.4
江　苏	68479.6	51068.7	16873.3	12794.5	9140.7	6693.7
浙　江	58818.9	36911.5	12305.3	7663.6	6387.1	4015.5
安　徽	46812.6	35151.1	10434.9	8140.4	7012.9	5349.8
福　建	34667.2	23458.1	6439.2	4587.4	4041.7	2699.1
江　西	**25219.9**	**19284.3**	**5282.0**	**4196.7**	**2517.4**	**1926.4**
山　东	82771.7	60712.6	16572.1	12500.8	11373.7	8596.7
河　南	62688.2	48580.0	13652.9	11297.7	6841.9	5374.8
湖　北	37741.4	28451.2	7843.7	6115.2	3398.4	2712.4
湖　南	42660.9	31803.3	10168.2	7992.2	4604.2	3537.0
广　东	94247.5	63829.0	16097.3	11392.5	8043.5	5587.6
广　西	34175.7	25219.5	5329.3	4016.5	2433.2	1887.7
海　南	8938.5	5904.1	1341.1	812.0	474.7	309.0
重　庆	26893.2	17709.8	4873.4	3231.2	4196.2	2724.4
四　川	54248.7	36153.6	11493.6	7959.9	4379.3	2965.1
贵　州	28749.9	20033.1	4528.1	3311.5	916.4	626.4
云　南	29148.1	19720.9	6462.2	4578.3	2541.0	1681.3
西　藏	945.4	658.4	222.3	147.2	88.0	45.0
陕　西	29978.1	21923.2	5970.4	4484.9	1769.9	1344.0
甘　肃	13197.6	9337.4	3369.8	2553.4	1463.1	1074.6
青　海	3398.8	2418.7	790.9	630.7	159.7	118.5
宁　夏	5606.9	3760.3	1396.7	1015.1	1144.4	762.8
新　疆	16454.4	11197.4	4035.1	2896.8	1501.7	1098.9

20-9 各省(市、区)房地产开发企业商品房销售面积、销售额和待售面积(2021年)

地区	商品房销售面积(万平方米)	#住宅	商品房销售额(亿元)	#住宅	商品房待售面积(万平方米)	#住宅
全国	**179433.4**	**156532.2**	**181929.9**	**162729.9**	**51023.0**	**22760.6**
北京	1107.1	877.1	4486.5	4117.2	2396.3	830.8
天津	1435.4	1334.0	2322.8	2183.7	922.1	517.1
河北	6133.1	5779.6	5052.9	4814.3	768.8	499.1
山西	3204.4	3034.9	2170.9	2030.1	861.5	517.4
内蒙古	1858.9	1713.4	1214.8	1116.4	944.1	586.7
辽宁	3433.9	3148.6	3066.4	2849.3	2764.2	1718.5
吉林	1836.3	1672.8	1291.0	1179.3	1036.8	624.5
黑龙江	1348.1	1204.5	858.1	751.9	1595.7	925.5
上海	1880.5	1489.9	6788.7	6104.9	2683.8	720.2
江苏	16551.8	14361.5	21361.3	19626.1	3893.7	1723.3
浙江	9990.6	8423.7	19052.2	17172.8	1899.8	541.0
安徽	10460.9	9507.7	8143.2	7514.6	1713.4	704.9
福建	6976.4	5597.6	8217.3	7082.6	1958.4	569.1
江西	**7676.2**	**6681.3**	**5894.1**	**5110.0**	**737.5**	**324.6**
山东	14272.8	12632.0	12155.6	11044.1	2765.3	1630.9
河南	13277.2	12258.8	8657.7	7892.0	2767.0	1837.3
湖北	7940.8	7331.6	7250.3	6671.9	1258.3	677.3
湖南	9188.8	8316.7	6040.5	5390.4	1146.3	578.3
广东	14011.3	11826.3	22320.3	19457.6	6697.0	2894.1
广西	6178.3	5281.5	3672.5	3164.4	1461.1	730.0
海南	888.9	672.1	1559.2	1179.6	527.4	396.1
重庆	6197.7	4945.4	5391.3	4786.1	2343.1	433.8
四川	13692.9	10912.1	10796.7	9061.3	2038.5	504.4
贵州	5586.0	4825.5	3243.9	2713.4	564.7	175.0
云南	3880.8	3208.6	2962.5	2524.7	1393.2	529.9
西藏	140.8	115.5	121.7	97.5	69.8	31.6
陕西	4260.1	3886.6	4146.3	3762.1	579.6	263.7
甘肃	2224.1	2118.4	1344.9	1267.8	619.9	327.8
青海	386.2	329.1	294.4	258.3	141.1	62.0
宁夏	1014.4	845.8	675.1	584.9	1027.4	310.0
新疆	2398.6	2199.5	1376.9	1220.3	1447.4	575.5

20-10 各省(市、区)社会消费品零售总额

(2016-2021年)　　单位：亿元

地　区	2016	2017	2018	2019	2020	2021
全　国	**315806**	**347327**	**377783**	**408017**	**391981**	**440823**
北　京	13135	13934	14422	15064	13716	14868
天　津	4188	4210	4231	4218	3583	3770
河　北	10191	11139	11974	12986	12705	13510
山　西	5699	6059	6523	7031	6746	7747
内蒙古	4416	4643	4852	5051	4760	5060
辽　宁	8597	8696	9113	9671	8961	9784
吉　林	3813	3992	4074	4213	3824	4217
黑龙江	4794	5077	5275	5604	5092	5543
上　海	12588	13700	14875	15848	15933	18079
江　苏	29613	32818	35473	37673	37086	42703
浙　江	20917	23121	25162	27344	26630	29211
安　徽	12663	14329	16156	17862	18334	21471
福　建	13703	15394	17178	18897	18626	20373
江　西	**7199**	**8118**	**9046**	**10068**	**10372**	**12207**
山　东	23482	25528	27480	29251	29248	33715
河　南	17275	19289	21268	23476	22503	24382
湖　北	16602	18520	20598	22722	17985	21561
湖　南	12500	13794	15134	16684	16258	18597
广　东	33303	36599	39767	42952	40208	44188
广　西	6350	7038	7664	8201	7831	8539
海　南	1547	1729	1853	1951	1975	2498
重　庆	8728	9769	10705	11632	11787	13968
四　川	15520	17404	19341	21343	20825	24133
贵　州	5652	6449	7105	7468	7833	8904
云　南	7223	8195	9197	10158	9793	10732
西　藏	539	619	712	773	746	810
陕　西	7681	8611	9510	10213	9606	10250
甘　肃	2984	3206	3436	3700	3632	4037
青　海	770	843	900	949	877	948
宁　夏	1131	1254	1330	1399	1301	1335
新　疆	3005	3250	3429	3617	3063	3585

20-11 各省(市、区)网上零售额 (2021年)

地　区	网上零售额 (亿元)	比上年增长 (%)	其中：实物商品网上零售额 (亿元)	比上年增长 (%)
全　国	**130884**	**14.1**	**108042**	**12.0**
北　京	11881	25.1	8712	14.8
天　津	1732	4.8	1379	-2.7
河　北	3182	24.2	2877	22.0
山　西	871	24.9	566	24.2
内蒙古	525	30.7	304	18.3
辽　宁	1654	12.4	1361	7.5
吉　林	596	23.9	367	22.5
黑龙江	715	30.0	484	20.4
上　海	13784	13.3	11762	10.4
江　苏	10871	6.3	9527	5.2
浙　江	17635	2.3	14385	4.1
安　徽	3050	15.9	2571	11.8
福　建	6857	23.7	6280	25.5
江　西	**2164**	**25.5**	**1878**	**26.9**
山　东	5409	17.8	4763	16.5
河　南	2948	12.5	2426	10.1
湖　北	3416	27.3	2897	24.3
湖　南	2164	12.5	1755	12.1
广　东	28467	11.4	24563	10.4
广　西	1024	17.7	676	16.6
海　南	627	44.2	375	54.3
重　庆	1353	23.0	963	18.2
四　川	3889	14.3	3095	11.6
贵　州	571	22.6	338	11.8
云　南	1006	15.5	722	20.8
西　藏	190	61.1	80	78.7
陕　西	1562	33.8	1202	30.2
甘　肃	405	32.9	192	26.4
青　海	184	59.4	61	62.8
宁　夏	303	46.0	84	30.4
新　疆	427	41.3	283	35.3

20-12 各省(市、区)货物进出口总额

地区	亿元人民币			亿美元		
	2019年	2020年	2021年	2019年	2020年	2021年
全国	**315627**	**322215**	**391009**	**45779**	**46559**	**60515**
北京	28690	23313	30438	4165	3365	4710
天津	7346	7368	8567	1066	1063	1326
河北	4002	4457	5416	580	645	838
山西	1448	1504	2230	210	218	345
内蒙古	1097	1054	1236	159	152	191
辽宁	7259	6569	7724	1053	948	1195
吉林	1303	1282	1504	189	185	232
黑龙江	1867	1539	1995	271	222	309
上海	34054	34873	40610	4939	5038	6286
江苏	43383	44504	52131	6295	6428	8069
浙江	30838	33848	41429	4472	4885	6411
安徽	4737	5452	6920	687	787	1071
福建	13309	14098	18450	1931	2036	2855
江西	**3510**	**4025**	**4980**	**509**	**580**	**771**
山东	20471	22130	29304	2970	3202	4536
河南	5715	6679	8208	825	973	1271
湖北	3946	4305	5374	572	622	831
湖南	4340	4885	5989	628	707	927
广东	71488	70871	82680	10366	10240	12795
广西	4696	4870	5931	682	704	917
海南	906	936	1477	132	136	229
重庆	5792	6514	8001	839	942	1238
四川	6790	8089	9514	984	1169	1473
贵州	453	547	654	66	79	101
云南	2324	2693	3144	337	391	487
西藏	49	21	40	7	3	6
陕西	3515	3778	4758	510	546	736
甘肃	380	382	491	55	55	76
青海	38	23	31	5	3	5
宁夏	241	123	214	35	18	33
新疆	1641	1483	1569	237	214	243

20-13 各省(市、区)货物进口额

地区	亿元人民币			亿美元		
	2019年	2020年	2021年	2019年	2020年	2021年
全国	**143254**	**142936**	**173661**	**20784**	**20660**	**26875**
北京	23517	18649	24320	3414	2693	3764
天津	4328	4294	4692	629	620	726
河北	1632	1936	2386	237	280	369
山西	641	630	864	93	92	134
内蒙古	721	705	757	105	102	117
辽宁	4129	3917	4411	599	565	682
吉林	979	991	1150	142	143	178
黑龙江	1517	1179	1547	220	170	240
上海	20329	21152	24892	2949	3058	3853
江苏	16171	17070	19598	2347	2467	3033
浙江	7762	8679	11308	1126	1254	1750
安徽	1952	2291	2825	283	331	437
福建	5026	5625	7633	729	812	1181
江西	**1014**	**1106**	**1309**	**147**	**160**	**203**
山东	9341	9083	11721	1356	1313	1814
河南	1959	2604	3184	283	380	493
湖北	1460	1603	1865	212	232	288
湖南	1263	1581	1776	183	229	275
广东	28072	27381	32152	4072	3958	4976
广西	2098	2162	2992	305	312	463
海南	562	659	1144	82	96	177
重庆	2079	2326	2832	301	337	438
四川	2886	3435	3805	419	497	589
贵州	126	115	167	18	17	26
云南	1286	1174	1377	187	170	213
西藏	11	8	18	2	1	3
陕西	1642	1848	2192	238	267	339
甘肃	249	297	394	36	43	61
青海	17	11	14	3	2	2
宁夏	92	37	39	13	5	6
新疆	390	385	296	57	55	46

20-14 各省(市、区)货物出口额

地区	亿元人民币			亿美元		
	2019年	2020年	2021年	2019年	2020年	2021年
全 国	**172374**	**179279**	**217348**	**24995**	**25900**	**33640**
北 京	5172	4664	6118	751	671	946
天 津	3018	3074	3876	438	443	600
河 北	2371	2521	3030	344	364	469
山 西	807	874	1366	117	127	211
内蒙古	377	349	478	55	50	74
辽 宁	3130	2652	3313	454	383	513
吉 林	324	291	354	47	42	55
黑龙江	350	360	448	51	52	69
上 海	13725	13721	15719	1990	1980	2433
江 苏	27212	27433	32532	3948	3961	5035
浙 江	23076	25169	30121	3346	3631	4661
安 徽	2785	3161	4095	404	456	634
福 建	8283	8473	10816	1202	1224	1674
江 西	**2496**	**2918**	**3672**	**362**	**421**	**568**
山 东	11130	13047	17583	1614	1889	2722
河 南	3756	4075	5024	542	593	778
湖 北	2486	2702	3509	360	391	543
湖 南	3077	3304	4213	445	478	652
广 东	43415	43490	50529	6295	6283	7819
广 西	2598	2707	2939	377	392	454
海 南	344	277	333	50	40	51
重 庆	3713	4187	5168	538	605	800
四 川	3904	4654	5709	565	672	884
贵 州	327	431	487	47	62	75
云 南	1037	1519	1767	150	221	273
西 藏	37	13	23	5	2	3
陕 西	1873	1930	2566	272	279	397
甘 肃	131	86	97	19	12	15
青 海	20	12	17	3	2	3
宁 夏	149	87	175	22	13	27
新 疆	1250	1098	1273	180	158	197

20-15　各省(市、区)电力消费量

（2015-2021年）　　　　单位：亿千瓦小时

地　区	2015	2016	2017	2018	2019	2020	2021
北　京	953	1020	1067	1142	1166	1140	1233
天　津	801	808	806	855	878	875	982
河　北	3176	3265	3442	3666	3856	3934	4294
山　西	1737	1797	1991	2161	2262	2342	2608
内蒙古	2543	2605	2892	3353	3653	3900	3957
辽　宁	1985	2037	2135	2302	2401	2423	2576
吉　林	652	668	703	751	780	805	843
黑龙江	869	897	929	974	996	1014	1089
上　海	1406	1486	1527	1567	1569	1576	1750
江　苏	5115	5459	5808	6128	6264	6374	7101
浙　江	3554	3873	4193	4533	4706	4830	5514
安　徽	1640	1795	1921	2135	2301	2428	2715
福　建	1852	1969	2113	2314	2402	2483	2837
江　西	**1087**	**1183**	**1294**	**1429**	**1536**	**1627**	**1863**
山　东	5117	5391	5430	6084	6219	6940	7383
河　南	2880	2989	3166	3418	3364	3392	3647
湖　北	1665	1763	1869	2071	2214	2144	2472
湖　南	1448	1496	1582	1745	1864	1929	2155
广　东	5311	5610	5959	6323	6696	6926	7867
广　西	1334	1360	1445	1703	1907	2029	2236
海　南	272	287	305	327	355	363	405
重　庆	875	925	997	1119	1160	1186	1341
四　川	1992	2101	2205	2459	2636	2865	3275
贵　州	1174	1242	1385	1482	1541	1586	1743
云　南	1439	1411	1538	1679	1812	2025	2138
西　藏	41	49	58	69	78	82	101
陕　西	1222	1357	1495	1594	1912	1741	1966
甘　肃	1099	1065	1164	1290	1288	1376	1495
青　海	658	638	687	738	716	742	858
宁　夏	878	887	978	1065	1084	1038	1158
新　疆	2160	2316	2543	2686	2868	3099	3527

20-16 各省(市、区)一般公共预算收入

(2016-2021年)　　　　单位：亿元

地　区	2016	2017	2018	2019	2020	2021
地方合计	**87239**	**91469**	**97903**	**101081**	**100143**	**111077**
北　京	5081	5431	5786	5817	5484	5932
天　津	2724	2310	2106	2410	1923	2141
河　北	2850	3234	3514	3739	3826	4168
山　西	1557	1867	2293	2348	2297	2835
内蒙古	2016	1703	1858	2060	2051	2350
辽　宁	2200	2393	2616	2652	2656	2765
吉　林	1264	1211	1241	1117	1085	1144
黑龙江	1148	1243	1283	1263	1153	1301
上　海	6406	6642	7108	7165	7046	7772
江　苏	8121	8172	8630	8802	9059	10015
浙　江	5302	5804	6598	7049	7248	8263
安　徽	2673	2812	3049	3183	3216	3498
福　建	2655	2809	3007	3053	3079	3383
江　西	**2151**	**2247**	**2373**	**2487**	**2508**	**2812**
山　东	5860	6099	6485	6527	6560	7284
河　南	3153	3407	3766	4042	4169	4347
湖　北	3102	3248	3307	3389	2512	3283
湖　南	2698	2758	2861	3007	3009	3251
广　东	10390	11320	12105	12655	12924	14103
广　西	1556	1615	1681	1812	1717	1800
海　南	638	674	753	814	816	921
重　庆	2228	2252	2266	2135	2095	2285
四　川	3389	3578	3911	4071	4261	4773
贵　州	1561	1614	1727	1767	1787	1970
云　南	1812	1886	1994	2074	2117	2278
西　藏	156	186	230	222	221	216
陕　西	1834	2007	2243	2288	2257	2775
甘　肃	787	816	871	850	875	1002
青　海	239	246	273	282	298	331
宁　夏	388	418	437	424	419	460
新　疆	1299	1467	1531	1578	1477	1619

注：本表数据为地方财政本级收入。

20-17　各省(市、区)一般公共预算支出

（2016-2021年）　　单位：亿元

地　区	2016	2017	2018	2019	2020	2021
地方合计	**160351**	**173228**	**188196**	**203743**	**210583**	**211272**
北　京	6407	6825	7471	7408	7116	7205
天　津	3699	3283	3103	3556	3151	3150
河　北	6050	6639	7726	8309	9023	8855
山　西	3429	3756	4284	4711	5111	5048
内蒙古	4513	4530	4831	5101	5270	5240
辽　宁	4577	4879	5338	5745	6014	5901
吉　林	3586	3726	3790	3933	4127	3697
黑龙江	4227	4641	4677	5012	5449	5104
上　海	6919	7548	8352	8179	8102	8431
江　苏	9982	10621	11657	12574	13682	14586
浙　江	6974	7530	8630	10053	10082	11017
安　徽	5523	6204	6572	7392	7474	7592
福　建	4275	4684	4833	5078	5216	5211
江　西	**4617**	**5111**	**5668**	**6387**	**6674**	**6778**
山　东	8755	9258	10101	10740	11234	11709
河　南	7454	8216	9218	10164	10373	10420
湖　北	6423	6801	7258	7970	8443	7937
湖　南	6339	6869	7480	8034	8403	8365
广　东	13446	15037	15729	17298	17431	18223
广　西	4442	4909	5311	5851	6179	5810
海　南	1376	1444	1691	1859	1972	1983
重　庆	4002	4336	4541	4848	4894	4835
四　川	8009	8695	9708	10348	11199	11216
贵　州	4262	4613	5030	5949	5739	5590
云　南	5019	5713	6075	6770	6974	6634
西　藏	1588	1682	1971	2188	2211	2029
陕　西	4389	4833	5302	5719	5930	6069
甘　肃	3150	3304	3772	3952	4163	4026
青　海	1525	1530	1647	1864	1933	1872
宁　夏	1255	1373	1419	1438	1480	1428
新　疆	4138	4637	5012	5315	5533	5309

注：本表数据为地方财政本级支出。

20-18 各省(市、区)各类价格指数（2021年）

(上年=100)

地 区	居民消费价格指数	工业生产者出厂价格指数	工业生产者购进价格指数	农产品生产者价格指数
全 国	**100.9**	**108.1**	**111.0**	**97.8**
北 京	101.1	101.1	103.7	98.2
天 津	101.3	110.9	114.7	109.8
河 北	101.0	116.4	119.8	108.1
山 西	101.0	130.2	116.3	104.8
内蒙古	100.9	128.5	128.0	107.6
辽 宁	101.1	113.6	115.0	105.1
吉 林	100.6	105.1	106.2	109.3
黑龙江	100.6	112.3	110.5	111.1
上 海	101.2	102.1	107.3	104.4
江 苏	101.6	106.3	113.8	100.3
浙 江	101.5	106.3	114.5	99.3
安 徽	100.9	107.7	111.5	101.3
福 建	100.7	104.9	109.2	104.5
江 西	**100.9**	**110.5**	**112.3**	**96.1**
山 东	101.2	110.3	109.5	104.2
河 南	100.9	107.8	109.5	98.0
湖 北	100.3	104.1	108.5	101.0
湖 南	100.5	105.9	108.1	90.1
广 东	100.8	103.4	108.0	98.8
广 西	100.9	108.9	110.7	94.9
海 南	100.3	113.5	116.5	106.3
重 庆	100.3	103.2	107.2	98.4
四 川	100.3	105.9	107.5	94.3
贵 州	100.1	106.5	112.0	86.4
云 南	100.2	110.0	108.9	96.8
西 藏	100.9	101.5		
陕 西	101.5	116.9	116.3	99.3
甘 肃	100.9	116.4	118.1	101.9
青 海	101.3	114.5	111.5	104.1
宁 夏	101.4	119.9	120.8	106.5
新 疆	101.2	119.4	115.0	114.2

20-19 各省(市、区)全体居民人均可支配收入

（2016-2021年）

单位：元

地　区	2016	2017	2018	2019	2020	2021
全国总计	**23821**	**25974**	**28228**	**30733**	**32189**	**35128**
北　京	52530	57230	62361	67756	69434	75002
天　津	34074	37022	39506	42404	43854	47449
河　北	19725	21484	23446	25665	27136	29383
山　西	19049	20420	21990	23828	25214	27426
内蒙古	24127	26212	28376	30555	31497	34108
辽　宁	26040	27835	29701	31820	32738	35112
吉　林	19967	21368	22798	24563	25751	27770
黑龙江	19838	21206	22726	24254	24902	27159
上　海	54305	58988	64183	69442	72232	78027
江　苏	32070	35024	38096	41400	43390	47498
浙　江	38529	42046	45840	49899	52397	57541
安　徽	19998	21863	23984	26415	28103	30904
福　建	27608	30048	32644	35616	37202	40659
江　西	**20110**	**22031**	**24080**	**26262**	**28017**	**30610**
山　东	24685	26930	29205	31597	32886	35705
河　南	18443	20170	21964	23903	24810	26811
湖　北	21787	23757	25815	28319	27881	30829
湖　南	21115	23103	25241	27680	29380	31993
广　东	30296	33003	35810	39014	41029	44993
广　西	18305	19905	21485	23328	24562	26727
海　南	20653	22553	24579	26679	27904	30457
重　庆	22034	24153	26386	28920	30824	33803
四　川	18808	20580	22461	24703	26522	29080
贵　州	15121	16704	18430	20397	21795	23996
云　南	16720	18348	20084	22082	23295	25666
西　藏	13639	15457	17286	19501	21744	24950
陕　西	18874	20635	22528	24666	26226	28568
甘　肃	14670	16011	17488	19139	20335	22066
青　海	17302	19001	20757	22618	24037	25920
宁　夏	18832	20562	22400	24412	25735	27905
新　疆	18355	19975	21500	23103	23845	26075

20-20 各省(市、区)全体居民人均消费支出

(2016-2021年)

单位：元

地 区	2016	2017	2018	2019	2020	2021
全国总计	**17111**	**18322**	**19853**	**21559**	**21210**	**24100**
北 京	35416	37425	39843	43038	38903	43640
天 津	26129	27841	29903	31854	28461	33188
河 北	14248	15437	16722	17987	18037	19954
山 西	12683	13664	14810	15863	15733	17191
内蒙古	18072	18946	19665	20743	19795	22658
辽 宁	19853	20463	21398	22203	20672	23831
吉 林	14773	15632	17200	18075	17318	19605
黑龙江	14446	15578	16994	18112	17056	20636
上 海	37458	39792	43351	45605	42536	48879
江 苏	22130	23469	25007	26697	26225	31451
浙 江	25527	27079	29471	32026	31295	36668
安 徽	14712	15752	17045	19137	18877	21911
福 建	20168	21249	22996	25314	25126	28440
江 西	**13259**	**14459**	**15792**	**17651**	**17955**	**20290**
山 东	15926	17281	18780	20428	20940	22821
河 南	12712	13730	15169	16332	16143	18391
湖 北	15889	16938	19538	21567	19246	23846
湖 南	15751	17160	18808	20479	20998	22798
广 东	23448	24820	26054	28995	28492	31589
广 西	12295	13424	14935	16418	16357	18088
海 南	14275	15403	17528	19555	18972	22242
重 庆	16385	17898	19249	20774	21678	24598
四 川	14839	16180	17664	19338	19783	21518
贵 州	11932	12970	13798	14780	14874	17957
云 南	11769	12658	14250	15780	16792	18851
西 藏	9319	10320	11520	13029	13225	15343
陕 西	13943	14900	16160	17465	17418	19347
甘 肃	12254	13120	14624	15879	16175	17456
青 海	14775	15503	16557	17545	18284	19020
宁 夏	14965	15350	16715	18297	17506	20024
新 疆	14067	15087	16189	17397	16512	18961

20-21　各省(市、区)城镇居民人均可支配收入

(2016-2021年)

单位：元

地　　区	2016	2017	2018	2019	2020	2021
全国总计	**33616**	**36396**	**39251**	**42359**	**43834**	**47412**
北　　京	57275	62406	67990	73849	75602	81518
天　　津	37110	40278	42976	46119	47659	51486
河　　北	28249	30548	32977	35738	37286	39791
山　　西	27352	29132	31035	33262	34793	37433
内 蒙 古	32975	35670	38305	40782	41353	44377
辽　　宁	32876	34993	37342	39777	40376	43051
吉　　林	26530	28319	30172	32299	33396	35646
黑 龙 江	25736	27446	29191	30945	31115	33646
上　　海	57692	62596	68034	73615	76437	82429
江　　苏	40152	43622	47200	51056	53102	57744
浙　　江	47237	51261	55574	60182	62699	68487
安　　徽	29156	31640	34393	37540	39442	43009
福　　建	36014	39001	42121	45620	47160	51141
江　　西	**28673**	**31198**	**33819**	**36546**	**38556**	**41684**
山　　东	34012	36789	39549	42329	43726	47066
河　　南	27233	29558	31874	34201	34750	37095
湖　　北	29386	31889	34455	37601	36706	40278
湖　　南	31284	33948	36698	39842	41698	44866
广　　东	37684	40975	44341	48118	50257	54854
广　　西	28324	30502	32436	34745	35859	38530
海　　南	28453	30817	33349	36017	37097	40213
重　　庆	29610	32193	34889	37939	40006	43503
四　　川	28335	30727	33216	36154	38253	41444
贵　　州	26743	29080	31592	34404	36096	39211
云　　南	28611	30996	33488	36238	37500	40905
西　　藏	27802	30671	33797	37410	41156	46503
陕　　西	28440	30810	33319	36098	37868	40713
甘　　肃	25693	27763	29957	32323	33822	36187
青　　海	26757	29169	31515	33830	35506	37745
宁　　夏	27153	29472	31895	34328	35720	38291
新　　疆	28463	30775	32764	34664	34838	37642

20-22　各省(市、区)城镇居民人均消费支出

（2016-2021年）

单位：元

地　区	2016	2017	2018	2019	2020	2021
全国总计	**23079**	**24445**	**26112**	**28063**	**27007**	**30307**
北　京	38256	40346	42926	46358	41726	46776
天　津	28345	30284	32655	34811	30895	36067
河　北	19106	20600	22127	23483	23167	24193
山　西	16993	18404	19790	21159	20332	21966
内蒙古	22744	23638	24437	25383	23888	27194
辽　宁	24996	25379	26448	27355	24849	28438
吉　林	19166	20051	22394	23394	21623	24421
黑龙江	18145	19270	21035	22165	20397	24422
上　海	39857	42304	46015	48272	44839	51295
江　苏	26433	27726	29462	31329	30882	36558
浙　江	30068	31924	34598	37508	36197	42194
安　徽	19606	20740	21523	23782	22683	26495
福　建	25006	25980	28145	30946	30487	33942
江　西	**17696**	**19244**	**20760**	**22714**	**22134**	**24587**
山　东	21495	23072	24798	26731	27291	29314
河　南	18088	19422	20989	21972	20645	23178
湖　北	20040	21276	23996	26422	22885	28506
湖　南	21420	23163	25064	26924	26796	28294
广　东	28613	30198	30924	34424	33511	36621
广　西	17268	18349	20159	21591	20907	22555
海　南	19015	20372	22971	25317	23560	27565
重　庆	21031	22759	24154	25785	26464	29850
四　川	20660	21991	23484	25367	25133	26971
贵　州	19202	20348	20788	21402	20587	25333
云　南	18622	19560	21626	23455	24569	27441
西　藏	19440	21088	23029	25637	24927	28159
陕　西	19369	20388	21966	23514	22866	24784
甘　肃	19539	20659	22606	24454	24615	25757
青　海	20853	21473	22998	23799	24315	24513
宁　夏	20364	20219	21977	24161	22379	25386
新　疆	21229	22797	24191	25594	22952	25724

20-23 各省(市、区)农村居民人均可支配收入

(2016-2021年)

单位：元

地　区	2016	2017	2018	2019	2020	2021
全国总计	**12363**	**13432**	**14617**	**16021**	**17131**	**18931**
北　京	22310	24240	26490	28928	30126	33303
天　津	20076	21754	23065	24804	25691	27955
河　北	11919	12881	14031	15373	16467	18179
山　西	10082	10788	11750	12902	13878	15308
内蒙古	11609	12584	13803	15283	16567	18337
辽　宁	12881	13747	14656	16108	17450	19217
吉　林	12123	12950	13748	14936	16067	17642
黑龙江	11832	12665	13804	14982	16168	17889
上　海	25520	27825	30375	33195	34911	38521
江　苏	17606	19158	20845	22675	24198	26791
浙　江	22866	24956	27302	29876	31930	35247
安　徽	11720	12758	13996	15416	16620	18372
福　建	14999	16335	17821	19568	20880	23229
江　西	**12138**	**13242**	**14460**	**15796**	**16981**	**18684**
山　东	13954	15118	16297	17775	18753	20794
河　南	11697	12719	13831	15164	16108	17533
湖　北	12725	13812	14978	16391	16306	18259
湖　南	11930	12936	14093	15395	16585	18295
广　东	14512	15780	17168	18818	20143	22306
广　西	10359	11325	12435	13676	14815	16363
海　南	11843	12902	13989	15113	16279	18076
重　庆	11549	12638	13781	15133	16361	18100
四　川	11203	12227	13331	14670	15929	17575
贵　州	8090	8869	9716	10756	11642	12856
云　南	9020	9862	10768	11902	12842	14197
西　藏	9094	10330	11450	12951	14598	16932
陕　西	9396	10265	11213	12326	13316	14745
甘　肃	7457	8076	8804	9629	10344	11433
青　海	8664	9462	10393	11499	12342	13604
宁　夏	9852	10738	11708	12858	13889	15337
新　疆	10183	11045	11975	13122	14056	15575

20-24 各省(市、区)农村居民人均消费支出

（2016-2021年）

单位：元

地区	2016	2017	2018	2019	2020	2021
全国总计	**10130**	**10955**	**12124**	**13328**	**13713**	**15916**
北京	17329	18810	20195	21881	20913	23574
天津	15912	16386	16863	17843	16844	19286
河北	9798	10536	11383	12372	12644	15391
山西	8029	8424	9172	9728	10290	11410
内蒙古	11463	12184	12661	13816	13594	15691
辽宁	9953	10787	11455	12030	12311	14606
吉林	9521	10279	10826	11457	11864	13411
黑龙江	9424	10524	11417	12495	12360	15225
上海	17071	18090	19965	22449	22095	27205
江苏	14428	15612	16567	17716	17022	21130
浙江	17359	18093	19707	21352	21555	25415
安徽	10287	11106	12748	14546	15024	17163
福建	12911	14003	14943	16281	16339	19290
江西	**9128**	**9870**	**10885**	**12497**	**13579**	**15663**
山东	9519	10342	11270	12309	12660	14299
河南	8587	9212	10392	11546	12201	14073
湖北	10938	11633	13946	15328	14472	17647
湖南	10630	11534	12721	13969	14974	16951
广东	12415	13200	15411	16949	17132	20012
广西	8351	9437	10617	12045	12431	14165
海南	8921	9599	10956	12418	13169	15487
重庆	9954	10936	11977	13112	14140	16096
四川	10192	11397	12723	14056	14953	16444
贵州	7533	8299	9170	10222	10818	12557
云南	7331	8027	9123	10260	11069	12386
西藏	6070	6691	7452	8418	8917	10577
陕西	8568	9306	10071	10935	11376	13158
甘肃	7487	8030	9065	9694	9923	11206
青海	9222	9903	10352	11343	12134	13300
宁夏	9138	9982	10790	11465	11724	13536
新疆	8277	8713	9421	10318	10778	12821

20-25 各省(市、区)农林牧渔业总产值及增长速度（2021年）

地　区	农林牧渔业总产值(亿元)	#农　业	林　业	牧　业	渔　业	农林牧渔业总产值比上年增长(%)
全　国	**147013**	**78340**	**6508**	**39911**	**14507**	**7.9**
北　京	270	123	89	46	4	2.8
天　津	509	258	9	142	81	2.1
河　北	7019	3645	264	2240	298	7.1
山　西	2134	1223	160	624	9	9.9
内蒙古	3815	1880	94	1755	30	5.1
辽　宁	4928	2223	121	1684	720	5.7
吉　林	2972	1303	73	1454	54	7.5
黑龙江	6460	4100	208	1833	136	7.1
上　海	269	145	9	45	48	-6.7
江　苏	8280	4426	178	1216	1834	4.3
浙　江	3579	1698	168	403	1188	3.0
安　徽	6004	2803	413	1811	622	9.3
福　建	5201	1906	425	1060	1622	5.1
江　西	**3998**	**1796**	**399**	**1051**	**548**	**8.9**
山　东	11468	5815	220	2904	1653	8.6
河　南	10501	6565	134	2942	143	7.1
湖　北	8296	3912	303	1990	1459	14.3
湖　南	7662	3533	456	2543	571	10.4
广　东	8306	3951	495	1708	1747	7.1
广　西	6524	3691	538	1438	555	9.2
海　南	2015	1050	118	328	435	5.1
重　庆	2936	1760	168	804	138	9.2
四　川	9383	5089	408	3305	328	7.5
贵　州	4692	3124	320	959	70	9.2
云　南	6352	3441	497	2113	112	10.4
西　藏	255	115	4	129	0	5.6
陕　西	4313	3036	100	918	35	6.7
甘　肃	2440	1623	33	620	2	11.3
青　海	529	205	13	299	4	4.5
宁　夏	760	413	11	281	25	4.8
新　疆	5143	3489	79	1266	36	8.8

注：本表绝对数按当年价格计算，增长速度按可比价格计算。

20-26 各省(市、区)农村贫困人口(2010年标准)

(2014-2019年)

单位：万人

地　区	2014	2015	2016	2017	2018	2019
全　国	**7017**	**5575**	**4335**	**3046**	**1660**	**551**
北　京	.	.	.	.	.	.
天　津	.	.	.	.	.	.
河　北	320	241	188	124	63	.
山　西	269	223	186	133	74	16
内蒙古	98	76	53	37	14	.
辽　宁	117	86	59	39	24	.
吉　林	81	69	57	41	26	9
黑龙江	96	86	69	50	27	.
上　海	.	.	.	.	.	.
江　苏	61	.	.	.	.	.
浙　江	45	.	.	.	.	.
安　徽	371	309	237	158	67	.
福　建	50	36	23	.	.	.
江　西	**276**	**208**	**155**	**107**	**63**	**.**
山　东	231	172	140	60	.	.
河　南	565	463	371	277	168	51
湖　北	271	216	176	114	67	.
湖　南	532	434	343	232	105	42
广　东	82	47	.	.	.	.
广　西	540	452	341	246	140	51
海　南	50	41	32	23	7	.
重　庆	119	88	45	21	13	.
四　川	509	400	306	212	98	52
贵　州	623	507	402	295	173	53
云　南	574	471	373	279	179	66
西　藏	61	48	34	20	13	4
陕　西	350	288	226	169	83	17
甘　肃	417	325	262	200	121	46
青　海	52	42	31	23	10	5
宁　夏	45	37	30	19	9	4
新　疆	212	180	147	113	64	20

注：1. “.” 表示数值较小，统计上不显著。
2. 2020年我国现行农村贫困标准下的农村贫困人口全部脱贫。

20-27 各省(市、区)规模以上工业企业主要经济指标(一)(2021年)

单位：亿元

地区	营业收入	营业成本	销售费用	管理费用	财务费用	利润总额
全国	**1279226.5**	**1071247.1**	**32525.3**	**66115.0**	**11254.7**	**87092.1**
北京	28054.0	21710.0	1285.4	1461.9	244.1	3664.9
天津	22571.2	19334.6	478.7	994.0	120.8	1456.9
河北	52125.4	45918.9	1018.3	1990.1	529.5	2294.3
山西	32396.2	25561.5	648.4	1624.5	817.1	2949.9
内蒙古	23947.1	18271.5	480.9	888.1	435.9	3380.8
辽宁	35214.2	29672.0	738.2	1446.3	390.3	1699.6
吉林	14058.0	11608.6	461.9	808.1	101.3	1073.8
黑龙江	11253.1	9336.7	270.0	613.3	155.4	515.2
上海	44173.0	36026.8	1488.3	3219.0	43.3	3032.0
江苏	149920.7	126829.6	3975.1	8502.0	866.6	9358.1
浙江	97967.6	81918.3	2642.9	6052.7	820.7	6788.7
安徽	44775.9	38191.0	1022.6	2264.5	344.7	2669.9
福建	64743.0	55815.5	1405.3	2529.6	381.7	4353.3
江西	**43976.7**	**37969.9**	**741.8**	**1658.4**	**256.9**	**3122.4**
山东	102271.5	88711.2	2163.2	4484.6	993.3	5268.8
河南	54006.4	47301.5	1049.1	2019.4	630.1	2581.2
湖北	49215.7	41300.3	1287.9	2515.8	371.8	3189.5
湖南	42763.3	35350.4	1228.2	2879.1	324.6	2060.0
广东	169785.1	141095.1	5560.6	11727.6	917.8	10927.6
广西	21911.1	19081.5	397.1	724.1	205.9	1131.3
海南	2625.7	2052.8	118.6	123.4	34.5	212.1
重庆	27118.9	22920.4	688.3	1302.1	147.2	1877.5
四川	52583.4	43160.9	1561.5	2314.4	514.5	4359.2
贵州	9712.5	7563.3	262.0	555.1	195.0	1063.5
云南	17359.5	13735.8	375.5	732.8	286.0	1211.0
西藏	401.7	291.3	13.7	34.6	12.9	48.9
陕西	29585.6	22821.7	595.1	1243.9	349.8	3605.1
甘肃	9601.7	8075.2	131.3	310.8	162.5	516.5
青海	3186.7	2512.6	45.1	143.4	94.0	301.6
宁夏	6491.2	5389.8	87.7	246.2	188.9	462.6
新疆	15430.4	11718.5	302.7	705.0	317.7	1916.1

20-28 各省(市、区)规模以上工业企业主要经济指标(二)(2021年)

单位：亿元

地　区	亏损企业亏损总额	流动资产合　计	应收账款	存货	产成品	资产总计	负债合计
全　国	**11814.4**	**723908.9**	**188730.0**	**145379.4**	**53986.1**	**1412880.0**	**792289.9**
北　京	373.8	24700.9	4717.7	3219.6	1150.3	60393.9	26096.8
天　津	237.9	11576.8	3161.4	2567.7	964.3	22897.8	12386.3
河　北	520.0	27205.2	6248.6	5238.9	1904.3	55395.6	33720.3
山　西	860.8	26513.2	5327.8	2668.1	1042.3	55386.7	39431.9
内蒙古	366.0	13768.9	2741.2	2076.6	702.5	37260.6	21219.2
辽　宁	712.3	21287.0	4472.1	5005.0	1705.4	42272.9	25878.4
吉　林	239.4	8445.4	1729.0	1814.0	523.6	18846.1	10258.0
黑龙江	246.2	8061.1	1618.2	1487.6	495.3	17732.9	10653.1
上　海	467.0	30418.6	8255.5	6154.4	1968.6	51746.2	24912.9
江　苏	1251.0	90383.5	29636.1	19423.7	7840.3	149340.8	79833.6
浙　江	606.8	62607.5	18492.0	13173.1	5181.7	110368.5	60931.7
安　徽	378.0	26305.7	8265.0	4893.0	1946.9	48960.0	27430.0
福　建	210.3	23691.0	5753.0	5724.1	2326.9	46172.9	23859.7
江　西	**166.8**	**15472.9**	**4238.9**	**3352.9**	**1326.5**	**30357.9**	**16234.6**
山　东	1020.0	58778.9	12573.7	12463.5	4896.2	109712.9	66996.9
河　南	581.6	26201.8	6149.5	4978.5	1744.8	54479.5	31194.6
湖　北	359.5	22506.8	5458.3	4849.7	1826.9	46565.5	24289.5
湖　南	217.2	15389.8	4724.7	3317.5	1194.1	32485.2	16219.6
广　东	1171.6	102873.7	28748.0	21934.1	8004.6	169766.7	95018.8
广　西	139.5	11322.4	2696.9	2445.0	941.3	22802.3	14509.5
海　南	22.3	1789.1	361.1	277.9	84.5	4281.6	2472.1
重　庆	150.7	12872.2	4095.0	2341.1	891.6	24310.8	13685.9
四　川	253.0	25846.1	6913.5	5193.2	1794.2	57922.3	31904.3
贵　州	206.0	7081.7	1374.2	1641.1	394.6	16452.9	10291.4
云　南	173.8	9518.8	1849.1	2573.5	701.6	24804.5	13793.4
西　藏	46.0	487.7	88.2	48.0	14.3	2139.1	1139.0
陕　西	256.4	17900.9	4073.5	2730.0	1148.2	40875.3	22258.2
甘　肃	141.7	4953.1	1211.0	1148.2	318.2	12876.3	7457.9
青　海	122.3	2200.7	627.4	383.9	126.7	6481.8	4671.8
宁　夏	129.6	4042.7	959.2	614.5	230.6	11930.2	7695.6
新　疆	186.8	9704.8	2170.1	1640.9	594.9	27860.3	15844.5

20-29 各省(市、区)货运量和货物周转量（2021年）

地区	货运量(万吨)	#铁路	公路	水运	货物周转量(亿吨公里)	#铁路	公路	水运
全国	**5298499**	**477372**	**3913889**	**823973**	**223600**	**33238**	**69088**	**115578**
北京	23425	350	23075		1077	803	274	
天津	56435	11750	34527	10159	2678	554	673	1451
河北	261208	29205	227203	4800	14769	5395	8650	724
山西	217623	102909	114698	16	6445	3219	3226	
内蒙古	215975	83128	132847		4934	2715	2219	
辽宁	179238	23151	152596	3491	4525	1246	2720	559
吉林	53587	5912	47675		2069	545	1524	
黑龙江	55116	12512	42086	519	1745	883	816	46
上海	154793	513	52899	101380	34075	19	1037	33018
江苏	294678	9738	186708	98232	11789	358	3688	7743
浙江	328041	5177	213653	109210	12938	271	2637	10030
安徽	401415	7791	259044	134580	11068	827	3728	6513
福建	166113	5112	110777	50224	10159	201	1233	8725
江西	**198685**	**4818**	**181024**	**12843**	**4885**	**570**	**3960**	**354**
山东	342728	32203	291196	19329	12050	1730	7518	2802
河南	255551	11563	226447	17541	10675	2385	7026	1264
湖北	214762	5828	161310	47625	6743	1100	2196	3446
湖南	224465	4771	198423	21272	2898	987	1461	450
广东	386540	11844	267489	107206	28032	363	2980	24689
广西	216168	9119	169019	38030	4882	773	1873	2236
海南	27991	1100	7608	19282	8772	16	45	8711
重庆	144593	1946	121185	21462	3846	255	1156	2436
四川	184312	7535	171377	5400	3079	1024	1790	265
贵州	96989	7276	89154	560	1436	686	726	24
云南	135007	5342	129090	576	1868	483	1378	8
西藏	4583	81	4502		150	31	119	
陕西	160695	37894	122716	85	3945	2126	1819	0
甘肃	76109	6444	69665		2887	1690	1197	
青海	17817	3735	14083		592	431	160	
宁夏	46929	9423	37506		812	235	578	
新疆	73508	19199	54309		2000	1319	681	

20-30 各省(市、区)入境旅游情况

地 区	入境游客（万人次）			外汇收入（万美元）		
	2017年	2018年	2019年	2017年	2018年	2019年
北 京	392.56	400.41	376.90	512981	551639	519247
天 津	79.21	58.96	56.10	375147	110985	118254
河 北	91.01	98.86	97.08	57869	64667	74023
山 西	67.00	71.35	76.22	35014	37798	40995
内蒙古	184.83	188.08	195.83	124556	127210	134009
辽 宁	278.85	287.70	294.14	177806	173958	173903
吉 林	148.43	143.75	136.58	76579	68585	61496
黑龙江	103.88	109.16	110.69	47958	53706	64593
上 海	719.33	742.04	734.69	669865	726139	824351
江 苏	370.10	400.85	399.46	419472	464836	474356
浙 江	589.06	456.76	467.11	358644	259579	266824
安 徽	351.09	370.75	379.74	288078	318757	338769
福 建	691.74	513.55	566.03	758803	282821	339845
江 西	**174.69**	**191.78**	**197.17**	**62992**	**74538**	**86538**
山 东	440.52	422.00	404.22	317404	329282	341314
河 南	155.89	167.25	180.35	66155	72323	94696
湖 北	368.14	405.11	450.02	210474	237969	265416
湖 南	322.28	365.08	466.95	129537	152041	225087
广 东	3654.52	3748.06	3731.39	1996040	2051174	2052131
广 西	512.44	562.33	623.96	239563	277773	351128
海 南	111.95	126.36	143.59	68102	77052	97237
重 庆	224.85	279.98	297.11	194759	218989	252483
四 川	336.17	369.82	414.78	144654	151165	202379
贵 州	32.40	39.69	47.18	28327	31763	34503
云 南	667.69	706.08	739.02	355033	441800	514736
西 藏	34.35	47.62	54.19	19751	24709	27907
陕 西	383.74	437.14	465.72	270440	312666	336765
甘 肃	7.88	10.01	19.82	2086	2830	5905
青 海	7.02	6.92	7.31	3829	3613	3336
宁 夏	6.53	8.82	12.66	3763	5587	6932
新 疆	77.41	99.30	34.67	81081	94637	45400

注：2020年及2021年数据暂未反馈。

20-31　各省会城市地区生产总值（2021年）

地　区	绝对值（亿　元）	位次	比上年增长(%)	位次
中　部				
南　昌	6650.53	15	8.7	5
合　肥	11412.80	9	9.2	3
长　沙	13270.70	6	7.5	11
郑　州	12691.02	7	4.7	24
武　汉	17716.76	4	12.2	1
太　原	5121.61	18	9.2	3
东　部				
石家庄	6490.30	16	6.6	15
南　京	16355.32	5	7.5	11
杭　州	18109.00	3	8.5	7
福　州	11324.48	10	8.4	8
济　南	11432.20	8	7.2	13
广　州	28231.97	1	8.1	9
海　口	2057.06	25	11.3	2
东　北				
沈　阳	7249.68	12	7.0	14
长　春	7103.12	14	6.2	19
哈尔滨	5351.70	17	5.5	23
西　部				
呼和浩特	3121.43	23	6.5	17
成　都	19916.98	2	8.6	6
贵　阳	4711.04	20	6.6	15
昆　明	7222.50	13	3.7	26
西　安	10688.28	11	4.1	25
兰　州	3231.29	22	6.1	21
西　宁	1548.79	26	8.1	9
银　川	2262.95	24	6.3	18
南　宁	5120.90	19	6.1	20
乌鲁木齐	3691.57	21	6.1	21
拉　萨				

20-31 续表1

地　区	第一产业增加值			
	绝对值(亿元)	位次	比上年增长(%)	位次
中　部				
南　昌	238.31	17	7.8	4
合　肥	351.05	10	5.1	17
长　沙	425.56	8	9.1	1
郑　州	181.69	19	2.5	23
武　汉	444.21	7	8.7	2
太　原	44.80	25	7.7	6
东　部				
石家庄	504.80	6	6.1	11
南　京	303.94	16	0.8	26
杭　州	333.00	12	1.8	25
福　州	637.03	1	6.0	14
济　南	408.80	9	7.1	8
广　州	306.41	15	5.5	15
海　口	85.43	21	4.7	19
东　北				
沈　阳	326.34	13	4.2	21
长　春	523.74	5	5.5	15
哈尔滨	628.20	2	6.6	10
西　部				
呼和浩特	137.14	20	3.8	22
成　都	582.79	4	4.8	18
贵　阳	193.44	18	7.8	4
昆　明	333.12	11	6.9	9
西　安	308.82	14	6.1	11
兰　州	62.52	23	7.4	7
西　宁	58.93	24	4.6	20
银　川	83.83	22	6.1	11
南　宁	606.80	3	7.9	3
乌鲁木齐	28.10	26	2.5	23
拉　萨				

20-31 续表2

地　　区	第二产业增加值			
	绝对值(亿元)	位次	比上年增长(%)	位次
中　　部				
南　　昌	3218.10	12	8.3	7
合　　肥	4171.21	9	10.6	3
长　　沙	5251.30	6	5.2	17
郑　　州	5039.29	7	3.4	22
武　　汉	6208.34	2	12.1	1
太　　原	2113.09	16	10.2	4
东　　部				
石 家 庄	2107.10	17	3.5	21
南　　京	5902.65	4	7.6	12
杭　　州	5489.00	5	8.6	5
福　　州	4289.80	8	7.3	13
济　　南	3964.10	10	3.6	20
广　　州	7722.67	1	8.5	6
海　　口	346.75	26	8.0	9
东　　北				
沈　　阳	2570.32	14	7.8	11
长　　春	2960.47	13	3.9	19
哈 尔 滨	1239.20	19	3.2	23
西　　部				
呼和浩特	1052.57	22	7.9	10
成　　都	6114.34	3	8.2	8
贵　　阳	1681.34	18	5.4	16
昆　　明	2287.71	15	-0.3	26
西　　安	3585.20	11	0.9	25
兰　　州	1113.91	21	5.6	15
西　　宁	518.22	25	10.8	2
银　　川	1028.32	24	6.0	14
南　　宁	1198.80	20	4.3	18
乌鲁木齐	1039.76	23	1.2	24
拉　　萨				

20-31 续表3

地　区	第三产业增加值			
	绝对值(亿元)	位次	比上年增长(%)	位次
中　部				
南　昌	3194.11	18	9.1	5
合　肥	6890.54	9	8.6	9
长　沙	7593.85	6	8.9	7
郑　州	7470.04	7	5.6	25
武　汉	11064.21	4	12.3	1
太　原	2963.72	19	8.6	9
东　部				
石家庄	3878.40	14	8.2	11
南　京	10148.73	5	7.6	15
杭　州	12287.00	3	8.7	8
福　州	6397.66	11	9.3	3
济　南	7059.40	8	9.2	4
广　州	20202.89	1	8.0	13
海　口	1624.88	24	12.3	1
东　北				
沈　阳	4353.02	13	6.7	18
长　春	3618.90	15	8.1	12
哈尔滨	3484.30	16	6.1	22
西　部				
呼和浩特	1931.71	23	6.0	23
成　都	13219.85	2	9.0	6
贵　阳	2836.25	20	7.3	16
昆　明	4601.67	12	5.4	26
西　安	6794.26	10	5.7	24
兰　州	2054.86	22	6.4	20
西　宁	971.64	26	7.0	17
银　川	1150.81	25	6.5	19
南　宁	3315.40	17	6.3	21
乌鲁木齐	2623.71	21	8.0	13
拉　萨				

20-32　各省会城市规模以上工业增加值增速（2021年）

地　　区	比上年增长(%)	位次
中　　部		
南　　昌	11.4	6
合　　肥	19.6	2
长　　沙	7.2	19
郑　　州	10.4	9
武　　汉	14.2	5
太　　原	15.1	4
东　　部		
石 家 庄	4.5	23
南　　京	10.0	10
杭　　州	10.6	8
福　　州	9.5	12
济　　南	5.9	21
广　　州	7.8	17
海　　口	15.9	3
东　　北		
沈　　阳	9.7	11
长　　春	3.2	26
哈 尔 滨	4.1	25
西　　部		
呼和浩特	9.5	12
成　　都	11.4	6
贵　　阳	8.0	16
昆　　明	7.0	20
西　　安	5.7	22
兰　　州	8.3	15
西　　宁	21.4	1
银　　川	8.6	14
南　　宁	7.5	18
乌鲁木齐	4.2	24
拉　　萨		

20-33 各省会城市固定资产投资增速（2021年）

地　　区	比上年增长(%)	位次
中　　部		
南　　昌	11.1	6
合　　肥	3.5	18
长　　沙	8.2	10
郑　　州	-6.2	23
武　　汉	12.9	1
太　　原	7.9	11
东　　部		
石 家 庄	-5.6	22
南　　京	6.2	15
杭　　州	9.0	8
福　　州	7.1	13
济　　南	11.5	5
广　　州	11.7	3
海　　口	8.4	9
东　　北		
沈　　阳	4.1	17
长　　春	11.6	4
哈 尔 滨	4.2	16
西　　部		
呼和浩特	12.3	2
成　　都	10.0	7
贵　　阳	-7.1	24
昆　　明	-7.8	25
西　　安	-11.6	26
兰　　州	7.7	12
西　　宁	6.8	14
银　　川	-3.6	21
南　　宁	3.1	19
乌鲁木齐	1.4	20
拉　　萨		

20-34 各省会城市社会消费品零售总额（2021年）

地区	绝对值（亿 元）	位次	比上年增长(%)	位次
中　部				
南　昌	2878.74	14	17.4	2
合　肥	5111.68	8	13.2	6
长　沙	5111.57	9	14.4	4
郑　州	5389.21	6	6.2	23
武　汉	6795.04	4	10.5	12
太　原	1873.90	19	13.2	6
东　部				
石家庄	2501.20	16	5.0	24
南　京	7899.41	3	9.7	15
杭　州	6744.00	5	11.4	10
福　州	4549.41	11	7.7	19
济　南	5126.10	7	14.7	3
广　州	10122.56	1	9.8	14
海　口	1056.98	23	26.5	1
东　北				
沈　阳	3985.10	12	9.6	16
长　春			10.8	11
哈尔滨	2380.30	17	7.0	21
西　部				
呼和浩特	1104.74	22	7.0	21
成　都	9251.80	2	14.0	5
贵　阳	2546.69	15	12.9	8
昆　明	3386.40	13	10.3	13
西　安	4963.42	10	0.8	26
兰　州	1757.74	20	7.1	20
西　宁	621.09	25	8.3	18
银　川	788.69	24	2.3	25
南　宁	2364.20	18	8.4	17
乌鲁木齐	1171.86	21	12.3	9
拉　萨				

20-35 各省会城市地方一般公共预算收入（2021年）

地区	绝对值(亿 元)	位次	比上年增长(%)	位次
中 部				
南 昌	484.84	16	10.0	12
合 肥	844.22	10	10.7	11
长 沙	1188.31	7	8.0	15
郑 州	1223.60	6	0.3	25
武 汉	1578.65	5	28.3	1
太 原	423.44	18	11.9	7
东 部				
石 家 庄	681.40	14	7.8	16
南 京	1729.52	3	5.6	21
杭 州	2387.00	1	14.0	4
福 州	749.85	12	11.0	10
济 南	1007.60	8	11.2	9
广 州	1883.18	2	9.4	13
海 口	208.32	24	12.0	5
东 北				
沈 阳	773.02	11	5.0	24
长 春	617.09	15	5.9	19
哈 尔 滨	365.80	21	7.7	17
西 部				
呼和浩特	228.92	23	5.4	22
成 都	1697.90	4	11.7	8
贵 阳	426.68	17	7.2	18
昆 明	689.12	13	5.9	19
西 安	855.96	9	18.2	2
兰 州	276.71	22	12.0	5
西 宁	153.90	26	15.3	3
银 川	171.19	25	8.9	14
南 宁	391.80	19	5.2	23
乌鲁木齐	377.93	20	-3.7	26
拉 萨				

20-36　各省会城市实际利用外资（2021年）

地　区	绝对值（亿美元）	位次	比上年增长(%)	位次
中　部				
南　昌	43.95	5	8.3	15
合　肥	37.48	6	4.3	18
长　沙	20.07	10	83.1	1
郑　州	48.63	4	4.4	17
武　汉			12.6	11
太　原	1.70	18	69.2	2
东　部				
石家庄	19.20	11	5.1	16
南　京	50.14	3	11.1	12
杭　州	81.70	2	13.5	9
福　州	12.3	12		
济　南	26.60	7	38.1	4
广　州				
海　口	25.66	8	49.0	3
东　北				
沈　阳	8.20	13	15.5	7
长　春	4.72	16		
哈尔滨	3.79	17	10.9	13
西　部				
呼和浩特				
成　都				
贵　阳	22.97	9	13.6	8
昆　明	7.22	14	9.1	14
西　安	87.14	1	13.5	9
兰　州	0.66	20		
西　宁				
银　川	1.18	19	35.0	5
南　宁	5.78	15	31.3	6
乌鲁木齐	0.50	21	-54.6	19
拉　萨				

注：各省会城市实际利用外资数据不全，表中排位为现有数据排位。

20-37 各省会城市海关出口值（2021年）

地　区	绝对值(亿元)	位次	比上年增长(%)	位次
中　部				
南　昌	897.68	14	25.9	11
合　肥	2029.17	8	28.4	9
长　沙	1977.46	9	27.7	10
郑　州	3552.80	5	20.5	17
武　汉	1929.00	10	35.7	6
太　原	1153.14	12	59.1	4
东　部				
石家庄	857.10	15	9.1	24
南　京	3989.89	4	17.4	19
杭　州	4647.00	3	25.9	11
福　州	2200.60	7	23.2	15
济　南	1174.10	11	55.6	5
广　州	6312.17	1	16.4	20
海　口	110.54	22	0.2	25
东　北				
沈　阳	484.90	17	76.8	2
长　春	165.93	21	22.4	16
哈尔滨	171.33	20	25.2	13
西　部				
呼和浩特	80.60	24	11.3	22
成　都	4841.20	2	17.9	18
贵　阳	374.57	18	9.1	23
昆　明	935.05	13	76.2	3
西　安	2361.92	6	33.0	7
兰　州	36.76	25	12.7	21
西　宁	9.29	26	31.1	8
银　川	109.47	23	141.8	1
南　宁	581.95	16	23.6	14
乌鲁木齐	259.80	19	-9.9	26
拉　萨				

20-38 各省会城市城镇居民人均可支配收入（2021年）

地　　区	绝对值（元）	位次	比上年增长(%)	位次
中　　部				
南　　昌	50447	13	7.8	14
合　　肥	53208	8	10.2	1
长　　沙	62145	4	7.2	21
郑　　州	45246	16	5.5	26
武　　汉	55297	6	9.8	2
太　　原	41377	25	8.0	12
东　　部				
石 家 庄	43024	21	6.9	22
南　　京	73593	3	8.9	4
杭　　州	74700	1	8.8	8
福　　州	53421	7	8.4	9
济　　南	57449	5	7.7	15
广　　州	74416	2	8.9	4
海　　口	43605	18	8.9	4
东　　北				
沈　　阳	50566	12	6.6	23
长　　春	43281	19	8.2	11
哈 尔 滨	42745	22	7.4	18
西　　部				
呼和浩特	53026	9	6.5	24
成　　都	52633	10	8.3	10
贵　　阳	43876	17	8.9	4
昆　　明	52523	11	9.4	3
西　　安	46931	14	7.4	18
兰　　州	43244	20	7.7	15
西　　宁	39251	26	6.2	25
银　　川	42412	23	7.6	17
南　　宁	41394	24	7.4	18
乌鲁木齐	46142	15	7.9	13
拉　　萨				

20-39　各省会城市农村居民人均可支配收入（2021年）

地　区	绝对值（元）	位次	比上年增长(%)	位次
中　部				
南　昌	22913	11	9.5	22
合　肥	26856	7	10.6	5
长　沙	38195	2	9.9	19
郑　州	26790	8	8.1	25
武　汉	27209	6	13.1	1
太　原	21551	15	9.6	20
东　部				
石家庄	18676	20	10.2	15
南　京	32701	4	10.4	10
杭　州	42692	1	10.3	14
福　州	25201	9	11.2	2
济　南	22580	12	10.5	7
广　州	34533	3	10.4	10
海　口	19267	19	10.7	4
东　北				
沈　阳	21662	14	10.5	7
长　春				
哈尔滨	21512	16	9.6	20
西　部				
呼和浩特	22435	13	9.5	22
成　都	29126	5	10.2	15
贵　阳	20565	17	10.1	17
昆　明	19507	18	10.1	17
西　安	17389	23	10.4	10
兰　州	16191	24	10.5	7
西　宁	14948	25	10.8	3
银　川	18170	21	10.6	5
南　宁	17808	22	10.4	10
乌鲁木齐	24878	10	9.0	24
拉　萨				

20-40 各省会城市金融机构本外币存、贷款余额（2021年末）

地　区	存款余额绝对值（亿元）	位次	贷款余额绝对值（亿元）	位次
中　部				
南　昌	14757.42	17	17620.96	14
合　肥	20605.68	10	20322.39	12
长　沙	25348.50	8	27235.11	8
郑　州	27093.96	7	32356.32	6
武　汉	33775.87	5	40825.42	5
太　原	15924.02	15	16589.00	16
东　部				
石家庄	17951.70	13	14657.30	18
南　京	44708.68	4	43305.40	4
杭　州	61044.00	2	56275.00	2
福　州	19117.34	12	21484.13	11
济　南	23437.00	9	23313.20	9
广　州	74988.86	1	61399.61	1
海　口				
东　北				
沈　阳	19374.92	11	19230.15	13
长　春	15467.25	16	15907.09	17
哈尔滨	14655.40	18	13839.90	20
西　部				
呼和浩特	6683.69	22	9606.58	22
成　都	47968.00	3	46425.00	3
贵　阳	13441.40	19	17284.10	15
昆　明	16305.20	14	22185.80	10
西　安	28510.03	6	29411.25	7
兰　州	9577.65	21	14231.83	19
西　宁	4710.75	23	5487.63	24
银　川	4705.68	24	6156.36	23
南　宁				
乌鲁木齐	10322.56	20	9811.00	21
拉　萨				

20-41 副省级(非省会)城市主要经济指标(2021年)

指　标	深　圳	大　连	宁　波	厦　门	青　岛
地区生产总值(亿元)	30664.85	7825.90	14594.90	7033.89	14136.46
比上年增长(%)	6.7	8.2	8.2	8.1	8.3
规模以上工业增加值比上年增长(%)	4.7	3.8	11.9	11.9	8.1
固定资产投资比上年增长(%)	3.7	1.2	11.0	11.3	4.1
社会消费品零售总额(亿元)	9498.12	1909.70	4649.10	2584.07	5975.40
比上年增长(%)	9.6	4.5	9.7	12.7	14.8
海关出口值(亿元)	19263.41		7624.30	4307.30	
比上年增长(%)	13.5		19.0	20.6	
实际利用外资(亿美元)	109.65	16.70	32.70		61.70
比上年增长(%)	26.3	153.0	32.7		28.7
地方一般公共预算收入(亿元)	4257.76	737.60	1723.10	880.96	1368.30
比上年增长(%)	10.4	5.0	14.1	12.4	9.1
规模以上工业总产值(亿元)	41341.32				
比上年增长(%)	7.9				
城镇居民人均可支配收入(元)	70847	50531	73869	67197	60239
比上年增长(%)	9.2	6.7	8.6	9.6	7.8
居民消费价格指数(以上年为100)	100.9	101.4	102.1	101.2	101.5

20-42 全省各设区市常住人口（2021年）

单位：万人

地　区	常住人口
全　省	**4517.40**
南昌市	643.75
景德镇市	162.06
萍乡市	180.59
九江市	456.07
新余市	120.21
鹰潭市	115.50
赣州市	898.00
吉安市	442.51
宜春市	497.11
抚州市	357.94
上饶市	643.67

20-43 全省各设区市地区生产总值（2021年）

单位：亿元

地　区	地　区 生产总值	第一产业	第二产业	第三产业
全　省	**29619.67**	**2334.29**	**13183.21**	**14102.17**
南昌市	6650.53	238.31	3218.10	3194.11
景德镇市	1102.31	70.97	487.45	543.89
萍乡市	1108.30	77.15	497.64	533.52
九江市	3735.68	246.19	1785.21	1704.28
新余市	1154.60	70.62	537.21	546.77
鹰潭市	1143.92	74.81	599.10	470.01
赣州市	4169.37	427.52	1652.34	2089.51
吉安市	2525.65	247.82	1157.63	1120.21
宜春市	3191.28	334.65	1353.42	1503.21
抚州市	1794.55	229.38	694.21	870.96
上饶市	3043.49	316.88	1200.91	1525.69

20-44　全省各设区市规模以上工业增加值增速（2021年）

地　区	比上年增长(%)
全　省	**11.4**
南 昌 市	11.4
景德镇市	10.9
萍 乡 市	10.8
九 江 市	11.3
新 余 市	11.1
鹰 潭 市	12.2
赣 州 市	11.6
吉 安 市	11.6
宜 春 市	11.7
抚 州 市	9.7
上 饶 市	12.0

20-45　全省各设区市规模以上服务业营业收入（2021年）

地　区	营业收入(亿元)
全　省	**3669.41**
南 昌 市	1188.02
景德镇市	
萍 乡 市	
九 江 市	
新 余 市	
鹰 潭 市	
赣 州 市	
吉 安 市	
宜 春 市	
抚 州 市	
上 饶 市	

注：本表数据为快报数，其他地市数据未反馈。

20-46 全省各设区市社会消费品零售总额（2021年）

单位：亿元

地 区	社会消费品零售总额	比上年增长(%)
全 省	**12206.69**	**17.7**
南昌市	2878.74	17.4
景德镇市	548.17	17.2
萍乡市	389.78	17.3
九江市	1407.81	17.7
新余市	402.13	17.6
鹰潭市	405.22	18.1
赣州市	1987.68	18.0
吉安市	1035.23	18.3
宜春市	1071.52	17.8
抚州市	631.48	17.1
上饶市	1448.92	17.9

20-47 全省各设区市固定资产投资增速（2021年）

(500万元及以上项目)

地 区	比上年增长(%)
全 省	**10.8**
南昌市	11.1
景德镇市	9.4
萍乡市	10.9
九江市	10.3
新余市	9.3
鹰潭市	11.8
赣州市	11.6
吉安市	10.6
宜春市	11.5
抚州市	9.6
上饶市	11.3

20-48 全省各设区市地方一般公共预算收入（2021年）

单位：亿元

地 区	地方一般公共预算收入
全 省	**2812.25**
南 昌 市	484.84
景德镇市	101.49
萍 乡 市	108.63
九 江 市	292.23
新 余 市	81.58
鹰 潭 市	92.61
赣 州 市	294.07
吉 安 市	181.91
宜 春 市	254.22
抚 州 市	131.87
上 饶 市	236.03

20-49 全省各设区市实际利用外资（2021年）

（省口径）

地 区	实际利用外资（亿美元）	比上年增长（%）
全 省	**157.78**	**8.1**
南 昌 市	43.95	8.3
景德镇市	2.72	8.3
萍 乡 市	4.85	7.2
九 江 市	27.30	8.2
新 余 市	5.78	6.3
鹰 潭 市	3.95	8.1
赣 州 市	23.51	8.6
吉 安 市	14.64	7.5
宜 春 市	10.55	8.2
抚 州 市	4.70	6.5
上 饶 市	15.83	8.4

20-50 全省各设区市海关进出口总值（2021年）

单位：亿元

地　区	进出口总值	
		#出口
全　省	**4980.39**	**3671.80**
南 昌 市	1293.56	897.68
景德镇市	83.61	82.71
萍 乡 市	184.80	182.20
九 江 市	651.57	514.18
新 余 市	217.25	91.85
鹰 潭 市	429.60	117.96
赣 州 市	737.39	576.47
吉 安 市	531.05	437.94
宜 春 市	318.69	293.87
抚 州 市	214.30	197.87
上 饶 市	318.57	279.07

20-51 全省各设区市居民消费价格指数（2021年）

（上年=100）

地　区	居民消费价格指数
全　省	**100.9**
南 昌 市	101.0
景德镇市	100.6
萍 乡 市	100.7
九 江 市	100.9
新 余 市	100.7
鹰 潭 市	100.7
赣 州 市	101.4
吉 安 市	100.8
宜 春 市	101.1
抚 州 市	100.5
上 饶 市	100.8

20-52 全省各设区市城镇居民人均可支配收入（2021年）

单位：元

地　区	城镇居民人均可支配收入	比上年增长(%)
全　省	**41684**	**8.1**
南 昌 市	50447	7.8
景德镇市	45648	8.0
萍 乡 市	43395	7.4
九 江 市	43658	8.2
新 余 市	45679	7.4
鹰 潭 市	42048	7.7
赣 州 市	40160	8.5
吉 安 市	42880	8.3
宜 春 市	39930	8.7
抚 州 市	39484	7.8
上 饶 市	42851	8.1

20-53 全省各设区市农村居民人均可支配收入（2021年）

单位：元

地　区	农村居民人均可支配收入	比上年增长(%)
全　省	**18684**	**10.0**
南 昌 市	22913	9.5
景德镇市	20996	8.8
萍 乡 市	22862	9.8
九 江 市	18838	10.5
新 余 市	22604	9.0
鹰 潭 市	20686	9.6
赣 州 市	14675	12.6
吉 安 市	18298	11.0
宜 春 市	19135	8.8
抚 州 市	19141	10.1
上 饶 市	17492	10.1